U0602904

一起向未来

——家庭教育实务教程

主 编 郭玉锋 孔屏

副主编 孙春晖 隋赤 刘小倩 杨先顺

北京出版集团
北京教育出版社

图书在版编目(CIP)数据

一起向未来：家庭教育实务教程 / 郭玉锋，孔屏主编. — 北京：北京教育出版社，2022.9

ISBN 978 - 7 - 5704 - 4829 - 6

Ⅰ. ①一… Ⅱ. ①郭… ②孔… Ⅲ. ①家庭教育—教材 Ⅳ. ①G78

中国版本图书馆 CIP 数据核字(2022)第 193895 号

一起向未来——家庭教育实务教程

主编 郭玉锋 孔 屏

＊

北 京 出 版 集 团
北京教育出版社 出版

（北京北三环中路 6 号）

邮政编码：100120

网 址：www．bph．com．cn

北 京 出 版 集 团 总 发 行

全 国 各 地 书 店 经 销

北京中科印刷有限公司印刷

＊

787 毫米×1092 毫米　16 开本　29 印张　500 千字

2022 年 9 月第 1 版　2022 年 9 月第 1 次印刷

ISBN 978 - 7 - 5704 - 4829 - 6
定价：98.00 元

质量监督电话：010—58572750　010—58572393

仅以此书献给

《中华人民共和国家庭教育促进法》

颁布一周年

前　言

未来与希望

家庭是社会构成的基本细胞，是一个国家组成的最基本元素，是人类生活的最小单元。一般情况下，每个人都会诞生于一个家庭，然后在父母陪伴呵护下慢慢成长、长大，在家校共育中成人、成才，走向社会，到一定年龄再组成新的家庭，一代代接续下去，人类也就繁衍生息下来。在这个过程中，孩子既是一个家庭的未来和希望，也是一个家族、一个民族、一个国家乃至整个人类的未来和希望，而未来和希望的满足首先靠的就是家庭教育。

中华民族历来有重视家庭教育的优良传统，历代先贤在生活中不断探索和总结，积累了丰富的经验，形成了独具民族特色的家庭教育文化。精彩纷呈的家训家规、家风家学，成为优秀传统文化的重要组成部分。在中华文明历史长河中，家庭和国家联系最为密切。家大为国，国小为家，家是最小国，国是千万家。每个人无论家境穷富、地位高低，都有一份挥之不去的家国情怀。"忠孝两全""精忠报国"，心怀"国之大者"，成就"栋梁之才"，这也是中国传统文化最鲜明的特色。家庭是我们人生的起点，也是我们落脚的港湾，教育起步于家庭，相伴于家庭，也离不开家庭。随着社会的进步和发展，家庭教育的首要性、重要性愈发显现。

党和国家高度重视家庭、家教和家风建设，全国妇联、教育部等国家七部委早在 2010 年就联合颁发了《全国家庭教育指导大纲》。党的十八大以来，习近平总书记在不同场合多次明确要求"注重家庭、注重家教、注重家风"，并特别指出家庭教育最重要的是品德教育，是如何做人的教育，强调"家庭的前途命运同国家和民族的前途命运紧密相连""努力使千千万万个家庭成为国家发展、民族进步、社会和谐的重要基点"。为深入贯彻落实习近平总书记重要指示精神，2015 年教育部单独颁发了《关于加强家庭教育工作的指导意见》，2016 年全国妇联、教育部、中央文明办等九部门共同印发的《关于指导推进家庭教育的五年规划（2016—2020年）》提出，"到2020年，基本建成适应城乡发展、满足家长和儿童需求的家庭教育指导服务体系"。2019年，国家九部委重新印发了《全国家庭教育指导大纲（修订）》，提出"科学规范家庭教育指导服务行为，提升家庭教育指导服务水平，促进家庭教育事业全面发展"。自2019年至2022年，教育部连续四年在工作要点中提到家庭教育，强调发挥学校指导作用，明确家长主体责任，推动学校提升家庭教育指导能力。可见，家庭教育已日渐成为党和政府与社会各界广泛关注的重点问题，成为各级教育行政部门的重要工作内容，成为中小学、幼儿园必须抓好落实的工作目标。新时代家庭教育事业迎来了春天。

对照党和国家的总体要求，各级教育行政部门和各类学校家庭教育、家校共育工作在不断提高认识中开展得有声有色、红红火火，从实用的角度进行了有益探索。但透过现象看本质，活动大都是经验式的，内容不系统、不全面，分享的东西科学性不足，很多观点要素缺乏学术支撑，普及和推广的价值较低。家长普遍缺失正确的家庭教育理念和手段，亟须提升自身的家庭教育意识和能力；全社会还缺乏专业的家庭教育指导者，亟须建立科学有效的家庭教育专业指导体系等。山东师范大学作为山东省人民政府和教育部共建地方高校，积极响应新时代家庭教育发展的新需求，充分发挥师范类高校特色优势，利用学校教育学、心理学等优质教育资源，精心打造研训专家团队，以"时不我待"的精神率先开展家庭教育探索，积极推动家庭教育理论研究和学术落地，努力为新时代的家庭教育拓展新视角、开辟新天地。

2016年9月，山东成人教育协会家庭教育工作委员会在山东师范大学成立，2017年3月开展首期家庭教育指导师培训，2018年4月成立了山东师范大学家庭教育研究中心，面向中小学幼儿园教师、学校心理咨询师、社区心理工作者等各界人士开展"家庭教育指导师"培训工作，其间有不少教育主管部门的领导、中小学校长、高校教师也加入学习的行列。截至2022年10月，山东师范大学已成功举办"家庭教育指导师"线下培训班60余期、累计培训5000余人次，线上培训也达6800余人次，为各地推广家庭教育工作培养了宝贵的种子教师。在这期间，山东师范大学还契合相关主题前后举办了7期家庭教育高端论坛，论坛专家云集、观点前卫、见解精到，在探讨家庭教育规律、推动家庭教育学术研究方面起到了重要的引领作用。

2018年9月，全国教育大会上，总书记提出"教育是党之大计，国之大计"，家庭教育作为最早、最基础的教育，是"扎根教育"，关乎广大未成年人的健康成长和国家民族的长远发展。为深入贯彻落实《中华人民共和国家庭教育促进法》规定"中小学校、幼儿园应当将家庭教育指导服务纳入工作计划，作为教师业务培训的内容"的要求，满足广大家庭教育工作者对学术理论知识和科学指导方法的渴求，帮助大家更有成效地开展家庭教育工作，山东师范大学家庭教育专家团队总结5年多来的研训实践经验和学术成果，撰写了这部家庭教育培训工作指导用书，期待能够为当下和未来的家庭教育提供借鉴。

孩子永远是未来，是希望。面对当今世界百年未有之大变局，让我们充满希望，一起向未来，不忘教育初心，牢记教育使命，共同扛起家庭教育的旗帜，有信仰、有尊重、有责任、有感情、讲科学地做好家庭教育。

家庭教育，利国利民，大有可为！

郭玉锋

（山东师范大学继续教育与培训学部部长、继续教育学院院长、研究员）

序 1

家庭教育指导师的神圣使命与成长之路

山东师范大学邀请我为《一起向未来——家庭教育实务教程》写序，既是乡情难却，更是感慨万千。自 2007 年开始，我即参与中国青少年研究中心的家庭教育指导师岗位培训项目，并主编过百万字的《家庭教育指导师培训教材》。因为是全新的事业，在多年的探索中既有成功的经验，也有失败的教训，所以愿意借此与有志于家庭教育指导服务事业的朋友说说心里话。

2022 年 1 月 1 日，《中华人民共和国家庭教育促进法》开始实施，这是家庭教育事业发展的国家大法，也是家庭教育指导服务的根本依据。目前，家庭教育指导师已经进入国家职业大典，成为一种令人期待的新职业。

什么是家庭教育指导师呢？家庭教育指导师是运用科学的理论和方法，从事家庭教育知识传授、问题咨询、信息服务、活动组织等专业指导的人员。或者简要地说，家庭教育指导师是能以科学的方法帮助父母做好家庭教育的专业工作者。

细心的人或许会提出疑问，在这个简要定义中，为什么没有提科学的理论呢？是的，家庭教育指导师需要掌握科学的理论，没有科学的理论就没有科学的方法。但是，家庭教育的本质特点是实践，再伟大的理论也需要化为可操作的具体方法才会行之有效。因此，具有将科学的理论提炼为科学的方法的本领，才能满足家庭教育指导师的职业要求。也就是说，"能以科学的方法帮助父母做好家庭教育"的定义，不是降低了标准，而是对家庭教育指导师的能力提出了更高的要求。

在对家庭教育指导师的理解中还容易有一个误区，那就是将家庭教育仅仅理解为对子女的教育，实际上，家庭教育是两代人甚至是三代人相互学习共同成长的过程，在信息化时代的今天尤其如此。《中华人民共和国家庭教育促进法》第十七条第八款规定："相互促进，父母与孩子共同成长。"

家庭教育指导师的应运而生，为有志于家庭教育的人开辟了成才之路和服务之道。当今国际社会对人才的标准有了新的认识，已经从资格概念和技能概念发展到能力即

4

综合素质概念。这是国际 21 世纪教育委员会向联合国教科文组织提交的报告中的观点（详见《学习——内在的财富》一书）。

所谓资格概念是指一种客观的标准评定，例如一个人的学历、职称或职务甚至年龄，家庭教育指导师也是一种资格。所谓技能概念则是指对某一种专业技能的掌握水平。举例来说，两个同样获得家庭教育指导师资格的人相比较，虽然资格一样，但水平不一样，这就是技能差异。进一步观察和研究会发现，具备同样资格与技能的人相比，更重要的差异是能力，即综合素质。

国际 21 世纪教育委员会认为："专业资格的概念变得有些过时，个人能力的概念则被置于首要地位。""资格与实际技能的概念仍然过于密不可分，而能力则是每个人特有的一种混合物，它把通过技术和职业培训获得的严格意义上的资格、社会行为、协作能力、首创能力和冒险精神结合在一起。"

我们联系实际可以说，经过严格系统的培训，获得家庭教育指导师的资格和技能是必要的，但更为重要的是在实践中培养自己的综合能力。家庭教育指导师可以讲课，可以运用新媒体提供信息服务，可以组织活动，等等，但最重要的也是最能够检验水平高低的是咨询服务。在咨询服务过程中，与人沟通的亲和力、去伪存真的判断力、生动形象的表达力、从实际出发的创造力等四种能力尤为重要。

家庭教育指导师是做人的工作，首先就要具有与人沟通的亲和力，特别需要文明礼貌、善解人意、理解和尊重每一个需要帮助的人。比如在咨询服务中，当发现对方一些错误的时候，应该予以分析和纠正，但更需要用心、耐心倾听，多从积极和正面的角度给予理解与引导，而不是简单否定，更不是讥讽嘲笑。

家庭教育指导师在工作中既涉及家庭生活，也涉及孩子生活，这其中往往存在许多假象。比如，有时候，孩子可能出于好意，却做出一件破坏性的事情；有时候，孩子做了一件漂亮的事情，动机却未必高尚。所以，只有具有去伪存真的判断力，才可能掌握真实准确的情况，做出合乎实际的判断，提供科学而实用的建议。

家庭教育指导师面对的多数求助者是父母，他们文化水平参差不齐，家庭教育指导师只有具有生动形象的表达力，才能易于被理解和接受。在新媒体时代，家庭教育指导师非常需要运用新媒体服务于广大父母，更需要通俗易懂、鲜明有力的表达能力。

家庭教育指导师要应对不同家庭的复杂差异，如果简单地引经据典，很可能造成南辕北辙的结果，因此要具有从实际出发的创造力，把理论与实际紧密结合起来，给求助者以切实有效的帮助。比如，如何解决独生子女的合群与合作问题？如何处理两个孩子之间的矛盾或三个孩子之间的矛盾？广大父母创造出了"独生子女家庭互助组"

"借个孩子去旅行"等教育模式，这些就是富有成效的好方法。所以，要相信教育的智慧在民间。

家庭教育是一门科学，家庭教育指导师自然应当成为科学的教育工作者。什么是科学呢？科学一般是指反映自然、社会、思维等客观规律的分科的知识体系。说家庭教育是一门科学，就是说它反映了对家庭教育客观规律的系统认识和家庭教育的经验与方法。

家庭教育的实践提出了一个令人困扰的疑问：为什么有些父母是高学历、高职位、高收入家庭的孩子屡屡出现问题？经过多年积累并与诸多专家学者反复探讨，我们形成了一个共识，即决定家庭教育成败的关键因素不是学历、职位和收入水平，而是教育素养。教育素养包括教育观念、教育方式和教育能力三大要素，具体可以归纳为五个元素：现代的教育理念、科学的教育方法、健康的心理、良好的生活方式、平等和谐的夫妻和亲子关系。

家庭教育指导师最重要的历史使命，就是不断提高孩子父母的教育素养，最基本的工作就是引导他们树立现代的教育观念、掌握科学的教育方法、培育积极健康的心理、养成良好的生活方式、构建平等和谐的夫妻关系和亲子关系。毫无疑问，提高父母的教育素养是家庭教育成功的根本保障。

教育素养的首要元素是现代的教育理念。这是父母教育素养的核心，对家庭教育的目标、方向以及父母的教育行为起着制约和指导作用，也是影响家庭教育质量的决定因素。家庭教育理念至少包含家庭观、儿童观、亲子观、人才观、教子观五个方面。家庭观，即家庭是生活的组织，家庭教育是生活的教育，要让家庭教育回归于创造美好的生活。如陶行知所言："好的生活就是好的教育，坏的生活就是坏的教育。"儿童观，即父母对儿童本身及其发展的认识，如孩子是人，是不断走向成熟的人，是终将独立的人，等等。亲子观，即父母对子女与自己关系的基本看法，如两代人相互学习、共同成长，等等。人才观，即父母对人才价值的理解，如社会需要各种各样的人才，只要做出自己应有的贡献就是人才，等等。教子观，即父母对自身、对子女发展的影响力和能力的认识，如把健全人格的培养视为家庭教育的核心等。

教育素养的第二个元素是科学的教育方法。这是教育理念和教育行为的综合体现，并直接关系到孩子在家庭中所受教育的效果。特别重要的教育方法至少有四点：（1）教育孩子的前提是了解孩子，了解孩子的前提是尊重孩子；（2）教子成功从培养良好习惯做起；（3）父母身教重于言教；（4）让孩子在体验中和群体中长大；等等。其中，习惯养成是极为重要的教育方法，也是培养健康人格的基本途径之一。据中国青少年研究中心的研究发现，习惯培养的六个步骤为激发动机、明确规范、榜样教育、持久训练、及时评估、形成环境。

教育素养的第三个元素是健康的心理。这是指父母心理健康才会给孩子以积极的影响。健康的心理不仅是指父母要注重对孩子健康心理的培养，同时还要关注和指导父母自身的心理健康。很多孩子身上反映出来的问题，恰恰是父母本身的问题，只有心理健康的父母才能给孩子以积极的影响，正确引导父母和孩子做到认识自己、悦纳自己、控制自己。

教育素养的第四个元素是良好的生活方式。这是保证孩子健康成长的基石。如怀特海在《教育的目的》中所说："教育只有一个主题，那就是五彩缤纷的生活。"良好的生活方式就是创造适合孩子成长的环境，让家庭具有生活的魅力，让孩子逐步养成健康生活的习惯，并不断提高孩子多方面的生活技能，特别需要养成喜欢读书、热爱劳动、积极运动、友善待人、保护环境、志愿服务等现代人的良好习惯。

人是环境的产物，"近朱者赤，近墨者黑"，一切都是从童年开始的。例如，父母读书多，孩子读书也多；父母爱运动，孩子也容易喜欢运动；父母合理膳食，孩子也会深受其益。良好的生活方式是孩子形成健全人格的摇篮。在养成良好的生活方式方面，父母的榜样作用尤为重要。

父母和其他家庭成员在孩子成长的过程中，要掌握和了解孩子的成长规律和特点，给孩子创建一个安全、舒适的家庭环境；关心孩子的饮食和睡眠，使其身高、胸围、腰围、体重等达到同龄少年儿童正常发育水平；还要教给孩子卫生常识，帮助他们养成良好的卫生习惯；满足孩子的运动需要，指导子女初步掌握体育运动的基本知识和技能，养成锻炼身体的习惯，提高适应气候变化和抵御疾病的能力等。

教育素养的第五个元素是平等和谐的夫妻和亲子关系。这是家庭教育成功的必备条件。家庭的本质是家庭关系，而家庭关系首先是夫妻关系。在家庭关系中，夫妻关系对亲子关系具有长久而深刻的影响。良好的夫妻和亲子关系都是相互尊重、相互理解、相互信任、相互帮助和相互学习的关系。没有平等的亲子关系，就培养不出现代化的孩子；没有和谐的关系，就建设不成民主的家庭。因此，父母不仅应尊重孩子的权利，还要用欣赏的眼光善于发现孩子的独特个性，真诚地学习孩子身上的优点，使教育过程充满理智之爱。

以上关于教育素养五元素的分析，或许可以给家庭教育指导师一个启示，即家庭教育的问题不是孤立存在的，只有把握多方面的情况，才能认清真正的问题根源，从而提出科学有效的对策。

家庭教育指导师具有神圣的教育使命,有志于从事这项充满希望的工作的人士一定会关心自己的专业发展与未来前景。专业发展的规律告诉我们,需要越广泛、越强烈、越持久,相关的专业发展就会越重要、越迅捷、越稳定。家庭教育指导正是这样一种专业。《家庭教育促进法》要求县级以上人民政府及有关部门要"组织建立家庭教育指导服务专业队伍","要通过多种途径和方式确定家庭教育指导机构"。这些法律要求必将带动各种类型的家庭教育机构如雨后春笋般涌现,尤其是中小学和幼儿园对家庭教育指导服务的强烈需求,而这些需求为家庭教育指导师提供了事业平台。

　　当然,教育作为一种服务业,其生命力在于服务质量。与教师、医生、律师等职业一样,家庭教育指导师的价值是由服务质量决定的,而服务质量是由人格魅力和专业能力决定的。

　　家庭教育指导师的发展可能会出现职业化与非职业化的区别,因为有些家庭教育指导师不需要职业资格,但不论是职业化还是非职业化,最重要的共同点在于都需要专业化。甚至可以说,如何不断提升自己的专业水平,就成为家庭教育指导师生存发展的关键所在。因此,家庭教育指导师需要终身学习,需要勤于实践,需要坚持理论与实践的紧密结合,需要坚定自己的信仰,这就是家庭教育指导师真正成功与幸福的秘诀。

　　新的时代为家庭教育指导师的发展开辟了广阔的道路,新的挑战也在时代变局中不断出现在家庭教育指导师面前。家庭教育指导师的最好选择就是尽快将自己武装起来,从丰富的实践经验上升到科学的理论认识,再从科学的理论认识回到不断发展的实践中去。

　　近年来,山东师范大学积极推进家庭教育指导师的培训工作,积累了较为丰富的经验。这本家庭教育指导师培训用书充分体现了理论与实践紧密结合的特色,既有重要的基础知识和解决问题的策略,又有从实践中总结出来的典型案例和经验分享,是家庭教育工作者开卷有益的好教材。所以,我愿意向大家推荐。

孙云晓

（中国家庭教育学会副会长,教育部家庭教育指导专委会副主任委员,中国青少年研究中心家庭教育首席专家、研究员）

序 2

回归孩子自我教育的家庭教育

2022 年 1 月 1 日起实施的《中华人民共和国家庭教育促进法》规定："中小学校、幼儿园应当将家庭教育指导服务纳入工作计划，作为教师业务培训的内容。"山东师范大学是山东省研究和普及家庭教育的重地，近年来面向全国中小学幼儿园教师、学校心理咨询师、社区心理工作者等各界人士开展线上和线下"家庭教育指导师"培训工作，为各地家庭教育事业发展培养了宝贵的种子教师，为推动全省家庭教育科学发展做出了突出的成绩和贡献。这部家庭教育指导用书是由郭玉锋教授牵头组织的专家、学者和培训师，致力于科学推动家庭教育事业，在多年悉心研究、认真教学、深入实践中凝聚的心血与智慧的结晶。

在全国教育大会上，习近平总书记指出：家庭是人生的第一所学校，家长是孩子的第一任老师，要给孩子讲好"人生第一课"，帮助扣好人生第一粒扣子。习近平总书记有关家庭教育四个"第一"的论述，阐明了家庭教育在孩子成长与接受教育过程中的首要性。

从教育社会学的角度来说，"家庭是人生的第一所学校"——家庭教育决定了孩子的学习、做事与为人的基本品质，"家长是孩子的第一任老师"——家长是孩子成长与学习中最重要的"他人"。陈鹤琴先生提出过，成人的一举一动，一言一行都会对孩子产生很大的影响，"小孩子是好模仿的，家中人之举动言语他大概要模仿的。若家中人之举动文雅，他的举动大概也会文雅的；若家中人之言语粗陋，他的言语大概也是粗陋的"。因此，"做父母的不得不事事谨慎，务使己身堪有作则之价值"，应该创造一个良好的发展环境，供自己的孩子模仿。陶行知先生也说过："我希望每个儿子做成一个什么样的儿子，我得把我自己先做成那样一个儿子。"正如陈鹤琴先生和陶行知先生所说，要通过身教给孩子讲好"人生第一课"，帮助孩子"扣好人生第一粒扣子"。因此，引导家长认识到家庭教育在孩子成长过程中的"首要性"，落实好四个"第一"，是家庭教育指导师成功的"首要性"前提。

这种"首要性"恰恰是多年来不少家长及教师忽略的：家长把教育孩子的责任推给了学校，教师把家长当作了教育学生的帮手；学校少了田园牧歌式的学习与体验，多了分分必较的刷题训练；家庭少了父慈母爱，多了咄咄逼人的训练辅导。家校共训的目标只有一个，让孩子考高分、上名校，将来谋取一个令人羡慕的高薪职业。孩子的个性化爱好、人际关系、生活品位乃至家国情怀，都被忽略或边缘化了。在家庭中，家长为了孩子能够取得好的学习成绩，一方面竭力满足孩子各种物质欲求，哪怕透支家庭收入也在所不惜，把孩子宠成高于家庭几代人的"小祖宗"；另一方面，最大限度地压制孩子成长过程中少年儿童应有的好奇天性和个性化需求，将孩子当作上了锁的"学奴"。这种家校共训，给孩子的感觉是家长与教师共同"对付"自己。用哲学的话语来说，我们把孩子当作了"客体"——教育或培养的对象，而没有尊重孩子自我教育的"主体"作用。于是，性格温和或"懂事"的孩子，往往厌学、"磨洋工"，但可能不会做出偏激的事情；而性格激烈或"不懂事"的孩子，不仅厌学，还容易做出伤人伤己的极端行为。这种接受短期、外在的学科成绩目标压迫的教育，容易造成孩子成长与学习的内在动机被抑制、自我教育的反思意识与能力弱化，"懂事"与"不懂事"的孩子殊途同归——都易于形成以满足自我欲望为中心的自私人格，从而导致有些青少年出现了道德道义失守、责任意识淡薄、人文精神缺失、创新能力严重欠缺、综合素质低下等问题。

毋庸讳言，上述这些现象绝不仅仅存在于个别家庭中。中国教育学会家庭教育专业委员会副理事长缪建东先生指出，在人的一生所受的教育中，家庭教育成分占75％以上。家庭作为一种社会组织，它要为我们社会的进步扮演重要的角色，未来社会合格公民的形成与培养，高科技背景下情感生活的平衡，均有赖于良好家庭的支撑。可以说，家庭教育忽略孩子自我教育的现象有普遍化倾向，已经成为建立和谐幸福家庭、落实教育之立德树人根本任务乃至实施人才兴国战略的重大障碍。我认为，这是国家重视家庭教育和为家庭教育立法的重要原因所在。

我认为，家校之外的第三方——家庭教育指导专家，应该成为提醒和帮助家长或教师尊重孩子自我教育的专家，引导家长回归孩子的自我教育——帮助孩子扣好"人生的第一粒扣子"，让孩子自己学会扣扣子，而不是替孩子一个个地扣。

孔子说过："古之学者为己，今之学者为人。"（《论语·宪问》）其意思是，过去的人学习是为了提高自身做人做事的修养，而现在的人学习是为了谋取他人认可的名利。这句话至今仍然不过时，也仍然在提醒我们要帮助孩子逐步实现自我教育。

针对不尊重学生自我教育和自主发展的功利化教育现象，陶行知先生将孔子的

"己欲立而立人，己欲达而达人"的思想，与杜威注重探究与反思的教育思想结合，提出了培养孩子自助与自主精神的自我教育思想。他在《儿子教学做》一诗中写道："三餐喂得饱，个个喊宝宝。小事认真干，零用自己赚。全部衣食住，不靠别人助。自活有余力，帮助人自立。"他认为让孩子自助自立是为了助人和立人，是为了成为国家和社会的栋梁之材，因而孩子只有自立，才能担当起国家和社会建设的重任。

自我教育，也叫作自我修养，是指个体在成长过程中通过逐步认识自己，逐步能够调节和评价自己的观念与行为，从而实现自己教育自己。因此，我认为，自我教育不仅仅是德育意义层面的，它既包括一个人思想政治修养和道德修养，也包括个人的文化修养、审美修养和心理修养。功利化教育的弊端在于过于重视孩子的文化修养，确切地说是更关注孩子文化课程的考试成绩。当下所倡导的变"要我学"为"我要学"式的自我教育，也多局限于与考试成绩相关的学科学习。我认为这不是真正的自我教育。真正的自我教育，是指在特定的家庭及社会文化的现实环境中，一个人在学习与成长过程中经历了自主性的探索、挫折、反思和收获等一系列的磨炼，提升了自己的整体修养——在个体人格各方面进行了自我教育和自我塑造，这是实现自我完善的必由之路。因此，自我教育具有主体性、自控性、内向性、社会性、终身性等特征。其实，当下基础教育悄然兴起的全学科学习、情境化学习、融合学习、项目化学习以及基于大概念的教学等，其核心理念就是落实学生在学习与成长过程中的主体地位，促进学生自主学习、自觉发展，最终实现促进终身学习与发展素养的自我教育。可以说，掌握引导学生自主学习、自觉发展和自我教育的理念与方法，促进教育教学高质量发展，是当前基础教育各学段教师专业发展的主流。

指导家长回归孩子的自我教育，只讲大道理是不够的。作为指导专家，家庭教育指导专业人员应当结合家庭教育实际，提出符合孩子成长规律的建议，引导家长启发诱导孩子主动学习的积极性，而不是压制孩子的个性和自主性。比如，针对好动的小孩子，可以建议家长通过有规律的运动活动或游戏满足孩子；对因好奇而喜欢发问的孩子，建议父母引导孩子逐步养成从发问到解决问题一体化的习惯；等等。这些做法的目的，就是让不同特点的孩子能够"学而时习之，不亦说乎"，能够获得内在满足的喜悦。陈鹤琴先生曾指出，"无论什么人，受激励而改过，是很容易的，受责骂而改过，是不大容易的。而小孩子尤其喜欢听好话，而不喜欢听恶言"，"做父母的应当以辞色来表示赞许和不赞许的意思"。孩子在学习活动中得到的不单单是家长的好恶情绪，而且有对事物和行为的赞赏或否定性的评价，这都会给孩子带来收获感，通过帮助孩子借助内在力量进行自我发展，达到自我教育的目的。

当然，家庭教育指导专业人员只有基于系统的学习和培训，将理论与实践内化为自己的智慧，才能驾轻就熟地给家庭教育提出针对性强且科学有效的建议。

郭玉锋、孔屏教授主编的《一起向未来——家庭教育实务教程》，理论性与实践性兼顾，既有家庭教育的原理、原则、内容和方式，也有针对家庭教育问题的分析与策略，还提供了精选的家庭教育典型案例、经验分享和课例分析。我相信，这本书的出版与应用，不仅能够提升家庭教育指导专业人员培训工作的质量，推动家庭教育指导工作科学、健康地发展，也必然会对以促进学生自主发展、全面提升学生核心素养为主题的新一轮基础教育课程改革，产生积极的影响。

李文军

（山东省教育科学研究院研究员，山东师范大学教授、硕士生导师）

目　录

第一章　家庭教育基础知识

　　本章是家庭教育基础知识部分，共 10 个专题，主要包括四部分内容：一是家庭教育指导师应具备的核心素养与工作理念；二是家庭教育的基本原理、原则、内容、方法；三是儿童权利保护的基本问题；四是 0～18 岁儿童心理发展的特点及教育。作者糅合了大量的一线经验，把相对枯燥的基础理论知识深入浅出地呈现在读者面前，会让人越读越觉得有味道。

家庭教育的理念及内容

张景焕　郭玉锋　张小永　乔资萍　孔　屏

一、家庭教育的基本理念

家庭教育是指在家庭中，父母或主要监护人（以下简称家长）依据国家相关法律法规，遵循儿童青少年身心发展规律，通过自觉的、有意识的言传身教和家庭生活实践对子女施加教育影响的活动。家庭是子女成长的主要场所，是发展的起点，对子女一生的发展具有不可替代的作用；家庭是社会的基本细胞，家庭建设以及家庭成员积极的精神状态本身就是社会进步、文明发展的重要组成部分。因此，做好家庭教育工作无论是对家庭幸福、对学校教育还是对社会主义精神文明建设都具有积极的推动作用。

（一）家庭教育以生活教育为基础

家庭教育是以血缘或抚养关系为基础的教育，其便利与可行之处就在于教育发生在家庭生活中。因此，家庭教育要以生活教育为基础，围绕家庭建设和家庭生活展开，在生活中创设尊重、平等的教育环境，捕捉教育契机，教育子女遵守生活规则、尊重生命、养成良好的生活习惯、形成高尚的道德品质。

（二）家庭教育以人格培养和道德养成为核心

人格培养和道德养成是家庭教育的核心任务，既包括生活态度、生活习惯的培养，也包括为人处世、自我约束的道德养成，更是生活意识、生命价值的传递与继承。因此，家庭教育应引导子女积极参与社会生活，遵纪守法，履行公民职责；应帮助子女了解家庭及当地的风俗习惯，形成符合社会发展方向的核心价值观，成为有素养的合格公民。

（三）家庭教育以促进家庭成员全面健康发展为出发点和落脚点

一般而言，父母是子女的监护人，是家庭教育的实施主体，承担主要的教育职责，其自身全面健康发展是家庭教育的基础。子女成长的不同时期有不同的教育重点，需要父母理解儿童青少年身心发展特点，遵循其成长发展规律，在恰当的时机以合适的方式开展基于生活实践的教育。在此过程中，包括子女在内的全体家庭成员需要共同成长，在家庭生活中愉悦和成就全体家庭成员，实现家庭教育的最终目标。

二、家庭教育指导工作的目标

（一）普及家庭教育知识，帮助家长掌握家庭教育方法，提高家庭教育整体水平

通过家庭教育指导工作，帮助家长全面学习科学的家庭教育知识和方法，系统掌握家庭教育的科学理念，用正确的思想、科学的方法教育引导子女，提高家长履行监护人主体职责的能力。

（二）引导家长挖掘家庭自身成长的发展动力，促进家庭和谐发展

通过家庭教育指导工作，引导家长了解家庭的优良传统及家风，寻找新形势下家庭自身的成长动力，并通过家庭生活发展积极的、面向未来的成长动力。在此过程中融合当地风俗习惯和家庭风尚，创造性地继承和发扬家庭优良传统，促进家庭成员健康和谐发展。

（三）促进家庭、学校及社区共同发展，形成教育合力

家庭是社会的基本细胞，镶嵌于学校和社区之中，因此家庭教育应融入学校和社区公共活动中，致力于增进家庭、学校和社区的沟通与合作，形成教育合力，促进家庭、学校和社区教育的整体协调发展，为儿童青少年的发展奠定坚实的基础。

三、家庭教育指导的具体内容与要求

依据上述家庭教育理念、指导目标，结合儿童青少年身心发展特点，本文按照3～6岁、6～12岁、12～15岁以及15～18岁四个年龄阶段，分别提出各个阶段儿童青少年身心发展特点、家庭教育重点以及在生命教育、生活教育、品德培养三个方面的家庭教育指导要点。

（一）3～6岁幼儿的家庭教育指导

1. 3～6岁幼儿身心发展特点

3～6岁是幼儿身心快速发展时期，幼儿的身高、体重、中枢与外围神经、动作技能等方面获得长足的进步；大肌肉的发展已能保证幼儿从事各种简单活动，小肌肉的发育也日趋完善；幼儿直觉行动思维日臻成熟，具体形象思维逐步完善，抽象逻辑思维开始萌芽；幼儿的词汇量迅速增长，基本掌握各种语法结构，逐渐能够自如地与他人交流；幼儿开始表现出一定的兴趣爱好等个性倾向以及与同伴合作游戏的需要。

2.3～6 岁幼儿家庭教育重点

根据这一阶段幼儿身心发展的特点及家庭教育所承担的任务，家庭教育的重点为：第一，对幼儿进行生命教育，帮助幼儿了解自己的身体及生活中的生命物质，加强幼儿营养保健和体育锻炼，促进幼儿身体健康；关注幼儿安全，避免意外伤害。第二，加强幼儿的生活教育，在日常生活中鼓励幼儿探究新事物，丰富幼儿的感性经验，促进幼儿智力发展；关注幼儿健康，培养幼儿良好的生活卫生习惯和行为习惯。第三，从"爱"入手对幼儿进行品德培养，帮助幼儿建立良好的人际关系，增强幼儿的社会适应性。第四，对幼儿进行幼小衔接指导，为幼儿顺利适应小学阶段学习打好基础，同时防止幼儿教育小学化。

3.3～6 岁幼儿家庭教育指导要点

3～6 岁幼儿大致处于幼儿园阶段，因而，此部分对应的是幼儿园孩子的家庭教育指导。

（1）生命教育

①帮助幼儿感受生命，认识并懂得保护自己的身体。指导家长了解幼儿生长发育的基本特点和相应的卫生保健措施，在家庭生活中购置和使用符合幼儿特点的生活物品；引导幼儿了解身边常见的生命现象，观察和探究动植物生命状态。

②加强幼儿营养保健，科学营养膳食。指导家长根据幼儿特点采用科学合理而又能为幼儿接受的膳食方式；科学搭配幼儿饮食，做到营养均衡、种类多样、饮食定量、调配得当。

③加强体育锻炼，增强幼儿体质。指导家长带领幼儿积极开展体育锻炼；关注幼儿大肌肉群和小肌肉群的训练，加强感知训练，提高幼儿感觉统合能力；从家庭实际出发，开展一些简便、有趣、形式多样的体育活动，并持之以恒。

④关注幼儿安全，避免意外伤害。指导家长提高安全意识，尽可能消除周边环境中的伤害性因素；结合幼儿的生活和学习对幼儿实施安全教育，加强幼儿对危险情境及事故原因的认识，使幼儿知道生命的宝贵，培养幼儿的生命意识；通过合理的引导、适当的练习以及强化训练等方式引导幼儿学会初步的自我保护。

（2）生活教育

①指导幼儿独立生活。指导家长训练幼儿掌握简单的生活自理技能，正确地洗脸、梳头、洗手、洗脚，饭后漱口和早晚刷牙；独立、有序地穿脱衣服及系鞋带；逐步学会整理自己的衣物、床铺，打扫房间等；进餐时自己用餐具，不挑食、不偏食、不需要成人喂食；学会自己如厕，按时排便；按时作息，早睡早起；坐立、行走、看书、

看电视姿势正确。指导家长在日常生活中为幼儿提供参加力所能及的家务劳动的机会，培养幼儿热爱劳动的习惯，引导其体验劳动的乐趣。

②为幼儿探究新事物创造条件，多种途径丰富幼儿的感性经验。指导家长为幼儿创造更多与周围世界接触的机会，引导幼儿对周围的事物感兴趣，喜欢表达对大自然及社会的感受，在亲身体验、实际操作和现实交往中获得更多的感性经验。

③关注幼儿阅读，提升幼儿语言能力。阅读是滋养幼儿心灵的重要源泉，是提高幼儿语言能力的有效途径。指导家长给幼儿充分的接触图书的机会及阅读的自由，适当陪伴幼儿阅读，关注幼儿的阅读倾向，理解幼儿在阅读过程中的动作、语言和情感，并给予积极回应，让幼儿享受阅读的乐趣，培养幼儿良好的阅读习惯，提高幼儿的语言表达能力。

④培养幼儿养成良好的生活习惯。指导家长在生活中培养幼儿养成良好的卫生和生活习惯，早睡早起，生活有规律，既能够愉快地玩耍，也能够安静地阅读；在入园及入小学前根据幼儿园及小学的活动规律适当调整幼儿的作息时间，以适应幼儿园或小学的生活节奏。

⑤关注幼儿心理健康，配合幼儿园和小学做好入园及入学准备。指导家长为幼儿创设宽松、舒适、安全的心理环境，促进幼儿的心理健康发展，了解幼儿常见心理健康问题及行为表现，及时发现问题并采取正确的方式纠正；尤其要关注幼儿入园焦虑产生的原因，掌握缓解幼儿入园焦虑的方法，使幼儿顺利适应幼儿园的生活。在入小学前通过带幼儿参观小学、为幼儿准备学习用具等活动，使幼儿产生对小学生活的向往。

（3）品德培养

①对幼儿进行爱的教育。指导家长从培养幼儿爱自己开始，逐步扩展到爱家人、爱同伴和老师、爱家乡和爱祖国，循序渐进地开展体验式的爱的教育，帮助幼儿准确认识自己，并逐步接纳、喜爱周围的人。

②培养幼儿抗挫折能力，增强幼儿社会适应性。指导家长鼓励幼儿以开放的心态展示自己，在生活中遇到问题时给幼儿面对挫折的锻炼机会，跟幼儿一起理解挫折情境，想出应对挫折的办法，树立应对挫折的榜样；在幼儿遇到生活困难时及时给予鼓励，提供必要的帮助，在确保幼儿安全的情况下鼓励幼儿自己解决问题。

③帮助幼儿建立良好的人际关系。指导家长建立良好的家庭关系（包括夫妻关系、婆媳关系、亲子关系等），为幼儿树立榜样。鼓励幼儿主动与同伴玩耍与交往，遇到问题时找老师交流，在与他人交往中能够体验到愉快的情感，提高幼儿的社会适应能力。

（二）6～12岁儿童的家庭教育指导

6～12岁儿童大致处于小学学段，因而，此部分对应的是小学生的家庭教育指导。

1.6～12岁儿童身心发展特点

6～12岁是整个儿童期十分重要的发展阶段。该阶段的儿童身心发展特点主要体现在：儿童身高和体重迅速发展，外部器官有了较快发展，但感知能力还不够完善；儿童处于从以具体形象思维为主向抽象逻辑思维过渡的阶段，能根据具体经验解决问题，能通过实物操作协助思考；情绪、情感方面表现得比较外显。此阶段儿童具有其特有的天真和对成人的完全信赖，他们内心相对平和，成人及周围环境对他们影响巨大，被认为是接受教育的黄金时期。

2.6～12岁儿童家庭教育重点

根据这一阶段儿童身心发展的特点及家庭教育所承担的任务，家庭教育的重点为：第一，加强生命教育，帮助儿童认识生命，认识自己，在此基础上教导儿童珍爱生命。第二，强化生活教育，引导儿童树立初步的时间观念和具备初步的时间管理能力，培养基本的生活自理能力和正确的消费观念；培养儿童浓厚的学习兴趣，帮助他们养成良好的学习习惯。第三，注重儿童品德培养，提升家庭认同意识，让儿童学会关心他人；亲子共守诚信，培养儿童道德感；让儿童承担一定的家务劳动，培养儿童的责任心；促进形成良好的同伴关系和师生关系，提高儿童的社会适应性。

3.6～12岁儿童家庭教育指导要点

（1）生命教育

①帮助儿童认识生命。指导家长帮助儿童进一步认识自然界的生命现象，了解自然界万物的生长规律，喜爱自己赖以生存、充满生机的世界，树立初步的人与自然和谐相处的意识；帮助儿童建立热爱生命、珍惜生命、呵护生命的意识。

②帮助儿童认识自己。指导家长帮助儿童认识自己的身体器官及其特点，寻找恰当的方法解答儿童对身体和生命问题的困惑；帮助儿童形成明确的性别意识，鼓励儿童与自己喜欢的同伴做朋友，并在与异性的交往过程中保护自己。

③教导儿童学会自我保护。指导家长让儿童学会珍爱生命，帮助儿童初步了解居家出行的安全常识，掌握必要的自我保护技能。

（2）生活教育

①帮助儿童树立初步的时间观念。指导家长帮助儿童合理安排时间，明确活动的时间界线；帮助儿童制订时间规划表，学会在规定的时间做规定的事情。

②培养儿童基本的生活自理能力。指导家长重视养成教育，防止因过度包办和溺

爱造成儿童的依赖心理。根据儿童的身心发展特点，在日常生活中为儿童提供劳动机会，指导儿童参加力所能及的家务劳动、公益劳动以及简单的生产劳动，培养儿童热爱劳动的习惯，让儿童体验劳动的乐趣、树立正确的劳动观念、掌握一定的劳动技能。

③培养儿童正确的消费观念。指导家长鼓励儿童参与家庭财务预算，培养儿童初步的理财意识和消费观念，引导儿童正确认识金钱、合理支配零用钱、形成量入为出的观念，防止欲望膨胀，逐步形成吃苦耐劳、节俭朴素的品格。

④营造良好的家庭学习环境。指导家长根据家庭经济条件为儿童创设必要的学习环境，尤其是阅读环境。同时，注重家庭心理环境的培育和创设，构建安全、温馨的家庭氛围，家长尤其要注意做热爱学习的榜样。

⑤培养儿童浓厚的学习兴趣。指导家长培养儿童的学习兴趣，让儿童体验学习的乐趣，消除学习上的心理压力。当儿童学习遇到困难时，家长要给予热情的鼓励和必要的帮助。

⑥养成良好的学习习惯。指导家长帮助儿童养成全神贯注、集中注意力完成学习任务的习惯，鼓励儿童在学习知识的过程中勤于发问、大胆表达自己的意见，发展多种能力，培养积极、主动的心理品质和独立思考的习惯。

（3）品德培养

①提升家庭认同意识。指导家长做到彼此尊重、关爱，对儿童的管教、期望尽量一致，共同为儿童提供相对熟悉、稳定、和谐的家庭氛围和环境，让儿童能够感受到家庭的温暖和力量，认同自己的家庭。

②让儿童学会关心。指导家长真正关心和爱护儿童，也要引导儿童对爱自己的人产生感激之情，并学着关心自己身边发生的事，关心环境变化和社会发展，为家庭做力所能及的事情，以友善、真诚的态度对待周围的人和事。

③亲子共守诚信。指导家长重视自身的率先垂范作用，自觉抵制不诚信行为。在家庭生活中教育儿童勇于承认自己的错误，及时改正缺点，体会诚信带来的由衷快乐。

④培养儿童的责任心。指导家长让儿童学会自己的事情自己做，家庭的事情帮着做，他人和社会的事情力所能及地做，引导儿童对自己负责，对家庭负责，对他人负责，进而对社会负责。

⑤促进良好的同伴关系。指导家长为儿童提供与同伴交往的机会，并给予恰当的指导，使儿童掌握与同伴交往的方法和技巧，形成良好的同伴关系。

⑥建立良好的师生关系。指导家长引导儿童热爱学校、热爱老师，形成良好的尊师情感，学会与老师交流沟通。同时，家长要全面了解儿童与老师交往的情况，并根

据儿童的特点，有针对性地引导儿童处理好与老师的关系。

（三）12～15岁青少年的家庭教育指导

12～15岁的青少年大致处于初中学段，因而，此部分对应的是初中生的家庭教育指导。

1. 12～15岁青少年身心发展特点

12～15岁的青少年正处于告别幼稚、走向成熟的过渡时期，即青春期或少年期。处于青春期的青少年的各项身体指标已接近成人，尤其是性激素分泌迅速增加，随着性的萌发与成熟，出现了第二性征。除了身体上的巨大变化，此阶段青少年的心理变化也非常显著。认知发展方面，他们不仅能够把握眼前的事物，还能够通过想象，设想和预测可能发生的事件，尽管存在偏激和不成熟，但对事物有了一定的见解。此阶段青少年在与异性同伴的相处中，开始有了新的体验并感受到神秘的骚动，这使他们既好奇、渴望，又迷惑、害怕；随着自我意识的发展，他们的自尊心与人格独立意识也随之明显增强，但由于社会经验不足，对社会及个人问题认识较肤浅，因而他们对自我的评价、对他人的评价常常是不成熟的；在情绪方面具有高度的兴奋性、激动性、紧张性及冲动性，情绪、情感体验不平衡，往往出现矛盾的状态，自我体验也是动荡而不稳定的。此阶段青少年学习能力分化明显，学习成绩波动较大；学习成绩与学习体验会影响青少年心理健康及学校适应，学业不良将会导致厌学、逃学、自暴自弃等一系列内化与外化行为问题。

2. 12～15岁青少年家庭教育重点

根据这一阶段青少年身心发展的特点及家庭教育所承担的任务，家庭教育的重点为：第一，加强生命教育，主要针对青少年身体的变化、性心理的变化、两性交往带来的新情况开展教育。第二，强化生活教育，在行为习惯、情绪管理、时间管理、学习方法、职业发展等方面加强指导。第三，注重品德培养，积极开展自我意识、责任意识、社会适应性、价值观、规则与法律方面的教育。

3. 12～15岁青少年家庭教育指导要点

（1）生命教育

①帮助青少年了解身体和心理的变化。指导家长帮助青少年了解青春期生理卫生知识，引导青少年认识、适应及接纳自己生理和心理的变化。

②加强对青少年的性道德观念教育。指导家长注意控制家庭的不良性刺激，加强对青少年的性道德观念教育，引导青少年掌握正确的两性交往原则和方法策略。

③防止性侵犯。指导家长帮助青少年了解性骚扰和性侵犯的现象，教会青少年自

我保护的方式方法，防止遭受性骚扰和性侵犯。

（2）生活教育

①帮助青少年养成良好的行为习惯。指导家长帮助青少年养成良好的卫生习惯、劳动习惯、着装习惯和正确的消费观念，逐步形成积极参与劳动和为他人着想的思想意识。

②帮助青少年学会时间管理。指导家长在与青少年协商的基础上制订时间规划表，并逐步实现由他律到自律的过渡。帮助青少年按计划安排学习活动，合理控制上网时间。

③引导青少年学会情绪管理。指导家长学会情绪管理，给青少年做情绪管理的榜样；教会青少年识别自己的情绪，掌握科学的情绪管理方法，有效管控自己的情绪。

④引导青少年有效应对学习问题。指导家长培养青少年良好的学习兴趣和学习习惯，帮助青少年发现适合自己的学习方法；引导青少年端正学习态度，养成良好的应试心理；正确对待学习中出现的问题并及时纠正和弥补；在合适的时机与青少年共同规划学业生涯，帮助青少年认知并做好初步职业规划，鼓励青少年自主探索选择生活目标或树立职业理想。

⑤帮助青少年学会应对挫折。指导家长对青少年进行必要的挫折教育，树立应对挫折的榜样，帮助青少年正确认识挫折、面对挫折，学习应对挫折的办法，提高应对挫折的能力。

（3）品德培养

①强化青少年的自我意识。指导家长了解青少年的生理和心理变化，针对青春期出现的情绪戏剧化、叛逆极端化、自我意识高涨、要求独立等心理特点调整教育的方式方法，了解青少年心理发展特点，帮助青少年形成良好的自我认识，学会客观地评价自我，积极地提升自我。

②进一步培养青少年的责任心。指导家长引导青少年除了对自己的事情负责、对家庭的事情担负一定的责任外，还需要承担必要的学校和社会责任，让他们学会关心同学、尊重老师，保护学校和社会环境，参与一些力所能及的有利于他人和社会的公益活动。

③指导青少年学会感恩。指导家长把青少年的感恩教育融入家庭生活里，体现在具体行为中，引导他们学会以恰当的方式表达自己的感恩之情。

④指导青少年建立良好的人际关系。指导家长以平等的方式与青少年相处，掌握与他们沟通的技巧，建立和谐的亲子关系，促进青少年对家庭的积极认同；指导青少

年学会与同伴交往，积极发展同伴友谊；指导青少年学会处理师生关系，以积极的方式获得老师的关注和认可；指导家长以身作则，为青少年创造更多机会参与社会活动，提高他们的社会适应能力。

⑤帮助青少年树立正确的价值观。指导家长意识到自身的价值观会潜移默化地影响青少年，家长自身要端正对生活和生命的认识，避免在子女面前抱怨生活、与社会对抗甚至敌视社会或他人，防止青少年形成反社会人格。

⑥引导青少年建立规则与法律意识。指导家长严格要求青少年，维护家庭生活秩序，遵守学校纪律和社会规范，培养青少年健全的规则意识，养成遵纪守法的好习惯。

（四）15～18 岁青少年的家庭教育指导

15～18 岁的青少年大致处于高中学段，因而，此部分对应的是高中生的家庭教育指导。

1. 15～18 岁青少年身心发展特点

15～18 岁的青少年属于青年早期或少年晚期。经过青春期的迅速发育，此阶段青少年的身心发展已经趋于成熟，进入相对稳定时期，但仍然存在自信与自卑、依赖与独立等方面的内在冲突。具体表现在以下几个方面：他们的生理、心理发展不均衡；在知、情、意、行等各个方面，容易出现困惑、苦闷和焦虑，对家长和教师表现出逆反心理，心理发展表现出较大的波动性；在观念和行动上表现出强烈的自主性；他们兴趣广泛，对许多事物都有自己的见解和主张，并为坚持自己的观点而争论不休。此阶段青少年的内心世界变得丰富多彩，但又不轻易表露出来，呈现出闭锁性与希望被人理解的矛盾心理；他们自治、自理、自立的要求强烈，开始以前所未有的认真与严肃，思考自己未来的生活与职业前途。

2. 15～18 岁青少年家庭教育重点

根据这一阶段青少年身心发展的特点及家庭教育所承担的任务，家庭教育的重点为：第一，强化生命教育，引导青少年敬畏生命，帮助青少年预防险情，教导青少年远离校园暴力，树立性健康观念。第二，提升生活教育，帮助青少年提高生活自理和自律能力，引导青少年明确学习目标，帮助他们做好职业规划。第三，加强品德教育，引导青少年形成正确的自我意识，培养他们强烈的社会责任感和良好的社交行为能力，提高他们的规则与法律意识，帮助青少年形成良好的个性品质和正确的价值观。

3. 15～18 岁青少年家庭教育指导要点

（1）生命教育

①引导青少年敬畏生命。指导家长引导青少年在了解生命来源、认识自己的基础

上，认识生命具有最高价值，认识生命对于家庭和社会的意义，引导青少年认识到生命只有一次，除了法律之外，任何人都没有剥夺他人及自己生命的权力；引导青少年敬畏生命，走出漠视生命的误区。

②帮助青少年预防险情。指导家长帮助青少年预防溺水、火灾、烫伤、性侵等险情发生，学习在面对这些险情的时候有效地保护自己，避免受到伤害或最大程度降低伤害。

③教导青少年远离校园暴力。指导家长帮助青少年充分认识校园暴力的危害，学会识别并远离校园暴力，掌握有效应对校园暴力的方法。

④性健康教育。指导家长教育青少年了解预防艾滋病的基本知识，正确对待艾滋病病毒感染者和艾滋病患者；帮助青少年了解有关青春期保健知识，包括男生遗精、女生经期卫生，同性家长（母亲对女儿、父亲对儿子）在恰当的时机跟子女交流有关自慰、性梦、性幻想等常见的问题，认识危险性行为对身心健康的危害，树立健康文明的性观念和性道德。

（2）生活教育

①帮助青少年提高生活自理和自律能力。指导家长帮助青少年提高生活自理和自律能力，做到合理膳食，忌暴饮暴食，能够自觉抵制生活中的诱惑，过自律的生活。

②引导青少年明确学习目标。指导家长帮助青少年明确学习目标，包括学期目标、学年目标和高考目标，列出详细的学习计划，制订有效的实施与监督措施以达成目标。同时，教会青少年掌握提高学习兴趣、激发学习动机、缓解心理压力的基本方式方法。

③帮助青少年做好职业规划。指导家长从青少年实际出发，不断调整自身期望，引导青少年学会将理想与现实结合起来；尊重青少年对自己未来的规划与发展意愿，为青少年选择志愿提供参考意见，并协助其做好职业规划，鼓励青少年自主选择生活目标或树立职业理想。

（3）品德培养

①引导青少年形成正确的自我意识。指导家长引导青少年正确地认识自己，了解自己的优点，接纳自己的缺点或不足，做到扬长避短或者扬长补短；引导青少年学会多角度思考问题，辩证地看待结果，避免思想偏执和走极端。

②培养青少年强烈的社会责任感。指导家长鼓励青少年积极参与社会实践活动，在集体生活中锻炼自己，学会并乐于与人相处，勇于承担责任。

③培养青少年良好的社交行为。指导家长引导青少年尽快适应高中学习生活，加强人际交往教育，使青少年能树立正确的友谊观和爱情观，学会彼此尊重，相互支持；

指导青少年积极开展社交活动，避免与社会上的不良青少年交往，自觉抵制不良诱惑；社交活动中行为得体，尤其要正确对待两性交往；有意识地培养青少年健康的竞争意识，同学不仅是竞争对手，更是合作伙伴，培养公平竞争意识，敢于坦荡地面对成败，更要在竞争中实现共赢。

④帮助青少年形成良好的个性品质。指导家长更多地理解青少年，尤其要了解青少年的性格特征、能力倾向与气质类型，以合适的方式与他们交流情感，在家庭生活中提供机会让青少年认识和了解自己个性特征的优势与不足，为他们的个性塑造提供实质性的帮助，以优化青少年的个性品质。

⑤帮助青少年形成正确的价值观。指导家长帮助青少年树立科学的人生观，认识到价值观在青少年成人成才中的引领作用，在家庭生活中有意识地对青少年进行价值观引导，使其形成符合社会发展方向、具有广泛适应性的价值观。

⑥提高青少年的规则与法律意识。指导家长加强法律知识学习，掌握家庭法制教育的内容和方法，努力提高自身法律意识，自觉遵守法律，为青少年树立榜样；切实维护青少年权益，提高青少年的规则和法律意识；引导青少年认识法律、学习法律，在权益遭到侵犯时勇敢地拿起法律武器保护自己。

参考文献：

----

[1] 叶澜. 教育概论 [M]. 北京：人民教育出版社，2006.

[2] 孔屏. 牵手两代亲子课程 [M]. 北京：北京教育出版社，2014.

[3] 任彦霞. 家长学校建设理论与实践 [M]. 北京：学苑出版社，2013：221-240.

作者简介：

张景焕   山东师范大学心理学院教授、博士生导师，心理学博士

郭玉锋   山东师范大学继续教育与培训学部部长、研究员、硕士生导师

张小永   山东师范大学教育学部教授、硕士生导师

乔资萍   山东师范大学教育学部副教授、硕士生导师，教育学博士

孔　屏   山东师范大学家庭教育研究中心主任、应用心理学教授

家庭教育的基本原理和原则

王连森

　　家庭教育就是与家庭有关的人、事、物对孩子身心发展的影响。无论是当下还是历史上，只要是因家庭而来、由家庭而生的所有人、事、物，都有可能对孩子的身心发展产生影响，也就是受到"教育"。这种教育具备若干特性和原则，需要相应的主体通过适当的途径科学有效地来实施。

一、家庭教育的本质

（一）教育的本质：影响

　　教育的本质就是施加影响以期改变。更为简练地说，教育即影响。顺承地，家庭教育也是影响，是与家庭有关的人、事、物对孩子身心发展的影响。这种影响不仅包含着人们常常认为的那种"有主体有意识"的影响，譬如父母（"有主体"）对子女的言语教导（"有意识"）；也体现在"有主体无意识"的影响，如家人（"有主体"）自然的生活状态会潜移默化地"熏染"（"无意识"）其他家庭成员；还体现在"无主体"影响，如家居及周边环境对人的浸润；特别是还包括"他主体"的影响——除了父母，除了家人，邻居及亲戚朋友也会给孩子带来各方面的影响。另外，家庭生存发展史上出现的先辈（"人"）、流传的故事（"事"）、积存的物件（"物"），如家风传承、习惯"传染"等，也在很大程度上影响着孩子的成长。

（二）影响的来源：人、事、物

　　首先来看"人"。能够影响到孩子成长的人中，最首要的当属母亲和父亲，特别是母亲，尤其是在孩子小的时候。除了父母，影响到孩子的人，还会有祖父母、外祖父母等长辈，同辈的兄弟姊妹以及亲戚朋友，乃至街坊四邻。不管是否当面接触，只要发生任何连接，哪怕仅仅是思念与感应，实际上也都会或多或少地产生影响。

　　再来看"事"。我们应宽泛地去理解这个"事"。实际上，人与人"交往"、人"作用"于物就会生成"事"，人的一切活动都是"事"。"事"，不管是有意为之，还是无意发生，也会对人的成长造成影响。

最后再来看"物"。家庭里一件件独立的物件,整个家居布置,也就是整个家庭的物质环境,以及精神环境(如家庭文化、家庭氛围),乃至家庭周边环境里的"物",不论是有形的,还是无形的,都会对孩子产生"辐射"或"浸润"的影响。

(三)影响的缘起及干预

细究上面所提的人、事、物,有的可以人为设计出来,从而对孩子的生命成长"能动地"发挥影响;有的却是原本就存在着,无法被"人为设计",从而"自然地"发生影响。这些影响,有的对孩子成长有利,有的则不利。作为家长,特别是父母,必须对人、事、物加以密切关注,并进行适时适当的干预——让可以"人为设计"的人、事、物尽可能充分发挥有利影响,而对原本存在着的那些人、事、物要特别注意防止它们可能产生的不利影响,千万不能抱着"孩子管不管都一样会长大"的"不作为"心态。

二、家庭教育的特性

(一)期限上的最早性、最久性

家庭教育实质上从孩子一出生就开始了:妈妈欢喜的笑脸,亲切的眼神,温暖的怀抱……已经开始影响呱呱落地的小宝贝了!如此说来,家庭确是人生的"第一个课堂"。家庭教育不仅是最早出现的,还是持续最久的。"最早",说的是时间的起点;而"最久",说的是时间的跨度。这跨度是可以横贯一生的——"家庭教育贯穿人的一生,是每个人'从摇篮到坟墓'一生连续性的受教育的过程"。

(二)功能上的奠基性、长效性

家庭教育最早发生,加上这"最早"恰又是人生可塑性最大的一段时光,自然会为孩子身心发展打下基础,为他们一生的发展打下底色、刻上烙印,并且还会因为前面所说的"最久性"而不断地增多、加深,从而让家庭教育发挥出长久的效应。

(三)内核上的个体性、生活性

学校教育实施的一般是"集体(公民)教育",关注学生的群体发展,期望他们有社会担当,关涉的是"治国平天下";家庭教育理应侧重"个体教育",关注孩子的自身成长,期望他们生命完满,关涉的是"修身齐家"。家庭教育在更多关注"个体教育"时,应注重纳入"生活教育",让孩子在生活中培养生活能力,尤其是家庭生活能力,为未来实现"事业与家庭双丰收"打下基础、做好铺垫。

(四)成分上的养育性、情感性

"教育"实质上包含着"教"与"育"两个方面。《说文解字》里就将其分开解释:

"教，上所施，下所效也；育，养子使作善也。"教，主要是来自教育者的"从上到下的发出"，譬如面对面地讲授知识、手把手地传授技艺；育，则主要是指向受教育者的"围绕其身的给予"，恰似园丁培育花草树木——浇水、施肥、松土……并为其创设能够接受空气、水分及阳光雨露的条件。育，对花草树木而言，是"培育"；对孩童而言，就是"养育"。养育（包括生理养育——增强体质，也包括心理养育——优化品性），因家庭较容易具备相应的条件，而可能成为家庭教育的优势所在。在家庭养育中，"情感教育"应该成为、也能够成为"重中之重"。另外，情感，不仅可以作为家庭教育的重要内容，还可以成为家庭教育的巧妙手段——用情感去感染、感化、感召孩子，有时要比单纯地讲些大道理效果好得多，所谓"以情动人胜过以理服人"。

（五）素材上的便利性、多样性

家庭里面及周边所有"出现"的人、发生的事、存在的物都可能对孩子产生或多或少、或深或浅、或长久或短暂的影响，从而成为家庭教育的素材。这些素材，遍布于日常生活中，散落在衣食住行间，"取之"较为便利，形态及式样又丰富多样。对于各方面条件都不错的家庭来说，其数量、质量，甚而并不比一般学校逊色多少（这是就单个孩子所能接受的最大程度而言，并非指面向全体学生的素材总量），从而也可以取得理想的教育成效。

（六）方式上的自然性、浸润性

便利又多样的素材，为家庭教育自然而灵活地展开提供了充足的物质上的条件。在此条件下，实际上，家庭教育没有必要像学校教育那样体系化、制度化、程式化（有完整的计划、专门的场所、规定的时间、系统的教材、专职的教师、严格的规范……），完全可以不拘于时间、空间、形式，随时、随地、随机地"遇物则诲""相机而教"，不拘一格、灵活多样，随着吃饭、交谈、玩耍、运动、待客、读书看报、家务劳动、走亲访友、参观旅游等日常生活的进行而自然展开：或导引，或启发，或提示，或指明，或示范，或感染……在自然展开的过程中，潜移默化、"了无痕迹"地达到春风化雨、"润物无声"的教育效果。

（七）指向上的个别性、针对性

家庭教育在"个别化"教育上具备着天然的优势，因为家庭里"受教育者"——孩子——相对较少，就容易做到"小组"甚而是"一对一"的"教与学"，从而实现教育理想中的"个别指导""个别训练"，由此关注到孩子的个体差异，最终通过提供有针对性的教育影响，促进其个性的全面充分发展。

（八）关系上的血缘性、亲密性

融在家庭教育中的亲子关系以及其他亲人（亲戚）关系都是基于血缘的。基于血缘的关系，相比于后天的社会关系（如师生关系、同学关系），更容易走向亲密，从而可以让教育更便利地发生，且效果往往也更深入、持久。

（九）主体上的固定性、权威性

家长尤其是父母，因与孩子具有"不可选择性、唯一性、排他性"的血缘关系而固定不变，这样就可以一以贯之、长年累月地用某种理念及方式来影响孩子，这特别有利于孩子性情、品格、思维及行为习惯的养成，尤其是世界观、人生观、价值观这些基本观念的生成。这种稳定而长久的固定性身份，也容易使家长树立起权威性。权威性是好的家庭教育所必需的，资深家庭教育专家赵忠心先生就说过："教育者有权威，才能有效地管理、教育受教育者……家长越是有权威，对子女的要求和教育越有可接受性，教育的效果就越具深刻性和持久性。"

（十）时空上的连贯性、延展性

在时间上，家庭教育可以做到连续、贯通，一以贯之、持之以恒地进行，不像学校那样会因学段的转换（特别是从幼儿园到小学、从高中到大学）而在教育的内容、形式、环境等方面发生程度或大或小的"无衔接"或不一致。这一点，既有利于家庭教育在"长善"（发扬光大其优点、长处）方面做长期规划并按部就班地实施，也有利于在"救失"（克服改正其缺点、不足）方面耐心施教、长期坚持。在空间上，家庭教育，可不只是"家庭里的教育"，完全可以延展到家庭以外，譬如带孩子户外运动、走亲访友、参观游览……，特别是在通信交流技术与工具高度发达的今天，父母与子女之间的信息与情感上的沟通就更不受家庭物理空间的限制了——家里与家外，都能实施教育，也都能接收教育。

（十一）规范上的自主性、特色性

家庭教育作为一种"非正规教育"，实际上，不太可能也没有必要像规范的学校教育那样，有统一的标准、固定的模式、严密的监控、权威的评估……这就给予了家长很大的自主空间，并由此呈现出家庭教育"千姿百态"的特色。可以说，有多少个家庭，就有多少种家庭教育。

（十二）运行上的私密性、随意性

家庭"首先是私生活的据点，也是最私密的场所，这些特点决定了家庭成员在家庭内的言行举止，不可能像在其他场合那样，受太多的约束"。这种私密性所导致的"不可能受太多约束"，就包括家长的教育行为，由此，它往往成为家庭教育的"软助"。而前面刚提及的"自主性"也难免会在一定程度上走向"随意性"。

三、家庭教育的主体

（一）"重要他人"

在孩子生命成长的历程中，家庭成员尤其是父母会成为伴随左右的"重要他人"，发挥着重要的影响——如同发育时期的钙和鱼肝油对骨骼的影响一样，"重要他人"的影子会进入儿童的心理年轮。某著名作家曾生动形象地描述道："'重要他人'说过的话，做过的事，他们的喜怒哀乐和行为方式，会以一种近乎魔法的力量，种植在孩子心灵最隐秘的地方，生根发芽。"李玫瑾教授在一次家庭教育论坛上也讲过："如果替孩子问一问大人'我是怎么来的？'就可发现，我的胃口是喂出来的，我的脾气是带出来的，我的观念是唠叨来的，我的残忍是孤弱无助熬出来的，我的无耻是百般迁就溺出来的……"即使孩子出走、自杀、犯罪，看似是孩子的选择，却都是父母行为的反映或结果。

（二）神圣职责

培育、引导孩子全面健康成长是每一位父母的神圣职责。陈鹤琴先生在《怎样做父母》（1937）里说得好："做父母不是一件容易的事，实在负有极重大的责任，唯有能好好教养儿女的人，才配得上做父母的资格。假如拿孩子做了试验品、牺牲品，那真对不起孩子。……教养自己的孩子，不但孩子得到幸福，父母得到安慰，就是社会、国家也要受到不少的利益呢！"相反，一个人事业上获得再大的成功，也弥补不了教育子女失败的缺憾！

（三）主要角色

家长尤其是父母在教育孩子上最应"扮演"的角色，一是"导师"，二是"服务员"。"导师"是"顶天"的层面：为孩子廓清前进方向、确立人生目标，尤其是树立正确的价值观。"服务员"则是"立地"的层面：心甘情愿、无怨无悔地为孩子做好各方面的"服务"，帮扶、助力其成长成才。

（四）基础素质

为人父母需要具备相应的素质——"记住，在你敢于承担起塑造一个人的任务之前，你自己首先必须是一个人。"对此，蒙台梭利说得好："实际上，要想做好儿童的家庭教育，父母也必须经过一定的训练才行。……他们指导的是孩子的生活和心灵。……父母的精神状态比技能更重要。父母的准备工作不能只靠学习，还必须具备道德方面的品质，如机警、稳重、耐性、爱心和谦逊。"

（五）关键能力

家庭教育是一门大学问，养儿育女需要专门的能力。陶行知曾诙谐地说道："父母不会教养，小孩子不晓得要冤枉哭多少回。""懂""爱""帮"是家长尤其是父母所必需的育儿技能。"懂"，就是要了解、理解、谅解孩子；"爱"，就是要发自内心地、无微不至地关爱孩子；"帮"，就是要想方设法、主动积极地助力孩子成长成才——"在每个孩子的生活中，都常常会遇到他不知道该怎么做、需要忠告和帮助的情况。他可能不来请求您的帮助，因为他还不会这样做，您就应该主动去帮助他"。

（六）切实行动

家长要真正做好家庭教育，在"知"（"懂不懂"）与"能"（"会不会"）之后，就要看是否"行"（"做不做"）了。只有采取行动，才能落到实处！

四、家庭教育的原则

（一）方向：成人成才

家庭教育的方向应兼顾成人与成才两个方面。常言道，"小胜靠智，大胜靠德"。"智"属成才方面——当"能人"，"德"属成人方面——做好人，两者都是人生成功及幸福所必不可少的，且"成人"相比"成才"更为重要。家庭教育一个很大的优势就是在早期育好人，也就是习近平总书记所强调的：家庭教育涉及很多方面，但最重要的是品德教育，是如何做人的教育。也就是古人说的"爱子，教之以义方"。

（二）视界：高远宽广

家长应着眼孩子一生的发展为其赋能，而不该目光"短视"，只盯住分数，只看重学业。形象地说，"赢在起跑"远比不上"赢在长跑"。进一步，家长的眼界，不仅应高远一些，还应宽广一些。美国心理学家加德纳提出的多元智能理论就提到，每个孩子都是语言、逻辑、空间、肢体运作、音乐、人际、内省、自然探索、生存智慧、灵性等多种不同智能不同程度的组合，并有着自己相对的优势智能领域，家长应向其提供多种多样的智能活动机会，在充分尊重孩子发展独特性的同时，保证其全面发展。

（三）节奏：从容沉稳

成人成才要兼顾，眼界应高远宽广，这就要求家长在教育孩子时，从容一些，沉稳一些，何况孩子各自的成长并非步调统一。有网友比喻得好："每个孩子都是一朵花，只是花期不同而已。有的花开在春天，也有的开在别的季节。当人家的花在春天开放时，你不要急，也许你家的花是在夏天开；如果到了秋天还没有开，你也不要着急踩他两脚，说不定你家的这棵是蜡梅，到冬天会开得更动人。如果你的花到冬天还没开放，你也不要生气，没准儿你的花就是一棵铁树，铁树不开花，开花惊艳四方，且炫丽无比。真正的园丁不会在意花开的时间，只会默默耕耘，静待花开……"

（四）作用：引导辅助

实际上，绝大多数孩子生来就具有成长的主动性，家长要做的主要应是在大的方面做好引导，而在细微处做好辅助，切勿包办代替，也不能撒手不管，其尺度把握在"请帮助我，让我能自己做"（对孩子而言）就好。

（五）关系：平等民主

亲子关系应倡导平等，因为家长与孩子保持平等关系，就给予了孩子以尊重；受到真切而长久的尊重，孩子就会生发出对自己的尊重，从而养成自尊。一个有自尊心的孩子，常常是积极向上而不甘落后的，从而能做成事情（包括学习）；而不断地成就事情，就自然会多些自信，进而不断走向自立、自强——这正是家庭教育的最终目的。在平等的基础上，还应讲求民主，多给孩子选择的机会与权利，特别是本该由其自己做决断的事情。

（六）态度：严慈相济

常言道，"宠儿多不幸，娇儿难成才"，"惯子如杀子"；也有人认为，"严管就是厚爱"，"有远见的父母，都多少带点绝情"，"没伞的孩子才会努力奔跑"。家长对待孩子不能没有原则和底线地去娇惯溺爱，当然也不宜过于严苛，最好做到严慈相济——严而不厉、慈而不溺。

（七）作风：谨小慎微

家庭教育无小事，家长的一言一行都可能对孩子产生影响，因此必须谨慎对待，小心"下手"，切忌草率鲁莽，给孩子造成不良影响甚至伤害。法国思想家卢梭就警示过："误用光阴比虚度光阴损失更大，教育错了的儿童比未受教育的儿童离智慧更远！"

（八）内容：全面循序

同学校教育一样，家庭教育也是应该并可以做到德智体美劳"五育并举"的。但还须注意到，随着孩子不同年龄段的展开，同时根据孩子自身的情况，应将此"五育"分出先后与侧重来，如小的时候应特别关注体质的增强，尤其是对身体弱小的孩子。

（九）方法：因材应时

因为孩子较少，家庭教育容易做到"因材施教"。家长应积极关注、观察、找寻自家孩子的兴趣爱好，尤其是那些可能发展出特长或优势的兴趣爱好，并加以鼓励与支持。除此，还应顺应时段，尤其是要把握好"敏感期"（儿童在连续相接短暂的时间里，会有某种强烈的自然行为。在这期间内，对某一种知识或技巧有着非常的感觉），不能提前，也不宜拖后。

（十）尺度：适量高质

家长对孩子施加的影响应做到"适量"——"好在适度，误在失度，坏在过度"，同时还要尽可能"质量"高一些，譬如陪伴孩子，如果只是单纯地"陪着"，而缺乏思想、信息以及情感的交流，就逊色很多。

（十一）口径：一致一贯

家庭中的长辈成员对孩子施以影响，应保持一致，尤其是在像世界观、人生观、价值观的树立这些大的方面。因为如果不一致，就会出现"两块手表效应"——不知道哪块更准，还不如不戴。当然，在小的方面，也不必强求一致，这一方面是因为做到很难，另一方面实际上也可以给孩子一种选择机会。除此，家长对孩子的期望与要求，以及自身表现，还应保持一贯，不然也会让孩子无所适从。

五、家庭教育的途径

（一）言语教导（人）

"言语教导"同后面的"榜样示范""偶像带动""朋辈促进"都是经由"人"去"影响"从而教育孩子的途径。言语教导是必要的，乃至是首要的，尤其是在孩子小的时候，但一定要保证说对（说的内容、时间、地点都要对）、少说、好好说。除了口头的教导，实际上书信、家训也是言语教导的重要形式。

（二）榜样示范（人）

俗语道，"言传不如身教"。即便不言声，家长的行为举止乃至音容笑貌也会影响到孩子，因此一定要起到榜样的作用。"你希望自己的孩子成为什么样的人，你就首先要去做一个什么样的人"；要提醒自己：应该努力去把自己变得更好，让孩子在未来真正懂得的时候，对父母有爱也有尊敬。

（三）偶像带动（人）

"榜样示范"指的还仅是孩子身边的大人，其实其他的大人，如亲戚朋友，甚或非亲非故，乃至文学作品或传说中的人物，有的也并非传统意义上的"大人"，也都可能成为孩子心目中的偶像，从而"带动"着孩子朝向榜样的样子成长。

（四）朋辈促进（人）

除了"榜样级""偶像级"人物的"示范""带动"之外，孩子也会常受到兄弟姐妹、同学玩伴等朋辈的影响，尤其是稍大以后，其影响往往更广、更深、更久。

（五）活动锻炼（事）

"活动锻炼"是经由"事"来影响孩子身心发展。"花盆里种不出参天松，庭院里练不出千里马"。孩子要成长成才成功，必须经历事、受锻炼，并且最好是让其亲力亲为——"小孩子学习事物须自己学习的。……若我们替他代做，他总是学不会的。……学一定要自己学的，做父母的一方面不要替他学，一方面给他学的机会就是了"。

（六）媒介刺激（物）

"媒介刺激"是有形之物对孩子的影响。身心发展，尤其是早期的大脑发育是需要接受刺激的。实际上，大脑发育的过程就是神经元树突的连接从少到多的过程。需要注意的是，"1. 刺激必须优良；2. 刺激必须正确……凡能使小孩子快乐的刺激容易印刻在小孩子的脑筋里……凡刺激发生的时间愈长次数愈多，那联念也愈坚固"。

（七）文化熏陶（物）

"文化熏陶"是无形之物对孩子的影响。卢梭在《爱弥儿》里有言："什么是最好的教育？最好的教育就是无所作为的教育。学生看不到教育的发生，却实实在在地影响着他们的心灵，帮助他们发挥了潜能，这才是天底下最好的教育。"良好的家庭文化的"熏陶"就是这种"无所作为的教育"，其效果尽管缓慢，但是持久——正所谓："入芝兰之室，久而自芳"。

六、家庭教育的条件

（一）支持性环境

家长应为孩子创设、营造一个"支持性"环境，"支持性"指的是能够真正支持孩子全面健康成长，具体体现在四个"安"上：安全、安静、安定、安心。首先是让孩子感觉到安全，在家里很放松也很舒心；第二是家里尽可能保持安静，特别是孩子在专注地做事情的时候；第三是家人之间要安定团结；最后是家庭成员要安心、不浮躁、不焦虑，特别是大人要带好头，免得引起"传染"。

（二）适宜性媒介

"刺激"孩子成长的媒介并非越多越好，而应根据孩子的年龄、个性以及性别等具体情况加以选择，适宜就好，所谓"适合的就是合适的"。这里要特别强调给孩子选购适宜的图书来阅读。因为阅读的好处非常之多，尤其是相比看电视、玩手机、听广播而言，"只有读书才是主动参与"！苏霍姆林斯基就特别重视阅读，他甚而如是说过："让孩子变聪明的方法，不是补课，不是增加作业量，而是阅读、阅读、再阅读。"

（三）先进性文化

所谓"文化"，实质上就是组织成员一致且一贯的思想及行为方式，或者说是组织成员长期共有的精神体系，这个精神体系主要由信念、理想、观念和态度构成。这里"先进性文化"，指的是家庭成员长期共有的积极向上的充满"正能量"的信念、理想、观念和态度，它能对浸润其中的孩子（也包括大人）的生命成长生发出"润物细无声"的深刻而持久的影响。

（四）成长型家长

目前越来越多的人已经认识到："不是孩子不优秀，而是父母太落后。家长越努力，孩子就越优秀。"还有一句广为流传的话是："家长好好学习，孩子天天向上。"其实，这句话也很有道理："改变改变，父母改，孩子变。父母不改孩子就难变。"前面这些说法都反映了家长一定要努力成长，起好引领作用——"学习无止境，反思无穷期；只有进行时，没有结束时"。

（五）亲和型关系

关系先于教育，因为只有亲子关系亲密和谐了，教育才会变得易于接受，从而"事半功倍"；但若关系不好，自然就出现屏障，造成授受渠道不畅通甚至阻断，失去连接。当然，良好亲子关系尚需良好夫妻关系的帮衬。除了亲子关系、夫妻关系，兄弟姊妹的关系也应保持亲密与和谐。

（六）紧密型联盟

能够影响到孩子的"教育团队"成员，除了家长特别是父母之外，其实还有其他很多成员，比如亲戚朋友、街坊四邻、家长的同学同事，尤其是孩子的老师——古来就有的"易子而教"，是可以尝试着加以实践的。

参考文献：

[1] 王连森. "芝兰之室"——家庭教育本质谈 [J]. 教育家茶座，2020（1）：133—140.

[2] 王连森. "底色工程"——家庭教育特性谈 [J]. 教育家茶座，2021（2）：75—83.

[3] 孙俊三，孙松竹. 家庭教育是基础教育，也是终身教育 [J]. 湖南师范大学教育科学学报，2016（5）：105.

[4] 赵忠心. 家庭教育学——教育子女的科学与艺术 [M]. 北京：人民教育出版社，2001：111.

[5] 黄河清. 家庭教育与学校教育的比较研究 [J]. 华东师范大学学报（教育科学版），2002（2）：29.

［6］［法］让-雅克·卢梭. 爱弥儿（精选本）［M］. 彭正梅，译. 上海：上海人民出版社，2010：49.

［7］［意］蒙台梭利. 蒙台梭利的教育［M］. 宿文渊，编译. 北京：中国华侨出版社，2013：218.

［8］陈鹤琴. 家庭教育——怎样教小孩［M］. 北京：教育科学出版社，1981：陶行知序.

［9］［苏］马卡连柯. 家庭和儿童教育（2 版）［M］. 丽娃，译. 上海：上海人民出版社，2010：21.

［10］陈鹤琴. 家庭教育——怎样教小孩［M］. 北京：教育科学出版社，1981：15.

［11］陈鹤琴. 家庭教育——怎样教小孩［M］. 北京：教育科学出版社，1981：12—13.

作者简介：

王连森　聊城大学高等教育研究院副院长、教授、硕士生导师，教育学博士后

家庭生活教育的主要内容与方法

孙云晓　卢　宇

一、家庭教育与家庭生活教育

家庭教育是以亲子互动为中心，在家庭生活中，家庭成员之间通过互动增强家庭关系、完善家庭功能的各种教育活动过程，尤其强调家庭成员之间的相互影响和共同成长，注重亲密关系和幸福生活的发展。值得注意的是，大量数据证明，目前许多家庭忽视家庭关系和幸福生活的发展，家庭教育出现知识化和学校化的误区。2017年中国儿童中心编写的《中国儿童参与状况报告》显示："从家庭中亲子沟通的内容来看，48.4%的中小学生每天都会跟父母谈论学习，34.5%的中小学生每天都由父母辅导学习。"可见，父母和孩子沟通最多的是学习和与学习成绩相关的事宜。孩子原本自然而丰富的家庭生活逐渐被作业、考试、兴趣班侵占，家庭教育变成较为单一的知识教育。当然，学习是儿童发展的天职，也是家庭生活不可或缺的部分，但不是唯一重要的内容，过分偏重学习和培养技能，已经严重弱化了家庭的教育功能对于孩子成长的作用。家庭是生活的组织，是生活的场所，家庭教育问题从根本上说是家庭生活的问题。家庭教育与生活教育有着天然的密切联系。

（一）生活的内涵

首先我们需要明确什么是生活以及生活和教育的关系。在现代汉语中，人们把"生活"界定为："人或生物为了生存而进行的各种活动。"陶行知认为："有生命的东西，在一个环境里生生不已的就是生活。"我国著名教育家鲁洁提出："生活是人之生命存在的基本方式，离开了生活就不存在人。"习近平总书记在党的十九大报告中明确指出："永远把人民对美好生活的向往作为奋斗目标。"倡导塑造美好心灵的家庭生活。其实不管是衣食住行、待人接物，还是为了发展的经验获取，人们不可能脱离生活而存在。

（二）生活是教育的源泉

回归美好生活是家庭教育的必然趋势，这就需要厘清家庭教育和生活教育的关系。

而家庭教育和生活教育的辨析离不开另外对一组概念的解释，即教育与生活。教育与生活的关系问题历来是教育领域一个基本的理论问题，总体来说，生活是教育的源泉，家庭生活更是家庭教育的根和本。

教育起源于人类早期的生产生活，那时人们需要把生活中积累的知识和经验传递下去，人类生活积累的经验和知识就是教育的内容，教育是为人们的生活服务的。陶行知在论述生活教育时将生活与教育的关系定义为："生活教育是给生活以教育，用生活来教育，为生活向前向上的需要而教育。"也就是说生活是教育的源泉，教育是生活的需要，我们进行教育的目标是为了生活向前向上。正如教育的终极目标就是幸福一样，家庭教育的目标也是家庭成员的幸福。

家庭生活教育是家庭教育的根和本。首先，家庭是生活的组织，家庭的根本属性是生活性，家庭自然不能脱离生活而存在；其次，家庭教育又是来自家庭生活的，家庭教育和生活实践是密不可分的。当学校教育出现后，家庭的诸多教育功能逐渐被学校教育所取代，父母对于孩子的教育，以及父母自身的教育都逐渐围绕着学校教育展开。说到教育，人们自然会想到学校，往往忽视了家庭生活永远都是家庭教育最重要的基础。

（三）教育是生活的需要

陶行知认为："是好生活就是好教育，是坏生活就是坏教育；是认真的生活就是认真的教育，是马虎的生活就是马虎的教育。"也就是说并不是所有的生活都是好的生活，更不是所有生活都利于孩子的成长。好的生活需要好的教育，教育要引领生活，要改善和提升不好的生活。

正如德国教育家雅斯贝尔斯所说："教育是人的心灵的教育，而非理性和知识的积累，通过教育使具有天赋的人，自己去选择决定成为怎样的人以及自己掌握安身立命之处。"当教育引领现实生活的时候，教育就不仅是文化的传承和知识与能力的学习，而且是一种唤醒人的生命意识、启迪人的精神世界、构建人的生活方式以实现人的生命价值的活动。人们在教育生活中构建精神的高度，彰显生命的价值。父母要不断关注、反思、改变自己已有的生活，理想的家庭教育也应该是理想的家庭生活。

（四）家庭教育要创造美好生活

家庭是人类为了生存而选择的生活方式，教育是创造美好生活的重要途径，让生活发生积极的改变，是家庭教育的重大意义。家庭教育"最重要的是品德教育，是如何做人的教育"。但是目前许多家庭过于偏重孩子的学习课程、学业成绩，而忽视孩子的心理健康、思想品德教育以及人格的塑造。引领家庭教育回归美好生活，创造美好生活，应该是具有重大意义的家庭教育变革。正如杨启光教授在定义家庭生活教育时所指出的那样，家庭生活教育本质上是以人的家庭及家庭成员的发展为本，主要通过特定的教育与学习的形式，以传递家庭生活的知识、技能和信息等为中介，激发与唤醒每一个家庭成员在家庭生命历程的不同阶段面向家庭生活任务具有的自身潜能，协助家庭成员努力发现他们自身开展创造性家庭生活的素质与能力，预防由于社会转型变革导致的一系列家庭压力与家庭生活问题，增强家庭幸福感，提升家庭生活的质量。家庭生活教育关乎儿童的健康成长，也关乎每个家庭成员的幸福生活，是对个人生命价值、意义的提升与美好幸福生活追求的实现。

二、家庭生活教育的主要内容

家庭生活的内容丰富多彩，不仅包括日常生活，还有非日常生活；不仅有外在的生活，还有内在的精神生活。本文所讲的家庭生活是侧重围绕儿童养育展开的一切活动，从促进儿童及家庭成员学会生活、热爱生活和创造生活以及家庭建设的角度，特别提出家庭生活教育应包含以下五个方面的内容。

（一）家庭生活教育需要有亲密和谐的家庭关系

家庭关系是家庭建设的重要内容，也直接影响家庭教育的效果，家庭关系的好坏决定着家庭教育的成败，也关系着家庭的和谐与幸福。2018 年，北京师范大学对全国18 万中小学生的大型调查显示：中小学生最需要的是"有温暖的家"。"有温暖的家"排在学生认为的人生最重要的事情的首位。无论是四年级学生还是八年级学生，在他们的观念里，人生中最重要的事情均为"有温暖的家"，其选择比例分别为 39.3％和49.4％，远高于其他价值追求的选项。"八年级选择'有温暖的家'的人数比例比四年级高 10.1 个百分点，表面上看，青春期的孩子对家长的依赖明显减少、渴望独立，与家长的沟通和相处时间减少，但实际上家庭在他们心中的地位反而变得更加重要。"

亲密和谐的家庭关系对孩子来讲尤为重要。首先家庭关系中最核心的就是夫妻关系，父母关系越好，孩子越有安全感；反之父母关系越差，孩子越没有安全感。夫妻关系对孩子的影响最为深刻，父母在以自己的行为告诉孩子如何对待父母、对待他人。其次是亲子关系，特别需要提出的是尊重儿童的权利，即尊重儿童的生存权、发展权、受保护权和参与权。最后是要重视代际关系和各种各样的亲戚关系。通过构建和谐的家庭关系，促使家庭生活教育形成最具稳定性的内在教育影响力和向心力。

（二）家庭生活教育应该注重家务劳动

家庭教育的本质是生活教育，美好的生活要靠劳动来创造。一个在家里从来没有劳动岗位或任务的孩子，是难以有责任感的，生存能力也难以得到进一步发展。不少调查研究都证明，孩子在童年时期养成劳动的习惯，长大以后更有可能具有责任心，也更容易适应家庭生活和职场工作；不爱劳动的人恰恰相反，他们更有可能成为生活和职场的失败者。劳动教育既可以培养孩子自理、自立的能力，也可以培养孩子的自信心和责任感，因此，劳动教育是家庭生活教育的必修课。教育家马卡连柯曾经以他长期研究观察的经验得出这样的结论：在家里获得了正确的劳动教育的儿童，以后就会很顺利地完成自己的专门教育。

值得注意的是，我们不仅要培养孩子认识劳动的价值还要有劳动的体验，更要注重劳动习惯的养成，因为习惯才是稳定的、自主化的行为。天津社会科学院社会学研究所研究员关颖依据"少年儿童劳动意识和劳动习惯调查"，认为少年儿童对劳动的认识、劳动的愿望和劳动的精神是积极的，但是日常的劳动参与状况却不如人意。可见少年儿童对于劳动的价值有一定的认知，也有参与劳动的愿望，但是主动展开劳动的行为并不是很多，大部分还是处于被动的状态。针对如此现状，培养孩子的劳动习惯就显得尤为重要，父母要充分发挥家庭生活教育的优势，抓住日常生活中的劳动实践，以身作则激发孩子对劳动的热情，鼓励孩子自觉参与、掌握家庭生活中的几项劳动技能，并进行具体的训练，长期坚持以养成习惯。

（三）家庭生活教育应创建良好的家庭文化生活

家庭的文化是家庭各种要素的组成，是家庭成员的思想意识、价值观、知识水平、行为方式等主观因素以及家庭物质环境的总和，是家庭成员在长期的共同生活中形成并成为全体成员共同遵守和享受的各种文化形态的总和，主要包括物质文化和精神文化。比如，满足家庭成员衣食住行等各种物质层面的审美需求，包括家居的陈设布置、服饰的选择、饮食的搭配等。当然，并不是在物质上投入越多对孩子的影响就越积极，而是其中蕴含的文化色彩会影响孩子的发展，更重要的是家庭文化生活是家庭生活教育中每个人都不可缺少的一种精神需要。和谐的家庭关系、积极健康的家庭生活方式、各种各样的家庭规则等都会形成一种独特的家庭文化氛围，潜移默化地影响孩子的成长，同时孩子也会在家庭文化的熏陶下不断汲取营养，滋润心灵和精神。

家庭文化活动是丰富多彩的，需要遵循追求新知、至善、至真、至美的原则。比如构建学习型家庭，进行图书阅读、音乐绘画欣赏；建立家庭档案，逐步积累家庭文化成果；注重挖掘、利用传统家训家规中的优秀资源，制定符合时代需求的家规，形成良好的家风文化；进行亲子游戏互动，构建和谐的家庭关系，让孩子在充满爱的家庭生活中成长；等等。总之，高质量的文化生活，努力向上充满活力的家庭文化，不仅能够丰富孩子的内心世界，还能够塑造孩子对美的感知和体会。

（四）家庭生活教育应该包含有意义的家庭闲暇生活

闲暇生活，即人们在劳动时间之余，除去满足生理需要和家务劳动等生活时间支出后所剩的、为个人可自由支配的时间内积极自愿从事的、以身心休闲为目的的活动与体验的总和。联合国《儿童权利公约》第31条其中一项明确指出："缔约国确认儿童有权享有休息和闲暇，从事与儿童年龄相宜的游戏和娱乐活动，以及自由参加文化生活和艺术活动。"儿童享有闲暇生活的权利要求我们要尊重和保障儿童的闲暇生活，家庭生活教育也应该发挥其重要的作用。

家庭闲暇生活质量的高低影响着孩子成长之后的社会生活品味，对孩子创造自由、探索需求等方面的发展程度具有重要影响。首先，高质量的闲暇可以让孩子减轻超负荷的学习压力，使身心获得愉悦和放松，形成良好的闲暇生活习惯，有益于他们终身发展。其次，高质量的闲暇生活具有发展性，利用自由的时间可以激发儿童的潜力和创造性。亚里士多德认为哲学产生的条件就是闲暇与好奇；胡适先生也提到过，一个人的前程往往全靠他怎样用闲暇时间，有闲暇定终身的观点。再次，丰富多彩的闲暇生活对于孩子的情感陶冶、思维拓展、修身养性等具有重要意义。比如，旅行可以开拓孩子的眼界，艺术可以熏陶心性，家庭游戏和运动能够增进亲子关系，阅读可以丰富孩子的内心世界，朋友交往可以满足情感上的需求，等等。

许多家长对于家庭闲暇生活的价值认识并不到位，导致儿童的闲暇生活大量被兴趣班挤占。近年来，随着互联网的普及，电子设备成了儿童闲暇生活的主要选择，这在很大程度上也削减了孩子在闲暇时间与父母、朋友之间的交往。安排好家庭闲暇生活，提高闲暇生活质量，才能让孩子有充足自由的时间进行创造、探索，这也是家庭生活教育不可忽视的内容。比如：父母要提高对于家庭闲暇生活价值的认识，改善自身不良的闲暇生活方式，以身作则；与孩子一起商量、制订闲暇生活规划，增加户外活动，满足孩子对外在世界的好奇心，增加与同伴交往的机会；等等。

（五）家庭生活教育需要健康的食育观念

2005年，日本颁布的《食育基本法》规定，食育乃生存之本，更是智育、德育和体育的基础。食育是深化生活教育的重要途径，其宗旨就是要通过食育来培养孩子对食物的正确认识，使其具有选择食物的能力和健康的身心以及健全的人格，这对孩子来说将终身受益。

对于食育，父母其实并不陌生，因为从孩子出生就会涉及这一问题。儿童的成长和食物始终有着密切的关系，从幼儿的科学喂养到培养他们良好的饮食习惯，食育一直渗透在家庭的日常生活之中。健康的食育观念不仅可以让孩子认知各种食物的特征、属性，了解食物的生长过程、营养构成等，还可以教会他们健康饮食的知识和技能，通过一日三餐让孩子养成健康的饮食习惯，了解到生活作息规律的重要性，满足身体发育的需要，保障他们从小拥有健康的体魄，为"德智体美劳"全面发展打下坚实的基础。

当然，家庭食育不仅关乎食物的选择、营养搭配以及做饭的知识和技能，也是孩子认识世界的一种方式，是对生命价值的认知、文化的传承以及情感联系的孕育。培养孩子文明的餐桌文化礼仪和感恩之情，通过对农作物的生长以及农产品的生产和消费认知，让孩子了解其中的复杂和辛苦，可以帮助他们养成勤俭节约的品质。与此同时，餐桌礼仪也蕴藏着我国传统的餐桌文化，比如热情好客、尊老爱幼、主客之分等，可以让孩子从中学会分享和责任的担当。此外，家庭食育中还蕴含着不同的文化特色，通过不同地域的特色美食可以了解不同的饮食文化、历史文化和生活方式，可以激发孩子对外在世界的探索，继承和发扬具有优良传统的饮食文化。

父母通过以食物为载体的互动，可以让亲子关系更加和谐。比如鼓励孩子主动参与到食物的制作过程中，与孩子共同品尝美味的餐食。当一家人团聚在一起进餐的时候，可以互相关怀一天的生活，交谈各自发生的趣事，营造轻松愉快的家庭氛围，增进亲子之间的关系。

三、家庭生活教育的主要方法

改善家庭教育需要从改善家庭生活开始，如何让家庭教育根植于家庭生活并引领家庭生活向上向前发展？根据家庭生活教育的情感性、体验性和潜移默化性等特征，本文提出了七种家庭生活教育的方法。

（一）榜样教育法

父母是孩子的第一任老师。父母的言行举止、处事方法、思想态度都会对孩子产生潜移默化的影响。中国青少年研究中心的一项调查显示：青少年认为对自己激励教育作用最大的人物，父母居于首位。可见父母对于孩子的榜样引领尤为关键。首先，父母要以身作则，提高自己的思想道德素养，注重自己的思想言行，做到知行合一。在生活教育中，父母的一言一行都会影响到孩子，父母做什么比说什么更加重要。马卡连柯曾就父母对儿童影响的重要性做过这样一段论述："你们如何穿衣服，如何与他人说话，如何谈论别人，你们如何表达高兴和不快，如何面对仇敌，如何笑，如何读报——全部这些对儿童都有很大的价值。若是教育者本身有许多的不足，那么任何的方法都是无用的。"其次，父母要尊重、引导孩子进行多样化的榜样激励选择。中国青少年研究中心关于儿童的偶像与榜样的研究表明，小学五年级阶段，榜样的影响力达到高峰；初中二年级阶段，偶像的影响力达到高峰。父母要认识这一规律，理解和尊重孩子的这种行为，并引导孩子进行多样化的榜样与偶像的选择。父母以身作则和以身示范是最好的家庭教育方法。父母要保持积极乐观的生活态度、科学正确的情绪管理方法，将言行一致的品格带给孩子，引导孩子树立积极向上的价值观念。

（二）情感熏陶法

家庭教育的情感性是家庭教育区别于其他教育的独特之处，而回归生活的家庭教育更具有天然的优势。孩子对家庭具有很强的情感依赖，是对他人及社会的情感、态度、价值观的动力来源。家庭教育的情感性特征要求家长注重营造良好的家庭氛围，注重家庭关系的维持，构建良好的亲子关系，强调家庭成员的尊重与平等，在语言和情感上进行有效的亲子沟通，让每一个家庭成员都能感受到家人之间的关爱、理解和信任。比如通过亲子共读，共写读书笔记，交流读书感悟，激发彼此之间的真情实感。在家庭生活中还可以专门设计一些主题活动。

（三）实践体验法

孩子生命成长是在生活体验中不断迸发潜能的。为孩子提供丰富多彩的生活体验，激发他们浓厚的探索兴趣，关注孩子在实践体验中的生活和生命状态，是成长的关键所在。体验就是去经历生活、感悟生活，在体验中进行个人生活阅历的积累，创造当下的美好生活，获得面对未来的勇气和触动心灵的感悟。家庭生活是丰富多彩的，孩子在分担家务劳动、参与家庭活动决策的时候可以体验到努力建设家庭幸福生活的责任；在亲子游戏、亲子运动中感受到家人之间的情感和互动的快乐；在与大自然亲密接触时，体验个人与自然的关系，感悟生命的奥秘和自然的规律；在阅读和影视欣赏中可以体验更广阔的世界……在一个个小小的成功体验中不断获得自信和力量。

（四）因材施教法

孩子的个体差异性要求家长因材施教，这是重要的教育教学原则，而家庭对于这一原则的运用更具有优势。每个孩子都是独一无二的，每个孩子的成长也是不断发展变化的，家长应该认识到孩子的独特性，相信孩子的发展潜能，注重他们个性化的发展。首先，父母应该尊重孩子的成长规律。要了解孩子身心发展的实际情况，不同的孩子在发展的速度、水平上都各不相同，父母要在孩子成长道路上保持平常心，不急于求成，而要循序渐进。其次，父母要深入了解孩子的内心世界。每个孩子的个性、爱好、气质并不相同，男孩和女孩的需求各不相同，父母要通过观察、沟通等方式了解孩子的内心需求，尊重、接受孩子的情绪、感受，再根据孩子的实际情况和成长特点采取不同的教育方式。最后，每一个家庭都有各自的特点和家庭环境，父母要减少比较之心，减少与"别人家孩子"攀比的情况出现，要在生活中善于发现孩子的优点，发挥其优势，让孩子的个性得到充分发展，让他们的生命更加独特和灿烂。

（五）习惯养成法

教育家叶圣陶认为，儿童教育往简单里说就是培养好习惯。家庭生活教育的核心目标就是教会孩子如何做人、培养孩子的健康人格，而培养健康人格的重要途径就是培养良好的习惯。比如培养良好的学习习惯、上网习惯、阅读习惯、饮食习惯、运动习惯等，这不仅需要科学的教育方法，还要注重认知、情感、意志和行为诸方面的协调，注重培养儿童的自主精神。习惯养成要注重科学的方法。根据中国青少年研究中心习惯课题的研究发现，习惯养成一般需要六个步骤：一是提高认识，激发动机，引导孩子对养成某个习惯产生兴趣，保护孩子的好奇心和兴趣是培养良好习惯的开始。比如对于良好学习习惯的养成，重要的应该是培养孩子对于学习的兴趣，而不能一味追求学习的结果。二是明确规范，要让孩子对某个良好习惯的具体标准明白清楚。三是通过榜样示范引领，让孩子对养成某个良好习惯产生亲切而向往的感情，并且获得精神动力。四是通过坚持不懈的行为训练，持之以恒，让孩子由被动到主动再到自主，养成某个好习惯。五是及时评估，让孩子在成功的体验中养成良好的习惯。六是形成环境，让家庭生活、家庭环境成为孩子养成良好习惯的支持力量。

（六）家庭契约法

在日常生活中，父母可能会经常遇到一些令人头疼的事情。比如，孩子无节制地看电视、玩手机，父母说了很多遍，孩子也不为所动。笔者认为，以上情况的出现就在于父母在教育孩子的时候缺乏契约精神，没有制定具体而可行的规矩。爱玩是孩子的天性，但是如果父母放任，造成不良后果只是一味抱怨，这样只会事与愿违。主动性和自制力平衡发展是最理想的教育状态，这就要求家长要培养契约精神，建立家庭契约。家长应该在日常生活中树立规则意识，行事前约定，按照约定执行是家庭生活教育的有效手段。通过制定合理的规则，从约束性到自觉性再到习惯性的过程，可以培养孩子的自制力和好习惯。比如在看电视、玩手机之前，要和孩子约定好具体时长；玩具不玩之后要进行收拾整理；等等。此外，还要传承和培育优良家风。家风，是一个家庭在代代繁衍过程中，逐步形成的较为稳定的生活方式、生活作风、传统习惯、道德规范，以及待人接物、为人处世之道等。家风根植于日常生活中，对人们具有深入人心的无形力量，好的家风能够让孩子受益终身。父母一方面要重视传承和挖掘优良的传统家训、家风文化，比如尊老爱幼、勤俭持家、乐善好施、讲究诚信、邻里和睦等，取其精华去其糟粕，培养孩子的向善品行和道德情感；另一方面，要根据社会主义核心价值观的要求，制定符合时代要求的家训、家规，形成与时代风尚相互融合的家风文化，比如制定自己的家庆日等。当然，家风的形成不是一蹴而就的，需要父母长期在家庭生活中不断反思、选择、提炼、总结，逐步形成一种属于自己家庭的文化氛围。

（七）家校协同法

家校协同育人推进家庭教育现在已经成为共识。首先，要将家庭生活教育作为家校协同育人的重要宗旨，进一步丰富完善家庭教育指导服务体系的建设与追求。家校协同育人的方向不是把家庭变成学校，而是让家庭更像家庭，要积极促进家庭建设，发挥家庭生活教育的功能。学校应该在家庭教育中承担指导责任，开展家庭生活教育指导活动。其次，要尊重家庭的传统与个性，激发家庭生活育人的活力。家庭是社会最小的细胞，也是最为活跃的细胞，因为文化背景和发展历程的不同，家庭往往拥有独自的传统与个性，表现形式也是千姿百态。因此，家校协同育人推进家庭教育要尊重家庭的传统与个性，要注意发现和总结家庭的成功经验，而不是忽视个性强求一致。最后，家校协同育人要坚持寻找美好家庭，用先进父母的经验带动广大父母提升育人水平。家校协同育人推进家庭教育的一个重要方法就是以点带面，寻找美好家庭是值得推而广之的做法。

结论：改善家庭教育要从注重生活教育开始，让家庭教育回归美好生活，给家庭生活以教育，在家庭生活中进行教育。家庭教育要为儿童的幸福生活打下坚实的基础，让儿童在家庭生活中拥有走向独立与幸福的能力，从内心生发出来的一种强大的精神支撑，一种让家庭生活与个人发展更富有魅力的生命力量。

（备注：此文发表于《中华家教》，2021.02）

参考文献：

[1] 苑立新. 儿童蓝皮书：中国儿童参与状况报告（2017）[M]. 北京：社会科学文献出版社，2018：9.

[2] 洪明. 家庭生活教育引论 [J]. 中华女子学院学报，2020（3）.

[3] 中国社会科学院语言研究所词典编辑室. 现代汉语词典 [M]. 北京：商务印书馆，2012：1161.

[4] 陶行知. 陶行知教育名篇 [M]. 北京：教育科学出版社，2013：103.

［5］鲁洁．道德教育的根本作为：引导生活的构建［J］．教育研究，2010（6）．

［6］陶行知．陶行知文集［M］．南京：江苏人民出版社，1981：694．

［7］雅斯贝尔斯．什么是教育［M］．北京：三联书店，1991：4．

［8］关颖．家庭教育社会学［M］．北京：教育科学出版社，2014：287，332．

［9］习近平．在会见第一届全国文明家庭代表时的讲话［N］．人民日报，2016-12-16（2）．

［10］杨启光．发展型家庭生活教育：理论、实践与制度创新［J］．教育科学研究，2017（8）．

［11］《〈全国家庭教育状况调查报告（2018）〉全文发布》，中国教育新闻网，2018年9月27日，http://www.jyb.cn/zcg/xwy/wzxw/201809/t20180927_1237129.html

［12］关颖．少年儿童劳动意识和劳动习惯影响因素的实证分析［J］．道德与文明，2012（1）．

［13］何平．试论家庭文化与家庭教育［J］．学习与探索，2002（4）．

［14］肖正德，邵晶晶．农村初中教师的闲暇生活境遇及闲暇教育路径［J］．教育研究，2016（1）．

［15］《联合国〈儿童权利公约〉（全文）》，新华网，2012年11月20日，http://news.youth.cn/gn/201211/t20121120_2633074_3.htm

［16］李祖超，邵敏．青少年榜样激励与励志教育现状研究［J］．中国青年研究，2011（11）．

［17］马卡连柯．父母必读［M］．北京：人民教育出版社，1956：400．

［18］闫旭蕾，杨萍．家庭教育新论［M］．北京：北京大学出版社，2012：11．

作者简介：

孙云晓　中国家庭教育学会副会长，教育部家庭教育指导专委会副主任委员，中国青少年研究中心家庭教育首席专家、研究员

卢　宇　北京国本家庭教育研究中心办公室主任，《中国家庭教育蓝皮书》编辑部主任，首都师范大学教育学硕士

儿童权利与保护的五个基本问题

吕　芳

儿童权利与保护是目前国家和社会高度关注的问题，也是法学领域相对宏大、复杂的问题。我们拟从以下五个方面予以解读。

一、法律上的"儿童"称谓

严格说来，"儿童"不是一个规范的法律概念，这会给我们寻找儿童权利保护的法律依据带来困难，因此我们需要寻找更精准的法律称谓，用来指称"儿童"。我们可以从两个角度分析这个问题。

（一）"儿童"在法律规范中的术语表达

1. 法律关系主体在法律规范中的常见表达

其一是"自然人"。这是法律尤其民法上，用来表达"人"的外延最大的概念。我们把那些有生命的、具有民事主体资格的人称为"自然人"。自然人的概念，使得生命状态具有了法律意义，能够帮助我们区分"人"和"组织机构"，区分生者和逝者。

自然人的概念还可以继续划分。比如，在民法学意义上，我们根据自然人是否能够独立通过意思表示进行民事行为，结合他们的年龄以及精神状态等，将他们分为完全民事行为能力人、限制民事行为能力人，以及无民事行为能力人。

完全民事行为能力人，是指能够完全辨认自己行为，独立实施民事法律行为的人。按照我国《民法典》的规定，十八周岁以上的成年人是完全民事行为能力人，十六周岁以上的未成年人，以自己的劳动收入为主要生活来源的，视为完全民事行为能力人。

限制行为能力人，是指八周岁以上的未成年人，或者不能完全辨认自己行为的成年人。他们可以独立实施纯获利益的民事法律行为，或者与其年龄、智力、精神健康状况相适应的民事法律行为。除此以外的行为，需要由其法定代理人（即监护人）代理实施或者经其法定代理人同意、追认。

无民事行为能力人，是指不满八周岁的未成年人，或者不能辨认自己行为的成年人，他们需要由其法定代理人代理实施民事法律行为。八周岁以上的未成年人不能辨认自己行为的，也要由其法定代理人代理实施民事法律行为。

其二是"成年人和未成年人"。这个称谓及其划分最接近我们对"儿童"的讨论。按照我国《民法典》的规定，十八周岁以上的自然人为成年人，不满十八周岁的自然人为未成年人。

除此以外，法律上还有其他表示主体的概念。比如在性别划分里的"妇女"，身体状态划分里的"残疾人"，侵权行为角色划分里的"侵权行为人""受害人"，以及在诉讼活动中划分的"原告""被告""辩护人""证人"等，他们在某些场合，某些时候，可能会和"儿童"产生交集，这就需要专业人士帮助分析处理相应的法律关系和法律适用问题。

2. "儿童"在法律规范中的称谓

按照联合国《儿童权利公约》的规定，"儿童"是指"十八周岁以下的自然人，法律规定年龄小于十八周岁的除外"。我国已经加入了该公约，因此，根据这条规定，我们可以认为，一般情况下，"儿童"主要是指"未成年人"。

我们还要关注我国法律中关于"儿童"的特殊规定。比如，我国 2019 年 10 月 1 日起实施的《儿童个人信息网络保护规定》，其中规定"本法所称儿童是指不满十四周岁的未成年人"。2019 年人力资源和社会保障部发布的《法定年节假日等休假相关标准》规定儿童节"不满 14 周岁的少年儿童放假 1 天"。

（二）"儿童"的法律地位

我们讨论"儿童"的法律地位，一般会关注这样两个问题："儿童"的主体资格，以及"儿童"在法律上的特殊性。

1. "儿童"的主体资格

如前所述，法律关系主体能够享有权利、承担义务，法学上把这样的资格称作"权利能力"。按照《民法典》第十四条的规定，"自然人的民事权利能力一律平等"。因此，从主体资格的角度来看，"儿童"，也就是我们一般法律意义上的"未成年人"，在享有权利、承担义务的资格方面，与成年人是平等的。

值得注意的是，在实践中，儿童通过自己的行为实际取得权利和履行义务的能力与智力正常、精神健康的成年人存在差异，这种能力被称作"行为能力"。正如前面提到的，按照《民法典》的规定，八周岁以上的未成年人，可以独立实施纯获利益的民事法律行为或者与其年龄、智力相适应的民事法律行为，除此以外的行为，需要由其法定代理人（即监护人）代理实施或者经其法定代理人同意、追认；而"不满八周岁的未成年人为无民事行为能力人，由其法定代理人代理实施民事法律行为"。这就是我们法学上所讲的"限制行为能力"和"无行为能力"。

综上所述，"儿童"在我国法律上具有民事权利能力，但他们的民事行为能力，还需要结合年龄、智力水平及精神状态进行区分。

2. "儿童"在法律上的特殊性

我们可以从生物学、社会学、教育学、心理学甚至政治学、哲学层面，来讨论"儿童"需要被特殊保护的合理性，但如果我们只关心"儿童"是如何被特殊保护的，就要从以下角度进行解读：

其一，儿童的特殊性体现在他们享有权利、履行义务的方式上。

按照《民法典》的规定，不满八周岁的儿童，只能由其法定代理人（即监护人）代理实施民事法律行为。但八周岁以上的儿童，可以自己实施纯获利益的民事法律行为或者与其年龄、智力相适应的民事法律行为。

这里提到的法定代理人（即监护人），一般情况下是指儿童的父母。"未成年人的父母已经死亡或者没有监护能力的，由下列有监护能力的人按顺序担任监护人：（一）祖父母、外祖父母；（二）兄、姐；（三）其他愿意担任监护人的个人或者组织，但是须经未成年人住所地的居民委员会、村民委员会或者民政部门同意。"

其二，儿童被法律视为特殊的法律关系主体，给予特殊保护。

我们针对儿童制定了专门的法律，比如《未成年人保护法》《预防未成年人犯罪法》等。

除此以外，我们还在我国《宪法》《民法典》《刑法》《刑事诉讼法》《义务教育法》《家庭教育促进法》等法律中设定了对儿童的特殊保护。比如，我国刑法详细划分了已满十六周岁、已满十四周岁不满十六周岁，以及已满十二周岁不满十四周岁的未成年人犯罪的刑事责任承担问题，并且规定"犯罪时不满十八周岁的未成年人不适用死刑""需要追究刑事责任的，应当从轻或者减轻处罚"等，都体现了儿童在法律上的特殊性。

二、儿童权利保护的法律依据

儿童权利保护的法律依据有国内法律，也有国际条约。

（一）儿童权利保护的国内法律依据

1. 我国《宪法》对儿童权利保护的规定

我国《宪法》第四十六条规定："中华人民共和国公民有受教育的权利和义务。国家培养青年、少年、儿童在品德、智力、体质等方面全面发展。"第四十九条规定："婚姻、家庭、母亲和儿童受国家的保护。夫妻双方有实行计划生育的义务。父母有抚养教育未成年子女的义务，成年子女有赡养扶助父母的义务。禁止破坏婚姻自由，禁止虐待老人、妇女和儿童。"

2. 全国人大及其常委会制定的法律对儿童权利保护的规定

（1）专门性立法

第一，《中华人民共和国未成年人保护法》。该法从家庭保护、学校保护、社会保护、网络保护、政府保护、司法保护方面，对未成年人的权利、保护的基本原则、保护的责任主体等做出了明确规定，是未成年人保护领域的综合性法律。

第二，《中华人民共和国义务教育法》。该法旨在保障适龄儿童、少年接受义务教育的权利，保证义务教育的实施，提高全民族素质，它为儿童受教育权的实现和保护提供了直接法律依据。

第三，《中华人民共和国家庭教育促进法》。该法旨在发扬中华民族重视家庭教育的优良传统，引导全社会注重家庭、家教和家风，增进家庭幸福与社会和谐，培养德智体美劳全面发展的社会主义建设者和接班人。

第四，《中华人民共和国预防未成年人犯罪法》。该法旨在保障未成年人身心健康，培养未成年人良好品行，有效预防未成年人违法犯罪的发生。

（2）部门法

我国多个部门法中也对儿童权利保护作了相关规定。《民法典》中规定了民事法律关系中儿童权利保护的相关内容，包括儿童的收养、监护等事项。《道路交通安全法》《网络安全法》《禁毒法》《广告法》等法律中规定了儿童权利保护的相关条款。《刑事诉讼法》设立未成年人刑事案件诉讼程序专章，《监狱法》《社区矫正法》等做出了配套性规定，为刑事法律关系中儿童权利保护提供了法律依据。

3. 法规、规章、司法解释等规范性法律文件对儿童权利保护的规定

我国行政法规、地方性法规、部门规章、地方政府规章、司法解释等规范性法律文件中关于儿童权利保护的规定，也是儿童权利保护的重要法律依据。如《校车安全管理条例》《禁止使用童工规定》《学校卫生工作条例》《幼儿园管理条例》等。

在地方性法规层面，我国各省、自治区、直辖市都制定了专门的关于未成年人保护的地方性法规，这些有关儿童权利保护的专门的地方性法规，以及含有儿童权利保护相关内容的其他地方性法规，都是儿童权利保护的法律依据。

我国涉及保护儿童的部门规章包括《学生伤害事故处理办法》《城市生活无着的流浪乞讨人员救助管理办法实施细则》《家庭寄养管理办法》等。

我国各省市的地方政府也出台了一系列政府规章来保障儿童权利，例如，《福建省农村留守儿童关爱保护办法》《呼和浩特市流动儿童预防接种管理办法》等。

部分司法解释中也涉及儿童权利保护的问题。司法解释细化了司法工作对儿童权利保护的具体操作规定。例如，《关于依法惩治性侵害未成年人犯罪的意见》《关于依法处理监护人侵害未成年人权益行为若干问题的意见》等。

（二）儿童权利保护的国际法律依据

1. 1989 年联合国《儿童权利公约》

联合国大会在 1959 年通过了《儿童权利宣言》，明确了各国儿童应当享有的各项基本权利。但是宣言不具有法律约束力，许多国家呼吁制定一项全面规定儿童权利、具有广泛适用意义并具有监督机制的专门法律文书，在此背景下，联合国制定了《儿童权利公约》。我国在第七届全国人民代表大会常务委员会第 23 次会议上批准了《儿童权利公约》，从此《儿童权利公约》成为我国广泛认可的国际公约。

《儿童权利公约》共有 54 项条款。根据该公约，凡 18 周岁以下者均为儿童，除非各国或地区法律有不同的定义。《公约》规定了世界各地所有儿童应该享有的数十种权利，其中包括最基本的生存权、全面发展权、受保护权和全面参与家庭、文化和社会生活的权利。还确立了 4 项基本原则：无歧视、儿童利益最大化、生存和发展权以及尊重儿童的想法。

2. 其他相关国际公约和国际性文件

我国签署了一系列含有儿童权利保护内容的国际条约。例如，1976 年联合国《经济、社会及文化权利国际公约》的第十条规定了儿童保护的相关内容，包括家庭对儿童的照顾教育义务、反歧视、禁止雇佣童工等。此外，《儿童生存、保护和发展世界宣言》《执行九十年代儿童生存、保护和发展世界宣言行动计划》《联合国少年司法最低限度标准规则》等都是我国儿童权利保护的重要国际法源，其中《联合国少年司法最低限度标准规则》因在北京讨论、修改和定稿，故又称《北京规则》。

三、儿童权利的基本类型

儿童权利按类型划分，可以分为人身权利，财产权利，经济、社会、文化权利。

（一）儿童的人身权利

我们重点了解易受侵犯的儿童人身权利。

儿童享有生命权。因为生理、心理等方面还未发育成熟，儿童生命权更易受到侵害，因此应当加强保护。我国刑事法律中对未成年人适用死刑进行限制，就是对儿童生命权特殊保护的体现。

儿童享有健康权。我国《未成年人保护法》《反家庭暴力法》等法律中规定了对儿童健康权的保护。例如，《未成年人保护法》第一条规定了"保护未成年人身心健康"，这也是制定该法的目的之一。

儿童的人身自由受法律的保护。儿童的人身和行动受自己支配，不受非法拘禁和侵害。例如，《未成年人保护法》规定，"禁止拐卖、绑架、虐待、非法收养未成年人禁止对未成年人实施性侵害、性骚扰"。

儿童享有被监护权。儿童有权要求监护人对其人身、财产及其他合法权益进行监督和保护。我国《民法典》《未成年人保护法》均对未成年人的被监护权和监护人的监护职责作了规定。

儿童享有隐私权。我国《未成年人保护法》对未成年人的隐私权保护作了规定。例如，"任何组织或者个人不得隐匿、毁弃、非法删除未成年人的信件、日记、电子邮件或者其他网络通信内容"。但必须承认，在实践中，我们面临着儿童隐私权保护与监护人履行监护职责、学校行使行政管理权和知情权之间的利益冲突，对待这个问题，必须结合个案实际情况，进行利益衡量。

（二）儿童的财产权利

财产权是儿童享有的基本权利，儿童因继承、赠予或劳动等方式而取得的财产归儿童自己所有。但儿童财产权具有特殊性，在实践中，通常由其父母代为行使。我国《未成年人保护法》规定了未成年人的父母或其他监护人，具有妥善管理和保护未成年人的财产，依法代理未成年人实施民事法律行为的监护职责，同时，不得违法处分、侵吞未成年人的财产或者利用未成年人牟取不正当利益。

（三）儿童的经济、社会、文化权利

经济、社会、文化权利，是指公民享有的经济生活、物质利益方面，以及文化教育精神方面的权利，是公民实现其他权利的前提条件和物质基础。

儿童享有受教育权。我国《未成年人保护法》《教育法》《义务教育法》等法律中都对儿童受教育权的保护问题作了规定。例如，我国《义务教育法》规定，凡具有中华人民共和国国籍的适龄儿童、少年，不分性别、民族、种族、家庭财产状况、宗教信仰等，依法享有平等接受义务教育的权利，并履行接受义务教育的义务。

儿童享有福利权。我国《未成年人保护法》《禁止使用童工规定》等法律法规中部分条款规定了儿童福利的保障问题。例如，《未成年人保护法》规定，各级人民政府及其有关部门对困境未成年人实施分类保障，采取措施满足其生活、教育、安全、医疗康复、住房等方面的基本需要。

儿童享有参与权。我国《未成年人保护法》以及联合国《儿童权利公约》中都有儿童参与权保护的相关条款。例如，《未成年人保护法》规定，国家保障未成年人的生存权、发展权、受保护权、参与权等权利。这里的参与权，是指儿童参与家庭、文化和社会生活的权利。

四、儿童权利的保护原则——儿童利益最大化

1959 年联合国大会通过的《儿童权利宣言》首次提出了"儿童利益最大化原则"，而该原则也是联合国《儿童权利公约》中最具指导性的规则。自此，儿童利益最大化原则被确立为国际人权法中有关儿童权利保护的首要原则。我国自正式加入该条约以来，一直坚持遵循贯彻儿童利益最大化原则。

（一）"儿童利益最大化"原则的内涵

儿童利益最大化原则在我国《民法典》中的表述是"最有利于未成年人"原则。

未成年人由于体能、智力发展等因素处于弱势地位，需要法律予以特殊保护。比如，在民事法律规范中，尤其在离婚案件的抚养权纠纷中，未成年人的利益优先于父母的利益。按照《民法典》的规定，离婚后，不满两周岁的子女，以由母亲直接抚养为原则。已满两周岁的子女，父母双方对抚养问题协议不成的，由人民法院根据双方的具体情况，按照最有利于未成年子女的原则判决。子女已满八周岁的，应当尊重其真实意愿。儿童利益最大化还意味着，要基于未成年人的立场，始终坚持以未成年人利益为优先考量因素。前文提到的《民法典》关于离婚案件中的抚养权问题的规定，同样体现了这一点。

（二）"儿童利益最大化"原则在我国法律法规中的体现

儿童利益最大化原则在我国主要体现在 2020 年修订的《未成年人保护法》和 2021 年开始施行的《民法典》当中。

《未成年人保护法》在总则中明确规定了"保护未成年人，应当坚持最有利于未成年人的原则"，并从家庭保护、学校保护、社会保护、网络保护、政府保护和司法保护等方面规定了儿童利益最大化的实现方式。

儿童利益最大化原则在《民法典》中具体体现为最有利于被监护人原则、最有利于被收养人原则和最有利于未成年子女原则。

《民法典》将儿童利益最大化原则确立为未成年人监护人履行监护职责应遵循的原则，"监护人应当按照最有利于被监护人的原则履行监护职责"。

《民法典》规定了收养应遵循最有利于被收养人原则，规定了收养人的收养限制条

件。同时规定民政部门对要登记的收养关系进行收养评估，以最大限度地保护被收养的未成年人的合法权益。此外，《民法典》放宽了被收养人的年龄和对象范围，使得更多未成年人能够得到家庭的照顾和关爱，更有利于未成年人的健康成长。

《民法典》还规定了父母离婚后，未成年子女的抚养制度，区分不同年龄，设置未成年子女抚养权的归属，必要时子女还可向父母提出超过离婚协议或离婚判决原定抚养费数额的合理要求。此外，《民法典》还确立了父母等主体对未成年人的抚养责任及履行顺序，这也是最有利于未成年人原则的体现。

五、儿童权利的保护方式

对于我国儿童权利的保护方式，我们拟从监护过程中对儿童权利的保护方式、儿童权利遭受不法侵害后的保护方式两方面探讨。

（一）监护过程中对儿童权利的保护方式

首先是家庭监护。履行监护职责必须符合现行法律规定，同时按照最有利于儿童的原则行使，《未成年人保护法》第十六、十七条细化了未成年人的父母或其他监护人的监护职责，采用列举加兜底的方式明确了应当履行的监护职责和禁止实施的行为，第十八条明确了监护人对儿童的安全保障义务，如家庭安全、交通安全、户外安全。此外，《未成年人保护法》规定了居委会、村委会指导、帮助和监督未成年人的父母或者其他监护人依法履行监护职责。若儿童的父母不依法履行监护职责或者侵犯未成年人的合法权益，可由其居住地居委会、村委会劝诫、制止，情节严重的应当及时向公安机关报告，公安机关接到报告或公安机关、人民检察院、人民法院在办理案件过程中发现存在上述情形的应当予以训诫，并可以责令其接受家庭教育指导。对于监护人严重侵犯被监护人合法权益的行为，《未成年人保护法》规定，人民法院可以根据有关人员或者单位的申请，依法做出人身安全保护令或者撤销监护人资格。

其次是国家监护。与家庭监护相比，国家监护更多的是一种补充和替代责任，即如果家庭监护责任不能正确履行，儿童也没有其他监护人，则由国家履行监护职责，使儿童处于被监护状态，保护儿童所应享有的合法权利。新修订的《未成年人保护法》规定临时监护和长期监护两种制度，并且对这两种监护制度的适用条件分别做出具体规定，同时还明确监护的职责应当由民政部门依法进行，以及履行监护的职责及程序。

（二）儿童权利遭受不法侵害后的保护方式

我国法律对于侵犯儿童身心健康的不法行为规定了"强制报告制度"，即法律规定的企业事业单位、组织、国家机关如果发现存在对儿童的不法侵害必须立即向有关部门进行报告，如果不履行报告的法律义务，将会承担相应的法律责任。

《未成年人保护法》还赋予检察院支持起诉的职责，如果某儿童的权益遭受不法侵害，其监护人、相关组织均未提起诉讼，人民检察院负有督促、支持其起诉的职责；如果侵害儿童权益的同时又危害公共利益，人民检察院有权提起公益诉讼。同时还要求新闻媒体对涉及未成年人事件予以客观、审慎、适度的报道，积极进行舆论监督。

参考文献：

----

[1] 胡拥军. 论未成年人隐私权 [J]. 江西社会科学，2003 (2).

[2] 孟令志. 未成年人财产权保护的几个基本问题研究 [J]. 法商研究，2007 (3).

[3] 付玉明，宋磊. 论我国儿童权利的法律保护——以近期几起典型案件为例 [J]. 法学杂志，2013 (9).

[4] 郭开元. 论《民法典》与最有利于未成年人原则 [J]. 中国青年社会科学，2021 (1).

[5] 吴鹏飞. 儿童权利一般理论研究 [M]. 北京：中国政法大学出版社，2013.

作者简介：

吕　芳　山东师范大学法学院副院长、副教授、硕士生导师，法学博士

情绪的起源与发展模型

丁　磊

一、情绪的生理基础

这是一幅大脑的侧剖面图，展示的是大脑边缘系统三大重要结构的位置关系。与我们情绪主题相关的重要部位是杏仁核，它几乎位于脑组织的核心位置，靠近脑桥、延髓生命中枢，情绪就是在这个位置产生的。生命中枢是核心，越是核心就意味着越原始，既然杏仁核与核心紧邻，我们可以把它看成大脑的警报中心。在人类进化的最早期，为了在充满致命危险的环境中生存，人类要迅速做出战或逃的选择。这种选择通常来不及经过大脑理智地分析，但是一次次的经验重复让人类在突发刺激之下学到并积累了相应的认识体系并储存成图式，从而指导我们更精确地应对外界的刺激。从图中可以直观地观察到，杏仁核与负责学习和记忆的海马体和尾状核三者组成了一组链条状的系统，把情绪从出自本能的核心传导到大脑皮质的分析加工中心，这是一个从冲动到理智的传导过程，中间由学习和记忆系统连接。

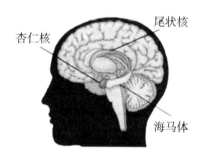

情绪产生于杏仁核，紧邻核心位置，跟学习和记忆相关，负责最基本的本能需求，却往往是不理智的。我们大脑的这套警报装置早就过时了，它的战或逃警报模式是为了应对原始环境中被猛兽袭击场景的，我们现在极少遇到这种随时关乎生死的情境。我们现在的担心、焦虑更多是心理上的，比如对不确定的担忧"你爱我吗？"这是由于学习和记忆系统在情绪爆发和理智分析之间传递的时候出现了偏差和阻滞。如果一个孩子的成长过程中充满了忽略和指责，那么他的学习和记忆系统中更多的是如"我值得被爱吗？""我是否随时可能被抛弃？"这类不安全意念的困惑，于是他会喋喋不休地去寻求认同，去测试对方的反应。但是这些由想象创造出来的"不给我买就是不爱我"的测试内容，在记忆存储中早就要溢出了，仍来不及进入大脑皮层做理智思考，孩子产生的情绪跟记忆系统中的图式比对之后，暴躁的行为就已经发生了，这就是人们常说的"这孩子的行为不走脑子"。这个"不走脑子"指的是未走到大脑皮层，其实不是不走，是根本来不及走。通常状态下，情绪没有经过海马体、尾状核的过滤，没有进入大脑皮层进行理智化加工，就像火山爆发一样喷涌而出了。

理解了这些，情绪产生的生理脉络就大体清晰了。初始情绪通过关系中的反复强化，形成了记忆或知识体系也即皮亚杰所说的图式系统。举例来说，婴儿饿了，有情绪，通过哭闹跟外界互动，但他多久能够得到满足，被满足的时候是歉意的爱抚还是嫌弃的白眼，吃奶过程中环境是平和稳定的，伴随着"哎呀，宝宝对不起啊，妈妈饿到你了"的歉意表示，还是愤怒焦躁的"回家就玩手机，孩子哭成这样都不知道帮把手，你耳朵聋吗？"之类的怒斥声，在不同环境的浸润中，婴儿慢慢形成了独特的情绪模式。

基于这些理论，我们再来理解情绪的定义：情绪是一系列主观认知经验的统称，是人们对客观事物的态度体验以及相应的行为反应。情绪在生理反应上的评价和体验包括喜、怒、哀、乐等几种。这些知识能帮助我们更好地理解情绪的心理根源。

二、情绪的心理学阐释

人为什么会产生情绪？其实情绪的产生来自"要求"。当孩子饿了，有进食要求的时候，外界回应的及时程度以及回应的态度，在孩子这里有个标准，就是他们认为的"应该"。而"应该"这个词是伴随着海马体、尾状核这些重要的负责学习和记忆的系统长期被环境浸润后的认知体系产生的。

认知体系如何影响我们的生活呢？先思考一个问题：失眠和加班会不会对身体造成伤害？相信大多数人会马上点头："会啊，当然会啊。"但大家是否想过，很多专家学者、科研工作者长年待在实验室里加班加点，恨不得把睡觉的时间都用来工作，但他们既快乐又长寿，这该如何解释呢？当然也有大量因失眠而求助的人，他们会固执己见："失眠确实让我非常难受啊，我就是要解决这个问题，难道有错吗？"可见，针对同一个失眠问题，出现了两种不同的认知。至于那些快乐长寿的科研工作者也存在着分化，他们有时候也会因为失眠烦恼，会"翻来覆去睡不着，大把大把掉头发"。这同一个群体的分化是从哪里开始的呢？应该是科研攻关遇到困境的时候吧。总而言之，出现情绪波动是因为有要求，当要求没有被满足或者自认为没有被满足的时候，负面情绪就会出现。

（一）关于情绪的两大理念

对一件事情的不同认知会产生不同的结果，会有不同的应对行为。基于这个理论，我们首先要弄清关于情绪的两大理念。

1. 任何行为都是被情绪驱动的

比如看到一个乞丐，你会鄙夷地唾弃还是怜悯地施舍？唾弃和施舍这两种不同行为分别来源于"这是个骗子、懒汉"的愤怒和"他的遭遇真可怜，我必须帮助他"的同情这两种不同的情绪反应。

2. 我们都生活在情绪反应中，而不是生活在客观世界中

情绪对我们的影响真的这么大，以至于遮蔽了客观世界的真相吗？我们明明生活在客观世界中啊，我们看到听到嗅到摸到的难道有假？我们接触的实像当然不假，但我们接触到具体的人、事、物时的反应是被我们创造出来的，我们体验感知的是这个被我们创造出来的感受。举个例子，某人早上醒来，看到窗外雾气蒙蒙。雾气蒙蒙是客观的，但这个刚起床的人面对这个客观事实会有不同的情绪反应，如果他昨夜刚跟最在乎的人共进美餐，又相约今天去享受难得的假期，他会感慨："好美好浪漫的天气，像仙境一般云蒸霞蔚。"如果他昨晚收到人资部门因其工作失误予以解聘的通知，要他今天去办理离职手续，他可能会想："到处都是致命的雾霾，这个世界难道连让人喘口气的机会都不给了吗？"试想，持有两种不同认知的人，去面对成千上万被不同情绪牵涉的不同个体，会组合出多少风格迥异的结果？

在电影院里，与其说我们跟其他观众一同看了一场电影，不如说我们用同一部电影作为刺激物各自产生了一些不同的情绪让自己浸润其中。电影散场时，我们不可能看到涌出的观众都是同一个表情，真是那样的话就太可怕了。

（二）情绪的反应系统

我们已经理解了外部刺激产生情绪反应，还需要知道这个反应系统本身是如何运作的。下面把这个反应系统分解一下，同时关注个体此刻的感受和情绪。

想象脚下有一片结了冰的湖水，一个人摘下温暖的手套，把手伸入冰水中。这一瞬间，是一个纯粹的刺激，由于水温很低，和体温反差很大，给人很不舒服的感受，产生一种冰冷刺骨的感觉。请注意，这发生在刹那间的感受过程，是由两个完全不同

的部分构成的，所以说"感受"这个词，其实是两个部分的联动，第一个是"感"，第二个是"受"。我们不得不赞叹博大精深的中华文明，两个字描述了两个系统。手放在水里，对温度的感知，是纯粹的感；之后觉得冰冷刺骨，这就是受。

有了这个刺骨的冷感之后，他可能会想起卖火柴的小女孩冻死于街头的景象；又可能想起很多老人家说他们年轻时冬天去河边洗衣服把手冻坏了，手指到现在都无法伸直。到这时，他会油然而生焦虑情绪，还会有点害怕，致使焦虑、恐惧一起袭来。

从这个简单的例子，我们可以体会到，一个人的感觉、感受、观念和情绪，这四个环节构成了一个对外界刺激做出反应的链条，这个四位一体的反应链就是情绪的反应系统。具体来说，我们的感觉细胞相当于硬件，就是我们有能力感受到，我们有感知刺激的能力，这个归感觉管；我们的神经系统接收到感觉的刺激后给出一个反馈，反馈给我们一个痛苦或者舒适的信号，这个反馈归感受管；这个好受或难受的感受，需要我们的认知体系来处理，我们的认知体系就是观念。认知体系可不是随意形成的，原生家庭的影响在其中起着至关重要的作用。就像前面的例子，如果原生家庭给予的是"寒冷会伤害自己"的认知体系，我们的观念就会执着于伤害。于是根据这些感觉、感受、观念，最后出现了一种必然的情绪。同样的场景，有人是冬泳爱好者，非常热心地鼓动周围的人跟他一起，但有些人的观念环节还是过不了打破冰面整个人钻进冰窟窿的那一关，这些人特别好奇：冬泳的人不觉得冷吗？其实他们也觉得冷，往水里跳的一刹那也挺难受。这个感受跟我们把手往冰湖里伸是相同的，反应链条四个环节的初始感觉都一样！而且中枢神经给的第二环节感受也一致，同样的难受！不同的恰恰发生在链条的第三环节，观念不一样了。这个不同导致了截然相反的情绪，在不同的情绪驱动下又产生了不一样的行为。观念是"卖火柴的小女孩冻死了""刺骨的冰冷会导致关节炎"的人，会飞快地抽回感到不舒服的手；而观念是"冬泳有益健康，刺激血液循环，强身健体，增强免疫力，还能收获羡慕嫉妒的目光"的人，会毫不犹豫地钻进冰窟窿。

从这些例子当中，我们可以得到这样一个结论：对情绪起决定作用的因素并不是纯粹外来的刺激，而是我们的反应系统。而且，并不存在一个独立于我们情绪反应系统之外的刺激。这就是说一个刺激既然被我们捕捉到了，不管是通过眼耳鼻舌身意哪种感觉，只要我们接收了，就已经被纳入了感觉、感受、观念、情绪四链条的体系中。而这个反应系统的核心是观念这一环节，这一点特别重要。

上面的案例对比是让我们理解，对我们情绪起决定作用的是已经产生的反应系统，就是我们前面提到的图式。这个系统此刻就在我们的生命中不被觉察地发挥着作用，我们现在就可以去观察、研究它，外界条件反而不会被自己过分看重了，因为我们知道刺激自己的并不是那个特定的人、事、物，而是我们自带的一个系统。所以心理学认为，事件并不伤害我们，伤害我们的是对事件的认知。需要注意，产生差异的"观念"环节是被我们的成长环境浸润出来的，所以我们常说"情绪就是在提要求"。

随着对情绪的了解越来越深入，下面来看看情绪的分类。

（三）情绪的分类

我们分别来看我们古老的中华文明对情绪的理解和西方文明对情绪的解读，对比着看会加深我们的理解。我们先来理解这两个问题："七情六欲"分别指什么？为什么会有这样一个成语？

七情六欲泛指人的喜、怒、哀、乐和嗜欲等。古籍中记载："七情，喜怒哀惧爱恶欲。六欲，生死耳目口鼻。"经过几千年的演变，目前更容易让人接受的是中医对七情的解读：喜怒忧思悲恐惊；《心经》对六欲的说法：眼耳鼻舌身意。

其实"七情六欲"这个成语，本身就在告诉我们情绪的成因：需求不被满足，因而产生情绪。

我们看到、听到、闻到、尝到、感受到、意识到的外界跟我们期待的是契合还是冲突，直接导致不同的情绪，情绪反应系统中的"观念"就是判定外界刺激跟我们的期待是契合还是冲突的标尺，所以"情绪就是在提要求"，是以观念为标尺来提要求。

当我们看到一块诱人的蛋糕，观念中认为它一定很美味，品尝后发现果然如此，欣然追加一块，感觉快乐满足；如果尝了一口发现味道不对，又苦又涩，不免愤怒地想，这不是在糟蹋食材吗？

一个成语仅四个字，却包含了一个知识体系，这种精炼内敛的体系，需要我们去感悟。

那么，对比西方文明对情绪的研究，我们又可以吸收到什么样的营养呢？

我们重点谈论比昂的情绪理论。比昂对情绪的分类是非常实用的：忍受得了的和忍受不了的。忍受得了的情绪被定义为 α 元素，或称 α 情绪；忍受不了的情绪是 β 元素，或称 β 情绪。把 β 元素转换成 α 元素的功能是一个人非常重要的心智功能。如此看来，比昂把情绪更简洁地分为两种，符号化地命名为 α 情绪和 β 情绪，从字面上看虽然不如我们的喜怒忧思悲恐惊来得直观，但是深入理解之后同样精彩。

这套理论不是从定义上进行区分，而是概括地从功能上分了两大类：自己可以处理的属于 α 情绪，需要他人帮助处理的属于 β 情绪。什么叫需要他人帮助处理呢？其实就是向他人提出要求。从这个角度理解，我们可以得出这样的结论：自我要求风平浪静，要求他人电闪雷鸣。

我们也可以把α情绪当作情绪的内涵，而β情绪就是情绪的外延。一方强大就会占领另一方的领地，我们可掌控的情绪越多，越不需要向外界提要求，反之，就会陷入频繁提要求而让自己的α情绪被β情绪蚕食的结果，表现为暴躁易怒、挑剔指责。

由此可见，亲子互动中父母的α情绪覆盖面有多广，家庭环境就有多平稳，一个孩子最渴望的成长环境其实就是一个平稳平和的家庭。

妈妈是气氛的主导者，这是从婴儿的成长角度接续过来的。婴儿最早分化出你我概念的时候，世界就只有妈妈和我。即使妈妈角色缺失，孩子的你我分化是通过一个妈妈角色的替代者来完成的，这个确立"我"概念的成长步骤也是必须经历的，当然，母亲角色彻底缺失的情况相对较少。可以想象一个婴儿呼唤哺乳的画面，如果他的妈妈一直在不能自我觉察的情绪不稳定的状态下持续，婴儿从这个时候开始就已经为了获得一个情绪平稳的妈妈而努力了。

接下来，我们看比昂把情绪精炼成α和β之后，对我们理解情绪有什么样的帮助。

（四）情绪的功能

当一个孩子产生了β情绪的时候，母亲需要帮助孩子将β转化成α，让这个不能承受的情感转化成孩子可以承受的情感，而母亲这个转化的功能就叫作α功能。如果母亲的α功能好，她养育的孩子长大之后，也能很好地把不能承受的情绪转化为可以接受的。但在现实中，很多父母自己的β情绪都很多，自己都不能很好地处理和转化，还会经常将自己的β情绪投射到孩子身上，让自己的孩子也产生很多自己不能处理和不能承受的β情绪。

举个例子来加深理解。大部分照顾过孩子的人对孩子"闹觉"应该不陌生，孩子为什么闹觉呢？是因为他产生了β情绪。在婴儿短暂的人生经历中，还未经历过这种感受，储存在婴儿学习记忆系统中的图式暂时没有收纳这个感觉，比对后发现，这种感觉不是饿、疼、痒、湿这些已经学到的感受，但就是感觉难受，所以婴儿通过闹觉这个行为，本能地把这个无法处理的β情绪扔给了养育者。养育者接过β情绪之后，α功能完备的养育者会帮婴儿把这个β情绪转换成α情绪："宝宝困了，不闹了，闭上眼睡一觉就不难受了，宝宝乖，妈妈给唱个儿歌，拍着我的宝宝入睡喽。"α功能不完备的养育者会叠加上自己的β情绪："哭哭哭，一天到晚不让人消停，我也不知道造了什么孽，养了这么个讨债鬼，连你也敢欺负我，我不信治不了你个小东西，爱哭是吧，把你一个人锁屋里，看你能哭到什么时候！"童年的创伤就这么逐渐形成了。通过对比可见，一个α功能强大的母亲，将给孩子的成长带来巨大的助力，原生家庭的影响也显现出来了。

　　下面探讨一个问题：一个孩子睡觉时做了噩梦。他醒来对母亲说，我梦见一个怪物，把我们都吃了。下面的回答中，哪个 α 功能高呢？

　　第一个回答是"孩子别怕，妈妈在这里，妈妈会保护你的"。

　　第二个回答是"孩子，你那个是做梦，是假的，有什么好怕的"。

　　第三个回答是"孩子你做梦梦见怪物，你害怕了"。

　　答案是第三个。在接到孩子投过来的 β 之后，父母不去叠加自己的认知感受，帮孩子觉察自己当下怎么了就可以了。孩子在描述一个过程，妈妈告诉他"你害怕了"，认可了孩子的情绪，并帮孩子识别，是非常智慧的。第一个回答，会扼杀孩子的独立性，造成依赖。第二个回答，直接否定孩子的感受，让孩子感到羞愧。第三个回答，后面最好再加上一点点引导，"你感到害怕，有没有办法去面对呢？"让孩子有所选择，然后跟孩子达成一个共识，试试其他的办法，这会让孩子感到是自己在主导探索，自己解决了问题，自己做出了选择。虽然妈妈提供了某些建议，但孩子是主导角色，他不会感到挫败或羞愧，会更有动力去探索自己的人生，并不会惧怕挫折。

　　比昂的情绪论是否适用于成人之间情绪的解读呢？如果有一个男人下班回家，进门就开始挑剔指责："把家弄得乱七八糟的，都没有插脚的地方了，这个点了饭还没做好，也不知道你整天在家忙了些啥！"α 功能较高的妻子会敏锐地识别到丈夫情绪中的 β 情绪，是老公碰到自己处理不了的情绪了，需要她的帮助，她的回应会很有艺术："哎呀，这无情的世界把我老公欺负成这样了，别生气啦，有你爱吃的，我在等你回来一起吃，我怕自己馋了偷吃，就先收拾收拾家。看，刚给你沏的热茶，先喝着，饭马上好，一会儿告诉你个好消息。"妻子接住了丈夫的 β 情绪，指出了丈夫的情绪并不是家里引发的，而是在外面受委屈了，接着把这个 β 情绪转化成了丈夫能接受的 α 情绪，保证了家庭氛围的平稳平和。但是 α 功能不够完备的妻子难以识别丈夫的 β 情绪，会做出针锋相对的反应："一天到晚不着家，回家就横挑鼻子竖挑脸，挣不来几个钱，脾气倒是见长，我还没指望你养着呢，这是给你脸了，家里哪儿都不如意，你回来干吗？"这不但没有处理对方的 β 情绪，而且把自己的 β 情绪叠加进去又扔给了丈夫。由此，β 情绪不断叠加，以至于从"挤牙膏该从底部开始还是随手捏出来"的小事，叠加到过不下去就离婚的地步。这就是为什么会有"清官难断家务事"的说法，因为清官不是学心理学专业的。

　　我们接着来了解一下 β 情绪的作用。β 情绪是自己处理不了的情绪，同样也是为了提要求。以模型的角度来考量，无非就是三种要求的独立或者组合形态，这三种要求分别是攻击、逃避和祈求。不过以 β 情绪的特征来看，这三大要求通常不易被本人觉察。

　　曾经有个五年级男孩的妈妈谈道："我很难做到跟孩子心平气和地相处，专家总强调给孩子提供平稳平和的环境，但我真的压不住火。周末我接孩子回家，他一上车就翻我包，拿出手机来就打游戏，我跟他聊两句就嫌我烦。我觉得孩子住校一周没玩了，就让他玩会儿吧。回到家我做饭他接着玩，我听着在客厅玩得那个起劲儿，跟朋友连麦有说有笑还说脏话，我就想让他放下手机干点别的，但孩子答应着就是不做。饭做好了，我觉得该放下手机了吧，结果他一手拿筷子一手刷朋友圈。我最终忍无可忍，夺过手机就给他摔了。我知道我的情绪没控制好，但这些问题我总得干预吧？他是不是网瘾了？这样下去可怎么办？"

有这样经历的家长不在少数吧？我们用学过的知识帮这个妈妈把她的 β 情绪转换成 α 情绪。

指导师："你老公回家躺沙发上刷手机时你是不是也有情绪？"

妈妈："是啊，我也知道他在工地上累了一天了，但还是看他那样就生气，就会跟他说，你儿子数学成绩都那样了，你能不能给孩子做个榜样？孩子网瘾可找到根了。"

指导师："如果换个场景，你老公回家先快乐地大喊，媳妇，做的什么这么香？我闻到我最爱吃的清蒸鲈鱼，来来来，要不要我帮你切点葱丝？这个我最拿手了。这时候你嫌弃地把他推出厨房，他又喊，媳妇我下楼买点你喜欢的饮料，还缺啥不？你说'消停点吧，都买齐了，等着吃吧！'他这会儿躺到沙发上刷手机，你的感受有什么不同吗？"

妈妈："奇怪，这时候我好像能接受他玩手机。"

在这个案例中，这位妈妈在意的其实是一种被抛弃感。她的 β 情绪起源就是祈求，她在祈求沟通。她跟孩子已经一周未见，想要沟通却被孩子拒绝，在此过程中 β 情绪在慢慢累积，孩子和老公跟手机的接触都会唤起这个情绪不稳定的妈妈被抛弃的感觉。这个被抛弃感大概率是她的童年创伤，被压抑在潜意识中，自己察觉不到，只会用情绪去应对现象。她在祈求的过程中，攻击想象中的竞争者"手机"，进厨房忽视孩子跟手机的接触，但无时无刻不在试图打断这个接触。这个例子是攻击、逃避、祈求的综合表现，就发生在我们的日常生活中，就看我们有没有智慧去发现和解读。

我们用图示解读一下情绪养成的规律，我们用火山爆发的情境来模拟不守纪律的孩子是如何养成的。

学过心理学的人应该都见过这个冰山图，以海平面为界限来区分，水面上肉眼可见的冰山一角，代表人的意识，水面下肉眼不可见的巨大的冰山山体，代表人的潜意识。大体意思是说我们平时表现出来的显性的情绪和行为，来源于潜意识的长期积累。也就是说，其实没有任何情绪是被当下的突发事件触发的，每一种情绪都有一条被压抑的轨迹，当下的事件不过是导火索而已。一个孩子的成长环境如果充斥着被管理被约束，比如"手不要乱动""不许吃冰激凌，又肚子疼了吧""不许看电视，对你的眼不好""不许哭，你弄得一团糟还有脸哭""不准吵，奶奶需要休息""我下班回来要检查背诵，起码要背过两首唐诗""你必须学钢琴""你套上那件外套""不许挑食，把青菜吃完""一天必须六杯清水，不许喝饮料""你弹琴的时候必须边唱谱边弹""必须养成自律的习惯，七点必须准时起床"等。注意，这时候的铺垫和压抑已经到达海平面了，构成了海平面下方不可见的冰山山体。孩子上小学后，肉眼可见的问题出现了，小学老师为了指导孩子们守纪律、有秩序，往往从提要求开始，比如"必须坐正""课堂发言必须举手""必须排队站整齐""不许交头接耳""作业必须认真完成"等。这些要求恰好成为一个导火索，孩子压抑已久的情绪便如火山爆发，于是就跳出来一个坚决跟纪律做对的所谓难管的孩子。大家想过没有，为什么一个班那么多孩子里面就这几个难管？大家都处在相同的大环境中，在同样的幼儿园受同样的教育，在同样的社区里生活，就近升入同样的小学，同样的任课老师，同样的教学模式，不同的是什么？一个孩子出现了问题，一定是在提示原生家庭出现了问题。

就这个模型，我们来理解另一个情境：单位领导对某员工说："你这个月的业绩还不如新来的员工，你可是老人了，需要引起重视了啊。"一句并不重的提醒，却引发了这位员工的暴怒，当场摔了杯子："你让我做了那么多事务性工作，现在却来指责我业绩不好？我之前哪个月不是名列前茅，你就是容不下我对吧？那我走！"就此愤而辞职。这突然的爆发，让人不知所措，直觉反应是"你值得吗？"事后平静下来，他自己也觉得太冲动了，但为什么那个时刻会如此冲动呢？问题需要追溯到冰山之下很远很远，可能是当他只有两岁的时候，妈妈跟他商量，给你生个弟弟陪你玩好不好？当时他快乐地同意了，但是当弟弟真来了的时候，他逐渐发现并不那么美好，家人不再只关注他了，会更喜欢跟弟弟多待会儿，之后总是要他让着弟弟，弟弟什么都跟他争，上学后弟弟的成绩居然越来越好，慢慢地，弟弟上了重点初中、重点高中、重点大学、出国留学，他自己却上了普通中学、职业高中，然后打工就业，最难受的是常常有人有意无意地说"多向你弟弟学习，你弟弟可真有出息"。这些都是被压在海平面下的潜意识。工作中一直要强、不甘人后的表现是海平面上的意识，直到有一天发生了开头的一幕，领导无意间触碰了他压抑已久的情绪，他这时候的表现仍旧是三大要求的综合体：攻击领导的口不择言；逃避这个最让自己难受的环境，选择辞职；祈求，或者说让别人知道，不可以在自己面前说自己不行。

三、如何驾驭情绪

（一）正确认识和解读情绪

把情绪掰开揉碎，看到细节，看到发展轨迹，就像看到河床，看到火山爆发的通道，没有任何情绪或行为可以离开关系来单独理解和处理，各种关系的组合又构成了我们生存的环境。现实生活中，一定是我给刺激你给回应，如果我感觉你的回应让我难以接受，一定是因为我给的刺激有问题了。前面说的不守纪律的小学生，其实就是在用自己的方式应对某种刺激。著名的客体关系大师，英国著名心理学家温尼科特曾画了一组"环境—个体"组合体的图例，虽简单却很有意思，他用很简单的图例讲出了适合不同民族、不同文化群体的共性问题，值得我们好好体会。

环境—个体组合体

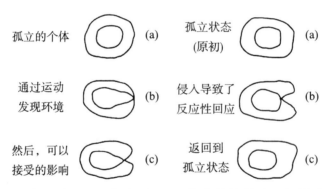

我们可以这么理解这张图，左侧的图（a）代表的是某种理想模式，外圈可以理解为成人营造的家庭环境，内圈可以理解为被家庭养育的孩子，也就是备注中的孤立的个体。这个个体的成长，需要环境的支持。图（b）解释为通过运动发现环境，我们可以脑补婴儿爬行的画面，当他碰到疑惑，会回头看看妈妈，妈妈的积极回应是他继续下去的动力，也可以帮助他理解规则和界限，但注意，这个探索的邀请是内圈的孩子发起的。图（c）表现的是可以接受的影响，就是说回应孩子的需求是孩子可以接受的影响。再看右侧的图，图（a）是一样的状态，图（b）有了截然不同的变化，备注是侵入导致了反应性回应，其实就是说要求不是孩子发起而是家长发起的。当我们不了解孩子需求的时候，以自己的认知和意愿去触动孩子，孩子的反应就是本能地躲避，图（c）的描述就是这个意思，返回到孤立的状态。

（二）找回掌控权，成为自己的主人

我们已经知道情绪是为了提要求，那么提要求又是为了什么呢？再次浓缩沉淀，提要求就是为了获得"自我掌控感"，成为自己的主人。其实从心理学的角度，我们认为人生的动力就是获得自我掌控感，成为自己的主人。我们学习是为了获得自我觉察的能力，这就是自控力。他人激发了我们的情绪，是被他人引发的情绪牵引着我们的反应，这种自动导航式的反应往往是无法自我觉察的，而且往往是难以被人接受的，我们人生重要的课题，就是尽量把"他控"的自动导航转化为"自控"的自我觉察。

当自我掌控感丧失的时候，人们往往会通过去掌控更弱小的生命或者非生命去体会自我的力量。突然撕扯洋娃娃的小女孩，冲着垃圾桶发泄的成年人，其实都是在试图重新体会自我的力量。

下面我们介绍一个找回自我掌控感、掌控自己情绪的小方法，被称为五步脱困法。

五步脱困法掌控自己的情绪

伸出右手，五个指头分别代表五个步骤。小指代表当下的困境，比如，"我做不到心平气和地辅导孩子作业"；无名指需要去改写这个认知，"到目前为止我未能做到心平气和地辅导孩子作业"；中指找出因果，"因为我过去不懂家庭教育理论和技术，所以到现在为止，我未能做到心平气和地辅导孩子作业"；食指给自己赋能，提出假设，"当我学会了家庭教育理论和技术，我就能做到心平气和地辅导孩子作业"；拇指给出未来的美好愿景，"我要学会家庭教育理论和技术，使我能不被情绪控制，给孩子一个平和温馨的成长环境，跟孩子一起共同见证成长的力量"。

总之，管理和控制消极情绪，首先需要去识别它，或者说要深入识别它。从情绪的生理基础我们知道，多数消极情绪并不需要进入大脑皮层，仅仅经海马体和尾状核识别比对就做出了反应。在深度识别的过程中，我们就完成了初步的节制，因为我们开始理解并不是当下的事件触怒了我，触怒我的是潜意识冰山下对某种感受的长久压抑，这就是在跟过去的经历做连接，这时候暴躁的情绪就已经转化为理智的思考了，也就完成了对情绪的管理。

参考文献：

[1] 孔屏. 牵手两代——亲子课程 [M]. 北京：北京教育出版社，2014.

[2] 孔屏. 学校心理咨询实务 [M]. 北京：中国轻工业出版社，2010.

[3] 赵丞智. 温尼科特的语言 [M]. 重庆：重庆大学出版社，2021.

[4] 石向实. 心理咨询的原理与方法 [M]. 杭州：浙江大学出版社，2010.

作者简介：

丁 磊   阿德勒亲子教练高级导师，国际整体暨自然医学学会（IHNMA）世界医学最高认证学会（WMECA）双认证临床催眠治疗师

父母教养与儿童发展

常淑敏

从 2011 年《虎妈战歌》的畅销到 2021 年《小舍得》的热播，近十年来有关家庭教育、亲子关系的出版物或影视作品的热度一直居高不下，它们就像一面面镜子，让不少父母从中看到了自己，它们更像一个个问号，叩问着当今社会的一个大问题：在这样一个内卷、焦虑的时代，到底该如何做父母？在心理学中，有关教养方式的研究就是来回答这个问题的。

一、教养方式的含义

教养方式是指父母对子女抚养教育过程中所表现出来的相对稳定的行为方式，是父母各种教养行为的特征概括。例如，华裔妈妈蔡美儿对两个女儿立下"不准参加玩伴聚会、不准看电视或玩电脑游戏、不准任何一门功课的学习成绩低于'A'、不准擅自选择自己喜欢的课外活动"等十大禁止性家规并严格执行其中的每个细节，她自称"虎妈"，她的教养风格与一度在网上引起热议的"狼爸""鹰爸"相类似，此类教养方式的核心特征是"严苛"。与此相反，"猫爸""羊爸"们对孩子的教育则是温柔的，他们主张对孩子采取个性化教育，不替孩子做选择，以宽容的态度对待孩子，并善于和孩子沟通，这类教养方式的核心特征是"宽松"。因此，父母的教养方式，直接反映着父母对儿童的基本态度，它包含了父母对儿童进行养育的期望、目标、途径以及策略，是影响儿童社会化的重要因素。

教养方式实际上是父母各种教养行为的特征概括，那什么是教养行为呢？教养行为是父母以具体教养目标和教养信念为指导，对儿童表现出的具体的教养实践，其中既包括目标定向的具体教养行为，又包括非目标定向的教养行为，如姿势、语调的变化或是情绪的自然表达。举例来说，一位妈妈站在书房门口，微笑着对孩子说："浩明，整理好你的书桌，妈妈今天做了你喜欢的椒盐排骨，收拾好了就过来吃哟!"另一位妈妈同样也是站在书房门口，眉头紧锁地对孩子说："东东，整理好你的书桌行不行？我怎么生了这么一个邋遢的孩子!"这两种教养行为都是要求孩子完成一个整理书桌的任务，但显然反映了母亲对孩子不同的态度（浩明的妈妈喜欢孩子，而东东的妈妈不喜欢甚至嫌弃自己的孩子）以及不同的教养信念（浩明的妈妈认为养孩子不困难，而东东的妈妈可能觉得养孩子是一件令人头疼的事）。父母说什么、做什么会影响孩子，同时，父母是怎么说的、怎么做的对孩子的影响会更深刻、更持久，因为这些都是教养行为的组成部分，是父母提供给孩子的有形经验，潜移默化地影响着孩子对己对人的信念和行为。

"虎妈""猫爸"是人们用形象的比喻描述的不同教养方式，它们与心理学中所研究的教养方式能对应起来吗？还有其他的教养方式吗？下面我们就从教养方式的维度与类型分析来进一步了解这一问题。

二、教养方式的维度与类型

正因为教养方式是诸多家庭因素中影响儿童社会化发展的最重要的因素，所以早在 20 世纪六七十年代，父母教养就引起了心理学工作者的兴趣，研究者们通过对各种教养情境的大量观察，运用实证法构建起了关于教养方式的各种观点。

（一）教养方式的维度划分

一种观点是以教养维度，也就是从描述教养态度及相应的行为特点的角度来分析父母对子女的教养方式。美国心理学家西蒙兹最早把父母教养方式划分为接受—拒绝和支配—服从两个基本维度，每个维度的两端是截然对立的两种教养态度和行为。如果父母喜爱、接纳自己的孩子，愿意给孩子提供支持，这样的父母就是接受孩子的，否则则是拒绝孩子的；同样，如果父母完全按照自己的意愿安排孩子的生活或活动，这样的父母就是倾向于支配孩子的，如果父母顺从孩子的心愿，不干涉他们的活动，这样的父母就是倾向于服从孩子的。从接受—拒绝的维度来看，西蒙兹发现如果父母更接受孩子，那么孩子就情绪稳定，而且兴趣广泛、行为更符合社会的要求；从支配—服从的维度来看，西蒙兹发现如果父母随心所欲地支配孩子，孩子就倾向于顺从、腼腆、被动、缺乏自信心。后来，鲍德温也在美国开展了一项儿童发展的研究，涉及的儿童年龄跨度很广，从出生直到儿童后期。在这项研究中，鲍德温访谈了许多父母，并多次观察了他们与儿童在家庭中的互动，从中发现了两个主要的教养维度，他命名为情感温暖—敌意和依恋—干涉。鲍德温发现在他所研究的家庭中，父母在这两个方面表现出相当大的差异。后来，沙弗提出了爱—敌意和自主—控制两个维度；柏科命名的则是温暖—敌意和限制—宽容两个教养维度。可以看出，由不同研究者提出的父母教养方式的基本维度的性质很相似，前一维度即接受—拒绝、情感温暖—敌意、爱—敌意、温暖—敌意，实际上反映了父母对儿童的情感反应，即接受孩子的父母更喜爱孩子，会对孩子提供支持，对孩子的需要比较敏感以及当孩子达到期望时乐于提供关爱和表扬。当孩子做错事情时，虽然父母也会板起脸批评孩子，但一般情况下，他们会微笑地面对孩子，肯定和鼓励孩子。不接受或较低意愿接受孩子的父母经常轻视、批评、惩罚和忽视孩子并且几乎不与孩子交流他们喜欢和欣赏的事物。这是情感反应维度的两端，主要反映了父母更接受还是更拒绝孩子。后一维度即支配—服从、依恋—干涉、自主—控制、限制—宽容，则反映了父母对儿童的要求或控制的程度。控制性的父母会制定规则，期望孩子遵从，并会密切监控孩子的活动以保证孩子能够真正遵守规则；较少控制或不控制的父母对孩子几乎没有什么要求，他们给予孩子相当多满足自己兴趣的自由。

看到这里，您不难做出判断：父母的温暖、接纳要优于拒绝，研究也发现，关爱温暖的教养总是与儿童稳定安全的情感依恋，亲社会倾向，良好的同伴关系，较高的自尊、道德感以及其他一些积极的发展结果相联系。但在另一个维度上，父母对孩子是高控制性更好，还是父母较少限制孩子让他们感到自主更好呢？为了回答这个问题，我们需要进一步了解父母教养方式的类型。

（二）教养方式的类型划分

有关教养方式类型的最重要的研究是由美国加州大学伯克利分校的心理学家戴安娜·鲍姆林德开展的，在前人研究的基础上，鲍姆林德认为可以把父母教养方式归纳为两个维度：其一是父母对待儿童的情感态度，即接纳/反应性维度；其二是父母对儿童的要求和控制程度，即命令/控制维度，这两个维度对于确定基本教养方式非常重要。

在接纳/反应性维度上，一个反应敏锐的家长是一个承认、接受并试图满足孩子需要的家长，它强调了父母对于孩子的支持。高反应性的家长总是更能注意到孩子的需求，并给予适当的回应，这里所说的需求不一定都是孩子自己提出来的。比如有时候父母看见孩子情绪低落，就知道他需要父母的安慰；父母看见孩子积木搭不好，一生气把积木都推倒了，就知道不是孩子不懂事、乱发脾气，而是他需要父母指导他怎么搭积木。回应也不意味着总是满足孩子的要求，如果孩子的要求不合理，可以拒绝，比如孩子刚吃完饭就要吃冰激凌，父母就可以告诉他：不行，刚吃完饭不能吃冰激凌。虽然拒绝了孩子的要求，但及时地回应了他，也是高反应。低反应则是忽视孩子的需求，无论他有没有明确表达出来。比如，明明孩子做作业已经很累了，需要休息，父母还逼他去上另一个兴趣班；孩子情绪不好，父母不是安慰他，而是给他讲大道理。

或者像上面举的吃冰激凌的例子，父母觉得孩子的要求不合理，于是就不理他。这种不理睬比拒绝更糟糕，因为拒绝表示"我在注意听你的话，我知道你想吃冰激凌，但是我更关心你的健康，所以我拒绝了你的请求"，但不理睬则会让孩子疑惑（是不是爸妈不在意我，所以没注意听我在说什么），进而感受到较低的自我价值感。

命令/控制维度反映了父母对孩子限制和控制的程度，或者说给予孩子自主的程度。一个高要求的家长会要求孩子遵守一定的规范，并达到一定的目标，要求的内容除了上课、作业、交友之外，还有对人有礼貌、按时睡觉、做家务、体育锻炼等。

鲍姆林德发现，这两个教养维度是相对独立的，对这两个维度进行交叉匹配，可以划分出四种典型的教养方式：权威型、专制型、放纵型（也称溺爱型）和忽视型（也称不作为型）（见图1）。

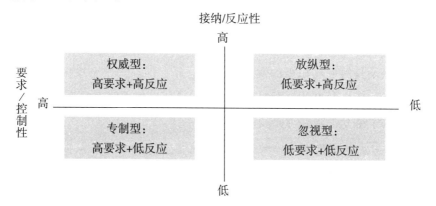

图1 两个教养维度划分出的四种典型教养方式类型

现在，您能判断"虎妈""猫爸"大致属于心理学研究中的哪种教养方式类型了吗？在所知信息有限的情况下，我们不能望文生义地做出判断。例如，当我们知道"虎妈"有十大禁止家规并严格执行的时候，我们觉得这是一位典型的专制型妈妈。但如果我告诉你，她并非总是板着面孔对待两个女儿，在每个星期四，她都任由她们在地下室疯玩数学游戏，她们经常被彼此的笑话逗得开心大笑，她们会就着油炸米饭吃汉堡包，她们一家六口（包括她们的狗狗）会紧紧地挤在一张床上，争论究竟要从Netflix下载什么影片……当获得了这些额外的信息后，你可能觉得她好像不那么典型了，甚至开始怀疑能否把她的教养方式归于专制型。因此，只从单个维度（例如要求/控制性）去描述教养方式的特点及影响是不全面也不准确的。综合两个（甚至更多）教养维度，我们才能准确描绘出不同教养方式的全貌以及与儿童发展的关系。

三、四种教养方式与儿童发展结果的关系

（一）四种教养方式的特点

权威型是一种灵活性的教养方式，其目标是实现孩子个人的成长，父母会给予孩子自主，向孩子谨慎地解释提出的限制，并且保证孩子听从他们的教导。父母虽然执行严格的规则，但是愿意与孩子合作并对这些规则进行修改，同时以孩子理解的方式加以说明，可以说他们是既讲规矩又有爱的父母。

专制型是一种限制性的教养方式，其目标是实现孩子对父母的绝对服从。成人会为孩子设立许多规则，希望孩子要严格遵守，但是给予他们的爱和反应性很少，并且不会因为孩子的需求或者状况而改变。父母主要通过权力而不是道理来迫使孩子顺从。专制型的父母很少向孩子解释遵从这些规则的重要性，也不能接受孩子的反馈，对孩子缺少热情和尊重；不能敏感觉察到孩子的不同特点，而是希望孩子一味地听他们的话，并顺从他们的权威。

采取放纵型这种教养方式的父母几乎不对孩子做出要求，也几乎不控制孩子的任何行为，他们充当孩子可以任意取用的资源，对孩子也不实施惩罚。父母在家务和得体的社交行为方面对孩子也几乎没有要求，对孩子的突发奇想总是持积极态度。放纵型与专制型父母刚好相反，不是要孩子服从父母的要求，而是父母对孩子的任何要求几乎都会依从，他们对孩子的回应大多是"都行，可以，没关系"。

忽视型也叫不作为型，这类父母对孩子既缺乏爱的情感和积极反应，又缺少行为方面的要求和控制，因此亲子间的互动很少。父母既不关心孩子的现在，也不关心孩子将来的发展，他们对孩子缺乏最基本的关注，时而流露出厌烦、不愿搭理的态度。如果儿童提出诸如物质等方面易于满足的要求，父母可能会对此做出回应，然而对于那些耗费时间和精力的长期目标，如培养儿童良好的学习习惯、恰当的社会性行为等，这些父母很少去完成。

（二）四种教养方式的有效性评价

鲍姆林德既研究了父母的教养方式，又追踪考察了不同教养方式对儿童发展的影响，以判断哪些方式是有效的，即哪些是能够为儿童适应成人社会做好准备的教养方式，以及哪些教养方式是无效的，即哪些是导致孩子生存技能很差的教养方式。鲍姆林德以儿童的良好社会化，或者说儿童具有的社会适应性行为作为评价教养方式有效性的标准。那么，哪些是社会适应性行为呢？鲍姆林德研究了七种行为，这七种行为可以被归纳为两个类别，一类是社会责任心，一类是独立性。首先，社会责任心在绝

大多数文化中都被赋予了很高的价值，它或多或少反映了儿童是否能尊重和关心他人的幸福，包含有三种行为：友好（对立行为是敌意），合作（对立行为是抵抗），成就导向（对立行为是非成就导向）。社会责任心高的儿童是友好合作以及成就导向的儿童。其次，独立性也被很多文化赋予了很高的价值，特别是在西方社会，独立性通过四种行为来衡量：温顺（对立行为是跋扈），支配（对立行为是顺从），有目的，独立（对立行为是受暗示）。高度独立性的儿童在温顺、支配、有目的、独立这几个方面得分很高。

鲍姆林德采用这几种行为衡量评价父母教养的有效性，结果发现，权威型教养方式与各种积极的发展结果相关。这种教养方式下的孩子心情愉快，积极乐观，自信独立，擅于交流，能与成人和同伴合作良好，而且具有社会责任感，有成就导向。相反，专制型的教养方式下的孩子一般情绪不稳定，大多数时间都是不愉快、不友好的，而且很容易被激怒，相对来说他们没有目标，对周围事物不感兴趣。放纵型父母的孩子，尤其是男孩，通常会表现出冲动和攻击行为，他们一般比较粗鲁，喜欢以自我为中心，缺少自我控制性，并且具有较低的独立性和成就感。最后，忽视型的教养是最无效的，这种教养方式下的孩子，三岁就已经表现出较高的攻击性以及易发怒等外化问题。更严重的是，他们在儿童后期会表现出行为失调，在课堂上表现非常差，会成为充满敌意、自私、叛逆的青少年。实际上，这些孩子的父母表现出来的忽略行为似乎在告诉孩子，我不在乎你以及你做的任何事情，这些信息无疑会导致孩子产生愤恨，让他们试图去反抗这些冷漠、漠不关心的对手或者权威人物。

那么，为什么权威型教养方式更有效呢？首先，权威型父母虽然严厉，但是并不缺乏应有的温情，他们能主动关爱孩子，耐心地倾听孩子的叙述，这些关爱本身就会促进孩子遵从父母的指导。而冷漠和命令型的父母就做不到这一点。其次，他们是如何控制孩子的呢？他们并不像溺爱的父母那样完全没有规则，也不像专制的父母设定一些刻板的标准。他们会以一种合理的方式要求孩子，会征求孩子的意见，并接纳孩子的观点，然后，他们在考虑孩子的观点和孩子需要的同时，谨慎解释自己的观点，在与孩子互动时能够晓之以理、动之以情，而且授之以法。所以，这种关爱接纳的父母，他们的要求是公平合理的，会促使孩子自愿服从，而不是挑衅。最后，因为关注孩子，敏锐地回应孩子，就需要不断地根据孩子的行为现状、孩子的能力来调整自己的要求，他们设定的标准是孩子能够达到的，并给予孩子一定的自主选择来达到期望，同时对于孩子还会不断给予积极反馈，这样会让孩子更有信心达到标准，同时感受到来自父母的关注和爱。这就给孩子传递了一个非常重要的信息，你是一个有能力的人，我相信你能够完成许多重要的目标，于是这就逐渐引导孩子发展出高自尊、高独立性和高成就导向。

当然，权威型教养方式显然也是需要父母投入很多时间的。我们可能会想，投入那么多，结果就是让孩子一方面具有社会责任心，一方面具备独立性，这值得吗？在独立性会带来更多可能性、生活得会更精彩的社会中，独立是被推崇的；但是在不是那么强调独立的社会中，比如职业流动性差的社会，独立探索之后，还是干不了自己想干的职业，也无法获得优越的生活，社会福利比较差，那么，听父母的话，对于孩子将来生活的回报可能更高，虽然孩子的心理幸福感可能差一些，但是父母的投入却要简单很多。所以，这样我们就可以理解，为什么不同时代、不同社会、不同阶层的父母，他们会选择不同的教养方式。

以上是在西方文化背景下开展的关于教养方式的经典研究，权威型、专制型、放纵型、忽视型被认为是四种典型的教养方式，大部分父母都可以大致对号入座，判断一下自己对孩子的态度和行为更可能归入哪种类型，由此也能大致预测孩子的发展方向。

在当下的中国社会，父母们大多采用的是什么类型的教养方式呢？这些教养方式与孩子的学校适应又有着怎样的关系呢？最后让我们通过一项近期的实证研究结果来加深理解吧。

四、中国城市家庭母亲教养方式与儿童学校适应的关系

该研究的 2173 名调查对象为山东省济南市 14 所小学的五年级学生，大约 88％的儿童为独生子女，59.9％的母亲以及 67.8％的父亲接受过高中以上的教育。参与调查的小学生的母亲在调查中从温情（如"我以温和、亲切的态度和孩子说话"）、说理（如"当我的孩子做错什么事情时，我耐心地和他交谈"）、自主支持（如"当孩子遇到问题时，我希望他尽量自己想办法解决"）、鼓励成就（如"我鼓励我的孩子争取比别的孩子做得更好"）、监督（如"我要我的孩子告诉我他在外面做的所有事情"）、严厉（如"我认为体罚是管教孩子的最好方式"）等六个方面报告了自己的教养行为。另外，该研究通过内化问题、外化问题、学业成绩三个方面考察了学生的学校适应状况，具体由学生报告自己的内化问题情况（通过抑郁、焦虑问卷测试），他们的教师报告学生的外化问题情况（教师分别报告学生的攻击、违纪行为），学业成绩是由学校统一提供的调查前的学生的期末考试成绩。

首先，该研究发现，中国城市家庭母亲的教养方式也可以划分为四种类型，分别

是权威型、专制型、严慈型和一般型（见图2）。与西方社会结果一致的是中国城市家庭母亲的教养方式同样有权威型和专制型；但与西方社会结果不一致的是，在中国城市家庭母亲的教养方式调查中，没有发现放纵型和忽视型，但发现了严慈型和一般型，前者的特点是母亲对孩子非常严厉但同时也注重温情、说理，后者的特点则是母亲对孩子没有较高的要求，但对待孩子的态度也不够温暖。严慈型教养方式的发现反映了在当前竞争激烈的社会背景下，中国传统育儿文化（如孩子不打不成器）与现代育儿观念的结合，而且这一类型所占比例达到了20%，说明中国母亲中的另类"虎妈"还真不少。另外三种教养方式所占比例分别为：一般型约占41%，权威型约占32%，专制型仅约占7%。在中国城市家庭的母亲中，虽然没有发现放纵型教养和忽视型教养，但这并不能说明所有家庭都不溺爱或忽视孩子，该研究调查的只是小学生的母亲，结果从某种程度上反映了当前中国社会，母亲可能有更高的育儿焦虑，这与影视作品中折射出的社会现实问题不谋而合。

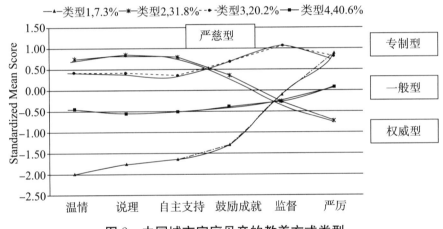

图2　中国城市家庭母亲的教养方式类型

进一步比较这四种教养类型下的孩子学校适应情况，结果发现：权威型教养下的孩子适应性最好，表现为他们的内、外化问题最少，学业成绩最高；其次是严慈型教养下的孩子，表现为他们的内、外化问题也很少，学业成绩仅次于权威型教养下的孩子；专制型教养下的孩子适应性最差，表现为他们的内、外化问题最多而学业成绩最差。

总结本研究的研究发现，我们可以得到如下启示：

第一，中国社会存在权威型和专制型教养，二者与儿童适应间的关系与在西方社会得到的研究结果相一致。

第二，权威型和严慈型的子女均适应良好，仅在学业成绩上差异显著。这说明权威型教养方式在儿童的发展适应中的确具有更大的优势。

第三，虽然同样具有很高的严厉教养水平，严慈型和专制型对儿童适应的影响完全不同，严慈型教养下儿童适应良好，专制型教养下儿童适应不良。这说明良好的教养方式一定是不乏温情的，母亲的温暖、包容和鼓励是孩子心理健康的保护伞。

第四，将近一半的城市母亲采用一般型教养方式类型，这提示我们应该大力开展有关父母教养方式的科普宣教，引导父母采用权威型的教养方式，更加科学地进行教养活动。

教养方式虽然稳定，但不是一成不变的，它会随着时间、孩子的成长而发生变化。父母们也会反思，也在学习，学习成为更好的父母。作为家庭教育指导师，我们理解、掌握了有效教养的核心特征，可以更具针对性地帮助父母分析他们的教养特点或问题，提升父母进行科学教养的意识和能力。

参考文献：

［1］Shaffer D. R. 发展心理学（第 6 版）［M］. 邹泓等译. 北京：中国轻工业出版社出版，2005：562－566.

［2］赵昱鲲. 自主教养：焦虑时代的父母之道［M］. 北京：北京科学技术出版社，2017：60－65.

［3］李娜. 父母教养方式与儿童社会性发展研究综述［J］. 上海师范大学学报，2005（3）：43－46.

［4］徐慧，张建新，张梅玲. 家庭教养方式对儿童社会化发展影响的研究综述［J］. 心理科学，2008（4）：940－942.

作者简介：

常淑敏　山东师范大学心理学院教授、硕士生导师，心理学博士

学前儿童的学习与家庭教育

苏　伟

家庭教育指导师作为指导家庭教育的主体必须清楚，家长最关心的不是厘清概念和掌握相关理论，而是家庭教育问题。因此，本专题聚焦于家长最关心的"学习问题"，介绍学前儿童的学习与家庭教育。

新的世界科技革命和产业变革方兴未艾、频率加快，时代发展推动了职业形态的巨变，传统的职业受到挑战，新兴的职业层出不穷，不同时代关于"人才"的定义也不断变迁。教育作为培养人的活动，必然受到社会生产生活方式的影响。当前教育环境逐步从独立变为融合、从封闭走向开放，教师教育活动的范式由"技术熟练模式"向"反省型专家模式"转变，学生学习不只是单纯的参与，而是与别人的合作。2020年，中共中央、国务院印发了《深化新时代教育评价改革总体方案》，通过调整教育评价的指挥棒，引导全社会树立科学的教育发展观、人才成长观、选人用人观，推动构建服务全民终身学习的教育体系，努力培养担当民族复兴大任的时代新人，培养德、智、体、美、劳全面发展的社会主义建设者和接班人。家庭教育中，正确认识学习的内涵、了解学习观的演变过程、树立科学的学习观、掌握学前儿童的学习特点和学习方式有助于良好亲子关系的形成，能有效缓解家长的教育焦虑，有助于构建儿童友好、低竞争、低管控、低评价的教育生态。

一、学习的概念

"学习"是一个日常生活中频繁使用的词语。"好好学习，天天向上""自学成才""这一招我得好好向你学习"等，这些都是很常见的用法。通常意义上的学习，往往限于知识、技能的学习，如学生上课听讲、做作业，新员工参加培训等。心理学所研究的学习，其内涵远远超过知识和技能的范畴。目前，更为广泛接受的学习定义是：学习是由于经验所引起的行为或思维的比较持久的变化。

（一）学习是由于经验引起的，学习离不开练习

这里的"经验"不是我们通常所说的总结出来的经验，而是指"经历"，是个体通

过某种活动获得经验的过程。它既可以是亲身经历某件事情，也可以是观察别人的活动，或者是阅读、听讲等。比如，很多幼儿园的手工区会投放串珠材料，但小、中、大班投放的串珠材料是不同的。小班的珠子大，串珠的孔大，串珠子的针比较粗，大班的串珠小，珠子的孔也变小了，串珠子的针变细了。我们发现，小班幼儿串珠子时动作不是很协调，串的速度比较慢；经过反复操作和练习，中班幼儿串珠速度明显提升，动作协调灵活；大班幼儿不仅会串珠，还开始用有规律的排序（黄红蓝、红黄蓝的规律）的方式串珠子，这个过程是练习得来的，学习离不开练习。

（二）学习是后天习得的

人不是生而知之，而是学而知之。幼儿园实行保育与教育相结合的原则，保育工作是幼儿园的重要方面。一位幼儿教师发现本班幼儿饭后漱口习惯不是很好，为了让孩子们习得良好的卫生习惯，她想了一个好办法。一天，教师用一个透明的盆子盛了半盆水放在活动室，请小朋友吃完饭认真漱口，把漱口水吐到盆子里面。当所有孩子的漱口水吐到盆子里时，孩子们认真讨论起不认真漱口的危害。这个活动坚持了一周，孩子们逐渐养成了认真漱口的卫生习惯。第二周，老师请孩子们把漱口水直接吐到水槽里，孩子们把习得的习惯延续到了日常生活中。习惯的养成是后天教育的结果。

（三）学习带来的变化具有稳定性

受学前儿童心理发展水平和外部环境条件的影响，学前儿童已经形成的良好行为或习惯可能会出现反复。如寒假和暑假过后，幼儿教师一般会发现学前儿童本来已经掌握的一些行为习惯消失了，其原因在于假期中，家庭成员放松了对学前儿童的要求。总体上，学习带来的变化是具有稳定性的。

二、学习观的演变

学习理论是心理学中最古老、最核心、最发达的领域之一。古希腊哲学家柏拉图、亚里士多德的思想中就有不少论述学习与记忆的内容，我国伟大的教育家孔子在《论语》中就曾说："学而时习之，不亦说乎？""学而不思则罔，思而不学则殆。"19世纪初，心理学独立为一门学科后，对学习的性质，学习的过程，学习的规律，学习的动机、迁移、方法和策略等大量研究出现。不同理论流派对上述学习问题的回答不同，形成了行为主义、认知主义和建构主义的学习观。

（一）行为主义的学习观

以华生为首的行为主义学派主张，学习就是在刺激和反应之间建立联结，即形成行为习惯或条件反射，这一过程是通过反复尝试实现的。

　　幼儿教师在教育教学过程中会运用行为主义的学习观引导学前儿童学习。比如在歌唱活动之前，教师会组织孩子进行发声练习。教师用钢琴弹"do，mi，so，do"，小朋友们听到琴声就会起立；弹奏"do，so，mi，do"，小朋友们坐下。家庭教育中，有些家长会用"1、2、3……"禁止孩子做不允许的行为。这些都是我们在教学活动和日常生活中对行为主义学习观的应用。

　　行为主义学习观应用到家庭教育或者学前教育中，只能解释和解决一些简单的问题，用它解释更复杂的学习行为时，行为主义学习观的弊端就显现出来了。比如我们解释"一千个观众有一千个哈姆雷特"，按照行为主义的观点，一千个观众看同一部电影反应应该是相同的，作为刺激的"哈姆雷特"只有一个，为什么观众的反应却有一千个呢？

（二）认知主义的学习观

　　随着学习理论研究的深入，行为主义学习观的弊端日益暴露出来，认知学派学习理论却有自己的优势。认知学派认为，学习是一个比刺激—反应联结复杂得多的过程。他们强调学习在于内部认知的变化，注重解释学习行为的中间过程，即目的、意义等，认为这些过程才是控制学习的可变因素。同时受到计算机科学的影响，从 20 世纪五六十年代开始，认知学习论逐渐进入了发展与兴盛的时期。

　　以信息加工理论为例，信息加工理论受计算机科学的启发，用计算机来类比人类的认知加工过程，从信息的接收、存储和提取的流程来分析学习的过程。信息加工理论强调学习并不是简单的刺激和反应的联结，学习实际是学习者内部的信息加工和处理的过程。

（三）建构主义的学习观

　　建构主义的学习观主要是以皮亚杰、维果斯基的思想为基础发展起来的。从行为主义到信息加工理论基本都是以客观主义为基础，即把事物的意义看成是存在于个体之外的东西，是完全由事物自己决定的，对事物的认知就是单向的刺激或信息的接受过程。而建构主义者认为，对事物的理解不是简单由事物自己决定的，事物信息要被人理解，这依赖于个体原有的知识经验。建构主义主张学习是一种建构的过程，学习是学习者基于原有的知识经验生成意义、建构理解的过程。

　　绘本故事《鱼就是鱼》很好地诠释了建构主义既强调主观又兼顾客观的理念。世界是客观的，但人的认识是主观的，人对于世界的解释是依赖个人经验的。学习是知识的建构，是原有经验的迁移。2022 年，义务教育课程方案和课程标准全面修订，此次修订所持的学习观是建构主义的，强调学习者不是被动的旁观者，而是主动的参与者，倡导自主学习、合作学习、探究学习等学习方式。

三、学前儿童的学习特点

了解学前儿童的学习特点是有效实施家庭教育的起点，只有遵循了学前儿童学习特点的家庭教育，才可能是有效的。学前儿童学习的最大特点是广泛性，没有固定的内容，缺乏目的性和功利性，常以游戏的形式开展。学前儿童的学习是以兴趣和情绪为主导的，而不是以目的为主导。从成人和学前儿童学习的对比中发现，学前儿童的学习表现出主动性、体验性、内隐性、依赖性、兴趣性和差异性的特点。

（一）学前儿童学习的主动性

学前儿童积极主动地适应日益复杂的自然环境和社会环境，就是学习。学前儿童学习的主动性是指学前儿童在学习的过程中表现出来的好奇、好问、好探究、好模仿等特点。

在幼儿园里，孩子问老师关于冰块融化的问题，老师并没有直接告诉孩子有哪些方法能使冰块融化，而是让全班幼儿讨论，让他们自己探索"怎样才能够使冰块尽可能快地融化"。经过热烈的探讨和尝试，孩子们得到了各种不同的方法。有的孩子尝试将冰块放到暖气片旁，并认为这是最快的方式；有的孩子认为应该用蜡烛来烧，使冰块很快融化；有的孩子提出把冰块放到微波炉里加热，冰块很快就融化了……老师给孩子们提供了他们想要的各种各样的材料和条件，让孩子们根据自己的观点去实验。在这样的科学探究活动中，孩子们根据自己的经验大胆提出假设，并通过实践来验证，最终主动地生成使冰块很快融化的知识。这样的探索过程充分体现了学前儿童具有主动学习的特点和能力，通过主动探究的方式获得的知识更可信、更可靠。

日常生活中，家长、教师需要用心保护孩子好奇、好问的天性，引导和支持孩子主动学习。当孩子问问题的时候，我们应该认真思考如何回应孩子，而不是粗暴地打断。当孩子探究、模仿学习时，我们应当思考如何创设促进有利于其学习发展的机会与条件，调动孩子学习的积极性和主动性，鼓励、支持和引导孩子主动探究和学习。

（二）学前儿童学习的体验性

学前儿童学习的体验性表现为动手操作，直接观察体验并且伴随着情感。个体的经验和情感体验在学前儿童学习中的作用十分明显。学前儿童的学习主要以行为实践为主，直接参与的经验是其学习的要素，学前教育应该以其真实的经验和真实的事件为基础，在真实的日常生活情境中，孩子体验与主动参与的学习，效果最佳。

体验性的学习特点明显地体现在学前儿童的审美活动中。成人主要通过视觉和听觉器官感知审美对象，并要与审美对象保持一定的审美距离；而学前儿童除视听器官外，还要调动触觉等其他感觉器官，与审美对象近距离甚至无距离地接触。成人的情感比较深沉，而学前儿童在审美时的体验更具有外显性，常常需要借助肢体动作来强化其内心的情感体验。在多感官接触审美对象并伴随情绪体验中，学前儿童直接、迅速地学习和理解了某些较为浅显的审美意味。

（三）学前儿童学习的内隐性

内隐性是指学前儿童在偶然条件下产生的无意识学习状态，它是一种无目的、自动化的加工过程，具有较强的自发性和随意性。家长们常常惊奇地发现孩子学会了一些东西，但家长不知道孩子是怎样学来的，孩子自己有时也不知道是怎样学来的。家庭环境的布置、家庭规则的运行、家长与孩子交往中的一个眼神或动作、家长和孩子交流时的语言，尤其是身体语言等都可能让孩子在无意中获得某些经验。

（四）学前儿童学习的依赖性

学前儿童的学习受环境影响很大。学前儿童需要安全的环境，包括物质的和心理的安全环境，处于安全及受尊重的群体环境中，他们才能获得最佳的发展与学习。

学前儿童的学习离不开家长和教师的支持，特别是心理支持。成人允许孩子在安全的前提下自由探索，允许孩子收藏树叶、石子等成人认为没有价值的东西，允许孩子在有新发现时不由自主地发出感叹，这些属于心理支持。成人为孩子提供各种各样的物质材料或空间，这属于物质支持。在家庭中，家长应为孩子提供健康、安全的物质与心理环境，成为孩子学习活动的支持者、合作者和引导者。

（五）学前儿童学习的兴趣性

学前儿童往往是为了"好玩"而学习。学前儿童愿意做有趣的事情，他们的学习积极性主要是从兴趣出发的。没有兴趣的学习，孩子往往不能坚持进行，有兴趣的学习，孩子可以坚持较长时间。直观形象的、符合孩子经验的、孩子能够亲自操作或参与的、能较快看到活动结果的学习活动孩子都会感兴趣。

王老师又要上关于认识螃蟹的课程了。以前王老师总是会用图片进行讲解，但孩子们好像已经失去了兴趣。这次，老师从家里带来了两只鲜活的螃蟹，孩子们觉得很新奇，一下子围在了螃蟹的旁边，有的用手碰一碰，有的干脆用手把螃蟹拿起来。在与螃蟹的直接接触中，孩子们产生了很多问题：这是大闸蟹吗？螃蟹的嘴巴在哪里？螃蟹吃什么东西？螃蟹怎么生小螃蟹？……孩子们对螃蟹的探究就开始了，不只是看看图片，孩子们能碰碰螃蟹，最后还能尝尝螃蟹的味道。孩子们对亲自参与的、直观形象的、符合孩子经验的学习内容非常感兴趣。

日常生活中，家长尽量为孩子提供有更多玩法的、可以自己操作、体验的玩具，而不一定要花大价钱买玩法单一的所谓高级玩具。

（六）学前儿童学习的差异性

学前儿童的发展是一个持续、渐进的过程，每个儿童在沿着相似进程发展的过程中，各自的发展速度和到达某一水平的时间不完全相同，学前儿童发展呈现出个体差异性。能力上表现为能力结构各侧面存在差异，如有的孩子语言能力强，有的理解能力强，有的动手操作能力突出，有的艺术活动能力出众。学习方式上也存在差异，有的擅长听着学，有的擅长看着学，有的喜欢手舞足蹈地学习。学前儿童有不同的认知与学习方式，也会用不同的方式表达其认知与理解。学前儿童经由多样化的学习方式了解万事万物，并将其对事物的了解用多种方式表达出来。

日常生活中，人的学习和情绪、个性不是截然分开的。有的孩子性格大大咧咧，家长或老师批评也不往心里去，有的孩子则相对敏感。家庭教育和学校教育一样，家长要根据孩子不同的个性和认知表达方式调整教育方式，做到因时、因境、因人施教。

4 岁的文文性格内向、敏感，自尊心比较强，常常会拒绝别人的帮助，还会因为教师细微的语言暗示而不高兴。文文喜欢用积木搭建高楼，基本掌握叠高、延伸、平铺、架门、围封等技巧。但是，由于动作协调性比较差，对称、架门、围封的技巧不熟练，常常是高楼还没有建成就垮了，文文有些泄气。老师没有直接伸出援手，而是尽可能在一旁观察了解孩子的建构水平和能力，并寻找有效策略。

基于文文的个性，教师应该如何引导呢？考虑到文文敏感、自尊心强的特点，教师没有使用直接对话或者引导文文观察学习同伴的方法，而是选择了第三种方案。教师在建构区蹲在果果小朋友的身边，说："果果，你在搭积木啊。"看到文文看过来，接着说："这个门是怎么搭的？噢，选两根一样长的门柱子，然后用两只手轻轻地拎着门，一起放到门柱上去。哦，你是这么搭的。"文文听了老师的暗示，学到了新的建构技能。

四、学前儿童的学习方式

学习方式是指个体为接受和保持新的知识经验、技能所采用的方法和活动形式。学前儿童常见的学习方式包括观察学习、操作学习、体验学习和交往学习。

（一）观察学习

美国心理学家班杜拉通过"波波玩偶实验"指出，个体只以旁观者的身份，观察他人的行为表现（自己不必实地参与活动），即可获得学习，这种学习方式就是观察学习。

观察是学前儿童学习的主要方式。3～6岁幼儿的模仿学习比婴儿要多得多。学前儿童常常在无意中学习，特别是不自觉地模仿成年人的行为举止。除了攻击性行为，学前儿童的亲社会行为，如分享、谦让、合作、同情等也可以通过观察学习来获得。

观察学习对家庭教育的启示主要体现在三方面：首先，家长在指导儿童学习时，除了重视孩子能力的发展以及情绪反应外，还应重视设置良好的家庭环境。因为无论是有意安排还是随意发生的观察，环境均可以左右儿童行为的发展。其次，学前儿童通过直接体验和观察产生学习。直接体验是人类最基本的学习方式，但许多学习不必通过直接体验，通过观察学习便可获得，所以家长的良好示范是家庭教育行之有效的方法。最后，强调家长的素质。父母是孩子的榜样，是被观察和模仿的对象，父母必须保持言行一致，要善于引导孩子观察和模仿，也要避免对孩子产生消极的示范作用。

（二）操作学习

操作学习的概念源自美国著名心理学家斯金纳的操作性条件反射实验。操作性条件反射实验中，鸽子或老鼠是在主动探究环境的过程中自发产生了操作性行为，如啄或按开关的动作，是主动学习的过程。操作学习即个体积极主动地对环境进行探索，先有反应才知道结果，再根据结果调节行为。操作学习是以手的动作实现对物体控制的一种学习方式，具体到学前阶段，是学前儿童探索世界的主要方式，可以弥补语言理解和表达的不足，尤其是在提高学前儿童运动技能这一方面，操作学习是最为重要的学习方式。操作动作是孩子学习的载体，操作学习过程表现为"动作—经验"的学习模式。

当前我国正在幼儿园着力推进自主游戏，自主游戏指学前儿童操作玩具材料，如滚筒、轮胎、沙子、水、泥、短梯、木板等，儿童用手的动作或身体的动作操作玩具材料，最终实现对玩具材料的控制，进而有所发现。

幼儿园的沙池区，文文在玩沙子，他要把沙子装到漏斗里。文文一边装，漏斗里的沙子一边漏。他用手指堵住漏斗的底部，沙子就不会漏出来。漏斗里的沙子满了之后，他把漏斗放在一个瓶子上面，想让沙子漏到瓶子里。可是，他的动作慢，沙子漏得很快，沙子总是在到达瓶口之前就漏完了。他尽量加快自己的速度，可是，总是赶不上沙子漏的速度。突然，他想到了一个办法。他把漏斗直接放在瓶子上，然后再装沙子，沙子很快就装满了瓶子。

文文专注于自己的操作，通过练习、试误发现操作物体与结果之间的因果联系，这是文文探索自身与物体、物体与物体之间关系的重要方式。父母可以购买各种供孩子操作的玩具材料，让孩子拥有操作学习的机会。当孩子操作学习时，家长在旁边多观察，让孩子多去操作、多尝试、多探究、多发现。

（三）体验学习

体验学习一般是指个体在亲身经历过程中，通过反复观察、感受、实践、探究，对认知、情感和行为的内省体察和心灵感悟，最终认识某些可以言说或者未必能够言说的事物，掌握知识和技能，发展能力，养成某些行为习惯，形成某些观念、情感、态度乃至心理品格的过程。

社会学习具有潜移默化的特点，尤其是社会态度和社会情感的学习，往往不是教师直接"教"的结果。学前儿童主要是通过在实际生活和活动中积累有关的经验和体验而学习的，尤其是情感、态度、价值观层面的内容。

（四）交往学习

交往学习是指学习者以他人为对象，并以与他人的对话和互动为主要形式的学习方式，主要包括对话学习与合作学习。在交往学习中，学前儿童突破个人狭隘的知识经验，通过交流对话协商，学前儿童的认知结构、思维方式和情感态度等得以进一步丰富。同时，一些社会性品质，如交往能力、同情心、互助等得到加强。由于同伴的参照，学前儿童逐步学会认识和评价自己。同伴、亲子、师幼之间的"合作""对话""交流""互动"是对交往学习最好的阐述。

成人与学前儿童之间平等性的对话对其学习有很好的助长性。助长就是一种推动、一种促进、一种发展的力量。

一年级的语文课上，两位老师分别在各自班级讲《灰姑娘》这篇童话故事。

第一位老师通过提问组织教学：第一组问题，《灰姑娘》是格林童话还是安徒生童话？它的作者是谁？哪年出生的？作者有哪些生平事迹？第二个问题，这个故事的重大意义是什么？注意不是一般的意义，是重大的意义。孩子们有点儿懵了，这个故事有什么重大意义？第三个问题，给故事分段，并说明分段的理由。最后，当老师发现孩子们趴在桌上对他的课堂不是特别感兴趣时，便开始说教："怎么这么多人睡觉啊？你们要知道，不好好上课就不能考好成绩，考不了好成绩就不能上好大学，不能上好大学就找不到好工作，找不到好工作……你们要明白这些做人的道理。"

第二位老师通过提问组织教学：第一组问题，你们喜欢故事里的哪一个人物？不喜欢哪一个？为什么？第二个问题，午夜12点，如果灰姑娘没有及时跳上马车，可能会出现什么情况？第三个问题，如果你是灰姑娘的后妈，你会不会阻止灰姑娘去参加王子的舞会呢？你们要诚实。第四个问题，如果灰姑娘因为后妈不愿意她参加舞会就放弃了机会，她可能成为王子的新娘吗？最后一个问题，这个故事里面有什么不合理的地方？

显然，第二位老师的教学使我们感受到对话对孩子经验的助长，体验到孩子观念的转变。

学前儿童具有与成人不同的学习特点。学前儿童是天生的学习爱好者，其学习方式也是多种多样的，家长了解并尊重学前儿童的学习特点和学习方式，建立对儿童发展的合理期望，树立正确的学习观是有效实施家庭教育的重要前提和保障。

参考文献：

[1] J. H. 弗拉维尔，P. H. 米勒，S. A. 米勒. 认知发展（第四版）[M]. 上海：华东师范大学出版社，2002：2.

[2] 陈琦，刘儒德. 当代教育心理学（第三版）[M]. 北京：北京师范大学出版社，2019：110.

[3] 虞永平，王春燕. 学前教育学 [M]. 北京：高等教育出版社，2012：14.

[4] 袁爱玲. 尊重幼儿学习特点 让生命自由成长 [J]. 教育导刊（下半月），2013（9）：8－11.

作者简介：

苏　伟　山东师范大学教育学部副教授，教育学博士

学前儿童的社会性发展与家庭教育

苏　伟

家庭教育是全世界家长都在关注的领域，同时也是最容易犯错的领域，尤其是学前儿童的家长。21世纪教育研究院的杨东平老师提出：要正我们儿童教育的三观，首先要正的是儿童观，其次要正的是未来观，最后要正的是我们的教育观。如果三观正的话，家长一定会把儿童教育、家庭教育的落脚点落在儿童的社会性发展上。

儿童社会性是指儿童在其生物特性基础上，与社会生活环境相互作用，逐渐掌握社会规范，形成社会技能，学习社会角色，获得社会性需要、态度、价值，发展社会行为，并以独特的个性与人相互交往、相互影响，适应周围社会环境，由自然人发展为社会人的社会化过程中所形成的儿童心理特征。《3～6岁儿童学习与发展指南》将学前儿童的社会性发展分为两个子领域，一是人际交往，二是社会适应。在人际交往中，我们试图培养孩子积极交往的态度，培养孩子必备的交往技能，培养孩子在交往的过程中应该如何自处，对自己的态度应该是自尊的、自信的、自主的，对别人的态度要关心和尊重。在社会适应中，孩子也要愿意并且适应群体生活，在群体生活中遵守一些必需的规范，同时还要让孩子养成初步的归属感。

儿童社会性发展涵盖的内容很多，本文仅从亲子关系和同伴关系两个方面展开论述。

一、学前儿童的亲子关系及家庭教育

（一）依恋的内涵

亲子关系是一种垂直的关系，亲子关系在交往的过程中更多的是指导与被指导的关系，而同伴关系是一种平行关系。在儿童出生的最初几年里，亲子关系占据了非常重要的位置，父母为孩子生存提供必要的物质保障，同时亲子之间的交往为儿童最终走向世界、走向同伴提供一个范本。

依恋是婴儿和主要抚养人之间的关系。依恋是指婴儿与主要照顾者特别亲近，不愿分离，他们之间存在着强烈、持久、亲密的情感联结。这种情感联结表现在对象上是有选择性的，也就是说孩子并不同时依恋多个对象，他是有选择地依恋对自己反应最敏感、能够最及时满足自己需要的人。儿童依恋的行为表现是寻求和依恋对象的亲近；依恋对个体发展的意义是和依恋对象在一起的孩子会很快获得慰藉和安全感；情感意义是依恋关系被破坏以后会造成分离焦虑和痛苦。

（二）依恋的发展阶段

随着孩子年龄的增长，根据依恋行为的组织性、变通性以及目的性的不同，依恋可以分为四个阶段。

第一个阶段是前依恋阶段。这个阶段的婴儿还没有建立起和特定抚养对象的依恋关系，只能依靠一系列内在信号帮助婴儿和其他人密切交流。

第二个阶段是产生依恋阶段。6～8个月的孩子慢慢地和他的主要抚养人产生了依恋，婴儿能区分不同的人，对母亲表示亲近，但不害怕陌生人。

第三个阶段是明确依恋关系形成的阶段。8个月～2岁的婴儿形成了明确的依恋关系，婴儿与特定抚养者形成特殊的依恋关系。婴儿产生分离焦虑，开始怯生。

第四个阶段是互惠关系形成的阶段。18个月～3岁，随着语言的迅速发展，婴儿明白父母离开的原因，分离焦虑降低，婴儿学会为达到特定目的而采取有意的行动。

婴儿期之后，儿童寻求与依恋对象亲近的感情需要逐渐减弱，而以依恋对象为"基地"探索周围世界、满足好奇心和求知欲的需要显著增强。这一时期儿童离开母亲身边的时间显著延长，对分离表现出更大的容忍力。

（三）依恋关系的类型

美国心理学家艾斯沃斯等利用母婴分离反应，设计了一个"陌生情境"，以测试每个婴儿的依恋反应和类型。研究发现，亲子依恋关系可以分为四种类型，这四种类型除安全型依恋，回避型、抵抗型和混合型依恋三种都属于不安全的依恋。

安全型依恋的典型表现：父母在场时孩子把父母看作安全保障，能安心地游戏和探索；亲子分离时孩子情绪出现困扰，产生分离焦虑；亲子重聚时孩子易抚慰，寻求和母亲亲近和接触；陌生人在场时孩子对陌生人的反应比较积极，能顺利地与陌生人交往。

回避型依恋的典型表现：父母在场时孩子无反应，表现冷淡；亲子分离时不难过，无分离焦虑；亲子重聚时孩子回避父母或不及时打招呼；对待陌生人孩子像对待父母一样冷淡。

抵抗/拒绝型依恋的典型表现：父母在场时孩子亲近父母，但不愿探索；亲子分离时孩子极度痛苦，似乎离不开父母；亲子重聚时孩子难以抚慰，既想寻求与父母接触，又在父母亲近时生气地拒绝和反抗；陌生人在场时孩子惧怕陌生人，不与之交往。

混合型依恋的儿童在陌生情境中表现出杂乱无章和缺乏组织的行为，表现出最大程度的不安全感，对抚养者表现出恐惧或过分任性。这类儿童容易发展成为精神障碍患者。

不同国家亲子依恋类型所占的比例不同。以美国为例，安全型依恋占的比例是65％；回避型依恋占比20％；抗拒型依恋占比10％；混合型依恋最少，大概在5％左右。有的文化非常强调亲子之间的密切关系，比如日本亲子关系中安全型依恋比例更高；欧洲等国家强调个体的独立而不是依赖行为，亲子关系中回避型依恋的比例更高。

（四）影响依恋关系的因素与教育

1. 抚养者对儿童需求信号的敏感性及反应性

抚养质量更多的是从对儿童需求信号的敏感和反应这两点去谈。有心理学家观察了26个家庭中妈妈的喂养情况，如妈妈什么时候给孩子喂食；在喂食的时候妈妈是哄着孩子喂还是强迫他吃；观察孩子吃得过多、过饱还是正合适；当孩子拒绝吃某样新东西的时候，妈妈是接纳的还是拒绝的。观察发现，26个家庭中有14个家庭的妈妈对孩子的需求非常敏感，如果孩子饿了就会立即满足孩子的要求，她们对于孩子是否吃饱非常敏感，对于孩子不爱吃的东西，她们的反应是宽容的、温和的。2～3岁时，有14个家庭中的孩子和妈妈形成了安全型依恋关系，另外12个家庭里面有10个家庭亲子依恋关系成长为抗拒型和回避型关系，有2个家庭介乎安全型和回避型之间。

0～1岁的孩子每餐半小时的进食时间是正常的，但是很多新手妈妈没有耐心，喂着喂着就变成了往孩子嘴巴里塞，这就是敏感性和反应性不足。当孩子拒绝吃某样新东西的时候，敏感的妈妈反应比较温和，对孩子有一些温暖的反应。因此抚养者对于儿童需求信号的敏感和反应性，反映了母亲的抚养质量。

母亲作为最主要的抚养者要对婴儿需求的信号有敏感性，这种敏感性不只表现在喂养当中，日常生活中孩子也有很多敏感的信号。比如孩子平时都是高高兴兴的，可是今天孩子无精打采，一直哭哭啼啼或者状态不好，这时作为一个敏感的妈妈就要去感受孩子哪里不舒服。

2. 文化特点

不同的家庭亲子关系的文化是不同的。在幼儿园，一位小朋友玩完区域活动的玩具以后，没有及时把玩具收起来，这时候老师走过去说："文文，这个玩具你得收起来，不收起来的话，下一次想玩的时候或者别的小朋友想玩的时候我们就找不到它了。"这时候老师发现文文一直低着头，在抠手指，老师走过去轻轻地用手把他的脸捧起来说："来，老师和你一起把玩具收起来。"

虽然老师是温和地捧起文文的脸，但是看到的却是文文紧张、惊恐的眼神。因为在文文的亲子交往中，他接受的观点是：如果你被批评了，不应该直视我，应该低下头，被批评了低下头表达的是"我接受了你的批评"；如果在别人批评你的时候直视对方，表达的是"我对你的挑衅或者不服气"，这就是我们讲的亲子文化的差异。亲子之间的交流模式会带到未来的社会交往中，影响到亲子之间的依恋关系。

3. 婴儿自身的气质特征

我们知道有一些孩子是天生容易抚养的，而有一些孩子则是难以抚养型的。容易抚养的孩子作息有规律，并且会很快适应新的环境和人；难以抚养型的孩子比较容易过度反应，训练大小便也很困难。这些都是先天的倾向。

一个比较温和的包容性比较强的母亲，如果她的孩子是难以抚养型的，她可以用最大的耐心去包容孩子，他们之间的依恋关系会在母亲的敏感和包容下慢慢靠近安全型依恋，孩子暴躁或者难以抚养的气质慢慢地也会有所改变。但是如果一个脾气急躁的母亲碰到一个难以抚养型的孩子，就会容易出现抗拒型、回避型的依恋关系。

二、学前儿童同伴关系及家庭教育

在成长的过程中，孩子逐渐从家庭走向社会、从父母走向同龄人。在这个过程中，或者说在与同伴交往的过程中，孩子会经历各种各样的问题。

10岁的江山在学校被同学孤立。他经常推、打、绊倒同学，在小组游戏中，他就跑到圆圈的中央抢到球，向其他人挑衅，让人去追他，过分的敌对行为，使他有一个欺负弱小的名声，大部分孩子都尽量避开他。

4岁的萱萱是个沉默而安静的女孩。她经常站在旁边，只是看着其他孩子活动，甚至当别人邀请她一起游戏时，她也摇头说"不"，几次这样的拒绝后，其他孩子就不问她了，后来基本上不理她。

非专业人士看到这两个小朋友，会觉得他们很不一样，但是从专业的角度来看，10岁的江山是被拒绝型的孩子，而萱萱是被忽略型的孩子，他们都属于交友困难型的孩子。

同伴关系对孩子重要吗？学前儿童的同伴交往有什么特点？家长如何指导孩子交朋友？

（一）同伴关系的价值

同伴关系是指年龄相同或相近的儿童之间或心理发展水平相当的个体之间在交往

过程中建立和发展起来的一种人际关系。阿德勒曾指出："假使一个儿童未曾学会交往之道，他必定会走向孤僻之途，并产生牢固的自卑情绪，严重影响他一生的发展。"《礼记·学记》中提到，"独学而无友，则孤陋而寡闻"，也是讲同伴关系的重要性。研究发现，没有朋友不只是会影响孩子的社会性发展，更容易导致学业成绩不良，孩子更容易感到孤单，更容易失去练习社会技能的机会，更容易患心理疾病，更容易成为少年犯、退学、产生精神问题或自杀。无论是老师还是家长，都要共同重视儿童的同伴交往问题。

1. 同伴是强化物

研究人员想研究被攻击者的反应态度对攻击者攻击行为的影响。研究的对象是幼儿园的小朋友，包括 18 个男孩和 18 个女孩，研究人员一共观察了 33 次，每次 2.5 小时。研究结果发现，受害者哭、退缩或沉默的反应会强化攻击者的攻击行为，被攻击者立即给予反击或教师立即制止、批评攻击者，攻击者的攻击行为会收敛或另觅攻击对象。而受到攻击的儿童也会学习攻击行为。由于他的反击成功地阻止了别人对他的进攻。这种情况若经常出现，实际上又会强化受害者的攻击性行为，因为同伴间行为的影响是相互的。

2. 同伴是范型

观察学习理论通过波波玩偶实验得出，观察学习是儿童学习的重要方式。儿童和同伴相处的过程中，无时无刻不在观察，同伴之间无论是友好的行为，还是攻击性行为，儿童都会在观察过程中习得并且表现出来。

3. 同伴给予稳定感和归属感

马斯洛需求层次理论从最低层次的生存需求，到自我实现的需求，都涉及与同伴的关系。在同伴交往过程中，孩子会产生困惑、焦虑和紧张的情绪。如果亲子沟通畅通的话，这些情绪可以得到缓解。孩子在幼儿园里也可以通过和同伴沟通来宣泄、宽慰和理解，达到一种共情。比如：幼儿园里面组织穿鞋子比赛、叠衣服比赛，在那种紧张的情形下，孩子通过和同伴的交往、分享得到一种共同的理解，达成一种共同的喜悦，孩子从同伴身上获得稳定感和归属感。

4. 同伴是儿童社会化的动因

在哈洛的恒河猴实验中，一些自幼被隔离的幼猴产生了许多病态行为。后来实验者让这些幼猴与比他们小的、正常的幼猴在一起生活，一段时期后，发现这些异常的猴子竟恢复了常态。这一方面说明早期剥夺刺激可以得到恢复，另一方面也说明了同伴的作用。

此外，第二次世界大战中的一个实例也反映了同伴使儿童正常化的功能。当时，6个婴儿在集中营与父母分离，3岁时他们一起住在托儿所。在这之前，他们很少与成人接触，主要是自己照管自己。6个人产生了强烈的依恋，长大后没有一个身心有缺陷或有过失，都成为正常有为的成年人。可见，同伴是儿童社会化的动因。

（二）学前儿童同伴关系的发展

1. 客体中心阶段：0～10个月

该阶段孩子的行为大多是单向的社交行为。婴儿多把对方当玩具对待，以物为中心。0～10个月的时候孩子不会交朋友，这时他对于同龄人的反应和对于物体的反应是一样的。如果孩子照镜子，他会以为镜子后面还有一个小朋友，会爬到镜子后面去寻找，这是以物为中心的交往阶段。

豆豆（9个月）爬到文文（8个月）的身边，抢走了他玩得叮当响的一串塑料钥匙；文文试图夺回钥匙，但是没有成功，他爬回妈妈的身边，小声哭了起来。

案例中的豆豆和文文没有实质性的交往。没有发起，也没有回应，没有坚持，也没有妥协，这个交往是以物为中心的。

2. 简单互动阶段：1～2岁

该阶段孩子有简单的互动，能对同伴的行为做出反应，但大多以自我为中心。

娃娃（14个月）坐在地板上，苗苗（15个月）转过身看着他，对他挥手，叫着"嗒"，苗苗重复了多次才把娃娃逗笑。苗苗接着不停地叫，而娃娃不停地笑。这样的游戏一直重复了12次。

虽然简单的游戏重复了12次，但它是一个发起、一个回应，是同伴交往最基本的要素。

3. 互补性互动阶段：2～3岁

该阶段孩子社会交往的复杂性提高，主要体现在幼儿的游戏中。2～3岁儿童交往变得越来越丰富，越来越复杂，出现了互惠性关系。

A："我是发射性机器人，我能从手指处发射导弹，还能从身体各部分，甚至从腿那儿发射！"

B嘲笑地说："不，你是放屁机器人。"

A不服气地说："不，我是发射性机器人。"

B："不，你就是放屁机器人。"

A快要哭了，说："不，不是这样！"

B这时候意识到了A的情绪，说："我是狗狗机器人。"A心情也转好了，说："我是尿尿机器人。"

如果你觉得 3 岁之前孩子交往的复杂性让你惊喜，3～6 岁儿童的社会交往策略会使我们惊讶。

两个女孩，陈思佳和李霁围着露天的沙箱玩耍，她们把沙子装进盆、杯、瓶和茶壶里。汤奕奕走过来站在一旁看着这两个正在玩的女孩。汤奕奕没有说话，那两个女孩看见汤奕奕也没搭话。

汤奕奕看了一会儿（大概 5 分钟），她绕着沙箱走了三圈，又停了下来走向沙箱拿起一个茶壶。陈思佳从汤奕奕手中抢下茶壶，并咕哝道"不"。汤奕奕退回去在一旁看着她们玩，然后靠近正在用沙子灌糕点模具的李霁。

她靠近李霁，看了几分钟，然后说："我们是朋友，对吗？我们是朋友，对吗，李霁？"李霁没有抬头看她，在继续灌沙的同时说："对的。""我正在煮咖啡。"汤奕奕对李霁说。"我正在做蛋糕。"李霁回答。汤奕奕转向陈思佳说："我们都是'家庭主妇'，是吧，陈思佳？"陈思佳回答道："是的。"这三个"家庭主妇"在一起继续玩了 20 多分钟，一直玩到老师宣布打扫卫生的时间到了。

我们来分析汤奕奕加入游戏的过程使用了哪些策略。首先，她使用了非语言策略，希望通过观看、走动来吸引对方的注意力，结果对方没有被她吸引。接着她又做出相似的行为，拿起茶壶，结果被断然拒绝。这时，她使用语言策略直接加入，用"我们是朋友""我正在煮咖啡""我们都是'家庭主妇'"等语言寻找相同点，当对方做出了积极的反馈之后，汤奕奕继续用这样的语言来获得参与玩耍的机会。如果你的孩子像汤奕奕一样，有这么丰富的社会交往策略，我想他能够很容易加入游戏，也很容易被同伴接纳。

4. 即时性游戏伙伴：3～6 岁

3～6 岁儿童的同伴关系最大的特点就是即时性。即时性就是此时此地的我碰见了你，咱俩开始游戏，开始做同伴。

3～6 岁儿童选择同伴遵循三个原则，一是邻近性原则。儿童很容易和坐得近的、住得近的、离得近的小朋友成为朋友。二是所有物原则。比如有芭比娃娃、小粘贴或其他好玩的玩具，所有物也能成为孩子们成为朋友的理由。三是身体技能原则。比如跑得快、搭积木高手、画画特别好，这些身体技能能够成为孩子交朋友的理由。

除了即时性这一特点之外，儿童的交往是以自我为中心的，也就是说孩子在和同伴交往的时候，往往只考虑自己是怎么想的，很少能考虑到对方是怎么想的。因此在儿童游戏的过程中，孩子说得最多的是我想扮演什么？我想怎么样玩？很少问你想怎么样玩？当大家都想扮演公主、警察这些角色的时候，有一些社会交往策略丰富的孩子会提出解决冲突的方案。另外，3～6岁的孩子更愿意发起互动而不是做出响应，这也是儿童自我中心的一个表现。

（三）同伴交往的类型

我国学者庞丽娟用同伴提名法研究同伴交往的类型。同伴提名是通过创设一个问题情境，请孩子正提名或负提名同伴，调查孩子同伴交往的类型。例如："我们要去春游，你可以带班上3个小朋友一起去，你想带哪3个好朋友？"这是正提名。"我们要去春游，但是小火车位置不够了，我们班上有3个小朋友没有办法坐上这辆小火车，哪几个小朋友没有办法坐上这辆小火车？"这是负提名。每位小朋友都有被正提名的机会，也有被负提名的机会。通过正提名和负提名的概率，我们得出四种同伴交往的类型。第一种是受欢迎的孩子。这类孩子被正提名多，负提名少。第二种是被拒绝的孩子。这类孩子被正提名少，负提名多。第三种是被忽视的孩子，这类孩子被正提名少，负提名也少。第四种是一般型孩子。这类孩子被正、负提名的比例相当。四种同伴交往类型的孩子，在群体中所占的比例不同，受欢迎的孩子大概占到了13%，被拒绝、被忽视的孩子分别占到了14%和19%，其他的属于一般型的孩子。

为什么有的孩子受欢迎？有的孩子被拒绝？什么样的孩子受欢迎？被拒绝的孩子有什么样的社会交往特征？被忽视的孩子社会交往特征是什么样的？什么性格的孩子更容易被拒绝？被拒绝的孩子往往比较冲动，缺乏友好交往技能，以男孩子居多。被忽视的孩子容易退缩，不喜欢交往，以女孩子居多。

受欢迎的孩子一般具备以下特点：一是学习成绩优秀。在幼儿园里面虽然没有学业成绩，但是有外部评价、教师的评价、小朋友相互之间的评价等。二是外表漂亮。外表漂亮的，包括体型有吸引力的。三是行为举止平和，情绪平静，喜欢帮助别人，性格热情外向。

相反，如果成绩比较差、成就感低、外表没有吸引力、行为特征不够友好，比如推、搡、打、绊他人等，这些不友好的行为频繁出现，孩子不容易受欢迎。情绪不平稳，喜怒无常，容易吹牛，有的时候小气，有很多攻击性行为，或者持续地批评人而没有建议，这样的孩子也不受欢迎。

（四）家长如何指导孩子被同伴接纳

我们从接触、维持积极关系、谈判解决冲突、结束友谊四个步骤指导孩子与同伴交往，这四个步骤也是儿童同伴关系的发展历程。

1. 接触阶段的家长指导

（1）有效策略。想要开启一段同伴关系，一定要有一个发起人，另外一个人回应。比如第一次见面，家长可以指导孩子对想要交往的小朋友微笑，高兴地说话或者问好，比如"你好！""嗨，你想去哪儿呀？""咱们一起玩吧！"还可以向他询问一些信息，如"你叫什么名字呀？""你知道小卖部在哪儿吗？""这个玩具从哪里买的？"等。

如果孩子不是发起者，对方发起了交往行为，家长要引导孩子有礼貌地回应。当别人向我们问好，我们可以这样回应对方："你好！我叫……""跟我来，我带你去"或者"我们一起玩吧"。另外，我们还可以提供一些信息给对方，如"我叫××，我也是第一次参加夏令营"。

邀请一个陌生小朋友参加活动可以说："你可以来我们这一队吗？""咱俩一组，好不好？"接触阶段，家长可以引导孩子发起一段同伴关系，也可以引导孩子回应别人的发起行为。

（2）无效策略。孩子行动过快，或有一些不适宜的行为，会妨碍儿童发起一段友谊或者同伴关系。比如攻击行为，推对方、抓对方、妨碍对方或者抱怨、威胁、忽视、祈求、批评，用霸道的方式与别人交流，这些都不利于开启一段同伴关系。如对方询问："小卖部在哪儿？"孩子没有语言回应"我带你去吧"，而是自己先跑了，对方在原地不知如何是好。这时候家长可以这样引导孩子："宝贝，你告诉他，并带他一起去，不然他不知道你为什么就跑远了。"

2. 维持阶段的家长指导

（1）有效策略。家长可以指导孩子表达对某一个游戏或者活动的兴趣，如用微笑、点头、眼神或者语言交流等交往策略。指导孩子协作，如轮流玩滑梯，一起推滑板，分享吃的东西，这是协作。

家长还可以引导孩子合理表达感情，比如玩得高兴时可以拥抱对方、与对方握手，可以用语言表达："我们做朋友吧！""我真高兴和你在一起玩！"合理表达自己的感情。

当看到对方有不幸的事情发生时，比如摔倒了，这时我们要引导孩子表达同情。一个6岁的小女孩摔倒把膝盖磕破了，我们看到她3岁的妹妹跑过来抱抱她，抚摸着她的腿说："疼吗？"姐姐流着眼泪说："疼！"妹妹蹭了蹭姐姐的脸，亲了亲她。妹妹用一系列肢体语言准确表达了同情。家长如何指导孩子为同伴提供帮助呢？可以使用语言，"你这样试试，你那样试试"；"你绑箱子的时候我帮你扶着"，这是提供帮助。家长还可以引导孩子去表扬自己的小伙伴，如"你做得真棒，你这个想法太完美了""我觉得肯定有用"。表扬自己的小伙伴，真诚地赞扬同伴，也非常容易得到同伴的接纳。

（2）无效策略。当然也有一些无效的策略无法维持刚刚发起的一段同伴关系，比如敌对、不合作、行动笨拙等。孩子想要加入搭城堡的活动，他笨拙的行为导致同伴费半天劲搭起来的城堡倒塌了，这个就很容易激怒或者冒犯得罪自己的小伙伴。

另外，没有诚意的奉承、粗鲁的表达、过于热情的感激、不断纠正别人都属于无效的交往策略。如有的小朋友想拥抱别的小伙伴，一激动把人扑倒了，这也不容易在游戏的过程中维持良好的同伴关系。如果家长能够指导孩子用有效的策略和小伙伴交往，进入小学后孩子会比较容易交到新朋友，融入班集体。

3. 冲突阶段的家长指导

（1）有效策略。任何同伴关系都会遇到矛盾冲突，因为两个人想法是不一样的，如果解决了冲突，同伴交往就会继续下去，如果没有解决好冲突，同伴关系则进入结束阶段。

遇到冲突要找到冲突的原因和解决方法。家长要引导孩子学会表达自己的权利、需要和感情。比如，你想玩秋千，我也想玩，出现了冲突怎么办呢？孩子要学会表达自己的感受，用语言表达而不是粗暴地把他推下来，或者粗暴地挡住秋千的入口。不光要表达自己的感受，还要聆听和认识别人的感受，认识别人也有相同的权利。比如"是的，你也等了很长时间了"，这是一种认同，是一种换位思考的能力。

建议家长指导孩子用非暴力的方式来解决冲突。如"我们跳开这个问题吧，我们不玩秋千了，我们去玩滑梯吧，我们俩一起玩跷跷板吧"，或者"现在沙坑人少，我们先去玩沙子吧"。有许多非暴力的方式去解决冲突。

家长可以引导孩子提出一些方案，并且在提出方案以后解释理由，比如："这样的话我们每一个人就都有机会了，咱们每人荡 10 次就下来，这样就快了。"如果对方提的方案不合适，应该怎么礼貌地反对、坚持或者妥协呢？温柔而坚定地去表达自己的立场，表达自己的需要，还可以提出一些折中的方案，如"既然你想去看这个电影，我想去看那个电影，要不然咱今天不去了，咱们去游泳吧"，这是一个折中的方案。

（2）无效策略。在冲突阶段，孩子们还会有一些无效的策略需要家长注意，如威胁、羞辱对方，或者是强制等，这样的方式不利于找到问题产生的原因，也不利于冲突的解决。所以当孩子遇到冲突的时候，一定要让孩子学会用语言表达的方式诉说自己的权利并倾听别人的需求。

4. 结束阶段的家长指导

如果冲突没有解决，或者是因为一些不可抗的因素，如搬家了，转园了，孩子不得不面临与同伴分离，家长要正确引导孩子认识分离。如果因为冲突不能在一起好好玩了，那就说"我们再见吧"，终止同伴关系。如果孩子因为搬家了，那可以引导孩子去和其他小朋友玩，可以开始一段新的同伴关系，这是在结束阶段家长要引导孩子去做的。

另外要支持孩子发展同伴关系，发展友谊关系。首先，一定要让小朋友和同龄人多交流、多交往，为孩子和他的朋友提供非正式交谈、游戏的机会，使他们享受彼此在一起。其次，带着孩子出去接触外面的世界、外面的人。这时家长的支持就在于给孩子创设和同伴交往的机会，这绝对不是一周把孩子送到某一个早教班里玩一玩这么简单。再次，亲子交往给同伴交往提供了一种榜样示范。如果家长在和孩子交往的过程中经常使用语言暴力或者是肢体的暴力，孩子很容易就学会。如我不满意，我就可以骂你；你不听话，我就可以打你，这就是亲子交往给同伴交往做的不良示范。因此，在亲子交往过程中，家长要给孩子做的榜样就是用语言来和孩子沟通，而非用拳头和孩子沟通。

最后，我们试着培养孩子换位思考的能力。当孩子遇到交往冲突和障碍时，我们试着让孩子站在对方的立场上想一下，这种换位思考不一定是即时的，比如大家都想荡秋千，你说"孩子你站在那个小朋友的立场上想一下"，他可能做不到，但是当他坐在秋千上不下来的时候，我们可以说"刚才你在下面等的时候有多着急，有多想玩，所以咱们荡 10 个或 20 个就下来，不然你后面的小朋友就会像你刚才一样着急"，这是让孩子设身处地地换位思考。

参考文献：

----

［1］刘金花. 儿童发展心理学［M］. 上海：华东师范大学出版社，2013：232－245.

［2］马乔里·J·克斯特尔尼克. 儿童社会性发展指南：理论到实践［M］. 邹晓燕，等译. 北京：人民教育出版社，2009：305－310.

［3］张明红. 学前儿童社会教育与活动指导［M］. 上海：华东师范大学出版社，2014：84－93.

作者简介：

苏　伟　山东师范大学教育学部副教授，教育学博士

儿童青少年心理发展的特点及教育

王维勋

埃里克森认为，人的一生可以分为既是连续的、又各有独特发展课题的八个发展阶段，人一生的发展要遵循胚胎的渐次生成原则。这就是说人的身心发展是连续的谱系，中间不会出现中断，但有可能出现重叠，就如同一条长河。

如果个体的成长过程中出现断层，一定会影响到后来的生活。断层的部分如何处理？正像俗语所说"从哪里跌倒就从哪里站起来"。个体成长中落下的部分都需要在后来弥补，他只有为此而再次经历成长，才能继续向前发展。此外，他所处的任何一个发展阶段，都会包含前面几个阶段发展的痕迹，后一阶段的发展要以前面阶段的发展为基础。

人生的每一个阶段都有发展任务，不同阶段都会面临心理社会危机。解决危机的办法并非是要么完全积极，要么完全消极。埃里克森认为危机的解决办法中兼有积极和消极两种因素。这两方面存在一个整合问题，究竟是谁整合谁？只有在积极解决的因素比消极因素所占的比率高时才能说危机被积极地解决了，最好的就是积极比消极占比大一些。只有某一阶段的特征危机得到积极解决，这个人的人格中才能形成一种良好的社会品质。

一、儿童几个重要发展阶段的特点及心理品质

（一）婴儿前期（1～1.5 岁）

这一阶段的个体最为孤弱，对成人依赖性最大。日常的喂养照料一般都由母亲来做，母亲是这一阶段儿童成长的重要他人。需要注意的是，喂养是一个过程，孩子需要的不仅是及时而充足的奶水，在这个过程中还伴随着母亲的心跳、体温、怀抱、柔声细语、亲密感情的流露、眼神中传递的关爱。妈妈给孩子所呈现出来的这一切，直接奠定了孩子对这个世界的感觉——安全感、亲近感、信任感，即母亲对于儿童的需要，大部分能够给予满足。反之，如果他们的母亲拒绝他们的需要、过度延长满足需要的时间或以非惯常的方式来满足他们的需要，儿童就会因缺乏安全感而形成不信任

感。如果儿童具有的基本信任感超过基本不信任感，就形成"希望"这一积极的心理社会品质。

希望是我们生命心理反应的基础部分，在我们的生命早期，越早出现的东西对我们的生命越重要。在心理干预中，我们对来访者的问题进行评估，越是早期问题就越难处理，对当事人影响就越大。我们常说成年无创伤，一个人成年以后再碰到的挫折都不是问题，这话虽然绝对，但也在一定程度上解释了早年影响对人生命过程的重要性。

另外，在这一阶段，主要的喂养照料人要保持恒定。由于孩子调适能力差，如果频繁更换照料人，对儿童的成长是极为不利的。

（二）婴儿后期（1.5~3岁）

在这个阶段中，儿童学会了很多技能，他们学会了如何抓握和放开。他们不仅把这些能力应用于物体，而且还应用于控制和排泄大小便。例如，在控制大小便上，父母对孩子是鼓励包容的，如在帮助孩子排泄的过程中，跟孩子温柔地说"宝宝乖"等话语，这些信息都是能够被孩子感受到的。孩子排泄完后，身体感觉很舒服，同时，心理上又感受到父母的亲近接纳，孩子会把排泄物看作是送给父母的好礼物，这样形成良性循环，孩子的排泄过程会逐步变得顺利。

随着孩子年龄的增长，孩子的括约肌能力增强。孩子想要大小便时，就可以自己去完成。这期间的大小便行为就完成了由他律向自律的转变，这也是孩子自律的萌芽。随着自律能力的增强，人的羞耻感也开始出现。羞耻感建立在自我认同的基础上，当自己内心认同这件事情却没有做好时，会产生羞耻感，或是愤怒、不服气。如果儿童形成的自律超过羞怯，就会形成"自由意志"的心理社会品质。

再者，孩子开始从与母亲的共生关系发展出主体的"我"，界限感也慢慢出现，也称作分离个体化。孩子逐步学会和别人合作，在合作过程当中既不害怕对立争执，又会最后把它整合为一个目标来达成自己的目的，同时也顾及了别人。如果没有养育好，孩子就变得骄纵、任性、缺乏或没有情感，即生活中常说的"熊孩子"。

此外，一个个体的习惯养成是从这个年龄段开始的，后面所谓的学习习惯还有其他一些习惯的养成，都是后期加进去的内容，习惯养成的完整体验是在这一阶段建立的。

综上，父母需要注意，良好习惯和文明品质的养成是包容、鼓励、支持的结果，不是对抗出来的，就如同世界优秀的教练都是一刻不停地支持鼓励运动员：你现在做得已经很好，如果你再做到什么程度就更好了！

（三）幼儿期（3～6岁）

幼儿期，孩子主要的任务就是游戏。这个阶段，孩子知道他想要什么东西，如果能力具备了，他就可以组织一些自己的小游戏。到了幼儿园中班，可以与其他小朋友一起玩游戏；到了大班就可以参加集体游戏，进行合作。游戏的过程中，孩子会专注投入，事实上专注力是与生俱来的，是人生命当中的一个自然部分。很多父母有这样的疑惑：为什么部分孩子的某些能力到后来没有了？因为孩子的能力被破坏了。例如孩子在玩游戏时，他是沉浸其中的，中间却受到家长的干扰：孩子别坐地下、喝水、吃水果、吃饭……专注力就被这样切碎了，到上小学后就很难再重新建立起来。因此，尽可能让孩子完整地把正在做的事情完成，这就是他早年专注的完整体验。再就是个体做事情的主导性，他愿意去做这件事、愿意投入，如果做不好事情的话，会内疚。逐步地，孩子会有目标感出现，想做什么，愿意去做什么，这些都是在孩子发自内心的感受和主导性的作用下完成的，他愿意克服困难去做，这种克服困难并不是强迫性的，而是一种主动性行为，他在追求过程中达成的体验和我们强迫性地去让他坚持不一样。

游戏期是未来个体整个生命过程的预演，在3～6岁，个体在人生的小游戏里热身，等长大成人以后，就会玩一个人生的大游戏。在幼儿期，父母要保护孩子的目标感，这里的目标是孩子个人的目标，不是父母的目标，不是家族的目标，一定是极其个性化的目标。这个目标空间，我们一定要在游戏期在孩子的游戏中给他存留下来，我们要保护的不是目标，是装着目标的空间。因为空间存在，随着他认知范围的不断深化，目标会随时变化，但是如果目标的空间早已封闭了，后期他就很难去说自己要做什么。

（四）儿童期（6～12岁）

儿童在这一阶段所学的最重要的课程是"体验以稳定的注意和孜孜不倦的勤奋来完成工作的乐趣"。在这门课程中，儿童可以获得一种为他在社会中满怀信心地同别人一起寻求各种劳动职业做准备的勤奋感。如果儿童没有形成这种勤奋感，他们就会形成一种自卑感，使他们丧失成为社会有用成员的信心。

认同同性别身份，对同性年长者所从事的事情、游戏充满好奇，愿意去学习这些知识与技能，是这个年龄段孩子的心理发展特点。

二、青少年心理发展特点

青少年期（12～18岁）是埃里克森聚焦的发展阶段，体现了童年期向青年期发展的过渡。

（一）12～15 岁初中生心理发展特点

1. 认知发展

按照皮亚杰的认知发展理论，初中生的认知发育正常的话，已经发展出形式运算功能，其不仅能够把握事物眼前的状况，还能把握他们能够设想的可能情况。这种认知能力的发展，对初中生的学习、生活及其个性发展有着重要影响：（1）促进学业进步；（2）开始与父母发生冲突；（3）对事物有一定的独立见解，尽管有些是偏激和不成熟的。

人生有两次自我意识大发展的时期，第一次是一至三岁，第二次是青春期。青春期是人的意识快速发展的阶段，恰恰是所谓不听话的时候，所以遇到这种情况，父母应该感到高兴。所有人的自我意识的建立、成长和发展都是建立在否定的基础上的，尝试否定，不管什么先否定了再说。这并不是挑衅，而是孩子在尝试性地建立和发展主体意识，行使自己的自由意志。如果家长的反应不是太强硬，孩子会慢慢调节，本着对自己有利的原则来发展；凡是家长反应太激烈的，孩子一般都会撞了南墙也不回头。智慧的家长会忽略孩子幼稚不成熟的部分，挑出其中好的部分进行肯定。比如陪孩子跑步，智慧的家长与孩子比赛会输两次赢一次，这样孩子会在与家长的竞争中既体会到自己的价值与成就，又能够感受一定的挫折，爱上跑步；如果家长想让孩子放弃跑步的想法也特别容易，每次都比孩子跑得快就可以了。

有些孩子考试成绩不佳，家长会贬低；考好了，家长会说"你看你又翘尾巴了，别忘了上次你才考了 60 分"。这样的孩子长大后，就过不了好日子。成年之后很多人是不允许自己过好日子的，不能发展出自己的喜悦来，当做事顺利或成功到了一定的程度时必然要挫败自己，只有这样才能消除背叛家长评价而产生的内疚感，这属于人的潜意识反应，不做专业的心理治疗或不多掌握一些临床心理学知识的非专业工作者不容易理解这其中的心理机制。家长对孩子长期的不放心和贬低性评价，就是对孩子生命未来的"诅咒"。对青少年，一定要多对他正向的东西进行表扬，对他不靠谱的东西予以漠视。不成熟的家长则漠视孩子的成功，只会关注他的失败。

2. 性意识的觉醒

随着生理发展的急剧变化，初中生的性心理开始萌动，在与异性同伴相处中，一些从来没有过的新的体验与感受开始产生神秘的骚动，使他们感到好奇、渴望，有时又会迷惑和害怕，在这种交互作用下，一些孩子会付诸行动进行懵懂的尝试。

青春期的性，尤其是指向青春期同龄异性身上。所谓"早恋"是异性之间懵懂的吸引力，家长总想暗暗把孩子的关注点转移到其他部分，其实藏着掖着不如把事情挑明，强力阻断过于简单粗暴，容易导致激烈对抗和消极抵抗。不阻拦，公开讨论事情本身，关注、关心孩子的感受，让他（她）说出来，如果家长过度焦虑、情绪不稳定，可向孩子信任的人寻求帮助，求助专业人员也是一个不错的选择。

3. 不成熟的"成人感"

随着初中生自我意识的发展，自尊心与人格独立性也明显增强。他们不希望被别人时时管教约束，这容易使他们产生逆反心理和对抗情绪。尽管初中生的"成人感"日益增强，但由于社会经验不足，对社会问题及个人问题认识较肤浅，他们对自我、对他人的评价常常又是不成熟的：顺利时沾沾自喜、狂妄自大；受挫折则妄自菲薄、自暴自弃，此阶段他们的自我体验是动荡而不稳定的。

逆反是个后置词，没有压迫、没有控制，就没有逆反。如果家长觉得孩子逆反，一定要反思自己对孩子的过度控制发生或体现在什么地方。虽然说没有规矩不成方圆，但是我们要尽可能减少公共规则之外的家长的个性化规则，突出公共规则的要求，避免孩子把公共规则的要求与家长的个性化规则要求混为一谈，在家反抗家长的要求时连同把公共规则一同违背了。如有的家长不允许孩子做某件家庭规则范围外的事，孩子就不去上学了，他搞不清楚学生无缘由不上学是违背公共规则。这个阶段也是培养孩子抗挫力的关键时期，孩子在从全能幻想走向现实的过程中，一定会遭遇不少的挫折，家长和教师一定要清楚，抗挫力是挫出来的，是一个体验过程，不是讲道理讲出来的，理性说教和帮孩子规避可能的风险只会降低孩子的抗挫力。在风险可控的范围内，家长要尽可能地让孩子经历挫败，相信他能处理好自己遇到的问题，实在不行了再助他一臂之力。总而言之，还是要让他自己去处理。处理问题的过程可以提升孩子的自我价值感和责任承担能力。

4. 学习成绩分化明显

课业负担重会造成学生心理压力加大，学习成绩波动较大、分化明显。八年级是明显的分化期，优秀的学生能应付自如，学有余力；而学习较差的学生则疲于应付，越学越吃力。学业不良将会导致学生产生厌学、拒学、自卑、自弃等一系列不良的心理反应。

学习课业知识是一种能力，并不是所有孩子都具备，其学习特长可能体现在其他方面，如运动、技能、技巧，在这些方面孩子更愿意下功夫、吃苦。让孩子知道自己适合做什么，尽力而为就好。过度关注孩子的学习成绩，很容易让成绩差的孩子感到挫败，破罐子破摔，连其他事情也做不好了。

　　一定要保护好孩子的自尊、自信，尤其是做事情的自信，例如，孩子功课不好，我们给孩子补课时往往先补差的，这样的效果不会好。家长这么做是让孩子感到挫败，孩子会逃离。从学习成绩好的一科开始补，补的是信心。学的越好的功课，给孩子带来的补课压力越小，越能出成绩，体现价值，增加自信；不擅长的功课量力而行即可，投入再多的时间和精力，也往往收效甚微。

（二）高中生心理发展的基本特点

1. 不平衡性

　　高中生的生理发展迅速走向成熟，而心理的发展却相对落后于生理的发展，两者发展是不同步的，成年的外表内装着未发育好的内在，具有较大的不平衡性。

2. 动荡性

　　高中生心理发展的动荡性表现在知、情、意、行各个方面。他们思维敏锐，但片面性较大，容易偏激；他们热情，但容易冲动，情绪有较大的波动性；他们的意志品质日趋坚强，但在克服困难的过程中毅力不够，往往把坚定与执拗、勇敢与蛮干、冒险混同起来；他们在行为举止方面表现出一定的冲动性。在对社会、他人与自我之间的关系上，容易出现困惑、苦闷和焦虑，对家长、教师表现出较普遍的逆反心理与行为。

　　作为家长，应避免和孩子讲理。而很多家长偏好讲理，正好和高中生的幼稚契合了，为什么契合了？因为家长也幼稚。家长不论理的话，日常偶尔碰到事，多关注、询问他的感受，孩子会信任你，当他遇到困难的时候，会找你聊聊；当家长和他论是非的时候，他就不会理你了。有的家长担心如果不管了，他若冲动了怎么办？冲动的强度是被道理、指责激发的，如果不激发，他的反应就是适中的，趋利避害是人的本能。

3. 自主性

　　高中生在观念和行动上表现出强烈的自主性，迫切希望从父母的束缚中解放出来，开始积极尝试脱离父母的保护和管理。他们对许多事物有自己的见解和主张，并为坚持自己的观点而争论不休；对成年人的意见不轻信、不盲从。

　　一名高中女生在学校做志愿者，问她不回家会不会想妈妈，她回答：实际上，妈妈离不开我，过一段时间妈妈就会纠缠我，我正好借这个机会让妈妈慢慢适应没有我的日子。

　　这些话孩子永远不会给父母讲，家长却自以为孩子离开自己会生活不好，而孩子的成长能力远远超乎我们的想象。

4. 进取性

高中生精力充沛，血气方刚，反应敏捷，上进心强，不安于现状，颇具"初生牛犊不怕虎"的劲头。他们对未来满怀希望，乐于开拓。

传统商铺和电子商务的例子告诉我们，我们的经验可以为下一代人借鉴的部分并不是特别多，当社会的发展日新月异的时候，我们过往的经验很容易被淘汰。家长要改掉自以为是的毛病，给孩子的发展提供空间，保护孩子的进取性。

5. 闭锁性

高中生的内心世界变得丰富多彩，但又不轻易表露出来；他们非常希望有单独的空间，好像有什么秘密的东西不愿让别人知道；心理发展的闭锁性使高中生容易感到孤独，因此又产生了希望被人理解的强烈愿望；他们热衷于寻求理解自己的人，对"志同道合"的知心朋友，他们能坦率地说出自己的秘密。

高中生既要获得同龄人的认可，也希望得到父母和权威的认可，以此来增加他们的确定性。先是尊重，然后是被尊重，对那些愿意了解和理解他们的人，特别容易产生亲近。家长怎么和孩子做朋友？一是和孩子一起做事情，二是愿意了解和理解孩子。很多家长觉得这样做和自己当年不一样，是因为时代不同了，比如之前的嫁娶都是父母之命，媒妁之言，如果现在也这样，大家就不理解了。很多孩子喜欢参与社会活动，并在活动过程中获得成就感，家长只需要协助孩子安排好学习的时间即可。最浪费学习时间的是什么？是学习效率低。适量的社会活动，不会影响孩子的学习成绩。只要这个孩子活动做得很好，他的学习成绩就不会特别差。有家长疑问，有的孩子被打、被严厉教育，结果考试成绩挺好，但这样的孩子人生崩塌是大概率的事，因为基础是不健康的。

三、家庭教育的策略

（一）赢得信任的策略

亲其师，信其道，赢得孩子的信任是一切教育的前提。人是感情动物，尤其是青少年，情绪波动大，易感情用事，当面对批评时，他们往往首先想到你是善意的还是不友好的。在日常的教育活动中，家长对孩子的错误第一反应是惩罚。严厉的惩罚（甚至体罚），固然能起到短时震慑的作用，孩子因害怕恐惧而不再犯错，但因口服而心不服，最终难以达到教育效果。另外，我们经常可以发现同样的教育方法，针对不同的使用者，效果不同。家长的批评教育，有的能被孩子接受，有的却使孩子产生抵触，甚至造成冲突，其根本区别是前者与孩子建立了信任关系，后者却没有。当建立了信任关系后，孩子把家长的批评教育视为对他负责，是对他好；而没有建立信任关系的孩子会认为你在故意找碴儿，鸡蛋里挑骨头，是瞧不起他。那么，家长的批评越严厉，遭到的反抗可能越激烈，使教育陷入十分被动的局面。可以毫不夸张地说，取得孩子信任是进行家庭教育的第一课。

（二）使孩子获得自尊的策略

青春期的孩子已有成人意识，渴望得到成人的尊重、理解，希望平等沟通，渴望独立，渴望被接受认可。这个阶段，对自身存在的价值异常敏感，指责、训斥都会直接伤害他们的尊严，贬低他们的人格，必将遭到激烈的反对。与其指责、训斥孩子不对的方面，不如直接告诉他们应该怎样做。

问题孩子或难以教育的孩子，常常是因为某种原因失去自尊的孩子。人没有了自尊，就会失去社会道德对他的约束，他对自己的一切持否定态度，自暴自弃。他为了获取别人的注意，常会采取一些反常的举动，如打架斗殴、上课扰乱秩序，这样的孩子被认为"一无是处，无可救药"。但他不是没有优点，而是缺点太多，掩盖了他的优点，家长有责任放大他的优点，要有意识地挖掘他的优点，多为他创造施展才华的机会，让他用自己的才智，展现他优秀的一面，使他重获自尊，是彻底改变他的根本途径。善待他的缺点，多表扬，多鼓励，少批评，少指责。对他尽量不要与其他孩子横向比较，因为这样比很难看到他的进步，最终又将他归为问题孩子。对他应该纵向比较，对他的点点滴滴的进步给予及时的关注。比如从天天迟到，进步到一周三天，家长就应及时表扬鼓励，使他逐渐恢复自尊，形成健全的人格，健康地成长。

没有对孩子的人格尊重就没有真正的教育。尊重就是对事不对人，一步到位直接告诉他做什么。如在家庭中家长想养成孩子的一些家务劳动习惯，就直接告诉孩子吃完饭后把碗洗了，孩子问为什么，家长说没有为什么，就是把碗洗了。孩子一般不抵触，抵触是因为家长给孩子讲道理，说你长大了就该为家长分担家务，要养成劳动的好习惯。不要轻易否定孩子，要说否定的语言一定要有抓手，否定的是什么，然后直接告诉孩子怎么做，让孩子去执行。

（三）冷处理策略

青春期的孩子情绪波动大，易冲动；当主观感受到自己被误解时，常不能接受批评，甚至与家长发生冲突，这个时候家长切忌硬来。实践证明，"暂时放放"是一个不错的选择。在孩子激动时，你去批评他，他常不能正确对待问题，直接教育不会起到好的教育效果。如果让孩子暂时离开现场，换个新环境，情绪平静下来，反而会冷静思考自己的问题，很快就能认识到自己的错误，接受家长的批评教育。

（四）选择恰当教育时机的策略

恰当的教育方法还要选择恰当的时机，才能达到事半功倍的效果。

1. 在人心情愉快的时候，戒备心理会降低，是教育的最佳时期

可选择孩子心情比较愉快的时候找其谈话，或先表扬，再批评。

2. 顾及孩子的面子，尽量不要当众批评孩子

当众批评会让孩子觉得没有面子，伤及自尊，即使认识到自己不对，也不愿意认错，摆出一副满不在乎的样子，但私下批评孩子更易被接受。另外，当众批评、指责孩子更多是家长宣泄自己的情绪，对解决问题无益。

（五）让孩子自圆其说的策略

孩子每种行为都有其发生的理由，家长经常不问原因就武断地批评，不给孩子解释的机会，一来会错过了解孩子的机会，二来也错过了最佳引导孩子自我教育的机会。

当孩子犯错误时，可以让孩子自圆其说，给其申诉的机会，减少误会。很多时候，孩子会圆不下去，从而认识到自己的错误；自己认识到错误，而不是别人指明的甚或强加的，更易接受。当孩子用不正确的认识自圆其说时，家长应及时发现问题所在，进行对质，同时给予正确的建议和指导帮助，让孩子心悦诚服，使孩子认识到自己的错误，更能达到教育目的。

教育是门科学，应该遵从孩子心理发育的规律和特点，少一分情绪化、多一分理性。

参考文献：

Woolfolk A. 教育心理学［M］. 伍新春，等译. 北京：机械工业出版社，2019.

作者简介：

王维勋 山东中医药大学应用心理学教研室教授、硕士生导师，山东中医药大学附属医院主任医师

家庭教育指导师的核心素养与工作理念

孔　屏

鉴于我国家庭教育的现实需要，尤其是《中华人民共和国家庭教育促进法》的颁布实施，当务之急是建立一支专业化的家庭教育指导师队伍，以推进家庭教育科学化、规范化和系统化发展。家庭教育指导师必须具备一定的核心素养，秉持正确的工作理念，才可能指导并开展好家庭教育工作。

一、家庭教育指导师的核心素养

家庭教育指导师需要具备必要的专业素养、职业素养、心理素养和身体素养。

（一）专业素养

1. 具备家庭教育的专业知识，掌握家庭教育的有关理论和方法

目前我国还没有家庭教育指导师的行业标准和从业要求，但作为家庭教育指导师至少应对家庭教育的原理、原则、内容和方法有一定程度的了解和掌握，并对某一领域的知识有所专长。

2. 掌握教育对象的心理发展特点及规律

家庭教育的对象不仅是家长，也包括孩子和教师，家庭教育指导师只有了解和掌握教育对象的心理发展特点及规律，才可能在理论指导下开展有效的家庭教育实践。

3. 了解相关学科知识

家庭教育是一项系统工程，每个人又都处在社会复杂的背景下，所以家庭教育指导师不仅要了解家庭教育的相关理论，而且还要了解相关的心理学、社会学、伦理学、医学等知识。

一位妈妈来找我咨询，她对我说，自己9岁的儿子天天手淫，上课、吃饭都停不下来。我一听就觉得不太可能，除非这孩子早熟。所以我怀疑孩子生殖器官有什么病症，建议妈妈赶紧带孩子上医院。不久后妈妈给我打电话说："孔老师，谢谢你啊！医生把我骂了一顿，说再来晚了，这孩子生殖器都保不住了。"原来这个孩子的生殖器被细菌感染了，痒得难受，所以他就不停地用手去抓挠，可是老师和家长都误以为孩子

手淫。

家庭教育指导师需要学习相关的知识，避免在开展家庭教育或在给家长和孩子做教育指导服务的时候出现失误。

4. 具备熟练的专业技能

家庭教育指导师不仅需要具备良好的人际沟通能力、熟练的课堂教学能力，还要具备有针对性的个案咨询能力。

有个高三的孩子，期末考试的时候，前面一个同学总在不停地抖腿，导致他无法继续答题，然后他就非常生气，非常难过，非常焦躁，于是向我求助。我让他觉察一下，当看到前面的同学抖腿的时候，自己的情绪是什么？他说是愤怒、难过。我让他先对这些情绪打分，100 分为最高分，然后让他觉察这些情绪是怎样引起的，让他想到了什么？他说："那个同学就是故意抖腿，就是为了干扰我，让我考不下去，他就可以比我考得好，所以感觉愤怒、难过，这些情绪超过 90 分。"最后我问他有没有别的可能，并请他好好思索一下："他抖腿除了不想让你考好，还有别的吗？他有没有可能内心很紧张，一看到卷子，很多题不会做，他一紧张就抖腿了。"他说也有这种可能。我接着问："如果是这样，你还那么生气吗？"他说好像不那么生气了。我问这种可能性有多大？他说可能性超过 50%。那现在自己的感觉是什么？情绪的分值是多少？他说感觉好多了，情绪在 30～40 分。我说："那下一次你再遇到同学在前面摇头晃脑啊，抖腿啊，你就想，他肯定有很多题不会做，他一定是太紧张了！然后，安心地做自己的卷子。"他说好。后来他每次遇到类似的情况，都会做这样的调整，最终考上了名牌大学。

这个技术叫认知 CBT 疗法，很好用，非常有效且立竿见影，很容易让家长信服。所以家庭教育指导师需要掌握一些心理咨询的基本方法和技术。

（二）职业素养

每一种职业都有职业要求，教师有教师的职业要求，医护人员有医护人员的职业要求，家庭教育指导师当然也有相应的职业和道德要求。

1. 热爱家庭教育事业

我们从事家庭教育事业，就要热爱家庭教育，这是家庭教育指导师职业素养的核心所在。

2. 尊重教育和教育对象

没有尊重就没有教育。做家庭教育指导，必须尊重孩子，尊重家长，尊重学校，尊重教育。如何做到尊重？就是学会倾听，学会接纳，学会谦虚，学会自控，学会感恩，真心接受督导和批评，真诚地对待家长和孩子。

3. 坚守边界和原则，不做超出能力范围的事

家庭教育指导师不管能力多强，都可能有解决不了的问题。对于解决不了的个案，要及时转介，不做超出自己能力范围的事情。

4. 有责任感和担当能力

2018 年的暑假，我带着学生们到英国去游学。最后一站是登上英国的伦敦眼，我们排了很长的队。有一个来自中国的妈妈带着儿子突然插进来，还装作不知情地问我："哎哟，这是干什么的？你们在这里排队干什么？"我回答说排队等着看伦敦眼。这位妈妈就说："我们都是中国人，那我就在你们后面跟着你们一起上吧。"我劝说她，后面的人都排了很长时间了，插队是非常不好的，请她到后面排队，但她对我不理不睬，我也就放弃劝说了。

但是没有想到，站在我和孩子们前面的一个外国人，走到她的面前，告诉她不能插队，要求她到队伍最后面去排队。这个外国人一直坚持劝说，最终自己都耽误了上伦敦眼。当时，我特别羞愧，这个外国人在我们的队伍前面，那位妈妈的插队根本不影响他，但是这个妈妈违反规则的事情，他觉得有责任去管。和他一比，我认识到自己缺乏责任感和担当能力，没有坚持原则，自己也丢了中国人的脸。所以说家庭教育是我们的一份责任，我们要有所担当。

（三）心理素养

家庭教育指导师需要具备良好的心理素养，人格基本健全。

1. 积极的自我意识

一个优秀的家庭教育指导师最基本的条件是认识自己，了解自己，接纳自己，肯定自己，赏识自己，有自尊感、自信感和自豪感，不自卑，不自傲，不自满，积极地自我提升，关注自我成长。

某中学晚自习时，高一学生马某某把画着一只乌龟并写有"我是乌龟，我怕谁"的纸条偷偷贴在梁老师裤子上。梁老师发现后深感受辱，并在马某某不愿说清事由且撕掉字条的情况下，动手打了马某某一巴掌，继而发生肢体冲突。当晚，马某某报案，公安部门介入调查。县教育局根据调查情况，对涉事梁老师给予开除处分。几天后，梁老师申请复核，教育部门经过复核，决定将开除处分变更为降低专业技术职务等级一级。

如果梁老师说一句："是哪位同学给我贴的？看来特别希望我长寿，谢谢啊！"那就不会有后面的故事发生了。本来是一件可以轻松幽默化解的小冲突，但梁老师认为

同学的行为侮辱了他，这暴露了他消极的自我意识。

2. 对个体能动性和潜能有充分的认识

人生来具有能动性，人的潜能虽然不是无限的，但却是巨大的。对于那些遭遇不幸或处于困境状态下的家长和孩子，家庭教育指导师应该完全相信他们具有自我成长的可能性，相信他们是愿意上进的，愿意变好的，愿意被人家喜欢、接纳的。

3. 强烈的亲和力

所谓亲和力，简单的意思就是个人形体上具备的一种力量能让周围的人感觉你很和蔼可亲，不受职位、权威的约束所真挚流露出的一种情感力量。亲和力不是天生的，是一个人源自他的内心对所有事物的爱，有爱心的人都具有一定的亲和力。

4. 和谐的人际关系

很多家长和孩子的问题出在人际关系方面，他们难以和他人建立和谐友好的人际关系，在人际交往中常常出现冲突，攻击或者回避行为较多。如果家庭教育指导师自己的人际关系一般，他们就很难给家长和孩子提供有效的策略和帮助。

（四）身体素养

除了健康的心理素养，家庭教育指导师应该身体健康。一个身体不健康的指导师容易使求助者产生无力感和不信任感，难以调动求助者解决问题的积极性。身体健康的指导师精力充沛、神清气爽，给人以力量感。

二、家庭教育指导师的工作理念

（一）安全发展的理念

习近平总书记曾经说过："安全是发展的前提，发展是安全的保障。"无论个体还是社会，无论国家还是民族，安全发展都是头等大事。在家庭和学校里，安全对儿童都极为重要，缺乏安全感的孩子一生都可能处于逃避、防御或者是战斗中。所以，在家庭教育指导过程中，指导师应秉持安全发展的理念，一切以家长和孩子的生命安全为第一考虑因素。

（二）积极发展的理念

现实中很多父母对孩子充满了担心，担心孩子学不好，担心孩子受欺负，担心孩子犯错误，等等。事实上，父母的担心往往会变成现实，因为这种消极暗示，会导致孩子去探求父母的担心是不是真实的，结果就把父母的担心变成了事实。

一位父亲是法官，专门审青少年犯罪的案子。每当遇到青少年吸毒的案例，他都会把卷宗抱回家，让孩子看。他常常对孩子说："这一辈子不管你学好学不好，只要你不吸毒就行，这是爸爸的底线。"结果他的孩子在上高中二年级的时候，不仅吸毒，还把家里的存款都花光了，把家里重要的财产都变卖了。他百思不得其解，自己这么重视孩子的品行教育，孩子怎么反而走向了吸毒的不归路呢？

其实，可能恰恰是父亲的消极期待让孩子不得不走上吸毒的道路。孩子潜意识里会意识到：他如果不吸毒，会让爸爸一直活在担心里，该多么对不起爸爸！他一旦吸毒了，爸爸就再也不用担心了，因为这已经成为事实。

长期以来，无论是学校教育还是家庭教育，都把矫治和预防儿童问题行为作为教育的一个重点。父母很少承认、鼓励孩子的优势，不少父母的观点是把孩子的问题矫治好就尽到责任了，但儿童没有问题并不等于发展良好。父母的天职就是培养、提供更多的资源来帮助孩子积极发展。

"我们怎样对待（解释、管理、教育、引导）儿童青少年，部分地取决于我们对这个年龄群体的本质特征所持有的内隐的或者外显的假设，以及我们更看重什么。"作为家庭教育指导师，必须坚守积极发展的理念，指导的方法和策略必须立足儿童的积极发展。

（三）系统发展的理念

北京师范大学陈建翔教授谈道，家庭是一个系统，每个成员都是系统中相互影响的一分子。要解决孩子问题，就要解决家长的问题，要解决家长的问题，就不能不深入他的家庭系统当中，看看系统里到底发生了什么，是什么在起作用。

我们做家庭教育指导工作的时候，不仅要研究孩子，还要研究父母；不仅要研究父母本人，还要跟随父母一起去探寻他的家族文化，去寻找孩子产生问题的根源，最终通过家庭系统的良性变化，从根本上解决孩子的发展问题。

有个孩子考上济南重点高中，但是一段时间后学习成绩显著下降，有抑郁、自杀倾向，家长只得带着孩子来做咨询，可孩子拒绝接受帮助。

孩子能考上重点高中，从小学到初中学习一直很好，应该是没有太大的问题。然后我就要求家长来找我做咨询，此时才明白孩子为什么发生变化。他上高中后住校，父母就把他舅舅家8岁的表弟接到济南来就读，因为表弟是个孤儿，父母很可怜他。自从表弟进入了他的家庭系统，他发现父母对待他的态度变了，妈妈看表弟的时候总是满眼含情，但在和他说话的时候就充满冷淡的理性，似乎没有任何感情成分，他觉得父母不爱他了。

这就是家庭系统发生变化导致的，而不是孩子单方面的问题，所以，要解决孩子的问题，必须解决家庭系统的问题。

（四）人格发展的理念

笔者认为，孩子的人格发展优先于学业发展。埃里克森说过："任何年龄段的教育失误都会给一个人的终身发展造成障碍。"按照埃里克森的人格发展八阶段论，要想把一个孩子培养好，应根据孩子发展的阶段适时地养成相应的心理品质，避免出现心理社会危机。

（五）研究成长的理念

家庭教育指导是一个助人自助的过程，在这个过程中会遇到一些棘手的、一时难以解决的问题，需要指导师更深入地研究；在这个过程中也会不断照见自身的不足，需要指导师不断完善和成长。

最后特别强调，家庭教育指导师首先是学习者，应该有谦逊的胸怀，在对待孩子方面，每个家长其实都是专家，至少比指导师更了解孩子；其次是研究者，要抱着研究者的心态，研究家长，研究孩子，研究教育；再次是帮助者，起到帮助者的作用，帮助家长处理好有关于孩子的事情，包括家庭的事情；第四，是朋友，与家长交朋友，才能更好地赢得家长的信任；第五是专家，要用专业的理论和视角指导家庭教育。

没有谁天生就能做好所有的事情，家庭教育指导师的成长也必然是一个漫长的过程，请给自己足够的时间，相信你一定会成为出色的家庭教育指导师。

参考文献：

----

［1］孔屏. 学校心理咨询实务［M］. 北京：中国轻工业出版社，2010：23—33.

［2］陈建翔. 新家庭教育论纲：从问题反思到概念迁变［J］. 教育理论与实践，2017，(4)：3—9.

作者简介：

孔　屏　山东师范大学家庭教育研究中心主任、应用心理学教授

第二章　家庭教育问题策略

　　本章是家庭教育的问题解决策略部分，共8个专题，主要包括四部分内容，一是传统文化与家庭教育；二是基于优势视角的青春期教育及男孩女孩培养；三是有关家庭冲突及应对策略；四是儿童青少年常见行为、学业、情绪和关系问题的分析及解决对策。本章结合具体的案例，针对家庭教育的具体问题，深入剖析根源，给出了可操作性的方法和策略。

传统文化与家庭教育

魏　建

从五四新文化运动至今，已经走过一百多年的时光。这一百多年间，中国社会发生了巨大变化，中国文化也发生了巨大的变化。一百多年前，五四新文化运动先驱高喊"打倒孔家店"，主张彻底反传统；今天则是弘扬中国传统文化，致力于实现我们民族文化的复兴。这是截然不同的两种态度。这不禁让人们困惑：是"五四"先驱搞错了，还是我们后来又倒退了？事实上，这两种判断都不准确。当年"五四"先驱主张彻底反传统，是出于引进外来文化的需要和建设现代中国文化的需要，夸大了中华传统文化的危害。事实上，我们的传统文化没有那么可怕，不是不彻底批判传统文化，中国就不行了。全世界有那么多后发国家，这些后发国家走进现代化的时间都差不多，可其他国家就没有彻底的反传统！这怎么解释？我们都知道，古代中国的传统文化有精华也有糟粕，我们应该传承它的精华和优长，否定它的糟粕和局限。然而，与世界上任何传统文化一样，在中华传统文化中很多精华和糟粕是混在一起的。这就使得我们要想弄清孰是孰非，的确非常困难。但不能因为困难，我们就不管了。对于我们来说，我们需要对自己的文化和传统有一个清醒的、正确的认识。今天，我们先一起梳理一下古代中国的家庭教育传统。

一、古代中国家庭教育传统检讨

一般人所说的中华传统文化，主要指五四新文化运动以前的中国文化，称为"旧文化"。五四运动以后的中国建立了"新文化"。五四运动以后相当长的时间，一些人形成了一种简单化的认知标准，总以为"新的"比"旧的"好，于是把中华传统文化的精华和糟粕统统作为旧文化一律否定，这种态度肯定不对。

近年来，随着国家层面对中华传统文化的高度肯定，很多人又形成了一种相反的认识：以为古代的就是好的，传承传统文化的路径就是"向后看"。"传统"固然与"过去"有关，但弘扬传统绝不是回到过去，而是让文化传统的精华复兴。如欧洲的文艺复兴，它是向古希腊、古罗马的文化艺术学习，通过复兴古罗马、古希腊的文化和艺术，实现文化的解放。它不是让人回到过去，而是用过去的精华为现在重新换血，开启新的未来。这种联系着过去、现在和未来的文化基因就是"传统"。

之所以人们误以为"传统"就是过去的东西，是因为它来自"过去"，像基因一样规定了很多内在的东西，曾经我们扭曲它，如今需要唤醒它。那么我们现在先梳理我们古代家庭教育有哪些优良传统，主要有以下几点：

第一，重视文化经典。通过文化经典的教育，为孩子打下精神的底子，培育良好的人文素养。第二，重视家族文化。古代中国是典型的以家庭为单位的农业生产方式和生活方式，这深刻影响着我们的教育文化，从而形成了重视家教环境、家风和家长榜样的传统。第三，重视道德修养的教育。古代家庭教育的一个核心内容就是"勉子立德"，包括树立君子理想、培育有良知和责任心、能自省和自立、懂仁义和明孝道的人。第四，重视家国关联。古代中国文化的一个主要理念是家国同构。国是放大的家，家是缩小的国。"齐家"是"治国""平天下"的基础，这也足以说明中国文化重视家庭和家庭教育的程度。"耕读传家久，诗书继世长"，每一个家又是中华文化的基层传承单位。

然而，中国古代教育传统在显示自身优势的同时，也存在一些局限。

第一，教育内容成年化。教育内容不仅缺乏儿童性，反而带有反儿童性的特点，例如《二十四孝图》，有的内容是压抑人性、扭曲儿童性，甚至是反人性的。第二，教育方式主要是家长说教。也就是胡适所说的"父母的教训"。父母要求孩子绝对听话、服从，导致孩子的秉性变得奴性。第三，教育过程以成人为中心。教育的过程本应以孩子为中心，而像古代中国家庭教育长期延续以成人为中心的传统，是不应该的。第四，教育的结果加速了儿童的成年化。由于教育的主体是家长，教育的过程由家长包办，大多数孩子无力运用自己的头脑，习惯于将自己的成长交给家长，这就导致了孩子独立思考的能力被扼杀，加速了孩子的成人化。以上这些不良传统对后世中国的家庭教育影响巨大。

二、现代中国文化新传统与家庭教育

以五四新文化运动为标志，中国文化发生了巨大的变化。新文化运动推动中国文化走向现代化并与世界接轨。五四新文化运动以来，中国接受世界先进文化，也形成了很多新的状态，这使得我们的文化发生了巨大变化，并逐渐形成了现代中国文化的新传统。

（一）现代中国文化的新传统

1. 激进主义的新传统

五四新文化具有鲜明的激进主义特征，使得激进主义成为压倒一切的力量。因为当时中国积贫积弱，受到帝国主义的欺凌，只有迅速地强大起来，才能立于不败之地。这也是激进主义存在的合法性、合理性和现实依据。

2. 崇尚"进步"的新传统

崇尚进步带来很多积极优势，但也有弊端。人类的发展应该有两个尺度："变"和"常"。"变"就是进步，"常"是人之为人的东西。所以崇尚"进步"必须肯定，只崇尚"进步"未必是有利于人类发展的。

随着现代中国文化新传统与家庭教育结合越来越紧密，现代中国文化对家庭教育有很多新的贡献，并形成新的家庭教育理念。

（二）家庭教育新理念

1. 幼者本位

它的基本内容是把儿童看作一个独立的人，承认他们的人格，尊重他们的意志和自由，保障他们作为一个"完全的人"应有的各种权利。

2. 个性解放

就是把个人从束缚、压抑和摧残个性的状态下解放出来，尊重个体的主体性和创造性，就是思想的解放，就是人本身的解放。

3. 走向世界

"五四"以后，中国文化以世界发达国家的现代化道路为参照，向整个世界敞开自己兼容并包的胸襟，让世界先进的文明为古老的中国文化注入生机和活力。新文化的成功是文明交流互鉴、推动文化传承创新的成功。

4. 奋发图强

五四新文化呼唤青春中国，倡导积极进取、努力奋斗、追求强盛的精神。这样的人生理念极大地影响着中国人的家庭教育理念。

但是，任何事情有一利必有一弊，真理再向前多走一步，就可能是谬误。

"幼者本位"的理念必须肯定，但出现了对孩子的过分宠爱不能肯定，尤其是把这种过分的宠爱合理化，那就变成了对孩子的危害。"个性解放"的理念必须肯定，但出现了孩子的过分自私不能肯定，尤其是把这种过分的自私合法化，最终导致利己主义者出现。"走向世界"的理念必须肯定，但崇洋媚外非但不能肯定，还应该否定。"奋发图强"的理念必须肯定，但出现孩子们只懂竞争不懂合作就不能肯定，尤其是丛林法则深入人心，后果令人担忧。

三、古今不变的中国家庭教育不良传统

以上笔者梳理了中华文化的古代家庭教育传统的贡献和局限，现代中国文化新传

统的贡献和局限，在此基础上，我们最应该反思的是，我们中国有哪些自古至今还在延续的家庭教育的不良传统呢？古人犯的错误，是不是我们今天依然在犯，甚至变本加厉呢？如果确有古今不变的中国家庭教育不良传统，我们必须把这些找出来。

我们中国家庭教育中有没有自古至今一直延续的顽症呢？我的答案是肯定的，我总结出以下几种表现：敌视游戏、包办代替、望子成龙、迷信成绩、盲目从众、以爱的名义变相摧残孩子。至今大多数中国家长都在犯着这些千百年来家长们共同的错误，而且大都自信满满地对孩子说："这是为你好！"

游戏对于孩子们的意义一直被古往今来的中国家长误解或低估。他们不知道游戏是创造的重要源泉。儿童心智的发展、对世界的认识，都与游戏密切相关。如今孩子成才率偏低的一个重要原因，就是对教育一知半解的家长根本不懂游戏对儿童成长的重要性。家长对孩子的包办代替使儿童能力萎缩，扼杀孩子独立思考的能力和机会，这是对儿童更大的伤害。望子成龙、迷信成绩导致家长见到别的孩子努力就恐慌，出现一系列盲目从众行为，甚至背离了儿童发展的需要。家长是孩子的监护人，最重要的任务是让孩子成人。成人是一个立体的概念，不是光看考试的分数。对待任何思想、任何文化唯有去其糟粕、取其精华，才能使我们的教育不迷失前行的方向。

四、检验当今中国式家庭教育的质量标尺

检验当今中国式家庭教育的质量有没有可操作的标尺？究竟怎样才算是好的家庭教育呢？当今中国家庭教育的质量标尺可分为"当今中国爸爸的质量标尺""当今中国妈妈的质量标尺""当今中国孩子的质量标尺"三类。

（一）当今中国爸爸的质量标尺

在尊重孩子的前提下，亲子交流的时间、作为榜样的形象、惩罚孩子的方法，这三条可作为衡量当今中国爸爸是否称职的标准。父亲与孩子交流的时间越多得分越高，交流的时间越少得分越低；父亲作为孩子榜样的正面形象与得分成正比，作为孩子榜样的负面形象与得分成反比；父亲惩罚孩子的方法的恰当程度高则得分高，惩罚方法的恰当程度越低则得分越低。

（二）当今中国妈妈的质量标尺

在尊重孩子的前提下，放手的程度、对失败的宽容度、遇事能设想多少可能，这三条可作为衡量当今中国妈妈是否称职的标准。母亲对孩子放手的程度越高得分越高，反之替孩子做得越多得分越低；母亲对孩子失败的宽容度越高得分越高，反之得分越低；母亲遇事为孩子设想的可能性越多得分越高，反之得分越低。

（三）当今中国孩子的质量标尺

阅读的广度、爱心的程度、物质的欲望、快乐的能力，这四条可作为衡量当今中国孩子是否合格的标准。阅读的广度，主要指的是孩子阅读面越广得分越高，反之得分越低；爱心的程度，孩子爱心越多得分越高，孩子的爱心越少得分越低；物质的欲望，孩子对物质欲望越高得分越低，反之得分越高；快乐的能力，孩子让自己快乐的能力越强得分越高，让自己快乐的能力越差得分越低。

作者简介：

魏　建　山东师范大学文学院教授、博士生导师，国家"万人计划"领军人才，享受国务院特殊津贴，全国模范教师，齐鲁最美教师

性别差异视角下培养不一样的男孩和女孩

马　瑛

男生和女生的大脑优势半球发展存在不平衡性，在认知、个性和社会性的发展上存在差异，在教育工作中，不仅要根据学生的年龄特点和个性差异等因素因材施教，还要根据学生的性别差异特点，做到男女有别、因性施教。

"因性施教"并非扩大男女差异，而是在尊重差异的基础上，给男孩和女孩提供不同的发展空间，让男孩更有责任心，面对挫折时更勇敢、更坚强；让女孩更有安全感，更独立，更自信。

一、走进男孩世界，培养充满阳刚之气的男孩

（一）目前男孩在学校和家庭里的现状

第一，相比女孩，男孩更顽皮，更容易违反课堂纪律，常常搞恶作剧。

第二，男孩在学校里会遭受更多的批评和指责。

第三，男孩在学校的整体表现都落后于女生。

第四，男孩的注意力不如女生持久，比女孩更容易厌倦重复性学习。

第五，男孩被迫放弃了自己的好动天性，被迫变得"安分守纪"，男孩独有的空间技能、运动技能得不到施展。

第六，男孩更容易出现心理和行为问题。上海科学育儿基地曾对前来咨询的4000多名小学生进行统计，其中男孩有问题的竟然占到70％以上。主要表现在：

（1）男孩更易网络成瘾。

（2）男孩有更多情绪问题。调查发现，男孩面临的危机有：学业危机、体质危机、心理危机和社会危机。

（二）认识男孩的特点

近30年来，一门全新的科学——性别科学正在崭露头角，美国、英国、加拿大、德国等35个发达国家的研究结果显示，男孩与女孩的大脑至少有100多处差异，主要包括：

第一，男孩血液中的多巴胺含量较多，流经小脑的血量更多，这就导致了男孩的小脑比较活跃，男孩比较爱动。男孩流经脑干的血液多，男孩的大脑趋向于空间—机械学习。

大多数男孩喜欢阅读的书籍是充满空间—运动知觉活动的书。

这些因素导致了男孩静坐和久坐的能力相对较差。男孩更有可能从肢体运动中学习。

第二，男孩的胼胝体的体积小于女孩。胼胝体是连接大脑两个半球的纤维组织，胼胝体的体积小，大脑左右两个半球的联系也相对较少。大多数女孩的胼胝体能容许大脑两个半球间进行更多的信息交叉处理，这使女孩可以同时同质量地完成多项任务，而大多数男孩只能专心做一件事。

第三，男孩在颞叶中的神经连接没有女孩强大。人的大脑皮层上分布着四个叶，分别是额叶、顶叶、枕叶、颞叶。其中颞叶与听觉有关。男孩颞叶中的神经连接没有女孩颞叶中的神经连接强大，因此男孩对声音不是特别敏感。单纯用听的方式学习的时候，男孩的学习效果较差。男孩需要更多的触觉型体验，以便调动大脑学习的积极性。

第四，男孩与女孩大脑中海马体的工作方式也不同。海马体是大脑重要的记忆功能部位，在短时记忆转化为长时记忆中起重要作用。海马体发达的人，记忆力相对较强。男孩的海马体没有女孩的发达，男孩的机械记忆较差，但这并不表明男孩不擅长长时记忆。因为男孩的海马体更偏爱序列，所以，引导男孩进行长时记忆时，可以把知识按序列进行分解，形成系统化的知识结构，就会增强记忆效果。

第五，男孩的额叶没有女孩的活跃，也没有女孩发育得早。大脑皮层上额叶的功能与有机体的躯体运动有关，额叶控制人有目的、有计划、有意识地行动。男孩的额叶不够活跃，容易作出冲动的决定。

第六，男孩大脑从右向左发育较慢。而女孩的大脑从右向左发育的速度比男孩要快。

女孩左半球发育得更早更发达，女孩比男孩更早学会说话。虽然男孩左半球发育得慢，但右半球更发达，所以男孩更擅长动手操作。

第七，男孩主要的荷尔蒙是雄性激素。男孩拥有的雄性激素比女孩高 20 倍，到小学五六年级，男孩每天通过大脑接受 5～7 次雄性激素的刺激，这促使男孩空间—运动知觉不断地发育，也推动男孩产生更多的攻击性行为，男孩也渴望更多肌肉运动知觉的身体体验。

第八，男孩的阅读和写作水平比女孩低。女孩在阅读和写作上平均比男孩超前 $1\sim$ 1.5 年。而这一差距从童年早期开始，贯穿整个学习生涯。很多男孩的大脑天生不能很好地适应那些强调阅读、写作、复杂的组词造句的教学内容，这是因为男孩大脑中专门负责语言功能、感知、记忆、静坐、倾听等的区域比女孩要小。当男孩进入大学后，他们的大脑发育趋于完成，这种现象才会逐渐消失。

（三）在家庭中培养充满阳刚之气的男孩

1. 用父爱培养男孩的阳刚之气

父爱在男孩的成长中不可缺失。尤其是 $6\sim13$ 岁这个年龄阶段，因为这个时期的男孩在生理和心理上都开始出现一些变化，男孩开始尝试着要成为一个男人。这时候，连最安静的男孩也变得英气勃勃起来，男孩感兴趣和偏爱的活动越来越像父亲，他们开始有意无意地向男性学习，学着做一个男人。

父亲是男孩生命中最重要的男人，父亲塑造了一个男孩男子汉的形象，男孩的男子汉气质主要是通过模仿父亲获得的。男孩对男性的认识，是从父亲开始的。

父亲的一言一行，举手投足，都会自动成为孩子模仿的对象。父亲角色中所蕴含的男性特有的气质，也被男孩看在眼里、记在心里，并逐渐内化为自己男性气质的一部分。

在男孩的成长过程中，如果缺失父亲的教育，就有可能出现"父爱缺乏综合征"，其主要表现为：过分怕羞、情绪沮丧、自暴自弃、不求上进、少言寡语、不爱集体、厌恶交友、急躁冲动、喜怒无常、害怕失败、感情冷漠，严重的还可能出现厌学逃课、离家出走、偷盗，甚至喜好暴力等问题。

研究发现，充满男子汉气概的男孩，其父亲的教养行为往往是果断的、具有权威性的。相反，如果父亲在家里软弱无力，母亲具有更强的支配性，那么男孩对男性的性别认同就会发生严重偏差，就有可能表现出过多的女性化气质。如果父亲在家庭中是软弱的、无所作为的，或者父亲的行为是专横粗暴的，男孩极有可能会比较害羞、自卑，或者出现更多的攻击性行为。

所以，要想成为一个合格的父亲，就要从儿子出生开始，舍得投入时间去陪伴他、教育他。

长期以来，我们总是习惯强调母爱的力量，强调母爱的崇高。事实上，父爱的力量同样伟大。在孩子的成长过程中，母爱和父爱都是缺一不可、无法替代的。

2. 让母亲成为男孩的"安全岛"和"放飞基地"

母亲对孩子的爱是不言而喻的。母亲生养了男孩，从怀胎、分娩、哺乳到抚养孩子，几乎是与孩子朝夕相处的，母亲与男孩有更多的身体接触，母亲的爱抚让男孩感到安全。与父亲相比，母亲更敏感，更细心，更具爱心，母亲更善于言语沟通与交流。所以，母亲应该成为男孩的"安全岛"。

同时，母亲是男孩了解异性的第一渠道，用弗洛伊德的话说就是：母亲是"独特的、无可比拟的、最强烈的、一生无可替代的第一个爱的对象，是将来两性之间爱情关系的模范"。男孩与母亲的关系，是男孩成人后处理异性关系的基础，这影响他对女性的看法，并将对他未来的婚姻关系产生深远影响。

所以，养育男孩，并不是一件简单的事情。母亲不能单纯依靠母爱的本能去培养男孩，还需要更高层次的智慧引导。养育男孩，对母亲是一种挑战。母亲要有勇气自我觉察，不断认识自己、修正自己。母亲要通过不断自我成长和自我觉察，更好地陪伴男孩健康成长。

那么在家庭中，母亲如何把一个男孩培养成为一个真正的男子汉呢？

（1）关爱，但不溺爱。母亲对男孩温柔体贴，绝不意味着溺爱孩子。在生育和教养男孩的过程中，母亲付出了无数的心血，再加上母性的本能，这容易导致母亲成为溺爱的实施者。

为了培养真正的男子汉，母亲还要成为男孩成长的"放飞基地"。男孩长大了，需要展翅高飞了，母亲要舍得放手，要学会"放飞"。"放飞"不代表不管，母亲仍是男孩的"基地"，母亲会无私地接纳男孩，无论男孩犯多大的错、遭遇多大的失败，母亲都是男孩最后的基地和港湾，这也是一个母亲给予男孩最无私的爱。

（2）做母亲的要认识到，母亲再能干也无法代替父亲的作用。聪明的母亲懂得父亲在男孩的成长过程中发挥着不可或缺的作用。在日常生活中，明智的母亲会积极维护父亲的正面形象，经常帮父亲说好话，让男孩有一个看得见、摸得着的男性榜样。母亲是男孩与父亲之间的一座桥梁，男子汉气质正是顺着这座桥梁由父亲传递给男孩的。如果一位母亲尊重她的丈夫——男孩的父亲，那么男孩就会尊重父亲，并模仿父亲。如果一位母亲看不起、轻视她的丈夫，认为他一无是处、是一个失败者，那么母亲就破坏了男孩生命中最重要的男性榜样。

（3）母亲要学会主动"撤退"。有这样一句名言："这个世界上所有的爱都以聚合为最终目的，只有一种爱是以分离为目的，那就是父母对孩子的爱。父母真正成功的爱，就是让孩子尽早作为一个独立的个体，从你的生命中分离出去，这种分离越早，你就越成功。"所以，母亲不仅要给男孩提供充足的安全感，还要学会分离，学会主动撤退，让男孩学会独立。母亲要在男孩小的时候，放手让男孩独立做一些力所能及的事情，培养孩子的独立性。

母亲在主动撤退时，可以把很多教育的权力移交到父亲手里。母亲可以把一些自己不擅长，而对男孩发展非常重要的任务交给孩子的父亲。

不会撤退的母亲，会在孩子成长的过程中，尤其是孩子进入青春期以后，不断与孩子发生冲突，甚至达到天天争吵、水火不容的地步。在强悍母亲的高压统治下，会培养出一个懦弱、毫无担当能力的男孩，甚至是一个心理扭曲的男孩。

3. 造就有韧性的男孩

人的一生中会碰到很多事情，孩子在成长的过程中也不例外。尤其是男孩，注意力更不容易集中，更容易跟同学发生争吵和打斗，也更容易遭到老师和家长的批评训斥，这就需要父母着重培养男孩的抗挫折能力，使男孩具有坚强的韧性。

（1）父母要在生活中磨砺男孩。父母要有意识地在生活中磨炼男孩，不必刻意去制造磨难，生活本身就有很多磨炼孩子的机会。比如，要求男孩每天坚持独立做一件事情，鼓励男孩坚持到底。

在平时的生活中，给男孩提供粗糙式的养育方式。饮食上，食不必精，脍不必细；穿着上，干净整洁，不求华丽；需求上，轻物质，重精神。

（2）父母要教会孩子正确认识挫折，勇敢面对挫折。父母要认识到：男孩的生活注定要充满挑战，挫折是随时可能发生的。要对男孩进行挫折教育，让他变得更有韧性，感受生活的艰辛，懂得取舍、感激和满足。这样男孩才能更好地去创造幸福生活，成长为顶天立地的男子汉。

（3）家长要告诉男孩：不害怕竞争，勇敢面对竞争。很多父母内心充满矛盾，他们既想让男孩轻松享受童年的快乐，不必因为自己不是最棒的而忧虑，又想让男孩通过努力在竞争中出人头地。竞争已经成为我们生活中不可或缺的内容，每个人每天都要面对各种各样的竞争，学会并习惯竞争已经成为男孩适应社会的一个重要条件。

因此，家长要及早引导男孩面对现实，勇敢面对竞争，积极参加竞争性活动，帮助男孩在竞争中不断成长。

4. 让男孩在运动中成长

男孩与运动密不可分，运动是男孩的天性。男孩体内的雄性激素促使男孩寻求更多的运动，这也使男孩具有更高水平的运动能力。

通过运动，男孩体内过剩的精力能够得到合理宣泄，天生的攻击性本能也能得到释放和升华。体育运动也使男孩经常体验到痛苦、挫折和失败，使男孩不断经受体力和意志的考验，让男孩更具韧性，促进男孩健康成长起来。

运动对男孩如此重要，父母就要想方设法培养男孩的运动兴趣，让男孩养成良好的体育运动习惯。

在家庭生活中，父母可以尝试下面的做法：经常和男孩一起观看体育比赛，引导男孩参加几种体育活动，制订一份合适的体育锻炼计划。

二、进入女孩世界，培养精神富足、人格独立的女孩

（一）女孩的天性

女孩的天性是由她体内的荷尔蒙——雌性激素决定的。女性荷尔蒙控制女孩情绪的稳定、思考的过程、做事的动机、爱好、焦虑以及如何处理外来的压力和事件。如果雌性激素活动不稳定，就会使女孩的情绪产生波动。比如，女孩的雌性激素过低的时候，就会感到孤独、生气、易怒、悲伤、失望、缺乏自尊。雌性激素决定了女孩具有细心、安静、敏感、温柔，很强的同情心，会体谅和关心他人等天性，也决定了女孩更注重人与人之间的关系。

女孩除了受雌性激素的影响，还受其他激素的影响。例如女孩体内的孕激素就使女孩从小就喜欢小孩子和小动物；催产素则会使女孩产生更多的"怜悯之情"，这就是"同情心"，也是一种"母性的本能"。

另外，女孩体内也有雄性激素，但是雄性激素的水平远低于男孩，因此大多数女孩不存在很强的攻击性、冒险性和控制欲。与男孩相比，女孩更具有预测力、谨慎细心、稳定从容的特性，这也使得女孩把友谊和家庭看得比成就和机会更重要。女孩更需要在人际关系中得到认可和尊重。

然而，在现实生活中，并不是每一位父母都能了解女孩的这些特点，并不是每一个女孩的需求都能得到满足，所以，成长中的女孩总是表现出以下两大特点：

1. 女孩子很容易受伤

因为女孩更关注人际关系，一旦女孩心中理想的关系遭到破坏，她就很容易在心理上受到伤害。

2. 女孩子更容易妥协

女孩为了保持与他人之间的关系，为了在他人心目中留下一个好印象，会很容易放弃自己的观点，向关系妥协。

（二）关注女孩成长的三个阶段

一个女孩从牙牙学语长到亭亭玉立，要经过一个逐渐变化的过程，心理学家把这个渐变的过程分成四个阶段，在每个阶段，女孩的身体和心理都发生着巨大的变化，

每个阶段的需求都各不相同。

1. 第一阶段：出生～7 岁

从出生到 7 岁这段时间里，女孩的成长任务主要是身体的发育。在这一阶段，女孩将要学会走路、说话、思维，这也为女孩今后的智力发展奠定基础。

在这一阶段，女孩的父母很容易出现两个教育错误。

一是揠苗助长。女孩的言语天赋，让女孩在很小的时候就表现出出色的一面。为了让女孩在起跑线上表现得更加出色，有些家长容易忽视女孩的兴趣爱好，忽视女孩的个性需求，不考虑女孩的年龄特征和认知水平，把自己的意愿强加在女孩身上。由于女孩比较注重人与人之间的关系，所以她们往往会迎合父母的需求。但是，一旦女孩不能达到父母的期望，她们就更容易产生自卑的心理。

二是家长试图用讲道理的方式赢得女孩的合作。瑞士心理学家皮亚杰在研究儿童道德认知时发现：5 岁前的儿童，道德认知水平尚处在前道德阶段和自我中心阶段，前道德阶段的儿童还没有形成道德观念；自我中心阶段的儿童只能站在自己的角度认识问题，不能理解别人提出的要求，不能自觉地按照规则来规范自己的行为，表现出自我中心的倾向。因此，如果家长忽视了孩子的年龄特征，对这一年龄阶段的儿童空洞地摆事实、讲道理，这样是没有多少教育效果的。

所以，在这一阶段，父母要遵循女孩的年龄特征和认知特点，让女孩自由快乐地成长，像花儿一样慢慢绽放，而不是急于过度开发女孩的潜能，迫使女孩过早地脱离孩童时代。

这个阶段的女孩最需要：

（1）父母保护女孩的感觉和情绪。因为女孩很敏感，如果被父母否定，她的反应要比男孩强烈得多。父母对女孩感觉和情绪的认同，则会促使女孩更乐意与父母合作。

（2）快乐地游戏，自由地玩耍。这会让女孩从小就有安全感。

2. 第二个阶段：8～12 岁

这一阶段的女孩开始不那么容易管教了，她们不再相信父母总是对的，甚至怀疑老师，逐渐有了自己的想法。这一阶段女孩的人际关系也开始变得复杂起来，她们会更加注重人际交往尤其是与同龄女孩的交往。她们会两两组成"最好的朋友"，绝不允许第三个女孩的介入，如果真有人介入，女孩就开始被"我最好的朋友，我对她那么好，她却对别人比对我还好"之类的问题纠缠和困扰。这时，父母不要试图告诉女孩"要重视友谊"之类的大道理，女孩的友谊就是在分分合合中形成的，同时，女孩在分分合合中也更好地认识了自己、认识了他人。

这个阶段的女孩最需要：

（1）和谐的家庭环境。

（2）父母的鼓励，尤其是父亲的支持。

（3）在父母的帮助下养成良好的习惯。

（4）学会保护自己的策略，了解一些生理知识以及自我保护的知识。

（5）在父母的支持下保持女性的特征。

（6）开阔视野，接受绘画、音乐等艺术的熏陶。

3. 第三个阶段：13～17岁

在这一阶段，女孩进入了青春期。女孩的情绪波动较大，自尊心强，容易陷入矛盾中，还容易受到外界的影响。这时的女孩更加敏感了，经常会陷入迷茫，她们不知道自己要做什么，也不知道该怎么做，很容易随波逐流，迷失自我。

这个阶段的女孩最需要：父母给予足够的理解、支持、关心和耐心，鼓励她们说出自己的想法。父母要学会心平气和地跟女孩沟通，帮助女孩顺利度过青春期。

（三）女孩的天赋和优势

1. 女孩善于听

女孩的听觉比男孩更敏感。"听"是女孩得天独厚的能力，这也使女孩对噪音的反应更强烈。同一种声音在女孩听来要比男孩听到的响亮两倍，这使女孩更容易通过"听"获得信息，女孩上课的注意力也更容易集中。

2. 女孩的触觉和痛觉很敏锐

最不敏感的女孩也要比最敏感的男孩在触觉和痛觉上的得分要高。

3. 女孩的视觉记忆更好，在黑暗中女孩比男孩看得清楚

4. 女孩的味觉和嗅觉也比男孩敏感

女孩更容易受到气味的吸引。

女孩更擅长调动自己的听觉、视觉、触觉、味觉和嗅觉，捕捉到那些微妙的、不容易被人发觉的信息以及更为具体的细节，比较容易建立起自己的直觉系统。

5. 女孩的直觉比男孩更强烈、更准确

6. 女孩大脑左半球神经末梢的发育比男孩早

大多数女孩很早就学会了说话、书写、造句，有良好的语言推理能力，并且很少出现阅读问题。

7. 女孩对"人"更感兴趣

女孩喜欢探究人生，注重人与人之间的关系，而且对人际关系很敏感，喜欢与人

交流。在日常生活中，女孩总是先交流，后采取行动。

8. 女孩感情丰富，更容易关心照顾别人

（四）女孩需要加强的方面

1. 女孩在体格和力量上没有男孩强壮，要加强体育锻炼

2. 注重提高女孩的竞争意识

女孩喜欢有秩序和规则的活动，跟男孩相比，大多数女孩缺乏竞争和冒险意识，要注重提高女孩的竞争意识。

3. 培养女孩的空间能力

女孩的空间能力远低于男孩，家长要注重对女孩空间能力的培养，让女孩经常动手操作，手脑并用，多解决实际问题。

4. 培养女孩分析理解问题的能力

女孩的逻辑思维加工过程与男孩不同，大多数女孩擅长机械记忆和形象记忆。女孩很容易依靠自己突出的机械记忆和形象记忆取得好成绩。因为依靠机械记忆就容易取得好成绩，这也就进一步限制了女孩对问题的深入理解。随着年级的升高，学习的内容变得更加复杂，这时候就要求学生具有较强的分析理解能力，有一部分女孩就开始感到学习有困难了，这就要求家长注重培养女孩深入分析问题和理解问题的能力。

5. 培养女孩理性思维

女孩在判断和认识问题的时候，带有强烈的主观色彩，更容易感情用事。她们既容易受外界暗示的影响，也容易受自己感情的影响。家长要引导女孩在感性基础上，形成更深刻的理性思维。

（五）在家庭中培养精神富足、人格独立的女孩

1. 母亲要做女儿的榜样

最初，当一个女孩刚刚来到这个世界上的时候，母女之间的关系是非常和谐、非常亲近的，女孩从小对母亲有一种特别的依恋和亲近。在女孩不断长大的过程中，母亲的一言一行、一颦一笑都成了女孩模仿的对象，女儿就好像是母亲的影子和翻版。

在某种意义上，母亲决定着女孩将会成长为一个什么样的人。母亲现在的生活状态，往往决定着女孩未来的生活态度、生活方式。在家庭生活中，母亲要成为女孩学习的榜样。

（1）母亲要提高自己对生活的满意度，把幸福感和使命感潜移默化地传递给女孩。在日常生活中，母亲可以对女孩说："妈妈因为有了你，真的好幸福……"这不仅能让女孩感受到母爱，更能让女孩觉得作为一名母亲是幸福的，作为一名女性是幸福的。

同时，母亲要有意识地与女孩讨论有关"幸福"的话题。母亲应该经常引导女孩说出自己的幸福是什么、感到幸福的原因是什么，进一步提高女孩感知幸福的能力。

（2）母亲要帮助和引导女孩找准"女性社会角色"的平衡点。"女性社会角色"是指一个女性在社会中扮演的角色以及所处的地位。"女性社会角色"影响女性的自我认识，影响女性形成相应的社会观念。

母亲在女孩成长的过程中要经常告诉女孩：一个人要有价值、有尊严，要靠自己的努力去体验生命的快乐，让生命更充实、更完整，从而获得幸福的人生。

当母亲将这样的观念传达给女孩的时候，一个女孩在成长的过程中，就能够准确地定位自己的女性社会角色，给自己的角色找到一个很好的平衡点。

（3）母亲要引导女孩规划有条理、有节奏的生活。一方面，母亲自己要做事有条理，爱整洁，为女孩提供良好的榜样示范。另一方面，母亲要适当地放慢家庭生活的步伐，把家庭生活调整得轻松和舒缓。

在养育女孩的过程中，母亲不要过于苛刻，要学会让女孩放松，帮助女孩缓解紧张的情绪，让女孩学会有节奏的生活，学会享受生活的美好。

（4）母亲要用自己高尚的思想和行为去影响女孩。母亲想把女孩教育成高尚、勤奋的人，那母亲自己首先要成为一个高尚、勤奋的人。人格的力量是巨大的，母亲的为人，是教育孩子最伟大的力量。

当母亲发现女孩的言行有问题的时候，母亲首先应该检讨自己，从自己身上找"传染源"，并改正自己的缺点，帮助孩子解决问题。在教育女孩之前，母亲要敢于挑战自己，然后再捕捉教育契机，这才是智慧的母亲。

2. 父亲要为女孩提供足够的安全感

很多父亲认为，教育女孩是母亲的事情，在女孩的成长过程中，父亲的作用并不重要。事实上，父亲对女孩一生的影响都是巨大的，甚至影响女孩一生的幸福。

父亲能让女孩更有安全感，能在女孩成长的过程中，赋予女孩更多的快乐，还能规范女孩的行为，引领女孩的人生。同时，父亲还在不自觉中影响着女孩的择偶标准。

（1）父亲要尽可能多地陪在女孩身边。如果父亲能经常陪在女孩身边，一个女孩的心理就是安全的。但如果父亲对女孩毫不关心或漠不关心，一开始，女孩会采取某些小伎俩或通过哭闹来引起父亲的关注。但如果这一目的不能达到，女孩就会不自觉地为自己贴上这样的标签：我不够听话、不够聪明、不够可爱、不够讨人喜欢……时间长了，她的内心深处就会感到自卑。所以，一个女孩是自信还是自卑——取决于父亲对她的关注。

（2）父亲要善于表扬和激励女孩，学会和女孩沟通。绝大多数儿童期的女孩都很喜欢父亲，这是因为在她们心目中，父亲不仅是一个伟大的男性，更是权威和力量的象征，父亲身上男性的特长和力量，是母亲所不具备的。这些都会让女孩对父亲有更美好的印象。

正是因为女孩对父亲的依赖和信任，才使得父亲的表扬更能使女孩信服。父亲对女孩的赞赏，会发挥更大的激励作用。

（3）父亲要特别注意关爱女孩，但不能溺爱女孩。父亲的溺爱与母亲的溺爱对女孩的成长都是十分有害的。母亲的溺爱会使女孩懒惰、不能独立，无法形成良好的行为习惯；父亲的溺爱则会使女孩蛮横、霸道、不讲道理，影响女孩良好个性的形成。

3. 家长要引导女孩成为精神富足与人格独立的人

女孩在成长的过程中，要在父母的教养下拥有自信，并逐渐形成独立的人格和独立自主的精神世界。

一个女孩的独立，不仅仅是物质上的独立，更是精神上的富足和人格上的健全。这种独立，绝不是通俗意义上讲的不可一世的"女强人"所表现出来的特立独行，而是拥有自己的生活空间、内心感受和表达方式。在独立的精神世界里，女孩不断地认识自己，认识周围的事物，建立自己的知识体系，有能力进行选择，善于把握未来。

4. 家长要不断提升女孩的情商

日常生活中，女孩的父母比男孩的父母更担心和牵挂孩子的安全，害怕女孩被欺骗、被伤害。人们常说女孩没有男孩聪明，女孩比男孩更容易上当。其实，这不是聪明与否的问题，而是思维方式的问题。女孩的思维方式和男孩不同，女孩更感性，更相信自己的直觉，往往凭着自己的感觉做出决定。所以，女孩在面对问题时，往往会轻信自己一时的感觉，而不去做过多的逻辑分析和推理，这就使得女孩往往更容易做出错误决策。

这就要求父母经常引导女孩对一些问题和事情进行理性思考和分析，为女孩的感性添加一些理智，不断提高女孩的情商，让女孩学会透过事物的表面认清本质。

在日常生活中，家长要为女孩提供各种交往的机会，帮助每一个女孩融入集体之中，引导害羞的女孩大胆地交朋友，帮助任性的女孩转移不良情绪。同时，家长还要告诉女孩，关心别人但也不能失去自我，要学会维护自己的正当利益，要学会爱自己。

美国心理学家认为，情商包括以下几个方面的内容：

（1）认识自身的情绪。

（2）能妥善管理自己的情绪。即能自我控制，能较好地调控自己。

（3）自我激励。它能使人面对失败时不灰心，有勇气克服困难。

（4）能充分认知他人的情绪，具有与他人交流的能力，有一定的共情能力。

（5）人际关系的管理。即能够与他人进行合作沟通交流，对环境具有较好的适应能力。

那么，在家庭中，父母应如何提升女孩的情商呢？

（1）父母要平等地对待孩子，善于倾听孩子的内心想法，经常与孩子沟通和交流。父母要想让孩子成为高情商的人，就要先学会管理自己的情绪，善于自我约束和自我调控，做孩子的朋友，耐心对待孩子的问题，给孩子做行为的榜样和表率。

（2）关注孩子的同伴关系，鼓励孩子与他人交往。有条件的家庭，可以经常邀请孩子的朋友和同学到家中做客。在孩子遇到人际矛盾和冲突时，家长要正确引导孩子，告诉孩子在人际交往中遇到矛盾是不可避免的，鼓励孩子勇敢面对冲突，学会换位思考，主动解决问题。

（3）教孩子学会生存和自立。家长要重视孩子的生存教育，从孩子懂事起，家长就要教育他们学会如何生存和自立，如跌倒了自己爬起来，学会自己吃饭，学会整理自己的东西，懂得保护自己。

（4）培养孩子的同理心。一个有同理心的人，能敏锐地感知他人的快乐与悲伤，站在他人的角度思考问题，为他人着想。这样的人能处理好人际关系，也能更好地适应不同的环境。

（5）培养孩子的责任心。有责任心的孩子对自己应遵守的规则、应履行的义务有较为明确的认识，也能勇敢地面对错误，承担自己应负的责任。这样的孩子也更明晰自己的权利。

父母要放手让孩子做力所能及的事情，通过做事情，孩子学会承担责任。在孩子做事情的过程中，家长要经常指导、检查、督促，并不断激励孩子，培养孩子持之以恒，认真负责的好习惯。

（6）培养孩子管理情绪的能力。管理情绪包括两个方面的内容：一是能够充分地表达情绪，不压制情绪；二是要善于克制情绪，善于把握表达情绪的分寸。

让孩子充分表达自己的喜怒哀乐，不压制情绪。特别是在孩子出现负面情绪的时候，父母要允许孩子充分表达，让孩子说出心中的感受。当孩子哭泣的时候，允许孩子释放不满、表达愤怒。在孩子的情绪得到充分的表达和释放之后，父母再冷静理智地引导孩子分析问题。

如果家长能够以极大的包容来教育引导孩子，孩子就能够逐渐学会控制情绪。孩子遇到高兴的事不会乐极生悲，遇到悲伤的事不会绝望无助，遇到愤怒的事不会鲁莽冲动，就能够通过等待、转移、调节的方式来化解负面情绪。

参考文献：

［1］郑新蓉. 性别与教育［M］. 北京：教育科学出版社，2005.

［2］迈克尔·古里安. 男孩女孩学习大不相同［M］. 杭州：浙江人民出版社，2020.

［3］史蒂夫·比达尔夫. 养育男孩［M］. 北京：中信出版社，2019.

［4］史蒂夫·比达尔夫. 养育女孩［M］. 北京：中信出版社，2020.

作者简介：

马　瑛　济南幼儿师范高等专科学校初等教育学院讲师

基于优势视角的青春期教育

权福军

社会心理学认为，客观现实的确存在，但我们总是透过信念和价值观的眼睛去观察它们，即人们在认识对象时，总是处在外在文化、主观情绪等主客观的成见之中，这些成见往往左右着人们能否真正地认识对象。人们对"青春期"的认识也是如此。青春期因为生理和心理的巨大变化，被心理学家描述为"暴风骤雨期""多事之秋"等，成了一个成长过程的"风险期"。但有风险并不意味着就一定会出问题。对青春期孩子们的认识，如果先做一个判断，就会形成一个认识的障碍。我们学习家庭教育学、心理学，总想用技术和方法去做点什么，其实看问题的视角很重要，如果从优势视角来认识和看待青春期的孩子，就不会把孩子的青春期看成一个难题，而是看作一个机会。

一、家庭教育面临的挑战与反思

（一）数字化社会的挑战

我们现在已经进入了数字化社会，科学技术的迅猛发展，改变了知识的传递方式。北京大学经济学教授何帆指出，2019 年最为重大的 5 个变量，其中之一就是"代沟"。他认为从 60 后到 80 后，大体上都是一代人，这是经历了高速经济增长的一代，这一代人的驱动力是"贫穷动力"。而 90 后和 00 后已经感受不到生存的压力，他们的驱动力是"嗨动力"（何帆，2019）。其实早在 20 世纪 60 年代，美国人类学家玛格丽特·米德（Margaret Mead）研究了美国的移民家庭，就提出了"代沟"理论。玛格丽特·米德在书中写道："即使不久以前，老一代可以毫无愧色地训斥年轻一代：'你应该明白，在这个世界上我曾年轻过，而你却未曾老过。'但是，现在的年轻一代却能够理直气壮地回答：'在今天这个世界上，我是年轻的，而你却从未年轻过，并且永远不可能再年轻。'"因此，玛格丽特·米德提出了"反向社会化"或"后喻文化"理论。

社会化是个体在特定的社会文化环境中，学习和掌握知识、技能、语言、规范、价值观等社会行为方式和人格特征，适应社会并积极作用于社会、创造新文化的过程。

社会化的过程一般是儿子跟着爸爸学，爸爸跟着爷爷学，代代相传。而现在反过来了，爸爸要跟着儿子学了。可以说，互联网时代、数字化社会已经消解了传统价值的权威，消解了教育者的话语主体地位，改变了知识和年龄的关系，后喻文化成为现实。数字化时代青少年的话语方式、思想特点、文化模式和行为逻辑都发生了变化，给新时代的家庭教育提出了挑战。

（二）后疫情时代的反思

后疫情时代有两个含义：一是从时间概念上来说，指的是新冠肺炎疫情暴发高峰过去或即将过去的时期，疫情已经得到了有效控制后的时代；二是社会学概念，后疫情时代，人们对这个社会、对整个人类和世界、对生存和发展有了更多的思考。因为疫情时期人们的生活方式、交往方式、学习以及工作方式等改变了。后疫情时代，不确定因素逐渐增加，人类社会进入风险社会。比如法国一个人类学家认为：我们既没有足以对抗疫情的硬件设备，也没有理解当下发生事情的视野，可以说，我们还需要在自然界和人类知识面前保持着敬畏谦卑之心，随时了解社会中变化着的情况，包括我们自己，随时注意提醒自己对原有理论适用范围的解释和反思，不断与时俱进，不断提高自己分析复杂问题的能力。

疫情给家庭教育、亲子关系等带来很多挑战，很多家庭教育问题被带了出来。疫情期间，学校停课了，孩子们都待在家里，感觉未来都不见了，不知道怎么活在当下。除了读书、玩游戏外，孩子们找不到自己的快乐模式。所以后疫情时代，我们做家长、做老师、做家庭教育指导师的，对青少年要有一个更深的看见，对家庭教育要有一个更深的思考。

（三）"双减"背景下的思考

2021年7月24日，中共中央办公厅、国务院办公厅印发了重磅文件，《关于进一步减轻义务教育阶段学生作业负担和校外培训负担的意见》（简称"双减"），并发出通知，要求各地区各部门结合实际认真贯彻落实，其目的之一就是要减少家长不必要的焦虑，以平和的心态来教育指导孩子。

现在做父母的都特别焦虑，现实中常常会看到有的父母对三岁的孩子讲着大道理；有的父母对孩子每次考试之后每门课的错题及薄弱环节都能如数家珍。一些早教机构、培训机构的广告词动不动就是"你迟了"，暗示别人家的孩子又在学新东西了。所以，现在的父母被称为高焦虑的一代父母。

2021年诺贝尔经济学奖得主中的美国的乔舒亚·D·安格里斯特（Joshua D. Angrist）和吉多·W·因本斯（Guido W. Imbens）两位教授，运用自己开创的全新的实证研究方法，把家长最关心的这些事研究清楚了。第一，多读一年书到底能带来多少收入？结论是多上一年学，本身对一个人日后的收入水平是有正向影响的，这一影响不是由其他因素造成的，而纯粹是教育带来的回报。接受 12 年教育的人比接受 11 年教育的人收入增加 12%，接受 16 年教育的人比接受 11 年教育的人收入高出 65%。第二，名校毕业生是否赚得更多？结论是选择常青藤院校或公立大学的学生在未来收入上并无显著的差别。第三，上重点中学是不是比上普通中学回报更高？结论是：进入这些精英中学学习，相比于在普通公立高中学习，并没有使学生取得更为优秀的大学入学资格考试成绩。教授们的三个研究回归到了一个最本质的问题：读书和教育，本身就是目的。

读书和教育，本身就是目的。每一个做家长的都要好好思考一下：如果我们在教育孩子的过程中，始终秉持着这样的初心，而不是被各种外在的标准绑架，比如孩子考试成绩的名次等，让孩子有快乐的童年，让孩子看到美好的人生是什么样的，让他们有价值地活着，而不要变成考试的机器，也许孩子会更容易接近幸福、自由和成功。

二、优势视角：用非病理手段打开可能性的大门

（一）优势视角概念

美国堪萨斯大学社会福利学院教授丹尼·塞勒伯（Dennis Saleebey）在《优势视角：社会工作实践的新模式》一书中指出："优势视角是以个人的优势为基础，以最大的限度挖掘和开发个人的潜能，从而帮助人们解决问题，达到自己的目标，实现自己的梦想的一种社会工作助人模式。"（Dennis Saleebey，2004）塞勒伯进一步解释说："优势视角的实践，要求我们从一个完全不同的角度来看待案主、他们的环境和他们的现状，不再是孤立地或专注地集中于问题，而是把目光投向可能性。在创伤、痛苦和困难的荆棘之中，你能看到希望和转变的种子。其实这个公式很简单：动员案主的力量（知识、能力和资源）来达到他们自己的目标和愿望，这样，案主将会有更好的生活质量。"（Dennis Saleebey，2004）

在优势视角的词典里，有这样几个典型的词：一是赋权，推翻和摒弃歧视性标签，将案主视为积极的能动主体，关注个人或家庭与环境，帮助个人、小组、家庭以及社区在其内部或周围探求或者扩展其资源；二是成员资格，让被边缘化的弱势群体的声音被听到，需要得到满足，不公平受到重视，从而实现他们的梦想；三是抗逆力，人们在遭遇严重麻烦时会反弹，个人和社区可以超越和克服严重麻烦的负面事件；四是对话与合作，工作者与服务对象之间立足于爱、谦虚、信仰，对话就会成为一种对话

者之间的平等关系。如果一直都以专家的身份出现，与服务对象保持一个合作的姿态就会有困难（权福军，2018）。

（二）优势视角的缘起

优势视角理论的提出，来自对问题视角的反思。我们知道，心理辅导和心理咨询在很长时间里，一直采用医疗系统中的治疗模式，把咨询对象看成是"有问题"或者"病态"的。由于问题视角关注的是咨询对象的障碍、缺陷及所受到的伤害，所以问题视角也被称为缺陷视角。在问题视角的理论指导下，心理辅导的模式一般是将关注点聚焦在咨询对象所面临的问题和困难上。具体的过程就是对咨询对象所遇到的问题进行具体的分析，然后界定问题，最后通过对问题属性的判断制订出一系列帮助和改变咨询对象的计划。在问题视角下，社会工作的服务过程：发现问题—诊断确定问题—找寻原因—做出解释和分析—提建议和开处方。

"问题视角"针对问题进行干预，有针对性强、短期奏效之功能。但是，从长远来看，问题视角容易导致以下不良结果。

1. 标签蚕食效应

服务对象有已命名的问题或者病态，不利于服务对象的自我发展和恢复。对问题的重复次数多了以后，对于各种类型的诊断标签很快就会变成案主的"主要身份"，久而久之，如同塞勒伯所说，这些标签有蚕食效应，重复的次数多了之后，就改变了案主自己对自己的看法和周围人对他们的看法。长远来看，这些变化融入了个人对他们的自我认同，使案主对自己所处的环境、自己的抗逆力等产生悲观期望，从而使他们产生自卑心理，变得越来越没有信心。

2. 容易造成专家取向

问题视角理论容易造成社会工作者偏向于病态的、问题的、失能的、缺陷的、断裂的观点看待和对待服务对象，视其为治疗之客体，从而导致服务对象与社会工作者之间的距离。

因此，优势视角对以下方面进行了反思：

（1）对服务对象假设的反思：服务对象是"病人"还是"有能力的个体"？

（2）对工作本质、目标的反思：消解问题还是促进成长？

（3）对工作者角色的反思："专家"还是陪伴者？

优势视角理论认为人的一些问题不是个人的问题，是文化环境等因素造成的。北京大学徐凯文老师曾举过这样一个例子：过去喜欢孩子老实，所以如果孩子多动，就成了多动症；现在喜欢孩子社交，所以如果孩子孤僻，就成了抑郁症。孩子有没有问题，很多是社会文化的标准，而非生物的。优势视角理论认为，在助人的过程中关注的焦点应当是个人及其所在环境中的优势与资源。所以家庭教育指导师在教育指导的过程中要见家人，要见朋友，要了解青少年的生活环境，了解青少年内在和外在的资源。总之，优势视角反对将问题本身进行放大化、将服务对象问题化，认为即便是最可怜的、被社会遗弃的人都具有内在的转变力。

（三）优势视角的核心概念：抗逆力

20世纪70年代，儿童精神病学家安东尼（Anthony）在其研究中发现，某些出自父母精神异常家庭的儿童、青少年，并不像早期研究所说的，都会出现精神问题或成长障碍，他们仍然保持了健康的情绪和生活适应能力，表现出较高的免疫力和成长胜任力，安东尼称其为"适应良好的儿童"。后来一些学者的研究也得出了相似的发现，即有些生活在高危环境中的儿童、青少年具有良好的适应性和抗压能力，他们不但没有被危机挫折压垮，反而能够自我调整、克服危机、发展良好。这种抵御逆境、抗击压力的能力受到众多研究者的关注，逐渐成为一个相对独立的研究领域，学者们称其为"抗逆力"（田国秀，2013）。抗逆力又翻译成"复原力""忍耐力"等，表示人们面对困境时的回弹、回应，其具体表现为：一种适应逆境的能力，一种自我保护能力，一种从困境中成功摆脱出来的能力，一种克服困难的力量；等等。

个体如何产生抗逆力？抗逆力与哪些因素有关呢？

1. 抗逆力是激发的结果

抗逆力是个体与生俱来的一种潜力，人在平安顺利的时候抗逆力得不到激发，以一种潜伏的状态存在。当危机、困难袭来的时候，抗逆力被激活，从而迸发出巨大的力量，帮助个体面对危难，聚集力量，渡过难关。每个人都有抗逆力，也许被唤醒，也许被埋没，逆境与压力是帮助个体唤醒抗逆力、展示潜能的一种外在条件。

2. 保护因素对生命历程具有决定作用

当外在压力、危机袭来时，个体自身和环境中拥有的保护因素会作出自动化反应，与外在压力构成交互作用。如果个体自身或环境中具有适配的、得力的、恰当的保护因素，直接就可以产生两种能力：一种是自我平衡能力，保证个体在压力和逆境面前能够维持舒适、平衡重构；另一种是抗逆力的启动，使个体调整自我、应对压力，获得良性发展。

3. 抗逆力是个体与环境的交互作用

环境因素对个体抗逆力的形成至关重要，协助个体形成抗逆力的内在保护因素也是环境作用的产物。抗逆力好像生命中的一粒种子，正向的、和谐的、健康的生活环境，有利于这粒种子生根、发芽、开花、结果。如果个体面对危机与挑战时，表现出抗逆力，主动调整，积极应对，就会渡过难关。

抗逆力保护因素包括个人因素，比如个人的愿望、能力、自信等；家庭因素，例如和谐的家庭氛围和家庭环境，以及积极向上的家庭文化等；同龄的、学校的保护性因素，比如，充满关怀的人际关系以及老师给予的较高的期望，等等。

哈佛大学"儿童发展中心"的研究人员，一直想弄清楚，到底是什么因素让一些孩子克服了严峻的挑战，战胜困难，而另一些孩子却在困难面前屈服呢？结果发现，适应能力强的孩子，唯一的共同点是这些孩子与给予他们支持的父母、看护人或其他成年人之间保持着至少一种稳定、忠诚的关系，他们身边至少有一位支持鼓励他们的父母、看护人或其他人。这种关系能对孩子的个人需要作出及时的响应、给予支持、提供保护，从而减少孩子在发展过程中受到的干扰。这种关系会帮助孩子培养一些关键的能力，比如计划能力、监督能力和调控能力，这些能力能够让孩子对逆境和顺境作出适当的回应（Josh Shipp，2019）。

（四）优势视角理论的"干预"措施

1. 解构问题

建构主义心理学认为：问题存在于语言当中，并非存在于个体本身。一名青少年身上出现的问题是他与周边的关系通过社会互动内化和体验的结果。生活中，很多青少年本人没有问题，是他们与众不同的做法、挑战常规的言行、不合规矩的选择、我行我素的固执、追求自我的态度不被多数人接受，于是被界定为问题。解构问题，常用的工作方法有以下三种。

（1）了解青少年生活经历中的风险因素，如生理疾病、家庭矛盾、学业表现、特殊经历等。风险经历将青少年置于特殊的生活境遇，导致某些个体资源受损或缺失，限制了其多元力量发挥作用。出于补偿或防御的需要，青少年有可能采取非常规的方式加以应付。例如，网瘾青少年是为了不听父母吵架而上网，离家出走的孩子是为了转移父母的关注点，等等。

（2）了解青少年的家庭及社会关系网。青少年对自身问题的认同是与其周围重要人物建构的结果。家人、老师的不断批评和一味指责，会把一些标签强加在青少年身上。所以要了解当事人的家庭及社会关系网，明白青少年的问题从何而来、是如何形成的。

（3）关注青少年的生活故事，提炼出其中的主角与关键配角。谁总在说话？谁告诉你这些事情的？发生此事时谁与你在一起？你记得当时的情景吗？是你看到的还是谁告诉你的？等等。通过当事人回忆、讲述这些故事，能够对他的生活逐渐清晰，从而能够理解他的生活是如何被建构的、问题是如何凸显的。

2. 建构意义

挖掘问题背后的抗逆力。优势视角是相对于问题视角而言的，解构问题之前，青少年本人，包括他的家人、老师、亲属都是从问题视角描述他：厌学、脑子笨、成绩不好、生活颓废等。用优势视角转换角度看问题，这些"不良表现"背后的功能，就变为青少年通过这些不良的表现作出抵抗是在坚持自我、捍卫自己的权利与地位。青少年逃避上学是为了摆脱"学业失败、不被尊重"而带来的心理压力与精神痛苦；拒绝交流、回避父母是为了摆脱指责、抱怨、与别人比较而带来的自我挫败感；沉溺网络、惹是生非、故意捣乱是为了表明自己没有放弃，渴望以特殊的才能维护自尊，证明自己的意义。

显然这些行为是不合适的，却是有功能的，因为这些行为可以回避痛苦、减少刺激、抵御压力、维护自尊、证明自己的意义等。所以，这个时候描述青少年的词语可以有所改变：挣扎、反抗、寻求地位、敢于挑战等。

3. 重构生活

用常规途径替代非常规途径。青少年有两种抗逆力途径：胜任力、爱心、贡献、乐群，为常规途径；危险的、违规的、失常的、混乱的，为非常规途径。常规途径和非常规途径都是青少年抗逆力的体现。相对于无聊、冷漠和焦虑而言，非常规途径也是有意义的。非常规途径所表现的行为标志着青少年没有被危机打垮，不向危机低头，而是积极寻求改变，通过各种途径使生命挣脱逆境。从行为本身看，可能是危险的、违规的、失常的或混乱的，但它毕竟还在显示生命的力量，生命还在为意义而战。常规行为和非常规行为背后都是生命抗逆力的体现，二者的区别在于手段和方式。使用常规手段，行为方式表现为亲社会取向，表现出对社会的认同、顺从和一致，往往得到社会的接纳和支持。使用非常规手段，具有反传统、挑战常规、对抗成人等特征，表现出对社会的反思、批判和对抗，常常受到成人的指责、围攻和排斥。结果导致青少年与社会背道而驰，既使社会受到损失，也对青少年的自身成长构成障碍（田国秀，2013）。

所以，青少年教育者要引导青少年深刻思考自身行为，认识行为的真正动因，以建设性的方式参与社会，也就是说以常规行为替代非常规行为。另外，常规与非常规是一个天平，如果我们在教育中关注孩子身上危险的、违规的、失常的、混乱的行为，孩子发展的天平就会向此倾斜，孩子就会日益被推向问题的一端，其身上的问题会越来越突出，优势会越来越淡化。反之，如果我们关注孩子身上的胜任力、爱心、贡献和乐群，孩子就会日益被引向优势的一侧，其身上的优势会越来越凸显，问题反而淡化了。

在影片《银河补习班》中，儿子马飞心中"最了不起的爸爸"马皓文，是一个著名的建筑设计师，曾担任过亚运会火炬手，因为被别人陷害，发生了一次意外事故之后被判入狱，这让他遗憾地错过了儿子七年的成长。儿子马飞也因为爸爸的入狱变得颇为叛逆。学校教导主任阎主任是一个唯成绩论者，他要求成绩垫底的马飞退学，他的教育理念是："煤球再怎么洗，永远变不成钻石。"

面对不被老师看好的儿子马飞，父亲马皓文和阎主任立下赌约，一场教育博弈拉开帷幕。最后，在马皓文的因材施教下，马飞成长为一名优秀的宇航员。影片 2 个多小时的叙事，其实是两种不同教育理念和教育方式的对话和交锋！尽管马飞爸爸的教育理念有点理想化、个案化，但至少从马飞的成长经历中，我们明白了"每一个孩子的未来都是不确定的，而家长和老师是参与孩子生命创作的人"。马飞爸爸的用心良苦则让我们感受到了"用非病理的手段去打开可能性的大门"的力量所在！

"青少年的未来是可以创造和协商的""家庭教育指导师是参与青少年生命创作的人"。让我们学习优势视角理念与方法，不把青春期看作是难题，而是一次机会，用非病理的手段来打开青春期可能性的大门。

三、青春期：从风险到抗逆

（一）做好需求（问题）评估

社会工作者在服务的过程中，第一步就是要做好需求评估。首先要厘清是"谁的需要"，是你有一个工作要做，还是服务对象真的有需求。第二步要放下"专业傲慢"。不要以为你是专家，就可以随意操控他人。第三步要反思是"谁的规则"，你的规则是否真正能回应服务对象的需求。这对我们家庭教育指导有启发和借鉴意义。

青春期是指一个人从童年向成年过渡的时期，世界卫生组织规定的青春期年龄范围为 10～19 岁。青春期不仅是身体发育，同时也是心理成长的人生关键时期。

青春期的孩子要应对身高、体重、肌肉力量等的发育成熟，特别是性的发育成熟所引起的各种变化及问题，心理压力也随之增大，所以很容易出现人们所说的"问题青少年"。当一个孩子的所作所为最不值得爱的时候，正是他最需要爱的时候。孩子有问题恰恰说明，他们有一些需求未被满足、有一些心声没说出来、有一些感受未被关注、有一些愿望还没有实现。所以，我们做家长和家庭教育指导师的，要去了解青少年的需要，倾听青少年的声音。因为发声是一种权利，如果这种权利被剥夺了，那么他的声音就被淹没了，我们看不到他的需要，就无法提供服务。所以，家庭教育指导师，要重视专业的训练，看到问题后面的"需要"。

那如何了解"需要"呢？一是从青少年的情绪表现去了解需要。情绪有不同的来源，一方面和自我的需要有关；另一方面，情绪是一种社会建构，和家庭、社会、环境都有关系。比如，情绪焦虑可能是能力缺失、安全感缺乏。二是通过"反面假设"去了解需要。比如，一个青少年说："整天三点一线的，不知道怎样度过每一天。"那我们家庭教育指导师可以询问："如果不再三点一线，生活会有什么不同呢？"通过这样的一些方法，去读懂青春期的孩子，了解青春期孩子的需求。

（二）建立合作关系

孩子的创伤和"问题"，不是像做一个大"手术"一样，用什么学派、技术和方法去治疗，而是被一点一滴的爱和关心融化掉。最好的治疗是最平常的生活，是对人的拥抱。家庭教育就是父母能够放下自己，接纳、包容自己的孩子。

和孩子建立合作性的关系，一起商量怎么应对困难，做孩子的队友，而不是做孩子的对手。当孩子犯错、失败时，沟通先于改正。这非常关键，能让青少年摆脱"抵抗还是逃避"的思维模式，让青少年有机会吸取教训。家长要做的一是"透视"，即帮助孩子分析从这件事中能学到什么，从全局角度帮助孩子分析这件事对孩子的发展意味着什么；二是"鼓舞"，因为在失败的时候，孩子们更需要鼓励。

如何衡量和孩子的关系，有两个生活指标。一是深度陪伴，青春期教育不是技术的展现，而是陪同、深入的联结、整体拥抱和关心。洛温菲尔德曾说过，家长和孩子若是没有充分游戏的机会，那么就不会有正常与和谐的情感发展。二是跟不跟孩子说"废话"，孩子愿意不愿意和你聊"八卦"。有些父母平时和孩子没有什么话说，就是吃饭的时候，会问问孩子的学习情况怎么样，和老师同学相处怎么样，然后就是告诉孩子要好好学习、少玩游戏。父母看上去是关心孩子，实际上是情感冷漠，和孩子成了最熟悉的陌生人。

（三）塑造孩子的良好行为

1. 多用正向语言，学会忽视不良行为

美国心理学家威廉·詹姆斯（William James）说："人性中最殷切的需求，就是渴望理解、肯定和受到表扬。"教育者要用正向语言来明确目标。所以，生活中要多赞美孩子，赞美是激发孩子去行动的动力。

学会忽视不良行为。忽视，等于不奖励。有这样一句话说得很有道理："如果你不

想让孩子有什么缺点，你就不要告诉他（她）有这个缺点，反复让他（她）改的结果就是改不了。"例如很多家长喜欢说孩子是"小马虎"，时间长了，孩子就标签化了，认同自己就是"小马虎"，更容易出错。所以，与其唠叨、埋怨，不如给孩子一些建设性的建议，提一些可操作性的指标，例如"马虎"说到底还是因为不熟练、不认真，应当让孩子多写多练、认真检查。

学会忽视不良行为，从哲学意义上来解释可以理解为，不要让问题包着生活，因为如果眼睛盯着问题，那么一个问题解决了，另一个问题就会出来。要让生活包着问题，用生活把问题包起来，问题也就不成问题了，这样也就可以继续走下去，因为生活中有些问题是暂时性的，放过也就不存在了。

2. 使用引导语句，让学生自我赋能

家长不妨多使用一些引导语句，比如，当孩子考试遇到困难时，可以跟他说："上次考试不是考得挺好吗？"暗示他是可以考好的，并和他探讨"你是怎么做到的"，让他看到自身的资源和潜能，帮助他恢复自信和能量，让他看到希望。其实解决问题的钥匙永远在孩子自己手里，要用青少年最熟悉的经验连接新的学习经验。

3. 优化语言，惩罚时，要对事不对人

一个好家长、好老师是从优化语言开始的。语言的杀伤力是很大的，比手里的刀更厉害，会伤人伤己。另外惩罚孩子时，要把灯点亮，让孩子看到希望，不要"一棍子把孩子打死"。

4. 创设"重要事件"，增加成功经验，建立信心

脑科学研究证明：经验就是神经联结。人的大脑有可塑性，它的神经回路是可以改变的，今天的神经联结就是明天的行为。家长要重视给孩子创设一些"重要事件"增加成功经验，让孩子找到自信、建立信心。

（四）构建心理支持体系

心理支持体系是最好的抗逆力保护因素，因此，要走在"问题"前面，重视建立青少年心理保护和心理支持体系。因为单一的心理支持途径力度不够、比较脆弱，如同手中的气球，就一根线系着，这根线断了，气球就飞了。所以要给孩子提供多种心理支持方式，构建心理支持系统。个人层面包括自信心的培养、寄予希望等，家庭层面包括建立平等的关系、营造和谐的氛围。学校层面有评价标准多样化、建立其归属感，等等。

在生活中，家长的愿望是现在所做的一切能够保证孩子将来有一个优异的学习成绩，然后找一个好工作等。事实上，随着科学技术的高速发展，未来世界不是我们能了解的，现在的许多职业会逐渐消失，未来会有的职业我们无法想象，我们无法左右孩子未来将遇到的事情及面对的社会环境。美国学者托马斯·弗雷（Thomas Frey）在《终极感知：跑赢未来的 8 大预见》中写道："今天的企业、业主们都在积极地作出下一个雇员是机器还是人类的决策。"（Thomas Frey，2018）所以，人类需要把理性和逻辑的事情交给机器，人类负责思考和人文，把情操发挥得越来越高尚。如此说来，真正的投资应该花在培养孩子健康的心理、健康的人格上。培养孩子的"人味"比"机器味"更重要。这包括共情的能力、表达能力、适应性和灵活性、识别社会情境的能力、获取资源的能力、选择最佳生存策略、挫折中不失志气的勇气、有能力爱人，等等。

综上所述，家长要通过了解青春期学生的心理特点、建立良好的合作关系、塑造其良好行为以及构建心理支持体系等几个方面，帮助青少年顺利度过青春期。把青春期成长的难题，变成一次成长的机会。在家庭教育中做到"三声"：能了解孩子心声，经常给孩子掌声，家庭生活有笑声。这"三声"是对基于优势视角的青春期教育理念、教育方法、教育效果的精确概括。

参考文献：

[1] 何帆. 变量：推演中国经济基本盘 [M]. 北京：中信出版集团，2020：32.

[2] 权福军. 社会工作实习教育研究的反身性书写 [M]. 北京：社会科学文献出版社，2018：77—78.

[3] 田国秀. 抗逆力研究：运用于学校与青少年社会工作 [M]. 北京：社会科学文献出版社，2013：159—166.

[4] Saleebey D. 优势视角：社会工作实践的新模式 [M]. 李亚文，杜立婕，译. 上海：华东理工大学出版社，2004：04.

[5] Shipp J. 解码青春期——如何陪伴十几岁孩子成长 [M]. 李峥嵘，胡晓宇，译. 长沙：湖南教育出版社，2019：09.

[6] Frey T. 终极感知：跑赢未来的 8 大预见 [M]. 邱墨楠，译. 北京：中信出版集团，2018：79—80.

作者简介：

权福军   山东青年政治学院马克思主义学院教授、硕士生导师

家庭关系的冲突与干预

王维勋

　　现实生活中，部分家庭关系表面上看似紧密，实际上缺乏情感的联系和交流。因此个体对家庭的归属程度和当其遭遇困难时家庭对他的积极影响，并没有我们想象出来的那么强大。一旦面对某些个体应激状况和交流分歧，家庭关系会很清晰地呈现出这样的场景，即家庭成员之间的交流内容理性多、情感少。这就导致了当个体遇到麻烦的时候，他或是想不到家人的支持，或是想得到支持又恐惧求助，交流很容易受阻，甚至带来新的冲突与麻烦；当个体遇到困难需要家庭支持的时候，家庭可能给予最多的是现实支持，很难给到对方情感上的理解与支持。

一、家庭冲突的行为界定

　　第一，经常与父母或兄弟姐妹发生冲突。

　　第二，家庭成员之间关系松散，家庭对成员没有产生积极影响或提供可靠的支持。

　　第三，当事人与父母之间的冲突是因为父母的行为助长了其依赖性，而当事人感觉父母对自己的生活干预太多。

　　第四，与父母住在一起，不能独立地生活，甚至是短期的分离也不行。

　　第五，长期与父母没有交流，认为自己是害群之马。

二、干预的长期目标

　　第一，通过解决家庭与个体早年经历问题导致的当下冲突，理解当事人问题的因果关系，解决他害怕被拒绝、低自尊或对抗挑衅的问题。

　　第二，当事人开始以健康的方式摆脱对父母的依赖，安排自己的独立生活。

　　第三，不再纠缠或解决与父母过往的冲突，与父母发生冲突的强度和频率也逐渐降低。

　　第四，家庭关系和谐，家庭成员能够相互支持、互相帮助、彼此关心。

　　第五，变成一个功能良好，彼此团结的家庭单位。

三、干预的短期目标与解释

（一）组织家庭治疗会谈

组织家庭治疗会谈，请当事人和父母等其他成员一起参加。重点在于促进健康交流、解决冲突、摆脱依赖，使全体成员都明白：改变彼此谈话的方式通常会遇到很大的阻力，改变需要全体成员的一致努力。治疗的核心是让成员之间在彼此克制、相互体谅、互相尊重的基础上充分进行思想和情感交流。

（二）讲述冲突及导致自己与父母产生冲突的原因

如孩子不跟父母说话这一问题，我们要做的首先是认可当事人拥有自己的情感、想法和观点。不要出现这样硬性的处理方式：让孩子给父母道歉，告诉孩子父母都是爱你的。可能孩子迫于压力或者迫于社会道德的要求道歉，但是他在道歉的时候，他与父母的情感就远离了一大步，而这一大步在生命的过程当中，父母想再补回来，就难上加难了。俗话说：家不是讲理的地方，讲理很伤感情。夫妻关系如此，亲子关系亦是如此。

父母说出自己的想法后，我们会了解到父母会误把一些做法当成关心爱护孩子的表达，最后却几乎无一例外地导致孩子出问题。无论想法多好，孩子出问题了，这是客观的，父母也要做出调整。如果父母难以改变，对于青春期以后的孩子，会加速内在意识的独立，让他摆脱父母的控制，然后走出去，同时，专业人员也会充当一个过渡性客体，促进孩子和原生家庭的分离。

（三）确认在家庭冲突中自己和他人所扮演的角色

在家庭出现的问题中，有一个常见现象，即替罪羊效应。替罪羊是家庭当中为了维护家庭成员的团结或是维系某种情感，掩饰冲突麻烦，把矛盾集中在一个人身上，然后大家齐心协力、同仇敌忾、团结一致，逐步演化成为一种模式。例如：父母关系不好，经常吵闹，后来有家庭成员出了问题，这时父母会停止吵闹，把关注点都放到这个人身上，这个方法实际上是家庭成员用意识和潜意识两个部分交互作用出来的，是当事人或意识到或意识不到，能够缓解自身焦虑和恐惧等不良情绪的最好办法。但是有一些办法具有潜在的破坏性，而当事人意识不到，这就需要专业人员引导家庭成员彼此把这些盖子掀开，以便看清楚真正发生的事情是什么，找出它的原因，然后找到大家都能听得懂的交流方式，而不是以牺牲某个家庭成员为代价来进行思想和情感上的交流。

（四）就家庭角色、彼此期望和成员之间的相互作用模式进行讨论，做到所有家庭成员都真实透彻、恰如其分地分享彼此的思想和情感

企图对当事人进行一步到位的认知调整是不切实际的，因为他内心里装满了压抑、愤怒、怨恨、羞耻、内疚，已经装不进其他内容。因此，我们在工作现场，要给这些当事人提供一个环境，让当事人把压抑的情绪情感释放出来，这样方可填充新内容，他才能慢慢地开始表达关心、恐惧、期望的东西。再者，关心是真的还是假的？是否是打着关心别人的旗号满足自己的需求或缓解自己的焦虑？需要识别出来并进行处理。是符合客观现实的恐惧与焦虑，还是因为全能幻想所带来的恐惧、焦虑？比如有的父母一开始幻想孩子能考上重点中学，孩子的实际能力又与父母的愿望相差比较大，如果父母能够客观地评估孩子的能力，随之降低目标要求，这前后之间产生的对父母的现实影响是不一样的。当我们做到去伪存真时，关系就开始向建设的方面转化。

（五）确认成瘾行为对引发家庭冲突的作用

在我国青少年群体中化学品依赖极其罕见，真正与成瘾诊断症状相雷同的电子产品依赖个体也不多见。需要注意，目前在我国存在较多的是网络沉迷个体，而不是"网瘾"个体。因为"网瘾"的专业诊断标准仍在讨论中，也可能将来不以此命名。成瘾对人的功能伤害表现在多个方面，它是一个综合的评估。目前部分孩子沉迷网络，虽然达不到成瘾的程度，但是仍对家庭关系造成了很大影响。

（六）了解和理解家庭关系的压力对成瘾行为和戒瘾后复发所起的作用

在此还是以电子产品沉迷为例，很多家长和学校都采取了比较极端的方式来处理这个问题，如杜绝孩子使用网络玩游戏，实际上这一方式是具有破坏性的。如同我们这一代人习惯于使用支付宝和微信，下一代人玩游戏将是他们生命当中社交的一个组成部分。不会玩游戏也会造成孩子的社交缺陷。

孩子每天玩游戏一小时是处于一种健康状态，时间过长可能造成沉迷，时间过短则没有尽兴。孩子在正常的健康状态下对网络的喜欢，父母是要保护和支持的。如果孩子过度沉迷于网络的话，父母要及时处理，找出其中的原因。沉迷网络可能意味着网络游戏对孩子现实人际关系有替代性功能，如家庭关系出问题，网络成为替代品。专业人员需要识别出来，找出原因来进行行为讨论，必要时对个体进行单独的处理。

（七）安排一些活动，增加家庭成员积极的相互作用次数

这要回到夫妻恋爱过程，比较理想的寻求生活伴侣的状态是：我已经确定了我的生活样式、生活目标，找一个能与我相伴而行的人共同生活。也就是说健康的夫妻关系是为生活锦上添花，两个人一定会有共同的爱好、交集。当然每个人还有各自的喜好。所有家庭成员的互动内容在不出问题的情况下，都是以此为基调的。

（八）父母报告他们如何专心经营这个家和怎样做父母

促使父母讲述他们每个人在为人父母当中扮演的角色及所持的观点和做法。家庭干预要让父母孩子都参加，在这个过程中，坦诚交流每个人的思想、感受，看看这里面哪些是建设性的，哪些是破坏性的，哪些是好心，哪些是坏事，并分析好心做坏事问题。

（九）确认父母应该在哪些方面协作

先达成夫妻同盟，处理一切问题都是建立在夫妻同盟的基础上，立足于孩子，客观地去制定、实施、完成。注意，家是讲情感的地方，我们制定的纪律要更加宽松。

（十）父母报告与子女冲突相互作用的频率以及与子女之间的冲突频率有所减少

专业咨询不是坐而论道，咨询是实实在在的、在符合当事人客观功能条件下的具体操作。经过一段时间以后，我们需要评估实际生活当中的冲突是不是发生了变化。

（十一）通过平静和肯定的对话而不是带有攻击和防御的对话，当事人解决与父母冲突的能力有所提高

为什么人们说话会带有攻击和防御？它的本质就是"我说的话你听不见，我做的事你看不见"。就是我做出的表达，你没回应或者理解错了。交流通畅时，人们是不互相攻击的，即你的信息发出来，接着我就有共情的解读与回应。如果双方互动已经出现问题，通常是专业人员参与其中，演练出合适的交流模式。如家长指责孩子，你怎么这么懒呢？这是破坏性语言，但在某些家庭当中会成为一种常用语言。我们处理时，会把当时的诱发事件指出来。即你之所以说这句话，一定是在当时你碰到了一个没有实现你愿望的诱发事件，比如你想让孩子洗衣服他却没做。在表达上，"懒"是个抽象词，很难处理，宜替换为具体的可操作的行为，如"把衣服洗了"。孩子可回应去做或者不做，如果不做，则说明原因并再次约定洗衣服时间。

（十二）父母增强了家庭内的组织建设

在孩子1～3岁时，父母就需要完成家庭内的组织建设，建立秩序。等孩子长大了以后，他不觉得这是禁锢和压力，但是如果没有做好，后期就需要专业人员补课。很多情况下，这是要从父母做起的。

（十三）每个家庭成员都以自画像的方式展现自己，然后描述他（她）在家中的角色

通过绘画、沙盘等方式，投射出家庭中的互动模式，并澄清个体在家庭当中的内在感受和自我认知、自我意象。

（十四）家庭成员报告他们期望建立一种新的家庭关系并想象这种新关系是什么样子的

咨询过程并没有给出绝对健康的家庭互动方式，适合的就是最好的。这时候我们让家庭成员说出他们的期望是什么，然后让他们组织一次家庭活动，这种活动是重复的，形式内容不限。让他们谈谈在家庭活动当中呈现出来的和以前呈现出来的有什么不一样，然后我们根据所有家庭成员新的感受、反馈进行调整，并指明方向。让成员之间的关系比以前更融洽、更和谐。回顾过去是什么样，现在是什么样，未来将会是什么样，让大家都做一个畅想。

（十五）确认强化当事人依赖家庭的因素并找到克服依赖的方法

要求当事人列出他在哪些方面做不到不依赖父母，再针对每一事项讨论，促使当事人制订一个建设性的计划，以减少他的依赖性。哪些是可以自己做或者可找父母之外的人帮助做的？哪些是需要同父母商量的，哪些不需要？一一列出来。

（十六）当事人的独立自主性有所增强，即自己找工作和保住现有工作、储蓄金钱、与朋友交往、找住处等

四、干预措施

（一）提供关于夫妻双方的关系、对孩子行为的期望以及养育方式的信息

利用共情和正常化技术解决父母在养育子女问题上的争执，获得关于夫妻关系、对孩子行为的期望和教养方式的信息。专业人员要分别询问父母的想法，孩子成长的哪一步是你们父母所期望的，以此评估双方想法是否一致，对孩子的期望是幻想性的还是客观现实的，如何最后达成基于客观的共识。

（二）识别具体的夫妻间冲突并找出解决的办法

分析父母提供的有关夫妻关系和养育方式的资料，确定或消除夫妻之间的冲突，如果父母的冲突妨碍了对孩子的有效养育，要实施或建议他们接受婚姻关系治疗。

（三）专业人员完成必要的心理评估，得到评估结果

就父母教养方式的长处和不足之处进行评估，为父母安排测评工具或亲子关系调查表，与父母一起分析心理评估结果，并确定需要着手解决的问题，以加强父母在养育子女方面的合作。根据测评结果，确定父母养育方式的长处，使父母双方建立信心、提高效能。

（四）表达担任父母角色所经历的挫折、无助和不适感

专业人员通过共情来访家庭中的父母，形成安全与信任的保护性环境，使父母置身其中感到不紧张，缓解他们的防御心理，表达他们在养育子女中遭受的挫折。专业人员共情的是孩子在父母这种破坏性的养育下所形成的痛苦，也共情父母好心没有得到好结果而产生的委屈、挫败、沮丧。专业人员要认真倾听，将父母的负性情绪倒空，这一环节很重要。如果忽略这一环节，父母跟专业人员论是非、讲道理，事实上都是在变相宣泄情绪。运用幽默和正常化技术教育父母，使他们对养育子女的知识有更充分的了解，帮助父母降低他们对子女不切实际的期望。

（五）确认影响父母养育行为的、尚未解决的童年问题并着手解决这些问题

探明父母各自的童年经历，从中找出至今尚未解决的问题，弄清这些问题现在是如何影响他们成为一个有能力的父母的，帮助父母解决那些源自童年的、尚未解决的问题。若父母在自己成长中没有完成自我同一性，这也会影响到父母养育孩子的认知、行为，所以专业人员要考虑父母在自己成长中哪些问题已经处理了、哪些问题没有被处理、他们是怎样把这些事情通过孩子处理的，这一部分非常重要。因为父母对此大多是无意识的、自然流露的，专业人员要把这些无意识内容翻到父母的意识层面上，让父母能够觉察，并要进行管理，否则父母会无意识地重复。

（六）降低对孩子行为的反应程度

评估父母对其子女行为的反应程度，然后帮助他们学会做出较为柔和、体谅和策略性的反应。例如有些父母认为孩子的学习能力和成绩只能是直线上升的，没有给孩子提供回旋余地，这是违反自然规律的。我们知道学习是螺旋式上升的长期过程，整个过程中需要把握好节奏，父母也要对孩子的学习要求留有余地，允许有起伏。当认同这些规律时，父母的反应会变得柔和、更具策略性。

帮助父母意识到他们的某些"敏感问题"，子女只要涉及这些问题，父母往往马上做出负面反应。要让父母意识到这种反应如何削弱了他们的教养效能。让父母在角色扮演的情境中了解自己的行为反应，帮助他们学会凭借当下经验做出意识反应，以便在孩子提出要求或出现消极行为时，以此替代先前的自动反应。

（七）确认子女造成麻烦的人格或气质类型，为有效地应对子女的人格或气质类型采用特定的策略

专业人员和父母一起讨论，针对孩子的特质采取个性化养育；和父母一起查阅有关资料，探索养育办法；支持和鼓励父母采用新的策略监护孩子，需要时给予必要的反馈或间接指导。

（八）口头表示，感到对教养子女的信心、技术和效能有所提高

专业人员训练父母或是劝说父母接受系统训练，学习有效的教养子女的办法。教育父母了解男孩女孩之间各种重要的差异，诸如发展速度、观察力、冲动控制和愤怒方面的差异，以及在养育过程中如何处理这种差异。组织亲子讨论，保护好的养育方式，找出需要加强的薄弱环节。

（九）父母双方表示在养育过程中统一口径，相互支持

协助父母找出养育过程中的薄弱环节，帮助其改进技术、增加信心，并鼓励他们坚持到底。帮助父母确认作为父母所能相互支持的特定方式并付诸实施，同时让他们意识到孩子会通过阻止父母的合作来达到自己的目的。

（十）尽量减少外界的压力和要求，避免分散对家庭投入的经历和时间

建议父母减少子女和他们自己参与太多的家庭外活动。另外，要求父母提供家庭一周活动的时间表，然后一起对时间表做出评估，找出哪些活动是有价值的、哪些活动是可以被取消的，以便有充沛的精力和宽裕的时间养育子女。经常会有一些父母用事业忙等借口忽略亲子教养这门课程，这时专业人员要跟父母说明，人生有很多功课，亲子教养是其中很重要的一门主课。事业当然很重要，但是人生的功课也不能偏科，父母要投入必要的精力，才能让这门课程及格。

（十一）培养坦诚地、有效地与孩子交流的技巧

利用模仿学习和角色扮演的方式引导父母对孩子采取倾听多于指教的关系互动方式，并使用开放式话题以鼓励亲子间坦率的、共同参与的、不断的交流。鼓励父母有可能和时机，以事实为依据给孩子以肯定，不一定是语言，态度、眼神、表情都可以，关键是发自内心，并在约束和肯定孩子上保持平衡，肯定稍微多一点。要求父母阅读有关亲子交流的读物，帮助他们在与孩子的日常谈话中采用新的交流方式，观察孩子的反应并对此做出积极回应。

（十二）父母口头表示对孩子不再有追求完美主义的期望

专业人员指出父母对孩子持有的不合理的追求完美的期望，帮助父母确认他们追求完美的倾向对孩子及亲子关系所造成的负面影响或结果，并帮助他们修改这些期望。

（十三）口头表示对青少年家庭教育的特殊性及艰巨性的认识和理解有所提高

帮助父母看到青少年同伴对其子女的影响，引导父母接受青春期是正常心理危机期这一观点。帮助父母应对不良小团伙、同伴对子女的不良影响等问题，并减轻他们

对这些问题的恐惧。

（十四）减少消极的、教训式的教育方式，代之以积极的、尊重人的教育方式

帮助父母双方确认他们所采用的教育子女的消极方法（对结果要求过于苛刻、贬低、辱骂、体罚），并认识到这些教育方法对子女产生了怎样的不良影响，帮助他们采取新的、积极的教育方式，鼓励强化和指导父母努力实施和维持积极的教育方法。

（十五）给孩子提出符合其年龄特征的、现实的期望并付诸实践

帮助父母根据孩子的年龄及成熟水平，对孩子提出合理而现实的行为期望，鼓励他们以一种有益于教育的方式实现这一目标。

（十六）父母和孩子报告他们之间的情感变得更加密切了

帮助父母消除和解决那些影响家庭成员和谐相处的障碍，并确定那些能促进家人团结的活动（或游戏），让父母感受到：家人和谐相处最宝贵！

作者简介：

王维勋　山东中医药大学应用心理学教研室教授、硕士生导师，山东中医药大学附属医院主任医师

儿童青少年问题行为分析及解决策略

董会芹

一、问题行为的含义

（一）问题行为的概念

什么是问题行为？问题行为是指个体在发展过程中普遍存在的、反复发生的既影响他人又影响自身发展的行为和情绪异常问题。

（二）问题行为这一概念的三个要素

要素一：普遍发生性。许多研究表明，问题行为的起始年龄较早，早在儿童学步阶段，问题行为就已经发生。早期儿童问题行为的发生率在 6％～20％。

要素二：反复发生性。行为必须是反复发生的，即具有反复发生性。例如，某儿童有一天打了自己的同伴，我们不能由此断定该儿童具有攻击性问题行为，只有该儿童经常攻击自己的同伴，我们才能说该儿童具有攻击性问题行为。

要素三：有害性。有害性是问题行为的关键特征，问题行为是一种既不利于他人又不利于自己的行为。相关研究发现，攻击性儿童通常受同伴排斥，容易加入行为不良儿童团伙。

二、儿童常见问题行为类型

美国心理学家阿肯巴克将其分为外化问题行为、内化问题行为和混合性问题行为三类。

（一）外化问题行为

外化问题行为主要有违纪行为和攻击行为两种亚类型。儿童违纪行为具体包括盗窃、说谎、破坏公共财物、吸毒等，攻击行为又包括身体攻击、言语攻击、财物攻击、关系攻击等具体表现形式。

身体攻击：以打、拧、踢、咬等方式攻击同伴。

言语攻击：辱骂他人或给他人起难听的外号等。

财物攻击：攻击或破坏他人财物。

关系攻击：通过挑拨离间、散布谣言以及社交排斥等形式破坏他人的同伴关系、社交地位或阻碍他们获得相应的资源。

这里特别提示两点：

第一，说谎必须具备三个要素：在事实上的确是假话，说的人肯定知道它不是真的，说的人希望听的人能够认为它是真的。只有在这三个要素都成立的情况下，我们才能认为某人说谎了。早期儿童记忆错误或者把想象与现实混淆的情况不能称为说谎。例如，某儿童下午看了动画片，其中有过生日吃蛋糕的情景，当老师问儿童中午吃的什么饭时，儿童回答"吃的蛋糕"。这种情况多数是儿童把想象或动画片中的情景和现实混淆，不具备说谎的第二个要素"说的人肯定知道它不是真的"，不能说该儿童说谎了。

第二，攻击与欺凌的关系。欺凌是攻击行为的子类型。攻击指有意伤害他人（包括身体伤害和心理伤害）的行为或倾向，攻击者可能会攻击许多同伴，而欺凌者与受欺凌者具有相对稳定的固定关系，欺凌者在身体力量或心理能力上高于受欺凌者。

（二）内化问题行为

内化问题行为包括社交退缩、躯体主诉（也叫体诉）、焦虑/抑郁三种类型。

社交退缩：不活跃、不愿讲话、闷闷不乐、行为幼稚、自卑、被人嘲弄等。

体诉：肚子痛、头疼、呕吐、便秘、睡眠多、睡不好、胃疼等。

焦虑/抑郁：易激惹、常常生气、害怕、焦虑、做噩梦、吵闹、神经质、胆小、烦恼等。

（三）混合性问题行为

混合性问题行为包括社交问题、思维问题和注意问题三种具体表现形式。

社交问题：孤单、不和他人交往、害羞、胆小、不肯说话、不被同伴喜欢等。

思维问题：有奇怪的想法、发呆、有怪异行为等。

注意问题：无法集中注意力、不能安静地坐一会儿、冲动等。

三、问题行为的应对策略

常见的问题行为应对策略主要有消退、惩罚、榜样示范等。

（一）消退

行为发生之后不（再）给予任何强化刺激的方法。

有机体做出以前曾经被强化过的反应，如果这一反应在以后不再有强化物相伴，那么该行为在以后的发生率会降低，称为消退。例如，上课举手回答问题受到表扬，以后不再受到表扬，举手频率下降。再如，有小朋友在班里吵闹，教师不予理睬（不强化），而是转而表扬不吵闹的小朋友，孩子吵闹得不到强化，便会逐渐安静下来。

消退原理使用的注意事项：

1. 消退的行为必须明确具体

儿童吃完碗里的饭，需要加饭，不说"老师，我的饭吃完了，我还要"，而是举着碗在那里"哼哼"地叫（不良行为），这时老师可以置之不理（消退），同时告诉所有儿童"需要加饭的小朋友要举手告诉老师"，直至儿童表现出良好行为再给加饭。

2. 和强化结合使用

如上例，等儿童放下碗，喊"老师，我要加饭"时，老师立刻回应，同时重复规则："以后就要这样！"

3. 避免中断消退

小丽每次向老师提出要求，如果不予满足，就在地上躺着或大哭大闹。老师置之不理（消退），但没有等到儿童行为消退，就满足了儿童的要求。以后这种行为不但不会消失，还会增强（强化）。

当然，有些问题行为不适合采用消退原理，如自伤行为（顽固性地咬指甲、用拳头击墙、撕衣服等）。

（二）惩罚

当儿童做出某种反应后，呈现一个厌恶刺激或终止一个愉快的刺激，以消除或抑制此类反应，从而导致反应发生概率的下降，则是惩罚。例如，毛毛在家里玩，他想看看自己家的热水瓶，打开瓶盖，用手去摸摸，结果热气把手烫得很疼，毛毛以后再也不敢动热水瓶了。

毛毛做出的行为反应（打开热水瓶的盖子、用手去摸），受到了惩罚，因为紧随其后的是厌恶性刺激（热气烫了他的手），因此，毛毛以后看见热水瓶就去打开盖子并伸手摸摸的行为频率就会下降。

惩罚的具体方法很多，常用的方法有餍足、斥责、代价和孤立。

1. 餍足

指坚持让儿童持续做某一行为，直到他们厌倦为止。这种方法的本质是连续呈现某种刺激，最后该刺激让儿童产生厌恶，从而起到惩罚的作用，所餍足的行为应是将要消除的不良行为。例如，儿童玩游戏耽误学习，家长就让儿童持续玩游戏，不允许做其他事情，直到儿童玩腻为止。教育者在使用餍足策略时，应当注意的一点是，儿童未完成规定行为之前，不要放弃和降低标准。但是，使用此法应十分慎重，因为迫使儿童持续某些行为可能会影响他们身心的健康发展。

2. 斥责

斥责是教育者常用的惩罚方法，其本质也是教育者给儿童呈现厌恶性刺激。

3. 代价

儿童由于违犯某一规则，将失去一些强化物（如金钱、时间、权利和快乐等）。代价的本质是剥夺奖励性刺激。例如，随地吐痰后被罚款；儿童没有完成家庭作业，就不能上网玩游戏。

4. 孤立

亦即隔离的方法，也是教育者常用的惩罚策略。在儿童发生不良行为时，教育者让儿童离开相应的环境，使其感到无趣、压抑和痛苦，从而矫正儿童的不良行为。例如，家长让总是喜欢大吵大闹、损坏玩具的儿童在厨房站5分钟反省。

惩罚使用不当会影响儿童的身心健康，因此，给予惩罚时应注意：

第一，如果能够起作用，尽可能采用温和的惩罚。也就是说最好使用剥夺权利的方法，而不要使用给予厌恶性刺激的方法。

第二，注意利用惩罚后的反应抑制期。儿童的不良行为在遭到教育者的惩罚后会在一定时间内收敛，但经过一段时间后，该行为会有重新发生的可能性。因此，教育者不能掉以轻心，需要时刻关注，结合其他方法巩固矫正效果。同时，在矫正不良行为过程中，也要培养儿童良好的行为方式。

第三，惩罚一定要在不良反应发生后立即给予。延缓惩罚效果通常不会很好，延缓惩罚让孩子对教育者的惩罚不知所云、不知所以然。

第四，及时告知儿童他为什么受到惩罚。惩罚儿童时，教育者一定要明确告知儿童受惩罚的原因，只有这样做，儿童才能明白为了避免惩罚，应该减少或不再表现出相应的问题行为。

（三）榜样示范

具有不良行为的儿童通过模仿学习获得新的行为反应倾向，或通过模仿学习来帮助某些具有不良行为的人，以适当的反应取代不适当的反应。

对儿童来说，榜样的类型主要有哪些？

1. 传媒榜样

大众传播媒介是影响儿童身心发展的一个重要因素。大众传媒（尤其是儿童经常观看的影像和图书资料）中的不良行为容易被模仿能力极强的儿童学习。因此，为了避免儿童习得这些不良行为，电影、电视、文学作品中要为儿童提供正面人物形象；教育者也应该尽量不要让儿童接触具有不良行为的传媒榜样。如果儿童已经接触了不良行为榜样，作为教育者应该和儿童一起开展讨论和评价，避免负面人物形象产生的消极作用。

2. 教育者榜样

作为教育者的家长和老师应该给儿童树立良好的榜样，起到模范作用。达蒙（Damon）的研究表明，幼儿阶段的儿童处于权威定向阶段，对权威持盲目崇拜和依赖的态度，在行为上倾向于无条件地服从权威。家长和教师作为儿童心中的权威，他们的行为是儿童模仿的重要源泉。父母是家中儿童模仿的对象，儿童的言行或多或少地反映出家长的行为习惯。俗话说"有其父必有其子"，这是儿童对父母言行举止模仿作用的结果。教师是学校中儿童的模仿榜样，教师的言行对儿童有潜移默化的直接影响。因此，教师的言谈举止，思想作风都必须受到严格的约束，真正做到为人师表、言传身教。

3. 同伴榜样

根据班杜拉的实验，年龄相近的个体容易相互模仿，儿童极易模仿同龄伙伴的行为。因此，教育者要注意给儿童提供良好的同伴榜样。作为学校教育者来讲，教师为儿童树立的榜样非常重要。例如，在选择班干部时，如果教师让具有不良行为的儿童任班干部，儿童就会模仿榜样者的不良行为，从而影响班级风气。

榜样示范应该注意哪些问题？

第一，榜样要具体明确。榜样的行为只有具体明确才有利于儿童进行观察模仿。例如，老师每次表扬某儿童时，都要明确指出表扬的原因，让儿童明白教师表扬的具体行为。这实际上就是明确榜样行为，以利于观察者模仿。

第二，向儿童呈现良好的榜样行为。电影、电视、文学作品中要为儿童提供正面积极的人物形象，教育者也应该尽量不要让儿童接触具有不良行为的传媒榜样；作为教育者的家长和老师应该给儿童树立良好的榜样，起到模范作用。

第三，榜样要切合实际。树立的榜样不能和观察者相去甚远，也就是说，榜样的行为要让学习者努力一下就能够达到。例如，某儿童言语表述能力差一些，老师给该儿童树立的榜样是班里言语表达最好的儿童，由于两人之间差距太大，这种榜样的设置没有起到好结果，还可能因为榜样行为太高而产生挫败感，使该儿童丧失了学习兴趣和信心。

第四，给儿童复制良好榜样行为的机会。儿童注意榜样行为并进行储存、再现，行为再现是观察学习的重要环节之一。因此，为了让儿童习得良好行为，需要给他们提供行为再现的机会。例如，给儿童提供了助人行为的榜样之后，再提供一个帮助他人的情境，让儿童习得的助人行为得以再现，同时教育者给予强化，使儿童习得的这一良好行为得到巩固。

第五，良好模仿行为产生后，教育者进行及时强化，以巩固儿童习得的行为。

参考文献：

[1] Friedman H S. 儿童健康卷 [M]. 李维，张诗衷，译. 上海：上海教育出版社，2004.

[2] Miltenberger R G. 行为矫正的原理与方法 [M]. 胡佩诚，等译. 北京：中国轻工业出版社，2000.

[3] 董会芹. 学前儿童问题行为与干预 [M]. 北京：清华大学出版社，2013.

[4] Damon W & Lerner R M. 儿童心理学手册 [M]. 林崇德，李其维，董奇，译. 上海：华东师范大学出版社，2006.

[5] 昝飞. 行为矫正技术 [M]. 北京：中国轻工业出版社，2009.

作者简介：

董会芹　山东师范大学教育学部教授、硕士生导师，心理学博士

儿童青少年学业问题分析及解决策略

张光年

儿童学业问题，主要涉及四个方面：学习能力、学习动力、学习习惯和学习毅力。

一、学习能力不足的原因分析及解决策略

（一）原因分析

1. 个体智力落后

智力是一个人认识、理解客观事物并运用知识、经验等解决问题的能力，包括记忆力、观察力、想象力、思考力、判断力等。研究发现，孩子智力落后甚至有障碍，表现在学习上就是能力很差、很难完成学业任务。

2. 智能结构不均衡

美国心理学家加德纳提出，一个人的智能结构是多元的，包括语言智能、逻辑数学智能、视觉空间智能、身体运动智能、音乐智能、人际智能、自我认知智能、自然认知智能。个体的智能结构是不均衡的，如果孩子的语言智能比较差，那么他在听、说、读、写方面一般会存在问题。

3. 缺少有效的学习策略

学习策略是为了提高学习的效果和效率而有目的、有意识地制订有关学习过程的方案。

比如记忆英语单词，一个同学早上 30 分钟记忆英语单词 30 个；另一个同学早上 10 分钟把这 30 个单词快速学一遍，中午用 10 分钟把这 30 个单词再快速学一遍，晚上再用 10 分钟把这 30 个单词快速学一遍。结果发现，运用后面这种间隔式学习的策略会更好一些。

4. 生养过程中的多种问题

（1）存在脑损伤。生产过程中发生缺氧、窒息、急产、难产、产钳、胎吸等状况可能使孩子出现脑损伤，婴儿期出现病毒感染、营养不良、发高烧等症状，成长过程中遭遇脑损伤，如摔倒时后脑勺着地、车祸时对脑部的冲击等都会影响到孩子的智力

发育，有的还会造成脑功能失调。

（2）忽视智力的早期开发。为什么说3岁看大7岁看老？因为7岁之前的孩子存在若干发展的关键期。但很多父母忽视了孩子智力的早期开发，可能导致孩子学习能力落后。

（3）生活习惯差。研究发现，食素、少吃或不吃早餐，容易导致大脑的营养供应不足；长期睡眠不足或睡眠质量太差，会加速脑细胞的衰退，影响智力的发育；饮料、零食的摄入量显著影响孩子的智力发育，导致孩子智力下降；被动吸烟会损害大脑皮层、抑制大脑活动，会造成记忆力衰退、智力下降。这些都会导致孩子学习能力下降。

（4）运动少。大量研究发现，运动时会产生多巴胺、血清素和去甲肾上腺素，这三种神经传导物质都和学习有关。多巴胺是一种正向的情绪物质，让人快乐。血清素跟我们的情绪和记忆有直接的关系，血清素增加，记忆力变好，学习的效果也更好。去甲肾上腺素跟注意力有直接的关系，去甲肾上腺素的增加使孩子的专注力增强，上课专心，记得快，学得好。但很多父母不重视孩子的体育运动，因为运动少，孩子可能出现记忆力差、专注力不足等学习问题。

（5）学习能力未得到有效训练。有些家庭过多地剥夺了孩子的玩耍和游戏机会，使孩子的感觉系统难以得到良好发展；有些家庭对孩子过分溺爱，使孩子失去了很多锻炼的机会；有些家庭抚养人经常打断孩子正在做的事情，使孩子难以集中注意力。

（6）问题行为不断被强化。有的父母经常会和孩子说一些负面的话语，比如"你能不能别开小差啊？""你真是个马虎精！""你磨磨蹭蹭的，都快把人急死了"。这些消极的评价对孩子的行为问题起到了强化作用，孩子会以为自己天生就是这样的孩子，他也没有办法。

（7）电子产品的使用时间过长。电子产品的使用时间过长会破坏孩子注意力的稳定性，影响孩子的学习效率。有研究发现，动画片和电子游戏的趣味性、生动形象性大大吸引了孩子，使孩子面对枯燥乏味的学习时无法集中注意力。孩子在查阅资料的时候往往会被网页上其他信息干扰，影响孩子注意力的稳定性。

（二）教育策略

1. 重视孩子智力的培养

保证孕期营养，重视婴幼儿时期动作的发展，满足孩子的认知探索。婴幼儿阶段需要多带孩子进行肢体动作的训练，攀爬跳跃都需要有，不要因为过度关注安全而限制孩子运动。还要抓住孩子成长发育的关键期，比如孩子 2～3 岁是口语发展的关键期，父母需要多和孩子对话，及时回应孩子的问话。口语互动多了，孩子的口语发展就好，语言表达就会更加顺畅。

2. 发现孩子的潜能优势，扬长容短

根据孩子的潜在优势、认知水平、学习能力以及自身素质，选择适合孩子特点的学习方法和专业训练，有针对性地进行引导，发挥孩子的长处，包容孩子的不足，激发孩子的学习兴趣，使孩子树立学习的信心，促进孩子学业发展。

3. 寻找最适合的学习策略

了解孩子的学习特质，帮助孩子选择最适合的学习方法。有些孩子是视觉型学习者，那就多去阅读课本、翻阅辅导书；有些孩子是听觉型学习者，那就多听录音、网课；有些孩子是动觉学习者，一旦静下来，他会感到烦躁，可以在活动当中背诵学习知识。记忆型的孩子多去记忆，理解型的孩子多去领悟，情境型的孩子在老师的演示、同学的实景演练中会学得更好。

4. 调整家庭教育策略

在家庭教养中，父母需要重视孩子的智力开发，注意孩子的科学膳食，引导孩子进行有氧运动，拓展社会实践活动，培养孩子的记忆力、观察力、思考力、想象力和问题解决能力等。对于孩子的教育要做到严慈相济，规则方面要有标准要求，和孩子的互动中还要注意满足孩子的合理需求，并注重情感交流，同时控制孩子的电子产品使用时间。

二、学习动力不足的原因分析及解决策略

（一）原因分析

学习动力是一个孩子想不想学、要不要学的问题。孩子学习动力不足到底是什么原因造成的呢？

1. 自我效能感低

自我效能感是学习者对自己在某一活动或领域中胜任力的信念。每个人在做事情时内心都会问自己："我能把这件事做好吗？"如果感到自己能做好，自我效能感就高；如果感觉自己做不好，自我效能感就低。

研究指出，在能力水平相同的学习者中，相对于那些不相信自己有能力完成某项任务的学习者，相信自己能完成任务的学习者更可能完成任务。

2. 学习上的挫败感多

一个孩子在学习中经常出现学不会、不知道该怎么学的状况，学业成绩往往会越来越差，孩子体验到较多的挫败感，最后导致孩子学习动力急剧下降。1967年，心理学家塞利格曼提出了习得性无助的概念，习得性无助是因为重复的失败或惩罚而形成的听任摆布的状态，是通过学习形成的对现实无望和无可奈何的行为、心理状态。如果孩子在学习中对成绩的提升有很多的无望和无可奈何的感受，他在面对学习时就会呈现出不想学的心态。

3. 理想目标模糊

孩子小时候经常会说自己长大了想当科学家、军事家、政治家，理想都很高远。但随着年龄的增长，很多孩子失去了理想和目标，学习的动力和热情随之下降。

4. 意志力缺乏

很多孩子反馈说他不是不想学习，而是在学习过程中感到太辛苦了，他不想写那么多作业，不想每天坐在教室里。其实，很多孩子并不是不想，而是缺乏足够的意志力，遇到学习上的困难就退缩，逐渐丧失了学习动力。

5. 学习兴趣不足

如果一个孩子对学习不感兴趣，那孩子的学习动力自然就低。

6. 情绪困扰多

很多处在抑郁、焦虑、恐惧等情绪当中的孩子反馈说，不是不想去学，而是内心非常烦躁、难受，没法学。

澳大利亚悉尼大学的一项元分析研究考查了学生情绪智力和学业成绩之间的关系。研究发现，情绪智力较高的学生往往比情绪智力较低的学生获得更高的成绩测试分数，即使在控制智力和个性等因素的情况下，这一结果仍然成立。让人惊讶的是，这种相关性不受年龄因素的影响，在每一个年龄阶段都存在。

7. 人际关系差

有研究指出，学业成绩差的孩子，以单亲家庭居多，由其祖父母或外祖父母抚养的多，父母关系多不融洽；学业成绩好的孩子，家庭类型以核心型为主，日常生活和学习大多由父母负责照顾，父母关系大多和谐。（雷晓梅等，2019）

有些孩子没有得到老师的积极关注，经常受到老师的批评指责，也没有得到同学的接纳，感觉自己被否定、被孤立，无法安心学习，呈现出比较低的学习热情。

（二）教育策略

1. 提升孩子的自我效能感

影响孩子自我效能感的因素主要有如下几点：个人成功或失败的经验，当前的情绪状态，他人传递的信息，他人的成功和失败，集体的成功和失败。可见，要提升孩子的自我效能感，父母要给予孩子积极的关注，帮助孩子体验到更多的成功。可以引导孩子把曾经体验过的成功事件写下来，让孩子感受到自己是有能力做成事情的；还可以写下孩子 15 条以上的优点，并举出具体例子说明孩子具有这些优点。

有研究指出，在一定程度上，他人对学习者良好表现的夸赞，或者提供必要的支持和保障，都能提高学习者的自我效能感。不过，这种提升只是暂时的，除非学生的努力真的带来了成功。

2. 帮助孩子提升能力，探索学习策略

帮助孩子提升学习能力，探索适合孩子的学习策略，会有效地激发孩子的学习动力。

3. 帮助孩子树立理想目标

帮孩子树立明确的理想和目标，鼓励孩子做像袁隆平、钟南山那样为了更多人的幸福而学习的人。

4. 提升孩子的意志力品质

提供给孩子运动、家庭劳动、社会实践的机会，训练孩子的成长型思维，切实提升孩子的意志力品质。

5. 培养孩子的学习兴趣

父母要引导孩子多做感兴趣的事情，多在感兴趣的科目上取得成就，让孩子的优势得到发展，而不是哪里弱补哪里。允许孩子用他喜欢的方式去学习，他喜欢听，那就多放录音和网课，不要逼迫孩子去刷题。引导孩子多去做具有挑战性的事情，通过这些稍稍努力就会做好的事情，提高孩子对这类的兴趣。

在某种程度上讲，兴趣和知识是能够彼此促进的：针对某个主题的个人兴趣会促进个体对该主题的更多探索，而增长的知识反过来又会促进个体产生更强烈的兴趣。从这个角度上讲，父母要不断拓展孩子的知识面，让孩子了解更多的课外知识。

6. 帮助孩子解决情绪困扰

父母要注意识别孩子的情绪困扰。一般的情绪困扰，父母要多和孩子沟通交流，给孩子心理上以安慰支持；比较严重的心理困扰，父母可以借助心理咨询师的专业帮助；如果孩子得了抑郁症、焦虑症等精神或心理疾病，建议父母带孩子到精神或心理门诊就医。

7. 和谐孩子的人际关系

父母首先要做的是积极营造温馨的家庭氛围，创建和谐的家庭关系，关注孩子的师生关系和同伴关系。如果孩子与同学或老师的关系已经出现了一些问题，父母要高度重视，积极和孩子互动，帮助孩子解决人际困扰，不要因为当下的关系没有影响到孩子正常学习和生活就不去关注。

三、学习习惯不良的原因分析及解决策略

学习习惯是在一定情境下，学习者在学习过程当中，经过持久反复练习形成的具有自动化特点的学习行为方式。著名教育家叶圣陶曾说过："什么是教育？简单一句话，就是养成良好的习惯。"

孩子良好的学习习惯包括专心上课的习惯、认真写字的习惯、独立做作业的习惯、自学预习的习惯、上课记笔记的习惯等。孩子拥有的良好学习习惯越多，越有利于学业的提升。那么，孩子学习习惯不良的原因有哪些？如何帮助孩子养成良好的学习习惯呢？

（一）原因分析

1. 个体因素

（1）自我认识能力差。儿童青少年由于心理发展的不完善，对事物认识具有片面性，不能全面认识自己的行为。比如，有些低年级的孩子上课时会突然起立，跑到桌子底下捡东西，孩子会说："我的笔掉到那么远的地方，我只能跑过去拿回来。"孩子没有认识到自己的行为正在违反课堂规则，这支笔是可以下课再去拿的。

（2）自我控制能力差。自我控制力是指儿童按照社会的期望和要求对自我的认知、情绪、行为等方面施加管理和控制，使自我在这些方面的表现符合社会的期望和要求。

自控能力好的孩子往往呈现出良好的学习习惯，学业成绩也相对好一些。如果孩子的自控能力较差，习惯养成就会变得困难。

（3）快乐体验少。追求快乐、逃避痛苦是人类的本能行为，如果做一件事情让人很快乐，这件事情就容易坚持下来。如果感到痛苦，人们往往会选择逃避。个体有时在无意识的状况下做出了某一行为，他感觉到非常快乐，以后就重复做出同样的动作和行为，慢慢就形成了习惯。如果孩子在上课听讲、完成作业的过程中快乐体验很少，那么他就很难养成良好的学习习惯。

2. 家庭因素

（1）缺少学习氛围。榜样的力量是无穷的，如果父母喜欢看书、学习，家里面也有适合学习的书房，有一些藏书，孩子会在不知不觉中就开始了阅读。有研究指出，家庭书本量和父母阅读习惯对青少年的学业成就有显著的正向影响作用；书本量越多，父母阅读频率越高，青少年的学业成绩越高（李佳丽、何瑞珠，2019）。

（2）缺少良好的沟通。有研究发现，当孩子与父母的沟通越深入，内容越丰富，孩子在学习习惯方面就会表现得越好；民主型沟通方式中的父母与孩子关系和谐；相互尊重，孩子容易养成良好的学习习惯（张敏，2018）。但很多家庭的夫妻之间、亲子之间存在严重的沟通问题，在良好习惯建立方面，呈现出"家长单方面要求，孩子被动去做"的局面，孩子很多时候也并非真正知道该如何去做。

（3）对于既定规则缺少坚持。很多时候孩子已经做好了配合家长养成某项好习惯的准备，但家长却因为各种事情缺少了对孩子的监督；孩子也就在好习惯养成时出现三天打鱼两天晒网的状况，最后就不了了之。在养成好习惯的过程中，家长的坚持比孩子的坚持重要得多。

（4）引导时操之过急。受"望子成龙、望女成凤"的影响，很多家长希望孩子快速养成各种良好的学习习惯，没有意识到习惯的养成对年幼的孩子来说并非易事，需要一步步来。

（5）缺乏足够的训练和及时正向的反馈。培养孩子的学习习惯不是一朝一夕的事情，需要反复训练、强化。但很多家长对孩子的训练不够，还常常觉得孩子做得不够好，动辄批评、指责孩子，让孩子体验到了比较多的痛苦，内心产生较大抵触。

（6）孩子习惯养成时奖惩不当。孩子在养成习惯的过程中，做得好了没有奖励，做得差了没有惩罚，孩子的好习惯也就难以养成。

3. 学校因素

因为学校对良好习惯的养成缺乏重视，也缺乏培养良好习惯的方法，导致孩子在学校里难以养成良好的学习习惯；还有些学校因为疏于管理，形成了不良的校风、班风、学风，学生会潜移默化地养成一些不好的学习习惯。比如，有位八年级的学生讲道，他们很多同学晚上没有写完作业，早上到了学校"互帮互助"，抄袭其他人的。如果老师不去严加管理，这种班风就会影响到孩子良好作业习惯的养成。

4. 社会因素

苏霍姆林斯基认为，儿童学习习惯会受到社会环境、家庭教育和学校教育的影响。他指出，儿童的模仿性极强，社会环境中的污染，对孩子有不好的影响。

有一个初中生，他有一个叔叔初中没毕业，但现在是大老板，挣很多钱，生活也过得很好，他认为不学习也会有出息，学习习惯也基本没养成。

还有一些辅导机构帮助孩子短时间突击提升学科成绩，教给孩子怎么在考试中取得更好的成绩，不关注孩子良好学习习惯的塑造。

（二）教育策略

孩子学习习惯不良受到个体因素、家庭因素、学校因素、社会因素四个方面的影响，学校因素和社会因素需要从教育行政管理和社会文化塑造方面去完善，个体因素在很大程度上需要父母的合理应对，所以，下面主要从家庭方面提供教育策略。

1. 营造环境，榜样示范

榜样的力量是无穷的，父母说孩子十遍，不如自己做一遍。社会学大师费孝通也说过："孩子懂道理，经常不是听会的，而是看会的。"想要培养孩子良好的学习习惯，父母要先具备良好的学习习惯，孩子经常看到父母在读书、在做笔记、在不断思考，必定会潜移默化地养成学习的好习惯。

父母还需要帮助孩子营造良好的学习环境，就像医生进了手术室穿上手术服之后，转瞬间进入手术状态一样，孩子在书桌前坐定之后也需要找到学习的状态。如果学习的地方是餐桌，书桌是乱的，孩子学习时家里经常是酒气弥漫、烟雾缭绕的状况，孩子就很难静下心来学习。

2. 加强沟通，明确说明

因为孩子的自我认识能力比较差，具有片面性，父母和孩子沟通交流习惯问题时不够细致，容易导致孩子误解。所以父母在帮助孩子养成良好的学习习惯时，必须向孩子讲明白养成良好习惯对学习的重要性，并具体讲明要养成哪些良好的习惯，养成这些良好习惯需要克服哪些困难，让孩子心中有数，并落到实处。对于高年级的孩子，要给孩子讲清楚，良好的学习习惯对实现学习目标和人生目标的重要作用。

3. 制订计划，温柔坚持

可以制订习惯养成的一些计划，完成后有什么样的奖励，没有完成会有什么样的惩戒，预先做好规定。在纸面上做好记录，而不是口头做计划、口头定奖惩。之后，就需要温柔而坚决地去督导孩子完成计划。低年级的孩子可以每天进行计划的总结反思完善，高年级的孩子可以每周进行总结反思完善，关键是按照奖惩措施坚决执行，在孩子做得不够好时能够不带敌意地执行惩戒。

4. 循序渐进，具体指导

良好的学习习惯不能一朝一夕养成，要根据孩子的实际情况，区分主次、难易，逐步提出具体的切实可行的要求，有计划地逐步推进。

比如，一年级的孩子，父母能够引导他坐着认真听讲，保质保量地完成作业就已经非常好了，如果再要求孩子上课记笔记、主动思考，那就有些强人所难了；孩子到了高年级，需要家长引导孩子上课记笔记、主动思考。因为孩子的年龄不同，发展水平不同，培养习惯需要符合孩子发展的规律。

在引导孩子养成习惯的过程中，要注意指导的方法，忌随意惩罚，做不好就惩罚是不恰当的；忌变本加厉，不断增加作业、加重负担会出现负面效果；忌喋喋不休，父母的唠叨并不能促进孩子习惯养成；忌包办过多，孩子的事情父母都包办了，孩子还需要养成什么好习惯呢？正确做法是指出孩子的错误并予以纠正，让他知道你相信他能按你所期望的做好，即使他这次没做对。

5. 反复训练，及时反馈

良好学习习惯的形成，要靠孩子多次反复实践，只有反复训练并及时正向反馈，让孩子体验到养成好习惯是一件快乐的事情，孩子才会逐渐形成良好的学习习惯。比如，一些学校德育课程中的 90 天好习惯打卡活动，就是要求孩子在多次反复实践中去养成好习惯。

6. 奖惩分明，有效落实

孩子良好的学习行为需要肯定与奖励，不良的学习行为需要矫正与惩罚。孩子有好的学习行为时就去鼓励他："怎么这么厉害！""写得真好看！""真为你感到自豪！"对孩子的及时奖赏，可以是直接或间接的口头表扬，可以是对孩子微笑、点头等表情奖励，可以是竖大拇哥、拥抱、拍背等动作奖励，可以是看电视、玩游戏、郊游等活动奖励，也可以是孩子喜欢的衣食住行等方面的消费性奖励。

对孩子的适当惩戒，可以是皱眉、瞪眼、严厉的语言谴责；可以是剥夺孩子心爱的物品、参与喜欢的活动，可以是对孩子置之不理；可以进行墙角隔离、椅子隔离、罚站等；还可以是取消娱乐活动、取消资格特权等。但要注意，家长对孩子进行惩罚要做到"有言在先"。

四、学习毅力不足的原因分析及解决策略

毅力，指对长期目标的坚持及热情，它独立于认知能力，能促使个体努力工作、坚持长远目标。Duckworth 指出，智力相当的人之所以取得不同成就，很大程度在于其毅力水平的不同。

研究指出，在课堂上，毅力水平越高的学生更能高效地保持注意力集中、较少走

神，进而在几周甚至几个月后的课程目标实现方面更顺利，学习成绩也更优异。但很多孩子学习毅力不足，最终导致学业困难。

（一）原因分析

1. 父母没有重视毅力的培养

父母普遍重视孩子智力的培养，却忽视孩子毅力品质的培养。有的父母不了解毅力对孩子成长的重要性；有的父母过于溺爱孩子，不舍得让孩子吃苦；有的父母给予孩子太多的消极评价，使得孩子在面对困难时有比较多的消极思维，挫折应对能力不足。

2. 缺乏明确的理想目标

心理学家做过一个实验，先将第一组小白鼠放入水中，平均八分钟之后会溺亡。再将第二组小白鼠放进水中，在七分半钟的时候，放入一块木板，第二组小白鼠活了下来。之后，再次将第二组小白鼠放入水中，发现它们能够坚持到二十四分钟，可见目标很重要。孩子在成长过程中，如果没有明确的学习目标，孩子做事情就很难有毅力去坚持。

3. 对学习不感兴趣

有研究指出，无论是个体兴趣还是情境兴趣，都会影响知识学习效果——学习兴趣越大，对学习材料的情感反应越积极，因而学习的坚持性越强，思考越深入，对材料的记忆效果越好，学习成就越高。

如果孩子对学习不感兴趣，学习时就会索然无味，即使有一定的毅力，也很容易瓦解。

4. 延迟满足能力不足

美国斯坦福大学附属幼儿园做过一个著名的棉花糖实验，因而提出了延迟满足能力的概念。延迟满足能力就是指一个人克服当前的困难情境，放弃眼前的诱惑而获得更大目标、追求更大利益的能力。在随后几十年的跟踪观察中，发现那些能够为获得更多的棉花糖而等待更久的孩子，要比那些缺乏耐心的孩子更容易获得成功，他们的学习成绩要相对好一些，这些孩子在事业上的表现也较为出色。也就是说，延迟满足的能力越强，孩子越容易取得成功。但如果孩子的延迟满足能力不足，甚至很差，往往不易获得成功。

5. 挫折承受能力差

处在中小学阶段的孩子，时常会遇到一些挫折，面对挫败去完善自己会让人有更多的提升，但是有一些孩子挫折承受能力比较差，遇到一些困难情境时就会选择逃避甚至放弃。

（二）教育策略

1. 培养孩子的毅力品质

（1）参与运动与劳作。参与体育运动，参与家庭或学校组织的劳动，参与社会实践活动，参与生存体验活动，在这些活动中，孩子的毅力都会得到一定程度的训练。

（2）训练成长型思维模式。成长型思维模式是斯坦福大学心理学教授卡罗尔·德韦克提出来的。她认为，持有固定型思维模式的人认为智力是天生不可变的，具有固定水平，他们也不会为成功而努力。具有成长型思维模式的人相信，技能和学习能力可以通过努力和练习得到提高，他们把挫折和挑战看成提高能力的机会，不会长时间沉溺于失败，而是增强坚持下去的毅力。

训练孩子的成长型思维模式，第一步是接受，接受成长型思维与固定型思维并存，先静下来接纳这个想逃的自己。第二步是观察，观察最近是什么事情激发了这种固定型的思维模式，当时的感觉是怎样的。第三步是命名，给自己的固定型思维模式命名，比如把自己的固定型思维模式命名为"逃跑年"。第四步是自我教育，试着和想要逃跑的自己沟通，引导想要逃跑的自己学会挑战。

（3）签订毅力责任状。白纸黑字呈现出来的计划、承诺会更有力量。父母可以引导孩子签订毅力责任状，在责任状中呈现每天必须坚持的学习项目和运动项目，两个项目必须是具体化的、明确的，可以这样来写："为锻炼我的毅力，从今天开始，我要锤炼自己，我选择的项目是，每天记忆默写 20 个单词，每天跳绳 500 个，我承诺，每天坚持，风雨无阻。"

毅力责任状上需要注明见证人、责任人和时间范围。见证人是父母，责任人是孩子，时间一定是一个范围，最短持续三个月。

2. 帮助孩子确定理想目标

毅力是对长期目标的激情和坚持，如果没有长期的目标，那孩子往往就会松懈下来。帮助孩子确定长期的理想目标，再帮助孩子树立相匹配的短期目标，那孩子在实现理想目标的过程中就不会随便选择放弃。

3. 引导孩子喜欢学习

先从孩子最喜欢、最容易学好的科目开始，逐渐培养孩子对其他学科的学习兴趣。虽然有些孩子感兴趣的学科比较少，很难对学校开设的课程都感兴趣，但是只要孩子对某些学科感兴趣，他就能坚持学习。个别孩子对所有的学科都不感兴趣，那就需要家长发现孩子的特长优势，让特长优势成就孩子。

4. 训练延迟满足能力

父母可以尝试着对孩子的一些需求推迟满足的时间，但不要推迟得太久；减少孩子面对诱惑的时间，比如把孩子卧室的电脑放到客厅里；还可引导孩子通过付出劳动或努力来获得满足。

5. 提高孩子的挫折承受能力

首先，父母要无条件地接纳和理解孩子，特别是年龄小的孩子，因为孩子小，遇到困难容易退缩，父母要理解和接纳孩子的退缩。

其次，父母轻松的生活态度对孩子的挫折承受能力有很好的帮助，要让孩子感觉到不是随随便便一个挫折就让父母悲观消极了，要让孩子感受到，父母面对困难挫折时会积极努力去应对。

再次，遇到苦难，孩子难免会有一些负面情绪，家长可以引导孩子将自己的负面情绪宣泄出来，而不是压抑在内心，导致自己最后无力承担。

最后，父母要通过挫折教育，提高孩子的挫折应对能力。比如：阅读名人的励志故事；设置挫折情境，让孩子设法解决；等等。

参考文献：

[1] 覃蓉，周洪涛，刘娟，等. 早期干预对脑损伤综合征患儿智力发展的影响 [J]. 中国康复理论与实践，2010，16（1）：52—53.

[2] 胡继红，张惠佳，郭春光，等. 早期认知干预对脑损伤综合征患儿智能发育的影响 [J]. 中国优生与遗传杂志，2012，20（2）：117—119.

[3] 李泽清. 运动、多巴胺与学习记忆 [J]. 体育科技文献通报，2014，22（2）：130—131.

[4] 荆敏菊. 中小学生电子产品使用状况及其对心理发展影响与对策的研究综述 [J]. 现代教育科学·普教研究，2015（4）：77—79.

[5] 韩翠萍，李太龙. 动画片对小学生心理发展的影响及其对策研究 [J]. 教育现代化，2017（4）：199—200.

[6] 倪海. "习得性无助"学生及教育对策 [J]. 南昌师范学院学报，2002，23（005）：29—32.

[7] 杨心德，徐钟庚，陈朝阳. 初中生的自我有效感及其对学习目标的影响 [J]. 心理发展与教育，1993（3）：11—16.

[8] 李晓勇，陈郁郁，麻威武. 论自主学习中学习目标设置的作用及原则 [J]. 现代教育科学·普教研究，2005（4）：15—16.

[9] Ormrod J E. 学习心理学 [M]. 北京：中国人民大学出版社，2015：91—380.

[10] 安妮塔·伍尔福克. 教育心理学 [M]. 北京：机械工业出版社，2012：306—352.

[11] 杨元魁. 学生的情绪智力可以预测学业成绩 [J]. 中国科技教育，2020（1）：5.

[12] 何宏灵，杨玉凤，刘灵，等. 家庭环境和个性对小学生学习成绩的影响研究 [J].
中国儿童保健杂志，2006，14（2）：122—124.

[13] 雷晓梅，宁宁，刘利，等. 家庭环境和教养方式对小学生学业成绩的影响研究
[J]. 中国儿童保健杂志，2019，27（9）：962—966.

[14] 李庆丰. 培养孩子良好习惯要有意识地去做 [J]. 少年儿童研究，2004（12）：32—34.

[15] 李佳丽，何瑞珠. 家庭教育时间投入、经济投入和青少年发展：社会资本、文化
资本和影子教育阐释 [J]. 中国青年研究，2019（8）：100—101.

[16] 张敏. 亲子互动对小学生学习习惯影响的研究 [D]. 长沙：湖南大学. 2018：36—37.

[17] 吴昕宇. 初中生毅力现状调查与促进策略研究 [D]. 上海：上海师范大学，
2019：12—17.

[18] 董妍，俞国良. 青少年学业情绪对学业成就的影响 [J]. 心理科学，2010（4）：
936—937.

[19] 黄樊. 成长型思维模式：让孩子走得更远 [J]. 湖南教育：上旬（A），2020
（11）：38—39.

[20] 刁春婷，周文倩，黄臻. 小学生成长型思维模式与学业成绩，生活满意度的关系：
学业自我效能感的中介作用 [J]. 心理与行为研究，2020，18（4）：524—528.

[21] 秦桂花，蒋泽法，王敦淼. 中小学生成长型思维模式现状与学习成绩的关系 [J].
2020（7）：123—124.

[22] 蔡红梅，冯越晨. 儿童延迟满足能力的影响因素研究及其教育启示 [J]. 陕西学
前师范学院学报，2020，36（8）：60—65.

作者简介：

张光年　山东行知青少年发展研究中心理事长，济南大学教育与心理科学学院实践教学校外指导教师，国家二级心理咨询师

儿童青少年情绪问题分析及解决策略

孔　屏

情绪一般分为积极情绪和消极情绪。现在觉察一下，自己最近的情绪更多的是积极情绪还是消极情绪？

积极情绪包括开心、喜悦、高兴、愉快等。

消极情绪包括担心、伤心、难过、焦虑、孤独、抑郁、恐惧、愤怒、悲伤等。

积极情绪和消极情绪对我们成人都有很大的影响，对儿童的影响就更大，因为儿童还不成熟，遇到问题的时候难以把控自己，容易受到事件的干扰。

积极情绪对儿童有更多积极影响，它能提高儿童的学习效率，增强儿童的自信心、自尊感，有利于儿童的身心健康。消极情绪更多地给儿童带来消极影响，它会降低儿童的学习效率，令儿童丧失信心甚至丧失生活的希望，会极大影响儿童的身心健康。

美国某医学院研究所做了一个著名的试验，研究人员先将 45 名脾气、秉性完全不同的青年划分为三组。

第 1 组：性情暴躁、敏感、多疑，容易情绪波动。

第 2 组：心态平稳，性格安静，懂得知足，为人和善。

第 3 组：明显外向、积极、乐观、开朗。

30 年后发现，三组人群呈现明显的差异，45 名被试者中患心血管疾病、癌症或是精神障碍的比例，第 1 组高达 73%，第 2 组只有 25%，第 3 组只有 26%。

可见，健康平稳的情绪是身体健康的基础。

消极情绪对人只有消极影响吗？答案是否定的，消极情绪更多地给我们带来消极影响，但是消极情绪也有积极意义。

比如抑郁。有的孩子处于抑郁状态甚至是患了抑郁症，那么孩子在向家长表达什么？孩子没有感受到爱，在家里没有归属感，在班级中没有存在感。所以，孩子抑郁的积极意义就是唤醒周围的人好好爱他。

比如焦虑。有的孩子在中考或高考之前表现出焦虑，适度的焦虑会提高孩子的考试成绩，因为焦虑说明他很重视、非常在意这次考试。所以孩子对某个事情焦虑，说明他有担当意识。如果孩子没有责任感，不愿意担当，在面临任务的时候，他也就不会焦虑。

比如恐惧。有的孩子害怕水，那么他会选择远离水域，自然就避免了溺水；有的孩子恐高，就会避免高空坠落的危险。所以，孩子的恐惧反应，其实是一种很好的自我保护。当然，这是指一定程度的恐惧，如果恐惧过了头，势必影响他的身心健康。

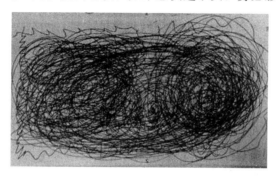

当你看到这个图的时候，开心吗？愉快吗？兴奋吗？虽然你不知道画的是什么，但你会觉得很烦乱，甚至有点压抑。这是一个中学生的情绪表达，从这幅画上，我们能感受到他的压抑、烦躁。

消极情绪对人有更多的消极影响，我们要尽力减少孩子的消极情绪。

不同的情绪产生的根源是不同的。总体来讲，消极情绪产生的原因主要有以下四个：

一是生物性因素。有的人有失眠、睡眠差、易惊醒等睡眠问题，他因而易焦虑紧张；有的人躯体不适，或者是经常生病，也容易紧张、焦虑或者伤心、难过。

研究者麻馨月在 2016 年的研究发现，青少年睡眠质量对情绪体验具有预测作用。睡眠质量越好，孩子可能会越开心，越容易产生积极的情绪。如果一个孩子睡眠质量非常差，那他就越容易出现消极的情绪情感。

二是社会性因素。主要是负性事件，如失恋、考试失败、受侵害等。

例如：有一个八年级女生和同学们一起去看电影，在影片即将结束的时候，班里一个男生趁着黑暗狠狠地抓了这个女生的胸部。这个女孩从此再也不敢上学了，特别害怕男生对她的侵犯。所以，受侵害也会导致孩子产生强烈的恐惧、愤怒等情绪体验。

三是认知因素。主要是非理性思维、错误认知等。

四是个性因素。有的孩子特别内向，非常敏感多疑，和人交往会不自信，甚至出现回避心理，产生焦虑感；有的孩子有强迫症、苛求完美，总是对自己不满意，也容易产生消极的情绪情感。

下面，我们针对孩子常出现的焦虑、恐惧、抑郁和愤怒情绪做原因分析，并给出家庭解决策略。

一、儿童青少年过度焦虑的成因及解决策略

过度的紧张或焦虑会引起躯体化现象，即由于心理问题而导致躯体症状，如无病理的发烧、头疼、呕吐、恶心、腹疼等。

当孩子出现以上症状，去医院检查未发现任何生理方面的原因时，很可能是孩子出现了心理问题，需要寻求心理方面的帮助。

（一）儿童青少年过度焦虑的原因

适度的焦虑，有助于我们的学习和工作。但是一个人一周超过 5 天感觉非常焦虑、紧张甚至丧失了一些功能，这就是过度焦虑了。

波贝认为产生焦虑的原因有两类：

第一是逃避陌生事件。比如：妈妈想带孩子参加朋友聚会，在朋友圈中没有孩子认识的人，孩子又不愿意去见陌生人，他就非常焦虑并导致呕吐、发烧等症状，这样父母就不会带孩子去了。所以，孩子通过焦虑引发一定的躯体症状，从而回避了他要接触的陌生事件或者陌生场景。

第二是与依恋对象分离。孩子的依恋对象更多的是父母，尤其是母亲。当与父母分离时，孩子难免焦虑。

下面主要从个体和家庭两个因素分析孩子过度焦虑的原因。

1. 个体因素

（1）个性敏感、怯懦、安全感低。如果孩子生来是敏感、怯懦的，在成长过程中没有获得安全感，会导致他的安全感非常低。当他到一个陌生场景中，就特别害怕别人对自己不友好甚至欺负自己，产生较为严重的焦虑情绪。

（2）自身能力弱。比如，孩子和小朋友一起跳绳，小朋友一分钟跳绳 200 个，他却跳不了 5 个，这时候，他能不紧张、焦虑吗？小朋友投篮一投一个准，而他连篮筐都碰不到，当孩子们相约着去打篮球的时候，他能不焦虑吗？所以，自身能力弱的孩子往往会出现更多的焦虑。

（3）有惊吓史。比如，孕妈妈走在马路上，突然遇到一辆车紧急刹车，因而受到惊吓，孩子在母体里也受到刺激，他出生之后听到刺耳的刹车声时，也可能会非常紧张、焦虑，也特别担心走路时发生意外。所以，如果孩子在成长过程中受到过惊吓，也容易过度焦虑。

（4）认知问题。比如，有的孩子觉得只有学习好才能得到老师喜欢，一旦考砸了就认为老师肯定不喜欢自己了。有了这样的非理性思维，每次考试之前，他就会特别害怕考砸了，从而异常紧张、焦虑。

2. 家庭因素

（1）教养压力。山东师范大学刘莉教授和王美芳教授在 2018 年的研究表明，母亲教养压力既能直接影响儿童内化问题行为，也能通过母亲体罚间接影响儿童内化问题行为（情绪问题）。父母压力大，通过体罚孩子来释放自己的压力，就同时导致孩子出现一些内化问题，产生焦虑、恐惧等不良情绪。

（2）婚姻质量差。研究发现，父母的婚姻质量与学前儿童焦虑呈显著负相关（宋占美，王美芳，王芳，2019）；父母之间的婚姻质量越高，儿童焦虑水平越低。儿童的多种焦虑症状（如分离焦虑）均与父母的婚姻障碍、家庭内部关系紧张有关（罗增让对 3～18 岁儿童青少年的研究结论）。儿童 5 岁前父母的婚姻关系不良和婚姻破裂会增加儿童在 14 岁时出现焦虑、抑郁症状的风险（Spence，Najman，Bor，Callaghan & Williams 的一项追踪研究）。

（3）父母体罚。王美芳教授和她的团队研究发现，父亲和母亲的心理攻击均与学前儿童焦虑存在显著正相关；父亲体罚与学前儿童焦虑存在显著正相关；母亲体罚与学前儿童焦虑不存在显著正相关。如果父母对儿童有很多攻击行为，不管是语言上的还是身体上的，都将导致学前儿童焦虑水平提升，父亲对儿童有体罚行为会导致儿童更焦虑。

（4）父母焦虑的传递。如果父母焦虑，孩子也非常容易焦虑，不管是先天遗传，还是后天影响。

（二）解决策略

孩子个体方面的原因会导致孩子过度焦虑，但这种焦虑更多是来自父母的不当养育，所以我们接下来主要从父母层面给出解决策略。

1. 给孩子提供稳定、安全的家庭成长环境

根据情感安全性理论，如果父母能够让儿童感到家庭是稳定的、安全的，能够满足自己的需求，就能满足儿童对家庭的基本需要，使儿童获得情感安全性。

一位父亲在网上咨询："孔老师，我们两口子是不可能和谐相处的，没有办法给孩子提供一个健康的成长环境。"我说："你不是不能，而是你不愿意。"他说："我很愿意，但是我改变不了我老婆。"我说："爱不是改变对方，而是去成全对方。"我请他思考两个问题：第一，这么多年来，他到底为妻子做了什么？第二，他值得他的妻子爱

吗？这两个问题让这位父亲深受触动。原来他有太强的执念，总觉得"你只有爱我，我才爱你；你不爱我，我是不可能爱你的"。由于俩人的婚姻关系非常糟糕，孩子到了青春期，被诊断为重度焦虑症。

所以，父母一定要设法解决自身的生活压力，和谐夫妻关系，提高婚姻质量，杜绝体罚孩子，给孩子提供安全的成长环境，当感觉家庭关系紧张的时候，就要选择自我成长，不管是看书学习、听专家报告，还是参加工作坊，都能够有效地帮到自己。当然，每个人的早年经历不同，成长的速度和效果会有差异，不要着急。

2. 提高教育能力

作为父母，首先要提高自己的教育能力。

（1）科学教养。父母要掌握科学教养的理念和方法，对孩子有信心，自身要有自尊感，同时给孩子足够的尊重；在孩子成长过程中，给他树立明确而恰当的目标。很多父母给孩子定的目标太高了，不仅引发孩子的焦虑，还因为难以达到，孩子容易自暴自弃。所以父母要降低期待，让孩子容易达成目标并获得成就感，从而产生更多的积极情绪。

（2）积极暗示。许多父母总是给孩子消极暗示，比如，考试前很多父母会告诉孩子"千万别紧张"，但是孩子的焦虑水平反而会上升。父母应告诉孩子要"沉着""放松"，这类积极的暗示才能降低孩子的焦虑水平。

（3）良性沟通。很多亲子之间的沟通是有障碍的，良性沟通是指在沟通中能够互相体察和感受到对方的感受，不仅清楚地表达自己，而且能够理解并尊重对方的表达，是一种和谐、包容的沟通方式。

3. 孩子的个性锤炼与能力提升

在孩子成长过程中，父母一定要重视孩子的个性锤炼与能力提升，多带孩子到大自然、到社会中去，让孩子和不同的人、事、物打交道，孩子的能力增强了，安全感提高了，认知正确了，焦虑水平自然下降。

4. 自我放松训练

当孩子有焦虑情绪时，马上采用一些简单易行的放松方法，让孩子的焦虑水平迅速下降。如深呼吸法、肌肉放松法、穴位按摩法等。

5. 专业心理辅导

（1）一对一个别咨询。当孩子使用以上策略均无效的时候，说明他的焦虑水平太高了，通过自我调节已无法帮助自己，建议父母带孩子寻求专业咨询。心理专家面对面、一对一的咨询，是目前咨询当中最有效的方法之一。

（2）团体心理辅导。在团体心理辅导中，每个孩子都是他人的镜子，其他孩子也是我们自己孩子的镜子。孩子通过别的孩子看到自己的问题，当然他也会发现其他孩子的问题。比如有的孩子非常焦虑，他发现和自己在一起的同学也焦虑，因为大家都焦虑，他突然感觉自己不是例外，反而会降低他的焦虑水平，当然这不是主要的，重要的是通过一些课程设置，可以让孩子找到自信、克服焦虑。

二、儿童青少年恐惧心理的成因及解决策略

儿童在发育过程中会对某些事物产生恐惧、害怕，恐惧的对象可以是某些具体事物，如动物、陌生人、水，也可以是一些抽象概念，如被丢失、死亡、被拐骗等。

（一）恐惧产生的根源

1. 个体因素

（1）生物性因素。美国南佛罗里达大学医学院著名精神病学教授戴维德·西汉发现：社交恐惧症的发病是因为人体内一种叫"5-羟色胺"（又称血清素）的化学物质失调，这种物质负责向大脑神经细胞传递信息以控制人的情绪。如果这种物质过多或过少，都可引起人们的焦虑恐惧情绪。

（2）能力低下。能力低下的孩子会产生更多的焦虑恐惧情绪，比如当孩子们相约去踢球，孩子害怕自己踢不好被同学们笑话，就容易产生恐惧心理。

（3）知识欠缺，经验贫乏，自我效能感低。知识欠缺的孩子也较多地容易产生一些恐惧心理，比如孩子上课的时候，很多孩子积极举手回答老师的问题，受到老师表扬，但有的孩子知识非常欠缺，每当老师提问，他都特别恐惧；有的孩子虽然知识较多，但是社交经验很少，到了社交场合，他会特别害怕别人欺负自己，或者害怕不被别人重视，因而产生比较严重的恐惧心理；有的孩子自我效能感低，觉得自己不行、不好、没有价值，当他去做事情的时候，往往会产生比较强烈的恐惧反应。

（4）对死亡的恐惧。不管是孩子还是成年人，有相当多的人在死亡这个课题上，没有接受过恰当的教育，不了解生命的意义，不接纳生命的离开。有的人父母去世多年，却一直活在丧失亲人的悲痛当中，冷落了眼前的孩子，导致孩子也特别害怕死亡。

（5）青春发育期性压抑、性误解。进入青春期的孩子有了性的需要，但又没有合理的宣泄途径，加上父母和老师忽视对孩子的性教育，导致很多孩子对性有误解，产生性压抑，甚至有性罪恶感，生活在恐惧当中。

2. 社会创伤性事件

（1）家庭出现较多冲突。比如父母之间、父母与孩子之间的争吵、冷战，甚至大

打出手，都会让孩子活在惊恐之中。

（2）有被抛弃的经历。心理学上的抛弃和我们日常理解的抛弃不一样。生了女孩就不要了，这叫抛弃，被抛弃的孩子往往有非常强烈的恐惧心理；生了孩子以后让老人或者保姆抚养，自己较少和孩子在一起，这是心理学上的抛弃；孩子考砸了，家长发火，把孩子关到门外，对孩子说"我不要你了""你是一个不听话的孩子""你是一个不喜欢学习的孩子""你是一个失败的孩子"，这也是对孩子的抛弃。孩子一旦有这些被抛弃的经历和感受，往往产生强烈的心理恐惧。

（3）有被恫吓的经验。我们成年人经常吓唬孩子，"你不好好吃饭，医生会来给你打针""再不听话，警察来抓你""我再也不要你了"，这些话会给孩子造成严重的心理创伤，常常激起孩子莫名其妙的恐惧反应。

（4）受到过强烈刺激。比如孩子在路上被恶狗追赶，妈妈开着车遭遇车祸，这些突发事件对孩子造成强烈刺激，如果孩子未及时做心理辅导，恐惧会伴随孩子相当长的时间。

（5）受同龄人拒绝、排斥甚至欺负。孩子在与同学交往中受到拒绝、排斥，甚至遭遇校园欺凌，这些孩子的恐惧心理也会很严重。

（6）未了事件对个体的牵绊。有的父母早已离婚了，但是从来不告诉孩子，总是在孩子面前掩饰；有的家里有癌症患者，但家人总是不愿意面对现实，对患者隐瞒病情，在孩子面前也遮遮掩掩。这样的未了事件，如果不去正面面对，会成为家庭中特别不安定的因素，导致孩子出现莫名其妙的恐惧反应，虽然他不知道为什么，但他就是觉得害怕。

（7）性创伤。孩子被性骚扰甚至被性侵犯了，这个孩子就会出现较多的恐惧反应。

（二）应对策略

1. 营造安全温暖的家庭心理氛围，让孩子有家庭归属感

如果一个家庭今天争吵，明天冷战，孩子会被恐惧笼罩，既害怕爸爸妈妈吵架，又担心他们离婚，还会设想他们离婚后自己该跟谁，是否会被遗弃。孩子每日都生活在这种恐惧里，很难不出问题。所以，夫妻两个要学会放下执念，为了婚姻幸福，也为了孩子健康，努力解决自身问题，让家庭温暖安全。同时，要学会爱孩子，让孩子有家庭的归属感，避免让孩子有被抛弃的心理感受。

2. 对孩子的恐惧恰当反应

假如孩子有 100 分的恐惧情绪，父母最多有 60 分就可以了。但在现实生活中我们发现，孩子被别人欺负了，孩子已经平静了，父母仍特别生气，特别愤怒，特别担心

"孩子去学校再被欺负了怎么办？"由于父母的焦虑、恐惧远远超过孩子，反而加重了孩子的恐惧心理。所以，家长要尽力控制好自己的消极情绪，以免产生叠加效应。

3. 增加孩子的生活经验和常识，让孩子拥有更好的朋伴关系

如果一个孩子有非常多的生活经验，会打球，能穿针引线，有非常好的爬山经验，遇到突发事件能随机应变……这样的生活经验和常识越多，孩子恐惧会越少，而且会交到更多的朋友，拥有更好的朋伴关系。

4. 用行为训练法改变孩子的恐惧心理

比如孩子怕黑，第一步，带孩子到一个很黑的地方，先领着他的手一起走，一直到他不再害怕为止。第二步，放开孩子的手，两个人并肩走，但是没有肢体接触，父母就在孩子的身边，一旦有危险，父母会第一时间保护孩子，一直坚持到他不再害怕。第三步，父母在前面 50 米处等着，让孩子自己一个人走过来，并不断地语言鼓励，"放心就好了""爸爸妈妈就在前面""勇敢地向前走"。当孩子顺利走过 50 米，再慢慢把 50 米延长到 100 米、200 米，最终，孩子不需要父母在前方等着他，逐渐克服了恐惧心理。

5. 接受事实

家庭中有重大的事件，父母不需要掩盖，建议父母把事实的原貌呈现给孩子，以免孩子产生莫名其妙的恐惧。保证家庭环境是真实的，让孩子没有那种虚假的、刻意营造的所谓安全感。

6. 科学的性教育

科学的性教育在夫妻两个人准备要孩子的时候就要开始了，孩子的性教育需要父母来完成，而不是依赖学校和老师。男孩由爸爸谈，女孩由妈妈谈，要让青春期的孩子明白，自慰、性梦、性幻想都是很正常的。同时，让孩子学会自我保护，避免遭受性创伤。

三、儿童青少年情绪抑郁的成因及解决策略

抑郁症状是青少年时期常见的社会心理问题之一，呈情绪低落、失去兴趣、自我贬抑、容易疲劳等表现，与社交问题和低社会幸福感等多种发展问题相关（Verboom，Sijtsema 等，2014）。

（一）儿童青少年情绪抑郁的原因

1. 个体因素

（1）生物因素。血清素、多巴胺、去甲肾上腺素等含量的降低会对大脑的功能产

生影响，严重的话可能会导致抑郁。

（2）个性特点。抑郁质气质类型的孩子，内向、不擅表达的孩子，抑郁的倾向性更大一些。

（3）心理因素。有强烈的不被爱的感受，价值感、存在感、归属感低，存在与压力事件有关的消极认知和内归因倾向，都容易导致孩子抑郁。

一个学生在 2019 年暑假参加英国游学团，他是一个重度抑郁症患者，休学一年在家里做治疗。经过游学过程中的考察，我明白了孩子为什么会抑郁。我们出发的时候，要求父母和孩子全部到济南站集合，而且把具体集合的信息都发给了父母，出发前又打电话叮嘱父母一定要把孩子送到济南站，可这个孩子的父母却把他送到了济南西站。不可思议的是，回来的时候，我们特别叮嘱这对父母到济南西站接孩子，结果这对父母又去了济南站。这个孩子为什么抑郁？他实在感受不到父母的爱。如果父母真的爱孩子，会很重视孩子的事情，而不是两次都去错了地方。

有研究发现，倾向于对消极生活事件的原因做出内部的稳定的总体归因的个体，在遭遇压力时更可能无助和抑郁，这种消极的归因是抑郁发展和维持的危险因素（Seligman & Teasdale，1978）。

2. 社会负性事件

（1）学业失败。张文新教授在 2014 年的研究发现，对我国青少年而言，学业失败构成重要的负性事件，已有多项研究发现了低学习成绩与抑郁症状之间的关系。

（2）受侵害经历。研究发现，受侵害的经历可预测儿童青少年随后的焦虑/抑郁和退缩/抑郁（Ettekal & Ladd，2013）。身体侵害、关系侵害均可以显著预测儿童当时的抑郁等内化问题（张文新等，2009；纪林芹等，2011）。当孩子受到身体攻击、身体伤害或者关系伤害时，孩子更容易出现抑郁。

（3）不良同伴关系。不良同伴关系与青少年的抑郁密切相关，抑郁的青少年不仅有更多被同伴拒绝和侵害的经历，还具有较差的友谊质量（Borelli & Prinstein，2006）。如果一个孩子在学校有良好的同伴关系，至少有三五个好朋友，他就更喜欢去上学，他的焦虑、恐惧尤其是抑郁方面的情绪就会较少。

（4）家族中有人被排除在外。出于各种原因，下列成员在家庭中很少被提及：家庭中意外死亡的人，流产或者堕胎的孩子，出生不久就夭折的孩子，家庭中被判刑的人，等等。但这些人都属于家族系统的一员，若是被有意或无意地排除在外，就不可避免地对活着的家族成员尤其是孩子产生非常大的影响，抑郁是最常见的情况。当然，很多人不理解这一点，建议看看有关家庭系统排列的书。

3. 母亲抑郁

母亲作为青少年的主要抚养者和重要社会支持来源，其抑郁是导致青少年抑郁的重要因素（Garber & Cole，2010；Hammen，Shih & Brennan，2004）。

母亲抑郁既可能通过遗传增加子女对抑郁的易感性，还可能通过母亲的消极认知、情感、行为以及给子女营造的压力性生活环境导致青少年的抑郁（Goodman & Gotlib，1999）。

（二）解决策略

1. 个体方面

（1）改变饮食，加强运动。让孩子至少保证每天 1 小时以上的运动，最好达到大汗淋漓的程度，以充分释放消极情绪，促进多巴胺分泌，让孩子从内心里快乐起来。除了运动之外，还要调整饮食，比如吃香蕉、苹果、黑巧克力等。研究发现这些食物能够提高孩子的兴奋性，让孩子适当摆脱抑郁。

（2）可以通过干预措施引导孩子形成积极的认知和行为模式。如使用"转移"式策略（将关注焦点从引起消极情绪反应的事件上转移至别处），而不是进行冗思（纪林芹等，2017）。转移孩子的注意力，让孩子去做一些对他人、对社会有用的事。

（3）用心感受爱。不爱孩子的父母是很少的，孩子有必要用心体会父母别样的爱，而不是纠结父母不当的做法。

2. 减少社会负性事件的发生

（1）减少压力来源。尽力减少青少年的压力来源才是对抑郁更为有效的干预方式（杨逸群等，2020）。

一个八年级女孩，七年级前还挺好，上八年级后情绪不稳定，容易悲观，老说很烦，成绩直线下滑，尤其是因疫情上网课之后。父亲着急她的学习，感觉孩子没有学习动力，导致父女经常吵架。在父亲的指责下，孩子逐渐抑郁，甚至出现了自杀行为。

所以，在孩子学业落后、受到侵害等特别需要帮助的时候，父母要学会关爱、支持和肯定孩子，减少压力来源。

（2）帮孩子建立同伴友谊。友谊的建立使得个体拥有更多情感表达和调节的机会，可使青少年感受到支持和理解（Rubin & Bukowski，2006），他的抑郁情绪就会减少。

3. 构建家庭支持系统

母亲抑郁或孩子抑郁的家庭，往往提示家庭缺少支持系统。所以，要让母亲和孩子摆脱抑郁，家庭中的其他成员要对他们多一些温暖、理解和支持，让他们感受到来自家庭成员的爱，感受到自身的价值。同时，父母要承认和尊重家庭中的每一个成员，包括在世的和不在世的，那么孩子就会感受到家族的力量。

4. 医学治疗

前述的方式使用一段时间后，如果发现孩子并没有摆脱抑郁，建议带孩子到医院精神科做相关检查，可以在医生的诊断下用药或者住院治疗。

四、儿童青少年愤怒情绪的成因及解决策略

（一）儿童青少年产生愤怒的原因

1. 被忽视

孩子长期得不到父母的关心爱护，尤其是有了二宝、三宝的家庭，我们会发现大宝动不动就生气。他用生气的方式在表达什么？他在向父母表达自己被忽视了，尤其是有了弟弟妹妹之后，似乎父母再也不爱他了，所以他会踢踢打打，说一些不好听的话，甚至会直接攻击弟弟妹妹，把自己对父母的不满、愤怒发泄在弟弟妹妹身上。

2. 被指责

"这么简单的题你都不会做？""我怎么生了你这么个废物？"……受到父母和老师指责的时候，孩子往往充满愤怒。

3. 被压抑

有的父母对孩子要求很严："你是好孩子，你不能撒谎，不能说脏话""打不还手骂不还口，这才是君子所为"。孩子长期处于一种被压抑的状态，不良情绪无法及时宣泄，常常处于愤怒状态。

4. 被贬低

"你真傻，连这么一个小题都不会做。""再学不好，你将来连大街都扫不干净。"很多父母没有意识到，这是对孩子人格和能力的贬低，孩子会充满愤怒。

5. 被打压

一个妈妈问我，孩子爸爸生气时常砸东西，对孩子心理影响大吗？我反问："你觉得呢？"妈妈回答说肯定很大。当父母生气砸东西的时候，孩子不仅恐惧，而且特别愤怒。

孩子小，还不能反抗，当他大了，尤其是进入青春期后，孩子感觉到自己的个儿比父母高、力量也足够强大了，有的孩子会把他早年所受到的父母的不正确对待狠狠地报复到父母身上，所以提醒父母一定要做好自己的情绪管理。

（二）应对策略

很多孩子的愤怒是父母愤怒的承接。当父母向孩子发火，孩子就转而朝着弱小的

同学发火；当父亲在孩子小的时候发了很多的脾气，打骂孩子，摔打东西，等孩子长大了，他会狠狠地还回来。所以，要消解孩子内在的愤怒，一方面父母要做好自我的成长，治愈好自己的心理创伤，学会情绪管理，掌握科学有效的教育方法，给到孩子足够的接纳、尊重、理解、支持、肯定和赞赏。另一方面也要引导孩子的成长，允许孩子发泄愤怒，可以让孩子摔枕头、到空旷处大喊，总之以适当的方法和策略释放愤怒。另外，要让孩子到生活中接受更多的磨炼，不断提高自己的能力，认识到自己的价值，感受到成功的快乐，愤怒的"怪兽"也就不会缠着孩子了。

如果孩子经常被愤怒情绪困扰，带着孩子及时寻求专业人士的帮助，是父母的明智之举。

参考文献：

----

［1］宋占美，王美芳，王芳. 父母婚姻质量与学前儿童焦虑的关系：父亲和母亲严厉管教的中介作用［J］. 中国临床心理学杂志，2019，27（1）：167－171，1005－3611.

［2］罗增让. 儿童焦虑内容及其相关因素的调查研究［J］. 心理科学，1998，21（1）：88－90.

［3］Spence S H，Najman J M，Bor W，et al. Maternal anxiety and depression，poverty and marital relationship factors during early childhood as predictors of anxiety and depressive symptoms in adolescence［J］. Journal of Child Psychology and Psychiatry，2002，43（4）：457－469.

［4］Verboom C E，Sijtsema J J，Verhulst F C，et al. Longitudinal associations between depressive problems，academic performance，and social functioning in adolescent boys and girls［J］. Developmental Psychology，2014，50（1）：247－257.

［5］董会芹，张文新. 幼儿同伴侵害问卷的编制［J］. 学前教育研究，2009，23（11）：43－47.

［6］张文新，陈亮，纪林芹，等. 童年中期身体侵害、关系侵害与儿童的情绪适应［J］. 心理学报，2009，41（5）：433－443.

作者简介：

孔　屏　山东师范大学家庭教育研究中心主任、应用心理学教授

儿童青少年关系问题分析及解决策略

孔　屏

儿童青少年发展得好或者不好，是如何评价的？

有关专家认为，儿童青少年发展或者叫儿童青少年适应，包括四个核心内容。

一是行为适应。有良好行为，没有或有较少问题行为，如攻击、破坏、违纪行为等。

二是学业/职业适应。儿童的学校参与情况，学习能力，良好的学业成绩，未来能胜任工作等。

三是情绪适应。维持积极情绪，没有或有较少消极情绪，主要包括抑郁、孤独、焦虑等。

四是人际适应。在同伴群体中的关系情况，主要包括同伴接纳、不被同伴拒绝、有好朋友。

基于儿童青少年发展的这四个核心内容，儿童青少年常见问题分为行为问题、学业问题、情绪问题和关系问题。前面已分别讲述了前三个问题，本讲讲述儿童青少年关系问题。

一、自我关系

儿童自我关系在发展中出现的问题主要有两个，一个是自我否定，"我不好""我不行""我没有价值"等；一个是自我冲突，一会儿觉得自己行，一会儿觉得自己不行，处于矛盾、冲突和撕裂状态。这些否定和冲突是怎么造成的呢？

（一）自我否定与冲突的原因

1. 吃手、吃脚、啃咬物体被阻

孩子从小吃手，再大一点能把小脚丫搬起来送到嘴边，再就是啃咬他随手拿到的东西。但是当孩子吃手、吃脚、啃咬物体时，很多父母予以禁止，老一代人还会用小褥子把孩子裹得紧紧的，不让他乱动。看到孩子吃手，父母一来觉得脏，二来担心把小手吃出什么问题来，所以就去干预。这些父母不懂得，孩子的发展就是从吃手、吃脚开始的。通过啃咬，孩子分辨出我是我、他是他，这就是客、我两分。同时，孩子

从啃咬物体中开始认识这个世界，啃咬的物体是硬的还是软的，甜的还是酸的，由此形成对世界初步的认识。所以，父母要明白孩子吃手、吃脚、啃咬物体的意义，除非有危险，否则不要动辄去干涉。

2. 未得到父母及时、积极的回应

孩子可以从父母的回应中确认自己是否被爱，是否可爱，是否有价值。常常看到一些孩子在床上哭得撕心裂肺，父母却置之不理，因为父母认为"抱起来就放不下了"。但父母的这种漠视，会让弱小的孩子感觉父母不爱自己、自己被抛弃了、自己是不可爱的。有的父母经常说"你不听话爸爸妈妈就不要你了"，想以此逼迫孩子听话；有的父母和孩子说话的时候，很少有目光注视，孩子无法从父母的行为和眼睛里确认自己，这都会导致孩子自我发展受阻。

3. 随时随地大小便导致孩子缺乏自控力和边界感

父母在孩子上小学之后，都希望孩子有自控能力、能够养成良好习惯，但是很多父母并不知道孩子自我控制和习惯养成的关键期并不是在小学，而在于早期对孩子大小便的训练，孩子在学会控制大小便的时候便学会了控制自我。

现在很多孩子出生后就带着尿不湿直到两三岁，大小便可随时排泄，孩子不需要控制自己、约束自己。小时候缺少定时定点排便训练，会导致孩子缺乏自控力和边界感，也导致自我发展受阻。

4. 自我探索被严重阻隔

孩子从小就愿意去探索、去冒险，在这种探索冒险中成长自己，体验自己的能力。

一位妈妈正在做饭，听到孩子在门外蹦蹦跳跳，她问了句："宝贝你在干什么？"宝贝回答说："我要跳到月球上去。"妈妈说："好，但不要忘记回来，因为妈妈爱你。"

这个回答真的是精妙至极，妈妈既肯定了孩子的想法，赞同孩子去冒险和探索，又确认了孩子在家庭中、在妈妈心里的价值。这个孩子就是世界上第一位登上月球的阿姆斯特朗。他早年的一个梦想，真的变成了现实。

但很多孩子有探索的想法和行为时，往往得到父母的反对和否定，导致孩子的探索受到严重阻隔，从而影响孩子的自我发展。

5. 亲子的纠缠与冲突，同伴的拒绝与排斥，老师的忽视、苛责与贬低，导致孩子低自尊、低自我评价

孩子自我发展受阻，与亲子关系、同伴关系、师生关系不良有直接的关系。因为孩子的自我意识是在与父母、同伴、老师的互动中不断发展和确立起来的。

（二）解决策略

等孩子长大了，父母对孩子早年发展受阻的问题可能就无能为力了。除了接纳孩子存在的问题，家长需要通过科学的方式增强孩子的自我认识。

1. 赋能

相当多的孩子为什么不能很好地认识自己？因为他很多能力落后于同龄人，失去了自信心，所以父母要帮孩子建构出他基本的生活能力和学习能力，让孩子面对生活和学习时充满信心。

2. 授权

有些事情孩子完全可以自己做决策，不必请示父母。比如，每周给孩子 5～10 元的零花钱，既然已经给了孩子，他就有权决定零花钱怎么花，父母不必过问和干涉，除非发现孩子出问题。只有授权给孩子，他才能够发展出更好的自我，具备更强的能力。

3. 支持、肯定

孩子自我关系发展不好，就很难和其他人包括外部世界建构良好关系，所以父母要尽可能少否定孩子，更不可打击孩子。孩子获得父母更多的支持和肯定，会更有自尊，有更清晰的自我意识，进而和这个社会发生更好的连接。

4. 心理治疗

父母给孩子赋能、授权、支持和肯定，孩子的问题依然没有解决怎么办？不讳疾忌医，找专家进行心理治疗可能是最有效的策略。

二、亲子关系

亲子关系出现问题，主要表现在亲子纠缠、对抗、疏离三个方面。

纠缠。有的父母关心孩子，孩子会说父母控制他；若父母不关心他，他又会很委屈，觉得父母不爱他。父母管也不是，不管也不是，这是情感纠缠。

对抗。父母说什么，孩子就是不听，进入青春期的孩子对抗尤其严重。

疏离。你干你的，我干我的；你说你的，我做我的。说什么孩子也不听，我行我素，亲子关系出现较大隔阂。

是什么原因导致亲子关系纠缠、对抗、疏离？该如何解决呢？

（一）安全依恋没有形成的原因及解决

依恋是婴儿与主要抚养者（通常是母亲）之间最初的社会性联结，也是婴儿情感社会化的重要标志。

1. 安全依恋没有形成的原因

儿童在爱的环境中才能正常发展。跟父母接触很少甚至没有接触的孩子，要么冷漠、难以沟通，要么黏着人不放。如果儿童无法拥有稳定持久的依恋关系，例如不断更换养育人，他们可能一辈子都痛苦不堪。所以安全感是儿童发展当中特别重要的心理营养成分（鲍比，1951）。

也有研究发现，如果主要照顾者的教养不一致，情绪上或冷漠或不当，会让婴儿感觉成年人不值得信赖，逐渐对自己和他人形成负面的印象，从而发展出缺乏安全感的依附风格。父母是孩子接触的第一社会人，孩子连父母都不相信了，又怎么可能相信他人、相信这个世界呢？所以他会缺乏安全感。

2. 解决策略

（1）2 岁之前无条件陪伴，2 岁后有条件规范。孩子 2 岁之前，父母一定要无条件陪伴孩子。不管工作有多忙，既然选择了做父母，孩子就有权利生活在父母身边，受到很好的照顾，这是为人父母的天职，不能以任何理由把孩子托付给他人去抚养。但 2 岁之后的孩子是控制感和自律形成的关键期，也是习惯养成的关键期。所以，孩子 2 岁之后，父母要有条件地规范孩子，要让孩子等一等，延迟满足。有条件的规范可以让孩子学会自我控制，养成良好的心理品质。

（2）及时、积极回应。从父母及时积极的回应当中，孩子能够感受到自我的价值，能够建构好自己。父母及时积极回应孩子，也让孩子和父母构建良好亲子关系。比如母乳喂养的问题，不是说母乳喂养就一定好，但这其中母亲对婴儿的回应很重要。如果母亲在给孩子哺乳的时候，常常满脸微笑地看着孩子，同时轻轻地摇动，给孩子唱温婉动听的歌，孩子会很开心，因为从母亲的情绪行为语言中，孩子感受到母亲是喜欢自己的，自己是很可爱的。假如母亲给孩子哺乳的时候，面部表情僵硬，甚至急躁、生气，孩子会很惊恐，时间长了，亲子之间会建构出良好关系吗？当然不能。所以父母要积极地、及时地回应孩子。

（3）充足的搂睡。有专家研究发现，自然生产的孩子需要父母搂睡到 4 岁，而剖宫产的孩子需要父母搂睡到 8 岁，充足搂睡的孩子可能有更强的安全感。但搂睡的时间不宜过长，以免影响孩子独立人格的形成。

（4）处理好分离情绪。孩子初上幼儿园的时候，不管孩子哭与否，哪怕他抱着父母不撒手，哭闹着表示不想上幼儿园，父母也要坚决地和孩子说再见。妈妈可以语气温和而坚定地说："妈妈要去上班，你必须去上幼儿园，妈妈下午下班就来接你。"然后把孩子交给老师，果断地转身离开，然后安心做自己的事情。

有的父母送孩子一步三回头，孩子就哭天喊地，因为他意识到父母也不忍心离开，所以他试图用更大的哭声让父母回来，把他带回家。所以，父母一定要注意，和孩子分离的时候，是温柔而果断地离开，不要再去纠缠，这样孩子慢慢地就适应了，就有经验了。"我必须上幼儿园，爸爸妈妈下班就会来接我"，孩子一旦建构出这样的认知，就容易适应幼儿园生活了。

（二）不科学的教育方式及解决

随着孩子年龄的增长，夫妻两人在教育孩子方面发生冲突，也会导致孩子出现相当严重的亲子关系问题。

1. 错误的教育方式

（1）期望过高。很多父母都希望孩子能考上重点大学，最好是 985 或者 211，其实能够考到 985 或者 211 的孩子真的是少之又少。所以父母要以平常心来对待孩子，降低对孩子的期望。如果孩子经过几年的努力，发现无论如何都达不到父母的期望目标，孩子必然会和父母对抗，甚至会放弃自己。

（2）要求过严。父母总是希望孩子把所有精力都用在学习上，回家一看到孩子在写作业，心里就高兴；一旦看到孩子看电视或者玩手机，就非常生气。很多父母不让孩子有一点空闲，希望孩子把所有时间都用在学习上。但这是不现实的，也是不被认同的，因为孩子既需要学习，也需要娱乐。

（3）干涉过多。孩子在学校里和小朋友发生一点小冲突，一些父母不依不饶，会带着孩子找老师，找人家孩子的父母。这样的父母，会让孩子出现更多的同伴冲突问题，因为他自己解决不了伙伴关系，需要借助父母的力量，别的同学是很讨厌这种孩子的。而当孩子受到同伴拒绝、排斥的时候，孩子就会特别怨恨父母，责怪父母过往的做法导致了今天的结果，孩子会因此出现更严重的对抗行为。

（4）包办过细。父母对孩子太过溺爱，什么事情都替孩子做，书包替他收拾，铅笔给他削，衣服帮他穿。孩子被剥夺了太多的责任时，能力发展就会遭到阻碍。当孩子进了学校、步入社会发现自己很低能的时候，会把这个责任推给父母，是父母把自己弄到这步田地的。

一个高一新生，第一次去学校食堂就餐时，他买了个煮鸡蛋，却不知道怎么吃，就请教旁边的同学。同学听了哈哈大笑，说："剥皮吃。"他又问同学："怎么剥？"同学就剥给他看，剥完了皮他还不知道该怎样吃，只好继续问同学。因为在家里，都是姥姥把鸡蛋剥了皮，然后切成丁，用牙签插着送到他嘴里喂他吃。可以想象，同学嘲笑他的时候，他有多愤怒。后来听说这个孩子伤害了姥姥（所幸无大碍），因为他认为是姥姥什么都不让他做，导致他缺乏生活能力、招来同学嘲笑。

父母包办过多，导致孩子无能，不适应社会，反过来孩子就会埋怨父母，使亲子关系恶化。

（5）缺乏接纳。孩子出错，很多父母不接受。父母最常说的是："你怎么能出错？"其实，我们成年人也经常出错。但当孩子犯错误、特别是考砸了的时候，父母很少能接纳孩子。

很多父母对孩子缺乏接纳、理解、包容，不能给孩子足够的支持，甚至有的父母"落井下石"："我早告诉你了，谁让你不听话，活该。"父母指责、唠叨孩子，甚至是忽视、误解和打骂孩子，会导致亲子关系出现较多的对抗或者疏离。

2. 解决策略

（1）降低对孩子的期望。父母要以平常心来对待孩子，降低对孩子的期望，充分了解亲子关系的发展变化特点。父母该放手的时候必须放手，该放权的时候就要放权，给孩子充足的空间，不要过多干预，相信孩子有能力搞定自己的事情。当孩子寻求父母帮助时再给予支持帮助，这时候孩子就会感受到，父母是支持、关心他的，是能够给他提供帮助的。

（2）严而有爱。父母应该对孩子进行严厉管教，但一定要让孩子感受到父母的爱，而不是自己情绪的发泄。

（3）逐渐对孩子放手。随着年龄的增长，孩子的独立自主意识会越来越强，父母要意识到自主性对孩子发展的重要性，要放手让孩子对自己负责，自己的事情自己做，同时鼓励孩子大胆去尝试。

（4）尊重孩子。

一个高一的孩子和全班同学相约，利用五一假期，骑自行车围绕城市外环转一圈。在征求妈妈意见时，妈妈却不同意，孩子问为什么，妈妈回答："现在马路上的车太多了，太不安全了，我就你这么一个儿子，我输不起。"孩子说："我一定会保护好自己，妈妈请放心。"但妈妈依然不同意，后来孩子用绝食抗争，妈妈只得做了一点小小的让步，孩子可以参加活动，但是必须坐在车里，妈妈还承诺汽车的速度绝不超过同学们骑自行车的速度。孩子听完就把自己锁在卧室里，说："你要丢脸你去丢，我不去了。"孩子从此之后再也没有上学。父母说孩子就为这一件小事，就不去上学了，至于吗？

其实，父母把这件事情看得太轻了，对孩子来讲这是一件极其重要的事情。其他同学都能去，唯独他不能去，要去还要坐在妈妈的车里，孩子的颜面何在？自尊何在？所以，孩子到了青春期，父母一定要充分尊重他们，维护孩子心理上的独立性，给孩子独立自主的权利和自由。要赢得孩子信赖，寻找恰当的教育时机，让纠缠、对抗或者疏离的亲子关系走向正常。

（5）无条件接纳孩子。孩子不听父母的，是因为有自己的想法，要允许孩子试错。错了不要紧，父母可以告诉孩子："虽然你最终没有成功，但是你用实践证明了这个方法不科学，你可以找到更好的解决办法，这是另一种进步，是另一种成功。"

三、同伴关系

孩子出现的同伴关系问题主要表现在回避和攻击两个方面。孩子不敢、不愿和同学交往，或者与同学在一起时常常发生纠纷、出现攻击行为。

（一）同伴关系不良的家庭根源

1. 家庭关系冲突多，孩子从家庭中习得了不良的交往模式

有的夫妻两个人经常打架，孩子在学校里一般也会用打架的方式来解决问题，这样的孩子不容易获得友谊，同伴关系会非常糟；有的夫妻一旦发生冲突会打"冷战"，不愿意交流，孩子也从中习得以回避的方式解决问题，当同学不小心惹着他，他会自己躲在一个地方生闷气，拒绝交流。

2. 父母无端干涉孩子和小伙伴交往，导致孩子缺少交往的经历和技巧

一个孩子想要发展良好的同伴关系，需要有足够多的交往经历，在这种经历当中习得良好的交往技巧，比如合作、利他、分享等。但是很多父母因为自己的错误认知，武断干预孩子的同伴交往，比如有的父母觉得孩子比较弱，和小朋友在一起容易被欺负，总是不让孩子跟其他孩子玩，这样的孩子没有和同伴交往的经历，自然无法建立良好的同伴关系。有的父母会教育孩子："别人打你一下，你打他两下，别人轻轻打你，你就狠狠打他，以后他就不敢欺负你了。"用攻击的方式解决同伴冲突，对孩子自身发展极为不利，同学们更不喜欢和这样的孩子交往。

一个五年级的孩子，同伴关系非常差，他常常很孤独，因为谁都不愿意和他交朋友，当然他也不愿意和别人交朋友，平时就把自己藏起来。在访谈中了解到，这个孩子的爷爷曾是某市领导，他的爸爸妈妈经常教育他，不要和其他小朋友玩，以免他们的家长来找爷爷走后门。所以他从来不敢和小朋友在一起玩，害怕和小朋友交往。

3. 孩子在班级中缺乏归属感

有的孩子能力弱，或者班级集体意识不强，对同学和班级没有贡献，也容易受到同伴的排斥。

（二）解决策略

1. 和谐家庭关系，强化自我意识

家庭关系是孩子社会化、同伴关系以及师生关系的原型。父母和孩子关系好，孩子

就能够发展出良好的同伴关系和师生关系。如果家庭关系不好，尤其是夫妻关系冲突很大、亲子关系非常糟糕，孩子想有良好的同伴关系和师生关系都会很困难，因为他没有从父母那里习得良好的人际关系模式或者处理技巧。所以，一定要首先搞好家庭关系建设。

在孩子成长过程中，父母要不断强化孩子的自我认识，可以给孩子每天找到一条优点，尽量贴在孩子的卧室门口。当孩子看到自己的优点越来越多，会越来越自信，他对自我的认识就越正向、积极。

2. 讲授交往技巧，培养利他行为

某年的行知夏令营有个小学二年级的女生，每当她高兴的时候，就跑到我面前使劲捏我的脸。我连续观察了几天，发现她只要有开心事，比如说她的班赢了或者她获奖了，这孩子就用捏我脸的方式来表达她的开心。有一天她又来捏我的脸时，我握着她的小手说："你是不是特别喜欢老师？你是不是遇到开心的事情，特别想和老师分享？"她说："对。"我说："孩子，谢谢你喜欢我！但你表达喜欢和分享的方式是我不喜欢的，因为你把我弄疼了。你如果表达你的喜欢，可以亲亲我的手背、亲亲我的额头，也可以搂搂我的脖子、拍拍我的肩膀，但是我不喜欢你捏我的脸，你会把老师捏丑了，知道吗？"孩子说："我知道了。"后来这个孩子真的改变了，当她高兴的时候，会亲亲我的额头，或者用拥抱表达她的喜悦。

再比如，孩子和小朋友玩游戏时被淘汰出局了，或者别的同学踢足球时拒绝自己的孩子参加，该怎么办呢？父母不要试图说服那些孩子，而是教会孩子，小朋友踢球的时候会不小心把球踢飞，让孩子抓紧时间把球捡起来送到场地里去。小朋友发现他们的球一旦踢飞了，孩子就给捡回来，给他们帮了忙，他们就会表示友好，让孩子加入活动。通过这样的方式，让孩子回到同伴当中，会受到同伴更多的欢迎。

3. 发挥个体潜能，增强班级归属

有位妈妈说，她的孩子从小学一年级到五年级，一直对班级的卫生特别感兴趣，早上到学校打扫卫生，放学时候要打扫卫生，特别喜欢劳动，只是他学习很差。妈妈问他："你拿出一点点时间来好好学习不行吗？"孩子说："不行，我就喜欢劳动。"妈妈感到很郁闷。

其实，热爱劳动、讲究卫生的孩子是一个多么好的孩子！他可能因此在班级当中找到了归属感和价值感，妈妈为什么不欣然接受呢？因为妈妈更看重孩子的学习。但孩子可能还没有认识到学习的重要性，也可能在学习上遇到了困难，父母要学会等待。小学低年级阶段，一定要让孩子发挥自己的潜能，不管是唱歌、画画、运动，还是劳动，只要让孩子感受到在这个班级当中他是有价值的，他是可以为班级做贡献的，这

个孩子往往就有很好的人缘，会受到更多同学的喜欢。

四、师生关系

孩子和老师的关系问题主要表现出两种：恐惧和敌意。这是怎么造成的呢？

（一）师生关系不良的原因

1. 父母对老师缺乏认同

有的父母对老师缺乏足够的尊重，甚至不认同老师的教育方式，这种做法导致孩子也很难对老师产生积极的情感。

2. 恶劣亲子关系的移情反应

如果孩子和父母关系不好，与老师的关系往往也不好。因为老师和父母同为长辈，恶劣的亲子关系会让孩子产生移情反应，导致师生关系不良。

3. 对老师存在幻想和不合理信念

有些孩子很不解："老师还能出错？""老师里面也有坏人吗？"不管是哪个阶层、哪个职业的人，都会出错，也都有坏人。但是，很多孩子认为老师是太阳底下最神圣的职业，老师是不应该犯错的、是不应该出现问题的。在这个不合理信念支配下，孩子一旦发现老师有错误，往往对老师特别失望，甚至有一些愤怒情绪，会对老师产生敌意。

4. 老师对儿童青少年缺乏接纳、理解和尊重

老师总是希望孩子学习好，守纪律，但是很多老师在自己的儿童时期也曾经让老师很头疼。人生来就不同，个体之间存在差异，很多老师不愿意接受这个事实，对孩子产生不理解、不尊重的行为，导致孩子对老师有敌意，或者使孩子特别害怕老师。

5. 老师的亲子关系和师生关系的移情反应

"移情"一词来源于精神分析学说，来访者的移情是指在以催眠疗法和自由联想法为主体的精神分析过程中，来访者对分析者产生的一种强烈的情感，是来访者将自己过去对生活中某些重要人物的情感投射到分析者身上的过程。所以老师自身的关系出了问题，会极大地影响和学生的关系。

一个高中生在数学课上认真做语文作业。他的班主任老师既不是数学老师，也不是语文老师，但是他非常敬业。当数学老师上课的时候，他通过后窗观察班里学生的上课情况，结果发现了这个写语文作业的学生。班主任非常生气，推门而入，抓起学生的作业本就撕掉了。这个学生顿时暴怒，拿起地上的半块砖狠狠打向班主任，导致班主任一颗门牙脱落、满嘴是血、紧急送医。学生拒绝向班主任道歉，觉得自己没错；老师也拒绝向孩子道歉，而且要求校长调班，感觉班里学生的攻击性太强了。

为什么班主任会那么生气以至于当场撕碎学生的作业呢？后来了解到，班主任上高中的时候，因为在语文课上写英语作业，他的班主任把他的本子撕了。这位班主任早年的创伤一直没有解决，当他看到学生在数学课上做语文作业的时候，这个创伤被激活，他就像当年自己的班主任一样勃然大怒，把孩子的作业本撕了。如果从心理学角度再往深里分析，这位班主任试图与她原来的老师进行和解，因为她也干了当年老师干的事，以此来理解老师为什么这样做，同时她也想看看孩子有怎样的反应，以此来理解当年的自己。当然，这是潜意识的分析，不再赘述。

这个案例告诉我们，老师如果自身有一些没有处理好的创伤，一旦在日后的生活中出现类似的情境，就会不受控制地发生情绪和行为反应，往往既伤害学生，也伤害自己。

（二）解决策略

1. 信任与尊重老师

父母无论如何都要树立老师在孩子心中的权威，培养孩子的尊师情感，让孩子知道即使老师有错误，仍出于善意；老师是教给学生知识的，要尊重、爱戴老师。孩子只有信任老师，才更愿意接受老师的教育。

2. 疗愈自身的心理创伤

不管是父母还是老师，如果在亲子关系、师生关系上还存在问题，只有解决自身的问题，疗愈好自己，才会拥有更好的关系。

我们每个人都有或轻或重的创伤，尤其是关系方面的。要想让儿童青少年拥有良好的自我关系、亲子关系、同伴关系和师生关系，将来拥有良好的社会关系，作为家长和老师要多看书，多向别人学习，多向专家学习，多参与课程。如此，家长、老师的人格才能得以不断完善和成熟，也才能够培养出健康快乐的孩子。

参考文献：

[1] 孔屏. 牵手两代—亲子课程 [M]. 北京：北京教育出版社，2014.

[2] 钱志亮. 科学的家庭教育 [M]. 北京：北方妇女儿童出版社，2020.

[3] 约翰·鲍尔比. 安全基地：依恋关系的起源 [M]. 余萍，刘若楠，译. 北京：世界图书出版公司，2017.

作者简介：

孔　屏　山东师范大学家庭教育研究中心主任、应用心理学教授

第三章　家庭教育经验分享

　　本章是家庭教育区域及学校的实践经验分享，共8个专题，主要聚焦家校社衔接机制、资源平台、协同育人模式及实施路径的实践探索。他山之石可以攻玉，其他区域和学校的典型做法，为我们以后做好区域或学校的家庭教育提供借鉴和参考。

"八有"理念下"天桥e家"家长学校建设的实践探索

张　萍

天桥区是济南市中心城区之一，地跨黄河两岸，历史悠久，人文荟萃。近年来，由于产业结构调整、城市化进程加快，外来务工人员不断涌入，区域随迁子女入学率2015年曾高达53.4%。随着经济的发展，随迁子女入学率降低至27.9%。经调研，区域儿童的成长环境较为复杂，全区家长受教育程度、家庭经济稳定程度相对偏低，家长大学以上学历占比43.21%，事业单位家庭占比仅为11.19%。受学历、经济等条件的影响，新市民家庭在教养儿童的过程中，存在教育理念相对落后、育儿知识缺乏、教养压力较大等问题，家庭教育现状不容乐观。家庭教育职能缺位、家庭教育角色错位、家庭教育职责越位等问题层出不穷。

一、传统家长学校存在的"八无"现实问题

（一）无科学系统的整体规划

大部分学校对家长学校办学目标的思考不够深入、定位不够明确，家长学校建设的整体架构不够清晰，缺乏对学生从幼儿期到青春期身心发展规律的体系探索，缺少对当前家庭教育中层出不穷的新生问题的调研分析，家长学校活动虽然有声有色，但却效果甚微。

（二）无精准适切的课程体系

部分学校虽然购买过较系统、专业的专家课程或者委托社会第三方机构进校服务，但由于专家或第三方对学校缺乏了解，教育针对性差，教育效果一般。贴近学生成长、家庭成长的课程体系急需构建。

（三）无优秀的本土专业师资

大部分学校开展的家教课堂，往往拘泥于请专家进校讲座。专家虽然理论水平高，但由于不能长期、稳定授课，与学校缺少长期对接，对学校、家庭的现实问题无法提供深度解决方案。另外，学校对本土师资的培育认识不足，没有挖掘一线班主任"最了解家长"的职业特长，对班主任教师的专业培育和指导严重不足。

（四）无聚焦业务提升的教学研究

家长学校师资培育的常规做法，主要是组织教师听讲座，对教师家教课例打磨的团体辅导严重缺乏，专业教研跟进不足。即使偶有"家庭教育赛课"比赛，大部分都是教师单独作战，由于缺乏专业研究指导，教师业务水平不高，课例呈现缺乏深度思考。

（五）无指导实践的跟进措施

家长学校的任务是促进家庭教育观念的更新，帮助家长掌握家庭教育的现代科学知识和方法，为子女的成长造就一个适宜的家庭教育环境。但多数家庭教育讲座，只停留在当时的声势浩大、场面感人，家长往往现场收获很大，由于后续的跟进指导不足，家长从教育观点认同到教育行为改变还有很大欠缺。

（六）无指向落实的有效评价

学校在开展家校活动时，往往关注活动是否顺利组织、活动现场反应等表层指向，却忽视了活动之后的落实与评价，忽视了孩子的参与，从而造成家长的学习与孩子感受是"两层皮"。

（七）未凝聚各方参与主体的合力

家长学校活动中，貌似学校、专家、教师、家长甚至孩子都在参与。但由于定位不准、协同不够，学校是主舞台，专家是主演，教师是配角，家长是观众，学生几乎无出镜的现象时有发生，导致家长参与的主动性、热情度大大降低。

（八）无便捷有效的技术支撑

受学校空间、家长时间的约束，培训时很多家长常常缺席，严重影响了家长学校学习效果。当下，家教课程急需与信息技术融合发展，才能破解家长学校听课参与度低、无法反复学习的难题。

二、"天桥 e 家"家长学校"八有"理念设想

以上"八无"的现实问题，引发了我们深入思考，在反复调研、多方论证后，我区最终确定从区域层面推进家庭教育，提出建设"八有"家长学校工作设想。

（一）有明确的办学目标

确定"天桥 e 家，为爱出发"工作理念，通过打造优质家长学校，让所有的天桥家长朋友更科学地爱孩子，使更多的天桥学子能在爱的氛围中健康成长。

（二）有系统的课程设计

基于学校和家长需求，根据各年龄段孩子的成长发展特点，研发覆盖 12 个学年的

60 节区域家庭教育必修课，针对儿童的身心特点，给家长支着儿助力，助推孩子健康快乐成长，推动区域家庭教育专业化发展。

（三）有精进的教学研讨

启动种子教师培育项目，培育认证 60 余名教师为家庭教育指导师，形成专家讲师、种子教师、家长学员三方互动，共商解决策略。建立"专家大课堂、家教小课堂"双课机制，安排专家讲师与种子教师定期送课到学校，实现按需服务。

（四）有成熟的课堂教学

研发 60 节家庭教育微课，指导师通过参与"反复课堂研磨、辐射结对分享"等技能提升活动，形成"100 人以上传播理论知识、50 人以内唤醒家教意识、10 人沙龙关注适切指导、1 对 1 适时跟踪"授课范式，打造最贴近家庭的天桥特色课堂。

（五）有跟进的配套作业

加深家长学习的印象，提高学习的效果，研发"导学＋作业＋评价"三位一体家长学习手册，为家长学习提供一站式服务。关注"学习手册课后测试问答、亲子成长记录空白页"环节设计，引导家长在认真学习的同时，记录下和孩子共同成长的点点滴滴，让"天桥 e 家"的学习成为家长一生珍藏的宝贵学习记忆。

（六）有完善的学习评价

落实"小先生"评价机制，聘请全区 67320 名在校生，担任家庭教育中的"小先生"，对父母学习效果进行评价，让家长真正成为孩子成长的见证者、参与者。开展智慧家长评选活动，提升全区广大家长参与学习的热情，引导家长成长为家庭教育课程开发的后备力量。

（七）有广泛的参与层面

局长、校长任总校、分校校长，亲自参与课程设计、课堂实施。种子教师、班主任、骨干教师参与家教授课与宣传推广，6 万余名"小先生"友情加盟，10 万余名家长学员在线学习，30 余位省内优秀专家学者专业引领。广泛的参与层面，让"天桥 e 家"成为最基础的学习平台。

（八）有先进的技术支撑

借助信息技术之"翼"，为家长学校插上传播的翅膀。60 节课，60 个二维码，点开即学，泛在学习，无处不在。天桥区强大的教育信息化水平让家教学习在每个家庭实实在在发生成为可能。

三、"天桥 e 家"家长学校的实施路径

"八有"理念确定后，天桥区紧紧围绕"天桥 e 家，为爱出发"这一理念，在"顶

层设计、课程体系、师资队伍、配套作业、智慧教育"五大维度精准发力，走上家长学校建设新征程。

（一）加强顶层设计，创新管理机制，促进家长学校良性运转

聚焦家长学校建设现实问题，结合区域发展实际，完善家长学校管理机制，制定印发《天桥区教体局关于成立济南市"天桥 e 家"家长学校的决定》，构建总校、分校两级网络，实施校长负责制，局长任总校校长，84 所学校校长任分校校长，全面统筹家长学校教育教学工作。行政、教研双线驱动，成立家长学校办公室，配备家庭教育教研员，助推天桥区家长学校高质量发展。制定印发《天桥区中小学、幼儿园家长学校星级达标实施办法》，在"经费保障、组织建设、制度建设、师资队伍、课程建设、评价体系、家委会建设"等维度细化星级达标标准，引领各分校围绕评价指标开展家长学校工作。完善顶层设计，夯实《家长学校章程》《家长学校校务委员会》《家长学校课程实施标准》《家长学校学员行为规范》等各项规章制度，推动家长学校高质量规范发展。

（二）加强课程建设，凝练精品体系，锻造家长学校特色内涵

课程是决定家长学校能否实效性开展的有力载体。天桥区坚持问题导向和系统思维，经过广泛调研、现场座谈，汇总问题，紧紧抓住构建 3～15 岁学生家长学习平台这一目标，还原全区学生"幼儿园、小学、初中"三个学段的学习场景，发现学生成长中遇到的问题，梳理出 60 个家庭教育中家长关注、社会关心的难点、热点问题，设计服务学生发展、满足家长需求的课程主题。

幼儿园以入园适应、家庭关系、隔代教养、绘本阅读、幼小衔接为切入点，设定"我上幼儿园了""好的关系就是爱""我喜欢这样的爷爷奶奶"等 12 节课程，奠定家庭教育基础。

小学以学习习惯、兴趣培养、同伴关系、情绪引导、自我保护、阅读习惯、亲子陪伴、儿童心理、预防网络沉迷为切入点，设定"爸爸妈妈你们知道我喜欢什么吗""我想有个好朋友""征服情绪小怪兽""坏人头上没标签""我不喜欢读书""爱我就陪陪我"等 36 节主题课程，夯实家庭教育立柱。

初中以初中生活适应、青春期心理疏导、学习型家庭创建、克服考试焦虑、职业规划为切入点，设定"如何帮孩子尽快适应初中生活""莫名的烦躁有谁知""父母好、子女正""家长不焦虑、孩子更自信""路在何方"等 12 节主题课程，建实家庭教育大厦。

天桥区除关注课程内容设计外，更注重课程的进阶式建设。"幼小中梯度课程设计"让课程之间彼此相连，又相对独立，紧贴孩子身心成长的 12 个学段，引导家长跟着课程主动参与学生生命成长。

为见证家长入学、毕业的重要时刻，"天桥 e 家"家长学校每年为家长学员召开开学、毕业典礼，为家长营造浓浓的学习、成长的氛围。

开学典礼：9 月份，新生家长和孩子一起入学。"天桥 e 家"家长学校会为学员举办隆重的开学典礼，颁发入学通知书、下发配套学习手册，聘任其在校子女为"小先生"，参与爸爸妈妈线上线下课程学习。

毕业典礼：6 月份，"天桥 e 家"家长学校为毕业班学员举办毕业典礼，为家长颁发毕业证，拍摄毕业照，评选优秀家长学员、优秀"小先生"、家庭教育金牌课，并为家长、"小先生"搭建分享学习经验的平台，让他们在"天桥 e 家"的学习成为最难忘的记忆。

（三）加强教师培训，打造优质师资，形成家长学校核心竞争力

社会的不断发展，让家庭教育逐渐从"原生态"走向"准专业"。家长对于家庭教育指导的专业性需求越来越大，对教师的专业素养要求也越来越高。基于此，天桥区盘活师资队伍，结合教师与家长"沟通交流、了解情况、进行指导"的先天优势，立足区域教师资源，依托山东师范大学专业团队，开展家庭教育指导师种子教师培训。

聚焦目标大遴选。围绕"培育一流师资团队"这一目标，教体局在 2000 余名班主任、德育干部中公开选拔，组成评审小组，遴选出 60 位"有家教经验、有学习愿望、有沟通能力"的教师纳入家庭教育种子教师培训项目。

培训过程带任务。聚焦开发优质课程资源，紧抓构建 3～15 岁学生家长学习平台任务目标，还原学生幼儿园、小学、初中三个学段的学习场景，梳理出 60 个难点、热点问题，每人认领课题任务，多轮参与磨课教研，在全部获得家庭教育指导师资格认证的同时，完成 60 节区域家教课程。

多元服务强技能。鼓励教师参与 100 人以上的大讲堂、50 人以内的家长会、10 人以内的家长沙龙、1 对 1 的个性辅导家庭教育服务，在为家长群体提供更具针对性服务的同时，磨炼专业技能，实现政治素养、道德素养、专业素养全面提升。

录制微课广传播。探索形成"案例剖析、提炼观点、给出建议"微课课程框架，将 3 个小时家教大课浓缩为 7 分钟微课，上传至平台或利用短视频软件等家长喜闻乐见的形式，为家庭教育传播短平快家教内容。

开发学材助实效。60 位种子教师在教研团队的引领下，紧贴课程内容同步研发"导学＋作业＋评价"家长学习手册，为家长提供"学前导学引路、学中作业检测、学后小先生评价"一站式服务。在"天桥 e 家"家长学校的辐射带动下，全区家庭教育师资队伍逐渐壮大，家庭教育指导走向专业化。

（四）注重课程实效，研发配套作业，提供家长学习一站式服务

布置作业与及时评价是敦促家长学习落地的有力载体。为加深家长学习的印象、提高学习的效果，60 位种子教师在教研团队的引领下，研发幼小中三学段"导学＋作业＋评价"三位一体家长学习手册，为家长学习提供一站式服务。

手册导学页面，设有"专家介绍、课程简介、微课扫码、学习笔记"四个板块，家长在学习之前，可通过阅读专家介绍、课程简介对授课教师与课程内容做简单了解，对课程内容有整体的把握。

微课扫码区，家长们通过手机扫码进入线上课程，学习 7 分钟微课。学习笔记区，家长可随时将所学、所感、所思记录下来，供自己整理、反思。手册作业页面，家长在学习结束后，可来到作业页面进行答题，检验自己的学习效果。

为调动家长学习的积极性，营造亲子共同学习的氛围，发挥学生在家长学习中的监督作用，每次家长学习完后，区教体局聘请的在校"小先生"，就会拿起画笔，为爸爸妈妈们涂画大拇指、小星星、能量卡等作为爱的鼓励，实现亲子共同成长。"小先生"制度的探索，不仅让家长收获了成长，也让孩子取得了进步。

导学、作业、评价三位一体的教育模式，激起了全区 10 万余名家长的学习热情，广大学校纷纷推广，家庭教育、学校教育不断形成合力，共画教育同心圆。

无论是案例导入、结尾答题的范式课堂，还是"小先生"的评价监督，都让区域家庭教育课程干货满满且其乐融融。精准适切的课程内容让越来越多的家长愿意参与到家长学校中来，让那些内心深处喊着"我们也是第一次做父母，真的没有经验"的家长，在孩子成长的过程中不留遗憾，通过系统学习、互动参与，真正成为孩子成长的见证者、陪伴者、参与者。

（五）加强技术支撑，改进学习方式，突出家长学校时代特征

打破时间、空间禁锢，有效破解家校合作中存在的"家长无法参加现场报告会""课程无法反复学习"等难题，结合天桥教育"教育部优秀网络空间、山东省教育信息化示范区"这一优势，将课程"云"共享，把家庭教育资源搬到天桥教育微信公众号，减轻了家长下载应用程序注册学习的负担，实现刷微信能学，只要在线就能学，使泛在学习落到实处。为吸引家长阅读，提升视频美感，邀请专业设计师进行视频制作，方便家长操作，学员扫码关注微信公众号，进入"天桥 e 家"板块，按照菜单索引，选择所需课程就能直接观看课程资源。为进一步助力家长学习，每节课除放置授课视频外，还设计思维导图、课程实录等内容，使家长可听、可读、可复制、可收藏。注重加强双边互动，每位教师专门开通留言板，定期整理家长们的家教困惑，一一进行答复。丰富的资源，方便的学习方式，受到家长们的广泛赞誉。"天桥 e 家"逐渐变成全区家长共同成长、共同提高的温馨家园。

"天桥 e 家"家长学校自建设以来，专业的课程设计、便捷的操作方式深受家长喜爱。截至目前，天桥区家长学校课程访问量达 23.3 万，平均每节课的点击量为 3900 余次，最高课程访问量达 1.7 万频次，最低访问量也在 1700 频次，家长留言 1 万余条。"天桥 e 家"宝华小学分校作为《家庭教育促进法》实施案例两次荣登《央视新闻》，"天桥 e 家"开学新闻陆续登上"人民日报客户端"等各级各类平台，典型经验在"2021 首届中国家庭教育高峰论坛"等进行推广，专项课题入围"济南市教育教学改革项目"，宝华小学、泺新小学等 18 所学校成功入围"济南市首批'百所家长学校示范校'市级培育校"，比例位列全市首位。区域家庭教育经验先后在省委办公厅内参《今日信息》、国家核心期刊《中国德育》《中小学德育》《中共济南市委教育工委党史学习教育工作简报》做典型报道。

参考文献：

[1] 张萍. 让家教学习在每个家庭实实在在发生——山东省济南市天桥区家长学校建设实践 [J]. 中小学德育，2021 (10)：58－61.

[2] 彭燕飞. 农村小学低学段语文口语交际教学提升策略研究 [D]. 湘潭：湖南科技大学，2020.

[3] 屠琰，温建华. 中职学校家长学堂微课课程建设初探 [J]. 中小学心理健康教育，2021.

[4] 赵广忠，刘敏，张萍. "天桥 e 家"家长学校助力高质量教育发展——访济南市天桥区教育和体育局局长张萍 [J]. 中国德育，2021 (16)：46－50.

作者简介：

张　萍　济南市天桥区教育和体育局局长、党组书记，区委教育工委常务副书记

家、校、社衔接机制的实践探索

胡爱红　庄　颖　张　孜

济南市舜耕小学坐落在中华道德文化鼻祖大舜耕耘过的历山（今千佛山）脚下，因"舜耕历山"而得名。学校建校于 1992 年，占地面积 19723 平方米，现有 38 个教学班，106 名教职工，1578 名在校生。十余年来以四项省级课题为引领，持续进行生态化教育改革，破解了诸多关键问题。特别是在家、校、社协同育人领域，起步早、路径实、效果好，在全国范围内有一定的影响力。

《2021 年国务院政府工作报告》中将"健全学校家庭社会协同育人机制"明确纳入全年重点工作。为了深化落实"健全机制"的要求，作为一线学校，我们主动发挥学校教育的主导作用，积极进行实践探索。从 2009 年开始，以学生的全面、多元、和谐发展为目标，以课题为引领，以问题为驱动，以机制建设为重点，努力构建多方协同的良好教育生态，为学生带来更好的生命成长学习场，走出了一条"多元融合·责任分担·优势互补·聚力育人"的协同育人之路。

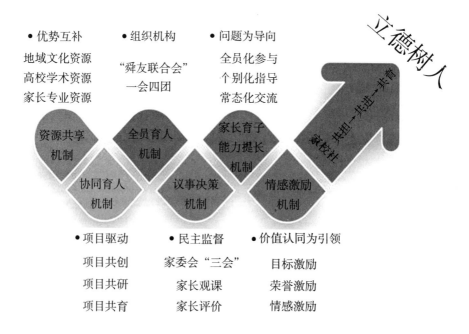

　　在机制建设中，我们重点在资源共享、项目共担、组织共建、决策共商、亲子共育、情感共融等方面进行了有效探索，逐步实现了家、校、社多方由共享到共担，由共担到共进，由共进到共育的良好教育生态。

一、优势互补的资源共享机制

　　资源共通融合是现代教育的应有之意。学校打开校门开放办学，充分挖掘地域的文化资源、高校的学术资源和家长的专业资源，就地取材，建立了优势互补的资源共享机制。

优势互补的资源共享机制

（一）立足区位分析优势

　　学校地处舜文化发祥地，周边社区、道路均以"舜"命名。同时，学校周边济南大学、山东财经大学、山东省社会主义学院等高校科研单位林立，学术氛围浓厚，得天独厚的地域文化成为学校的办学优势。

（二）走出校门探寻资源

　　在《走进舜文化》课程的引领下，师生走出校门开展实地探访等实践活动。他们在舜耕山庄发现了大舜曾经耕耘的土地，在趵突泉畔聆听了娥皇女英的动人传说……走出校门的实践学习，使舜文化进一步融入学生生活。

（三）打开校门吸纳资源

　　我们请来了山东省大舜文化研究会、济南市社科院的专家进行专业指导，寻找舜文化与学校教育之间的契合点，设计了独具特色的舜文化教育体系。学校开设了"走进舜文化"校本课程，每年举行舜文化艺术节，家校携手徒步探寻"大舜的足迹"；学生参与国家"十艺节——大哉虞舜展""山东省首届大舜文化艺术节"等活动；在山东省大舜文化研究会的指导下，由学生创作的《舜帝的一生》主题画展在山东省科技馆展出，并结集而成《舜的故事》正式出版。

课程项目规划 ➡ 家校协作评估 ➡ 专家论证立项 ➡ 专业机构参与 ➡ 开发团队推进

引进社会教育资源流程链

在资源共享机制的运行过程中，逐渐形成了"滚雪球"效应。学校还以"校居联手"为方式，组织开展"扣好人生第一粒扣子"未成年人思想道德建设主题教育实践活动。学校携手毗邻的济南大学马克思主义学院，打造"思想道德教育共建基地"，形成了贯通大中小学的思政教育资源链，开拓了小学思政课的新途径。

二、项目驱动的协同育人机制

资源的共享带来了协同育人的源头活水，我们进一步以项目构建实施为载体，有效开发、融合更多的家长、社会教育力量参与到教育中。

（一）针对问题设计项目

针对长期以来存在的学习方式单一、课堂学习与生活实践分离的问题，学校开发实施"舜娃走泉城"研学课程，为学生搭建从学校走向社会的平台，打通学校教育和校外教育的通道，落实课程综合育人。

项目驱动的协同育人机制

（二）依据主题设置基地

班主任融合家委会力量，找准研学主题与本地资源的结合点，因地制宜，挖掘设立研学基地。比如解放阁、济南战役纪念馆等家国情怀类基地；府学文庙、山东省博物馆等文化艺术类基地；山青世界、科技馆等自然科学类基地等，近百所研学实践基地，为学生提供广阔的体验空间与资源。

（三）探索路径创新实施

"舜娃走泉城"项目通过"研—走—创—评"四步实施，由班主任老师联合家委会、社区联系人共同制订活动方案，确定活动主题、安全预案、服务方式等内容，破解了实践活动的安全瓶颈。学校还打造了"润德课程""特色班级""校园文化节日"等多种集研究性学习、生活性体验、社会性教育于一体的项目，让项目成为家、校、社协同育人的有效载体。家长们从被动的看客变成了志愿者、实施者、同盟者，家、校、社共同踏上了协同育人的道路。"润德课程"项目入选全国德育工作典型案例。

三、组织机构驱动的全员育人机制

以项目为核心驱动的协同育人机制让更多家长、社会资源在教育中发挥了效能，但仍处于松散的协作状态。接下来，我们通过组织的架构，将散布于家长、社区、社会各个层面的资源凝聚起来，建立了"舜友联合会"新型协同育人共同体。

（一）健全组织机构，畅通育人渠道

舜友会由"一会四团"即"家长委员会""社会专家团""关工委顾问团""教师引导团""社区支持团"为支柱机构。各个教育主体通过这一紧密的组织结构，进入学校教育之中，共育舜耕学子。

（二）建立规章制度，明确地位职责

学校协助舜友会制定了《舜友联合会章程》，明确了定位与宗旨、组织与职责、权利与义务，对共同体工作指明了方向。舜友会是以家长为主、社区及社会各界热衷于教育事业的相关人士和单位共同组成的非营利性自治组织，是学校联系广大家长和社会教育资源的桥梁和纽带，主要践行民主监督、教育支持、家庭教育三大职能。

（三）实施立体管理，让人人育人落到实处

"舜友会"实施立体管理，以"一会四团"为横向链条，以"二级机构、三级机构"为竖向链条，形成了多维立体的运行网络、紧密有序的管理系统。以核心机构"家长委员会"为例，通过"爸爸俱乐部""家长护卫队"等二级组织和校级、年级、班级的三级委员会，让广大家长真正走进学校、参与到学校教育的方方面面。

四、民主监督的议事、决策机制

家、校、社走向更加深度的融合，还应是多方教育力量共同治理。建立了稳固的协同育人组织，学校进一步建立了民主监督的议事、决策机制，通过建立"三会"制度、家长观课制度、家长评价学校工作制度等，落实家长、社会的知情权、话语权、评议权和监督权。

民主监督的议事决策机制

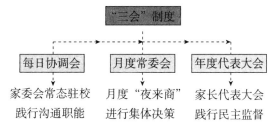

（一）家委会常态驻校，践行沟通职能

家长有问题、有困难、有建议，应该找谁？如何沟通解决？舜友联合会办公室设在校长室对面，每天都有值班常委，负责与家长沟通。家长有意见了，可以反映给值班常委，常委与双方进行沟通。家校矛盾有了"和事佬"，学校、老师和家长的关系越来越融洽。

（二）月度"常委会"，进行集体决策

每月月末，家委会、常委会召开班级负责人会议，总结交流经验，汇集意见。同时根据工作计划进行活动安排。这个会一般在晚上召开，被家长们戏称为"夜来商"。例如 2020 年上半年疫情期间，通过"在线夜来商"讨论出台了"家庭教育五件套大礼包"，与老师携手研制了"劳动教育年级指导手册"，并录制了"劳动教育动员令"微视频和 12 节微课，一经推出，广受欢迎，切实指导了居家期间的家庭教育。

（三）家长代表大会，践行民主监督

每年年底召开"家长代表大会"，会长面向全体代表做"家委会工作报告"，家长以年级为单位向大会提交议案，很多被采纳，取得了良好的效果。建立家长评价学校工作制度，分值占教师考核总权重的 30%。家长的议事、监督对学校教育提出了更高的要求，形成了良好的学校治理路径。

五、以问题为导向的家长育子能力提升机制

随着家、校、社的深度融合，我们发现，家庭教育的缺位、错位、过度教育等不良现象，消解了学校教育成果，影响了学生的成长。学校发挥主导作用，通过建立家长学校，面向全体家长开设主题式、系统化的家长课程，实现全员化参与、个别化指导、常态化交流和序列化提升。

以问题为导向的家长育子能力提升机制

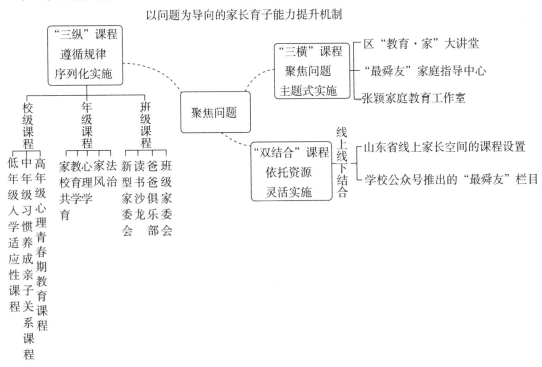

（一）"三纵"课程，遵循规律序列化实施

三纵是指校级、年级、班级课程，校级主要开设阶段性的系列课程，如低年级的入学课程、适应性课程；中年级的习惯养成、亲子关系课程；高年级的心理健康、青春期家庭教育指导课程。年级课程分为家校共育、教育学、心理学、家风、法治五大系列。班级课程依托新型家委会、读书沙龙、爸爸俱乐部、班级家委会开展。

（二）"三横"课程，聚焦问题主题式实施

三横是指打破年级班级界限，通过区"教育·家"大讲堂、"最舜友"家庭指导中心、"张颖家庭教育工作室"三个组织，定期开展主题或因需制订的课程学习。学校科学系统地培训家庭教育指导服务队伍，培养"双师型"教师（学科教师和家庭教育指导师）。通过专家、教师、家长不同层次的专家队伍，打造专业化家庭教育团队，实现了教育共赢。

（三）"双结合"课程，依托资源灵活实施

双结合是指线上、线下结合，有两个载体，一是山东省线上家长空间的课程设置，每周推进主题学习；二是学校公众号推出的"最舜友"栏目，为家长朋友感到困惑的问题支着儿解惑。

随着对教育规律、学生成长规律的把握和科学家庭教育理念的理解，家长们真正以教育者的角色共同承担起育人的责任，为家校协同育人奠定了坚实基础。

六、以价值认同为引领的情感激励机制

协同育人的可持续发展，以有效的激励机制为保障。舜友联合会运行十余年来，我们积极探索以价值认同为引领的情感激励机制。通过目标激励、价值激励和情感激励等机制，激发多方教育力量的价值感、责任感、幸福感。

以价值认同为引领的情感激励机制

入会"宣誓仪式"
实现目标激励

为家长过节
实现价值激励

"家和万事兴"联欢
实现情感激励

（一）入会"宣誓仪式"，实现目标激励

每一位舜友入会时，都会郑重宣誓："承担责任，履行义务，尽己所能，服务家长师生，倡导素质教育，传承传递爱心。"誓词铿锵，仪式庄严，激励着每一位新成员，

承担共育职责，做教育的志愿者和同盟军。

（二）为家长过节，实现价值激励

从 2010 年至 2021 年，以"不同的角色，相同的责任"为主题的家长节已经成功举办了十届。每年的"家长节"上，家委会回顾共育工作，进行形式多样的交流分享，隆重表彰获得"五星级家长""五星级家庭""五星级家委会"的家长和家庭，并由孩子给父母颁奖。通过这个节日，传达出学校对家长朋友的尊重、信任与感谢；通过这个节日，家长们感受到了家校共育带来的成就与价值。

（三）"家和万事兴"联欢，实现情感激励

每年 12 月 31 日，各班举行"亲子联欢会"，舜友代表受邀参加学校"家和万事兴"联谊。这个"家"，既是家庭的家，也是以校为家的"家"，让家长成为舜耕大家庭的一分子。老师、家长、舜友分享教育幸福的美好时刻，共同迎接新春的到来。

多种方式的情感交流，让每一位舜友获得情感的满足，留下幸福的回忆，促进了家、校、社多方育人的目标共通、情感共融、价值共生，形成了"无缝隙融合、家校一家亲"的协同育人文化。

参考文献：

[1] 胡白云. 让教师成为家庭教育的指导者——家校共育的突破口 [J]. 中国德育，2018（23）：21—25.

[2] 路栋，路盛淋. 完善家庭教育体系 凝聚家校共育合力 [J]. 中国德育，2019（1）：60—62.

[3] 骆风. 现代化建设中的发达地区家庭教育状况及其指导 [J]. 北京大学学报（哲学社会科学版），2001（S1）：222—228.

[4] 张志勇，刘利民. 确立父母家庭教育的职业角色——家庭教育促进法立法的重大意义 [J]. 人民教育，2021（22）：35—38.

[5] 李继星. 现代学校制度初论 [J]. 教育研究，2003（12）：83—86.

作者简介：

胡爱红　济南市舜耕小学校长，正高级教师

庄　颖　济南市舜耕小学副校长，一级教师

张　孜　济南市市中区舜华学校小学部一级教师

情感认同视域下的家校协同育人模式研究

郑 研 谭晓庆

家校协同育人是现代教育的必然要求，是落实教育实效、实现教育提升的必由之路。2016 年《关于指导推进家庭教育的五年规划（2016—2020 年）》中指出"建立健全家庭教育公共服务网络，大力拓展家庭教育新媒体服务平台"。2017 年《中小学德育工作指南》指出："要积极争取家庭、社会共同参与和支持学校德育工作，加强家庭教育指导，构建社会共育机制。"同年中共中央办公厅、国务院办公厅颁布了《关于深化教育体制机制改革的意见》，其中指出"要加强学校教育、家庭教育、社会教育的有机结合，构建共同育人的格局"。在 2018 年的全国教育大会中，习近平总书记指出，办好教育事业，家庭、学校、政府、社会都有责任。从当前我国该领域的教育政策可以看出，家校协同一方面关乎学生健康全面发展，同时国家顶层设计也在不断丰富政策内涵，指引家校协同朝着纵深方向发展。从政策贯彻落实的实践来看，各地区针对政策的提出也都进行了一系列改革与探索，推进了家校协同育人进程，但也会遇到诸如该如何向家长普及家庭教育知识、如何切实优化家庭教育环境等困扰。回答这些问题必须探寻家校协同育人的科学切入点，积极探寻推进学生健康成长的有效路径。济南市天桥区添新小学利用四年的时间，从帮助家长树立正确教育理念、引导家长解决关键问题、指导家长用好教育方法等工作内容着手，构建了以学生发展为主体，以学校教育、家庭教育为两翼的"情感认同视域下的家校协同育人模式"，打造了家校协同育人规范化科学化的课程体系，实现了家校协同育人路径和方法的优化，引领了学校家庭教育工作的开展，提升了学校办学水平和教育质量。

一、基于情感认同的家校协同育人模式的基础

"情感认同"是指人们基于满意、热爱等态度倾向，对认同对象产生的共同认可和一致承认，并生成荣誉感、自豪感等深刻的心理背景。情感认同属于关系心理学的范畴，体现为主体本身情感上的心理应激反应能力，以此建立合理行动的前提。在教育活动场域中人是发生发展的终极目标与第一主角，基于其情感属性，学校在开展家校

协同育人模式推进过程中如果只关注规范与执行，就会在一定程度上使学校的教育管理走向"物化"，使教师、家长等相关主体缺乏对学校工作的认同。所以学校在家校育人的过程中要对其进行重新定位，坚持以情感为本，营造和谐的育人氛围，使家校协同育人工作走向情感认同。

从教育发生过程来看，教育是人与人之间相互影响、相互兴发的过程，这一过程的内在动力源是情感认同，若没有情感上的认同，人就会否定自己与教育的联系，即使被动接受，也是表面的、不牢靠的。即情感认同是教育影响和兴发得以发生的前提。只有在教师、家长、学生、学校四者彼此达成情感认同的前提下，教育才能得以有效实施。从教育的实施者来看，理想的教育是家庭教育、学校教育和社会教育共同编织成教育网络，发挥各自的优势，互相补充，互相促进，引导学生全面健康地成长。正如北京师范大学林崇德教授所指出的："世界范围教育改革的大趋势是：构建学校教育、家庭教育和社会教育三位一体的'大教育'体系……家庭、学校、社会在这个大体系中扮演着不同的角色，任何一方的作用都不可替代，而学校与家庭合作又是其中核心的部分。"所以，学校的发展需要外部环境的参与，需要新的主体在此过程中不断形成新的"育人场域"，实现共同的育人目标。

所以无论是教育的发生过程还是其实施者，情感认同之于家校合作育人模式的推进都具有积极的重要作用。泺新小学地处济南市城乡接合部，流动儿童占全校总人数的75.56%。通过对该校学生的前期调查发现其成长环境较为复杂。因受教育程度、生活环境和生活条件等因素的影响，有些学生家长家庭教育理念相对落后、缺乏科学的育儿知识，家庭教育现状不容乐观。有些学生已然出现问题，临界智能不足、品行障碍、情感封闭等特殊学生占全校总人数的6%。因此，从影响流动儿童发展的最直接因素——家庭和学校两大微系统环境出发，以情感认同为基础，开展家校协同育人工作，探索家校协同育人模式。

二、基于情感认同的家校协同育人模式的推进与实施

苏霍姆林斯基指出："只有学校教育而没有家庭教育，或只有家庭教育而没有学校教育，都不利于完成培养人这一极其复杂的任务，最完美的教育应是两者的有机结合。"所以为了促进学生全面发展与成长，需要家庭与学校密切配合，在情感认同的基础上积极推进。家校协同育人可以形成教师、学生、学校、家庭有机链接的功能性共同体，共同体具有地位平等性、目标明确性、功能互补性、规则内化性、模式开放性等特征。

基于情感认同的家校协同育人能够突破当前"一主多辅"的育人机构，调节育人

目标偏差，打破学校单方发力，增进合作效能。具体来说，对家校协同模式进行系统构建，通过丰富情感体验的亲子互动课程、加强情感沟通的协同工作机制、积蓄情感能量的家长赋能课程和强化情感认同的多元评价体系来构建模式运行系统，实现综合育人。其中，亲子互动课程是家校协同育人的核心，协同工作机制、家长赋能课程和多元评价体系是支撑亲子互动课程有效实施的前提和保障，共同构成了家校协同育人的保障系统。

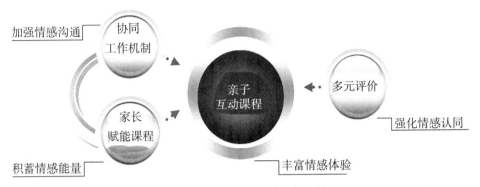

图 1　家校协同育人模式系统

（一）开设丰富情感体验的亲子互动课程

苏霍姆林斯基指出："并非每个学生都会成为诗人和工程师，但是每个学生都会为人父母。家庭教育无论其方式多么不同，首先要以情感、以父母与孩子的情感纽带为基础。"学校要以指导儿童实际生活为核心，立足学生自主成长为根本，开设由亲子互助课程、亲子体验课程、亲子陪伴课程组成的亲子互动课程系统。进而积极引导家长和学生通过交互的、对话的、生活化的、感性的体验式沟通方式，构建和谐的亲子关系，获得丰富的情感体验。

图 2　亲子互动课程组成

1. 亲子互助课程

学校要从一年级入学之始，以优化家庭教养方式、帮助儿童更好地适应学校学习生活为目标，实施入学适应性课程。该课程要由教师、家长、学生三方共同参与，一方面着眼于学生学习能力的提升，对学生的视知觉能力、听知觉能力、精细动作能力、注意力等方面进行专项训练；另一方面，要引导父母跟孩子一同"入学"，帮助家长学习尝试用从容的态度、科学的方法应对在陪伴孩子成长中遇到的各种问题。

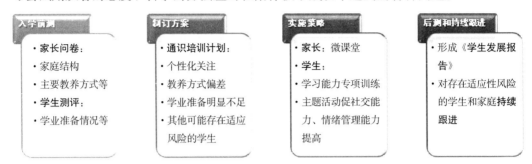

入学前测	制订方案	实施策略	后测和持续跟进
·家长问卷： ·家庭结构 ·主要教养方式等 ·学生测评： ·学业准备情况等	·通识培训计划： ·个性化关注 ·教养方式偏差 ·学业准备明显不足 ·其他可能存在适应风险的学生	·家长：微课堂 ·学生： ·学习能力专项训练 ·主题活动促社交能力、情绪管理能力提高	·形成《学生发展报告》 ·对存在适应性风险的学生和家庭持续跟进

图 3　入学适应性课程

在具体运行中，如当儿童读书串行、写字多一笔或少一笔时，教师和家长不是简单地给学生扣上"马虎""态度不认真"等帽子，而是在专业心理辅导教师的指导下，将主观的"学习态度不良"与客观的"学习障碍"相区分，家校协同对学生进行有针对性的训练和提高——对"学习态度不良"的学生进行学习态度的干预训练，而对存在学习障碍的学生进行感觉统合能力、视知觉发展水平等方面的有效训练和提高。经过长期的探索和研究，该校主导下的入学适应课程日臻完善，已累计为700多个家庭提供了科学有效的指导，让父母与孩子在共同的学习、陪伴中互相帮助、共同提高。

2. 亲子体验课程

随着西方科学先进家庭教育理念的引入，原有传统亲子文化正在发生改变，新的亲子互动文化正在积极建构。所以在学校亲子体验课程的设置过程中，应该积极适应当前的变化与发展。在亲子体验课程领域，要通过以绘画、沙盘游戏、舞蹈、心理剧等表达性艺术心理活动为主要内容，以三大课程为支撑，积极引导父母和儿童透过外在的艺术活动来表达内在的情感，一起懂得爱、学会爱，共享成长的幸福。在学校具体课程设置过程中，三大课程既有面向全体的"HOME＋100"心理绘画课程，也有面向特定群体的"HOME＋10"亲子工作坊，还有一对一服务的"HOME＋1"亲子沙盘游戏。通过具体的课程目标构建和课程实施，实现家校协同育人路径和方法的最优化。

表 1　三大亲子体验课程实施对象与课程目标

课程名称	实施对象	课程目标
"HOME＋100" 心理绘画课程	全体儿童 及父母	引导父母与儿童分别进行主题心理画绘制，以绘画的方式深入心灵，在稳定情绪、缓解焦虑的同时，实现自我觉察，获得自我疗愈的力量。

续表

课程名称	实施对象	课程目标
"HOME+10"亲子工作坊	需要帮助的部分儿童父母	利用表达性艺术活动（心理剧、绘画、舞蹈、团体游戏等）密集互动，深度切入亲子关系，启动父母的内心正面能量，带动家庭活力，给予儿童和父母积极有力的心理支撑。
"HOME+1"亲子沙盘游戏	家庭个体	由专业的沙盘游戏师带领，在非言语状态的沙具摆放和后期的访谈中，观察识别情绪的阻滞点，找到解决问题的资源，促进家庭重要成员——父母的改变。同时进行有心理问题儿童的筛查和转介。

（1）"HOME+100"绘画心理活动。在具体实施中，可借助每周一节的心理课和父母线上课堂，面向全校学生父母（"100"代表全体父母），引导父母与儿童分别绘制心理画。根据儿童年龄特点，分主题实施推进。学校为每个儿童建立了"心理绘画夹"，特别是对需要帮助的儿童，做到持续跟踪绘画分析。

在教师的启发下，每个家庭从一开始被动地绘画，到后来的自发、自主创作，并尝试就情绪问题主动地与心理辅导教师进行交流。儿童与父母在稳定情绪、缓解焦虑的同时，实现了自我觉察，获得了自我疗愈的力量。

（2）"HOME+10"亲子工作坊。在"亲子工作坊"活动的开展过程中，学校已采用班级推荐与自主报名相结合的方式，每学期举办8期，每期2课时，可为20个家庭提供团体辅导。在确保心理安全舒适的情况下，不同班级的家长和学生共同参与，利用表达性艺术活动（心理剧、绘画、舞蹈、团体游戏等），深度切入亲子关系，启动家长的内心正面能量，带动家庭活力，给予学生和家长积极有利的心理支持。

"亲子工作坊"的运行也需要基于效果目标而保持长期的跟进。这其中，有的是因为家庭教养方式已经出现问题而不自知，由班主任教师推荐而来；有的则是家长带着严重的焦虑情绪来主动"寻医问药"……在心理健康辅导员、家庭教育指导师的帮助下，在亲子互动体验活动中，家校联合共同开出"锦囊良方"，有效促进了亲子关系、师生关系的良好发展。

（3）"HOME+1"亲子沙盘游戏。沙盘游戏主要是对心理绘画中情绪表达不畅或日常教育教学中发现的存在诸如临界智能不足、品行障碍、情感封闭等问题的儿童及其家庭提供的一项帮助。在沙盘游戏里，父母与儿童可以借助沙具表达自己的内心世界，让情感在父母子女间流动，从而使学生得到疗愈。由于沙盘游戏操作的独特性，每次可服务一组家庭。学校在取得家长认同与配合的前提下，做到"一家一案""一生一案"，对儿童及家庭进行跟踪式、持续性关注，取得良好效果。

3. 亲子陪伴课程

陪伴是最好的家庭教育。为了引导家长给予学生更多的"爱的陪伴"，做孩子成长的行动者、助力者，而非旁观者，学校要根据家长所具备的知识和技能，把家长请进教室、请到讲台上，通过"爸爸妈妈大讲堂"把自己的成长感悟与学生分享，增强孩子的理想意识和梦想观念；家长为孩子开设围棋、计算机技能等课程，丰富孩子学校文化生活的同时，进一步融洽了亲子关系，增进了亲子情感认同。

（二）加强情感沟通的协同工作机制

1. 厘清育人理念现状并规整内化

理念是家校协同育人的基础与前提，学校面向全体父母和教师就学校"要培养什么样的儿童""怎样培养儿童""今天怎样做父母"等问题展开调研。统计父母和教师的期望包括"培养自信、大气、担当、自主的儿童"；培养儿童的途径包括"悦纳尊重，宽严相济，责任担当"；父母应该具备六种能力，包括"自我觉察能力，情绪管理能力，亲子沟通能力，自我学习能力，夫妻沟通能力，家校合作能力"。在理念内化、目标一致的前提下，推进父母与儿童共同"入学"与"成长"。

2. 建立家校协同育人指导中心

家校协同需要集合各领域专家学者的智慧与经验并实现组织制度化。学校成立由家庭教育知名专家教授担任顾问，由区教科室、德育工作负责人、学校领导、骨干教师、家长代表为成员的"家校协同育人指导中心"。在指导中心的组织中，既有教育专家的高端引领、教体局领导的大力支持，也有学校领导干部教师的努力和家长的协同，在目标一致的前提下，实现责任共担，推动家校协同育人工作扎实、稳健发展。

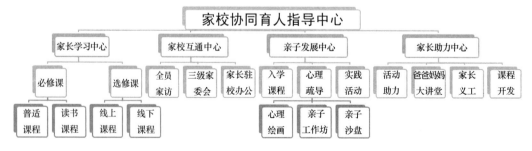

图 4　家校协同育人指导中心

3. 建立"全员实地家访"工作机制

家校情感沟通需要打通"最后一公里",要通过建立"全员实地家访"工作机制,为每个家庭"建档立卡"。家庭成长档案涵盖了学生居住环境、在家表现、家庭成员构成、家庭氛围等方面,努力做到"一家一案"。在此过程中,一方面增进了教师与家长之间的情感交流,为后续的家校协同育人工作提供第一手资料;另一方面也把先进的家庭教育理念和方法送至家庭。

(三)开设积蓄情感能量的家长赋能课程

在家庭教育中,懂得比爱更重要。在具体过程中学校要帮助家长树立正确的教育理念,了解学生的身心发展规律和特点,用科学的方法解决学生成长中遇到的关键问题,通过打造立体精准的家长培训课程,以期提升家长的六种家庭教育能力。

1. 全员必修课——懂得爱

(1)普适课程。学校要就家庭教育中存在的共性问题和不同年龄学生的身心发展特点开设普适课程。通过课程的开展,让家长尝试"站在孩子的角度想问题",努力做到未雨绸缪,变"解决问题为导向的后置教育"为"正面指导为导向的前置教育",变"医治"和"矫正"(身心问题)为"预防"(身心问题)和"发展"(身心素质)。

(2)读书沙龙。通过班级书友会建设进行推进,每学年要为家长推荐一本必读书目、两本选读书目,定期开展主题沙龙活动,引导家长以读书促学习,提升家庭教育水平。

2. 自主选修课——学会爱

为进一步提高家庭教育指导的精准度,满足家长的个性化需求,在"必修课"的基础上,要为家长列出自助式"选修课"菜单。其中既有线下的专家指路、校长讲堂,也有线上的微信平台家庭教育指导版块、家庭教育咨询、微课教学等。把向定位、精准发力,真正做到授家长之所需。在具体运行中,学校于2019年共计开展家庭教育专家讲座7场,与家长面对面专题研讨10场,校长讲堂8次,微信平台推送家庭教育相关文章64篇……最大限度地为家长提供家庭教育个性化服务。

(四)建立强化情感认同的多元评价体系

1. 强化基于自身提升的教师专业引导

在家校协同育人体系建构中,教师是最重要的实施主体。在具体实施中,一方面学校在教师中开展"和美家庭"评选,关注教师心理健康发展,引导教师构建幸福家庭,积攒"幸福能量",以家庭幸福影响职业幸福、职业能力和水平。另一方面,实施家庭教育指导师名师培养计划,创建家庭教育指导师名师工作室,每年评选"优秀家庭教育指导师",促进教师家庭教育的专业化发展。

2. 实行以优化家庭养育环境为基础的积分制管理

家庭的科学育人要以对学生成长与教育规律的认识为基本前提。学校要为每位家长印发《家长成长手册》，以"最美家庭"创建计划为抓手，以"树最美家庭，正和美家风"优化家庭养育环境为目标，采用积分制管理，带领学生、家长、家庭一起成长。"最美家庭"可分为绿色家庭、书香家庭、孝亲家庭、智慧家庭、才艺家庭、公益家庭等，鼓励每个学生及其家庭根据评选标准选择合适的项目自主申报，创建过程为期一年，通过制订计划、班级推荐、线上投票等环节，对高成效的家庭予以表彰。

三、基于情感认同的家校协同育人模式效果及评价

"情感认同视域下的家校协同育人模式"研究打造了家校协同育人规范化科学化的课程体系，引领了学校家庭教育工作的开展，提升了学校办学水平和教育质量。从该校的运行情况来看，学校被市教育局列为"泉家共成长"家庭教育重点项目学校，并确定为首批"济南市百所家庭教育示范学校"培育校，获得山东省优秀家长学校称号。

（一）家庭的教养方式日趋优化

首先，父母育人理念实现了转变与升华。通过基于情感认同的家校协同育人模式，越来越多的父母实现了教养方式转变，深入理解了儿童不仅是父母教育的对象，也是父母个人成长的源泉；儿童不仅是父母生命的延续，也改善了父母的生活方式，提升了父母的人生价值。越来越多的父母愿意为了儿童学习和改变，与儿童一起"共享成长"。

其次，家庭体罚及心理攻击行为比例逐渐下降。自 2016 年起，学校与山东师范大学心理学院"家庭教育与儿童发展研究团队"合作，采用标准化的家庭教育相关量表，每年两次对父母的教养行为进行跟踪调查。调查发现：2016 年建校之初，该校学生父亲、母亲的体罚行为较区域内同等办学规模学校，分别高 7.4%、11.7%。自 2018 年起，父亲心理攻击行为、母亲心理攻击行为呈逐年下降趋势，而父亲情感温暖、母亲情感温暖则呈逐年上升趋势。

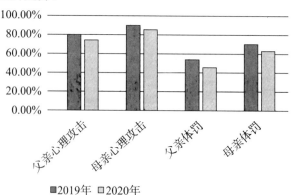

图 5   2019 年与 2020 年教养行为发生率对比

（二）家庭教育指导团队日趋成熟

通过多年的家庭教育工作理论探索与研究，学校有效促进了教师的专业化发展，教师的美誉度、幸福度稳步提升。全体教师获得"泉家共成长—济南家长移动学校"组织的"家庭教育指导师基础课程"培训合格证书。有3名教师持有"家庭教育指导师"资格证，1人成为山东省教育厅、山东省文明办成立的家庭教育志愿服务总队专家团队成员。

（三）儿童逐步做到自信担当、自主大气

通过基于情感认同的家校协同育人模式推进，越来越多的学生积极参与学校的各项活动，主动与父母、教师交流，能够大胆提出自身的想法与理念，寻找自身的兴趣点，发展自身的特长，做最好的自己。学校涌现出一大批省、市、区级"美德少年""小名士"。2017年、2019年，学校先后两次采用儿童报告版的Achenbach儿童行为检查表测查儿童的内化和外化问题行为，发现随着父母心理攻击行为的减少，儿童的焦虑、抑郁、退缩和体诉行为等亦呈下降趋势。

（四）学校办学特色突显，美誉度逐年提高

随着家校协同育人工作的不断深入，父母对学校工作的理解、认同度也越来越高。学校在教育系统委托第三方进行的调查中，家长和社会满意度连续四年均达到98.5%以上。学校先后获得"山东省国际象棋特色学校""传统文化传承实践基地""语言文字规范校""文明校园""区爱生学校规范校"等荣誉称号。《中国德育》、《大众日报》、《山东教育》、山东教育电视台、济南教育电视台等媒体对学校家校协同育人工作进行了报道。

在"情感认同视域下的家校协同育人模式"研究取得了实效和丰硕成果的同时，研究也发现家校协同育人工作仍存在诸多问题及需要完善的领域，如：在开发家长自身教育潜能、引领家长分析思考家庭教育问题方面，如何更好地启发和帮助家长提高自身的教育能力，以及外部诸如外来务工人员生活变动大，父母工作繁忙、没有时间陪伴孩子成长等影响因素在不断发生变化。所以，深入探究并落实情感认同视域下的家校协同育人模式还需要从建设"多方互动、科学民主"的家校协同育人文化出发，借助文化的力量进一步凝聚人心。同时在教师（学校）、父母（家庭）和儿童之间建立平等、协作的伙伴关系，相互尊重、相互影响、相互作用、相互教育，提升父母成长的内驱力，为家校合作的最终受益人——儿童，创造更加广阔、更富生机活力的发展空间。

参考文献：

[1] 王珺颖. 社会主义核心价值观情感认同的培育路径 [J]. 思想教育研究，2019 (12)：125.

[2] 刘晓明，马春玲. 核心价值观培育必须重视情感认同 [J]. 人民论坛，2018 (23)：136.

[3] 苏霍姆林斯基. 给教师的一百条建议 [M]. 北京：教育科学出版社，1981：11.

[4] 李宜江：家长教育的关键在家长观念的转变 [J]. 中国德育，2019 (3)：29.

[5] 忻仁娥，唐慧琴，张志雄，等. 全国 22 个省市 26 个单位 24013 名城市在校少年儿童行为问题调查——独生子女精神卫生问题的调查，防治和 Achenbach's 儿童行为量表中国标准化 [J]. 上海精神医学，1992，4 (1)：47—55.

[6] 刘莉，吴倩，郑研，等. 父母心理攻击与儿童问题行为：另一方父母支持的调节作用 [J]. 中国临床心理学杂志，2020，12 (6)：1235—1239.

作者简介：

郑　研　济南市师范路小学校长（原济南市泺新小学校长），高级教师

谭晓庆　济南市师范路小学副校长，一级教师

学校家庭教育实施路径探索

徐冬青　车其文　侯　颖

"家长是孩子的第一任老师"，家庭教育是教育的开端，关乎每一个孩子的成长和家庭的和谐，关乎社会主义建设者和接班人的培养，最终指向国家发展、民族进步、社会稳定。2022年1月1日《中华人民共和国家庭教育促进法》正式实施，这是我国首次就家庭教育进行专门立法，标志着家庭教育不仅是家事，更是国事。在此新形势下，学校也承担着家庭教育指导的重要责任。

秉承致力于每一位学生健康成长的办学理念，济南开元外国语小学一直深耕于家庭教育的研究与实践。学校先后被评为"济南市家长满意学校""济南市百所家长示范校""家校共育示范校""山东师范大学家庭教育基地""济南大学教育与心理科学学院本科生实践基地及研究生培养基地""济南市教育学会家庭教育研究委员会第一届理事会常务理事校"。学校在家庭教育方面拥有比较广泛的理论基础和实践经验，取得了丰富的成果。

一、家长学校，构建德育同心网格

家长学校建立之初，学校就成立由学校领导、职能部门负责人、家长委员会代表和教师代表组成的家长学校工作委员会。家长学校设行政办公室，负责家长学校日常管理；设资源开发处，负责课程资源开发；设教务处，负责教学教研。各年级主任负责本年级家长学校具体工作的落实。家长学校肩负着引领家长学习先进家庭教育知识理念，提升家庭教育质量的责任。为了充分发挥家长学校引领家长学习与成长的职能，2021年9月根据前期工作经验，家长学校增设宣传处，负责家长学校活动的宣传工作。为了保障家长学校课程推进的效果，学校创新实行"双班制"，即由班主任和家长委员会学习部部长担任家长学校各班级"班主任"，开展家长学校工作。

2020年学校制订家长学校三年发展规划，紧紧围绕"立德树人"教育任务，有步骤地推进家长学校各项工作。

第一年，深化改革。完善课程体系，规范组织架构，优化师资队伍，改善评价机制。

第二年，内涵发展。丰富办学内涵，增强发展动力，重点推进家校整合教育项目，借力专家指导，着力打造家长学校名师建设。

第三年，总结推广。总结推广经验，争取打造寄宿制家长学校示范校的样板。

周密健全的组织机制、科学合理的发展规划保障了家长学校教育指导活动的有序开展。

二、家长课程，浸润陪伴助力成长

（一）专家教授，让课程充满张力

基于学生家庭教育实际需求，结合寄宿学校的育人目标，依据前期问卷调查结果，在山东师范大学孔屏教授的引领下，学校筛选出家长感兴趣、需要指导的相关问题，找准家庭教育切入点，开发寄宿制家长学校课程体系。该课程以生活教育为基础，以人格培养和道德养成为核心，以促进家庭成员全面健康发展为出发点和落脚点，努力培养明礼、担当、守规、阳光、卓雅、独立、自信的开元学子。在满足学生成长需要的同时，开元家庭教育课程体系全面覆盖家庭教育需求，着重解决寄宿制学校亲子沟通问题，推动高质量亲子沟通和有效亲子陪伴，促进学生良好生活习惯与学习习惯的养成，培育学生的创新意识和探索精神。课程基于"身心两健""学会生活""种德培心"三个方面，引导家长深入了解儿童成长规律，认识生命，悦纳自我，学会情绪管理，正确定位家长在家庭教育中所扮演的角色；指导家长创设良好家庭氛围，引导家长认识家庭生活对孩子成长的作用，建设良好家风，提高家庭认同感，培养孩子的自信心、责任心。

在"身心两健""学会生活""种德培心"三大板块下，根据小学阶段儿童的发展规律，参照问卷调查结果，将家长学校课程细化为 36 个三级课程，全面覆盖小学阶段学生成长问题及家长关注的重点问题。

2021 年 9 月学校聘请山东大学、山东师范大学心理教育专家，结合学校寄宿制特色为学生、家长及教师搭建三维教育平台，为家长学校量身定制"启迪童年美好心灵，拥抱人生卓越未来"心理赋能项目，项目组专家对学生、家长及老师同时进行心理赋能指导。经过半学期的实践，该项目在提升教师的自我价值及专业育人水平，在指导家长深入了解孩子的心理特点和规律，在提升学生的心理健康水准等方面作用明显，为孩子营造了健康的成长环境。学校还聘请山东省教科院专家定期进校指导，定期为家长开设家庭教育指导课程。

（二）团队教师，让课程精准实施

学校拥有一支以心理教师、家庭教育指导师、班主任、骨干教师为主体的专业过硬的家庭教育指导工作团队。在山东师范大学的帮助下，已经培养家庭教育指导师35名，阿德勒亲子教练12位。借助教师梯队建设及评价激励机制，培养不断探索符合学生成长规律，能够读懂学生、理解学生心灵的"领军人物"，切实发挥其引领作用。做到根据学生和家长的真实需求，突破他们的成长困境，引领家长终生学习。

团队教师根据学生的心理需求，开展"减负增策"心理课程，为全校学生进行心理健康筛查与干预，每月进行团体心理辅导，开设心理游戏选修课，并对测试中得分异常的学生进行访谈、分类、干预，做到"一生一策"。

学校家庭教育指导团队创办每月一期的家庭教育指导电子刊物《家长快线》，通过观点、热点、悟点、悦点四个板块，分别向家长推介家庭教育权威专家的文章、各种家庭教育焦点问题的讨论、家庭教育方法技巧以及学校部分家长成功的教育经验。至今，《家长快线》已推出67期，涉及家庭教育的67个话题，家长们积极踊跃投稿一万余篇。

团队教师线上、线下定期举办家长沙龙、团体讲座，开通"阳光心语"网络直通车、心理咨询热线，多举措全方位聚焦孩子成长过程中出现的问题；录制家庭教育短片《托举·未来》《家校共育，点亮教育心灯》向家长推广科学教育理念；充分利用线上优质教育资源，如"泉家共成长"家庭教育网络平台优秀课程资源，促进基于家庭问题的自主学习，提高家长的参与度，实现优势互补。

（三）家长教师，让课程灵动起来

学校打造"一班一品"家长课堂模式，每个月邀请那些具有专业知识、技术特长的职业精英参与到课堂中来。他们中有法学教授、医务工作者、法务工作者、艺术家、技术工人、商人等。"家长教师"从多角度、多方位给学生讲解生活技能，分析时政热点，传播家国情怀，提高创新意识，不断拓宽育人新渠道。

独行快，但众行远。为了培养更多的悦纳自己、懂得孩子的家长，充分发挥家庭教育的力量，家长学校征集80名家庭教育志愿者，邀请专家对他们进行专业培训。培训合格后，家校共育志愿者将指导本班及本年级家长定期开展家庭教育活动，增强家校共育的合力，实现家长影响家长，家庭带动家庭的目的。

学校以开放的姿态、包容的情怀撬动家长这支巨大的教育力量，让家长学校的课程更加灵动多姿。家长以主人的姿态、极大的热情让家长学校的课程更加充满活力。学校尊重家长，家长支持学校，家校关系更加和谐，形成教育共同体，最终使学生受益。

三、家校互动，培育亲密家校关系

（一）节点教育课程，把握教育契机

1. 牵手入校课程

学生第一天入学，家长就进入家长学校开始第一课的学习。学校向家长赠送边玉芳教授的《读懂孩子》和孔屏教授编写的《牵手两代》等系列图书，并邀请山东师范大学多名教授专家面向全体家长开展讲座，传递科学的育儿理念和家庭教育方法。在孩子入校第一天的重要节点上，家长开启家长学校的第一课。

2. 十岁成长课程

十岁，是成长的转折点，是人生的里程碑。十岁的孩子有了自己的理想，也开始肩负一份责任，更要懂得感恩、学会感恩。十岁成长课程是学校送给孩子和家长的一份成长礼物。该活动唤醒孩子的成长力量，唤起了家长最本真的爱的表达，融洽了亲子关系，和谐了家庭氛围，在无形中浸入了家庭教育的指导。

3. 小升初引桥课程

从小学迈进初中，是孩子成长中又一个转折点。学校邀请专家解读小升初、设计"鹊华问道亲子徒步行"活动，减少了孩子、家长的焦虑，在小学与初中之间搭建一座桥梁，帮助孩子顺利度过升学的转折点，实现了身体素质、意志品质、亲子交流三方面的提高。

4. 假期指导课程

在放假前的重要节点，指导家长帮助孩子合理规划假期学习与生活，高效管理时间，实现学习与休闲的合理分配，做到劳逸结合；注意假期居家与出行安全，在家时注意用电用火安全，节约用水。外出时遵守公共秩序，做一个合格的小公民。合理绿色上网，浏览健康网站，让网络成为学习和生活的助手。假期指导课程为学生度过安全和谐的假期提供了有力支持。

（二）亲子共育活动，丰富教育内涵

学校充分挖掘利用家长社会资源优势，开展职业体验、户外拓展、参观访问等丰富多彩的亲子互动校外实践活动，以拓宽学生成长空间。利用周末及节假日设计亲子"悦读"、亲子劳动等活动，以提高亲子陪伴的质量，促进和谐亲子关系的建立。在爱心义卖的卖场上，家长们用心准备，陪孩子一起明白慈善意味着什么；亲情运动会上，家长们努力拼搏，让孩子明白什么是班级荣誉；集体生日会上，家长们读着孩子写给自己的信热泪盈眶；外语艺术节，特色班级创建活动，家长们献计献策；开元十年校

庆、二十年校庆，到处都是家长们激动忙碌的身影。这正是学校的家庭教育指导工作真正满足家长教育需求、走进家长之心的最有力的印证。因为认同，所以才能携手并进。

长期以来，济南开元外国语小学以学校教育为引导，以活动课程为载体，以专家和团队为实施主体，使家庭教育指导形成一个完善的体系，促进学校家庭教育的实施，最终形成家校合力，共同为孩子的成长助力，为孩子的未来筑基。

作者简介：

徐冬青　济南开元外国语小学政教处副主任，中级教师

车其文　济南开元外国语小学校长，高级教师，济南大学校外硕士生导师

侯　颖　济南开元外国语小学副校长，高级教师

家、校、社育人共同体新机制构建与实践研究

张华奎　王学娟

临朐县城关小学由六处农村小学撤并而成，是一所典型的"三农学校"。调查显示部分家长在家庭教育方面存在以下不良现象：一是教育观念不够先进。有些家长要么用简单粗暴的棍棒教育，把孩子打得"不敢"；要么把教育的责任推给学校，自己当"甩手掌柜"。二是教育方法欠妥。有些家长庇护孩子的不良行为，家庭与学校不配合，削弱了学校教育的作用。三是重智育，轻德育。部分家长把智育放在首位，过于关注分数，忽视了学生健康人格的培养。

教育部《关于加强家庭教育工作的指导意见》进一步明确了家长在家庭教育中的主体责任，只有家庭、学校、社区教育协调一致，形成合力，优势互补，才能收到最佳的教育效果。在学校第一个五年规划中，明确提出了红叶主题文化的六维建设目标，即红叶少年、红叶教师、红叶家长、红叶课堂、红叶班级和红叶校园。把家庭教育纳入学校发展的重要组成部分，进行重点研究与实践。

基于此，学校在和谐共育的大环境下，以创建家、校、社协同育人新机制作为打造学校教育品牌的重要载体，以家庭教育改革创新为动力，着力构建家庭、学校、社会"三位一体"的教育网络，形成同心、同向、全方位的"1336"家校社协同育人新模式。

一、创建一个特色品牌，构建协同育人新格局

学校把创建家、校、社共育作为打造教育品牌的重要载体，通过积极推广家、校、社共育理念，健全共育机制，搭建共育平台，创造性地开展家、校、社共育工作，着力构建家庭、学校、社会"三位一体"的教育网络，努力形成教育合力，共同培育学生生命成长的力量，为学生的健康成长保驾护航。

二、培养三支优秀队伍，为育人提供人才保障

（一）打造优秀教师队伍

教师是学校教育的主力军，学校重点通过六条途径提升教师队伍的综合素质。一

是开展教研培训活动，集体研讨教育教学的相关内容，培养学生全面发展。二是聘请专家到校举办讲座，充分发挥"传帮带"作用，促进青年教师专业成长。三是组建核心战略团队，引领教师专业发展、学生素养提升。城关小学已经组建了语文书韵、数学益智、英语求真、科学实践、艺体飞扬等六个学校发展核心团队。四是成立红叶光华社团，做到班班有社团、人人有特长，给师生才艺施展的平台。五是举办红叶青春艺坛，对班级管理出现的问题集中商讨解决。六是组织教师外出培训学习，提升教师建班育人的能力。2019年学校被确定为"山东师范大学家庭教育实验基地学校"，先后有30名教师参加了家庭教育培训，获得了家庭教育指导师专业证书，为促进家校沟通提供了深厚的理论基础。学校建立"家庭教育导师库"，让更多的优秀班主任加入其中，成为引领家长成长的主力军。

（二）培养优秀家长队伍

家长是学校教育的生力军。每学年开始，学生入校，家长入学，孩子成为学生，家长成为学员。学校对家长的培训主要从三方面进行。

一是给家长配备导师。每位班主任都是一名导师，所有班的学生家长都是这个班的学员，针对各年龄阶段的孩子科学施教，有效避免了家长的恐慌、盲目或低效，给每位家长增加了教育孩子的底气。

二是开设家长课程。增长理论知识，掌握科学教育方法，才是家庭教育的根本所在。每位家长在孩子小学六年的时间内参加"父母大讲堂"等各类家庭教育培训，学校按照要求开设了家长课程，每学期至少开课两次，每次不少于2个小时。学校近几年共组织家庭教育线下培训20场次，线上培训5次，参训家长达95％以上。结合每个年级的特点，由级部组织家长进行有针对性的培训，切实让家长明白什么年龄阶段的孩子，应使用什么样的方法来教育，家长应该怎么做才能达到最好的效果。

三是参与课题研究。学是理论，做是实践。家长真正会做，才是一名合格的家长。每学期我们都要选取有代表性的课题来共同研究，由教师和家长共同参与研究，聘请专家到校来现场指导，切实把那些想解决、难解决的问题解决好，做一位智慧型的好家长。近几年来，学校共选出各类课题12项，有3项被推选到市级及以上立项并结题。为鼓励家长积极参加各项活动，学校每年评选100名"红叶家长"进行隆重表彰。同时，学校建立了"优秀家长资源库"，用身边的榜样来教育身边的家长，推动家长共同进步。

（三）成立优秀社区队伍

社会是学校教育的联盟军。首先挑选优秀教师、家长、社区干部及社会爱心人士组建社区家委会，构建"三教"平台，形成教育合力，打造家校社政共育新模式。同时组成了两支社区服务队伍，一是由心理学教师、骨干教师和优秀班主任组成的专业师资团队，二是由专家和家长组成的爱心志愿团队。这些优秀社区队伍为社区教育提供了重要的人才保障。

三、建设三维良好场所，为育人提供环境保障

（一）家庭方面

学校结合县教体局精神，动员所有家庭积极创建书香家庭，到目前为止，全校共有 36 个家庭被评为县级书香家庭。学校还积极开展了"小手拉大手，共建文明庭园"活动，为育人提供良好的环境。2021 年 6 月份由街道办事处和社区共同召开了"文明家庭"表彰活动，学校有 66 个家庭被评为"文明家庭"。

（二）学校方面

突出班级文化建设，打造"一班一品"班级特色，通过创建富有特色的班级名片，打造有名气的班级，通过社团活动突出班级活力，通过比赛体现班级凝聚力，学生在这样充满凝聚力和活力的环境下会受到很好的教育。上半年有四个班级被评为"县级示范班级"，有 36 个班级被评为"镇级示范班级"。

（三）社区方面

建立社区家委会和服务站，由政府和社区村来提供和建设，做到设施设备齐全、照明达标、制度上墙、文化氛围浓厚。2021 年共建成李家庄社区、高家庄社区和岩头社区三个服务站，投资近百万元，为学生家长进社区提供了优质场所。

四、六项措施合力共育，为育人提供机制保障

（一）建立家、校、社共育运行和评价机制

首先，成立了由学校校长、社区书记和家委会成员以及社会热心人士组成的领导小组，下设办公室，由学校德育处主任兼任领导小组办公室主任，协调三方力量，有效开展工作。其次，建立共育运行机制。结合实际，由三方共同协商，本着对培养学生有效、有用的原则，对具体事项约定成规，对各方的职责和运行过程的相关事项作了规定，还针对一些共性问题制定制度。例如，针对学校因为学生有意或无意引发的冲突，涉及赔偿的问题，由家委会或社区出面来处理，帮助学校创造了安定祥和的教育教学环境。最后，开展"三优"评选活动。在班主任、家长和社区中，广泛开展"优秀班主任、优秀家长和优秀社区"评选活动，调动各方做事的主动性和积极性，共

同完成教书育人的重任。

（二）家长进校园活动

学校开展"家长进校园活动"，要求做到"六个一"：参加一次升旗仪式；巡视一遍校园，及时发现问题；深入课堂听一节课，了解师生教学情况；维持一天秩序，包括入学、放学、课间、午餐、午休等，对违纪学生进行教育；吃一顿午餐，对食堂的饭菜、卫生提出建议；参加一次家校互动会，提出合理化建议。家长驻校，因参与知情而理解配合。目前，学校收到家长建议 36 条，逐一进行了改进落实。学校同时邀请一些有专业技术或特长的父母走进学校，担当教师的角色，给学生上课。他们在不同的行业，本身就是丰富的教育资源。父母角色互换，调动了学生的学习兴趣，丰富了学校的课程资源。一些志愿者组成公益队伍，如山东华艺雕塑、新华书店、伊利奶业等，发挥基地的教育功能，为学生开辟第二课堂。学校搭台，将优质的人才资源引进校园，更好地践行了家、校、社共育的理念。

（三）编写校本课程

学校每学期至少两次有效组织家长参加开学第一课和父母大讲堂等培训活动，从理论上给予家长指导。组织骨干教师和优秀家长，共同编写了《城关小学家长学校授课参考教案》《让低年级孩子快乐成长六步走》《教师与家长沟通的技巧》《入校课程》《疫情下对孩子教育的几点建议》等校本课程，为做好育人工作提供了范本和依据。

（四）开展亲子活动

学校每年的远足、"六一"会演、运动会等活动，都结合实际增加亲子类项目，让家长和孩子在共同参与体验中，增进感情，共同成长。例如，在远足活动中，学校要求家长在学生所在的班级中一起活动，学生与家长在远足过程中进行深入体验，在彼此的激励中，相互得到鼓励和鞭策，共同去克服困难，取得最后胜利的喜悦，进一步增进感情，融洽亲子关系。

（五）家访活动进各家

教师把家访变成"个性家教"，给每个孩子特别的爱。学校每学期组织全校教师进行"家访活动进各家"活动，每名教师至少帮扶 1 名学生，除一定的物质或资金资助外，同时送给家长一条有价值的教育建议。每学期所有教师都会参与走访，走访学生3000 人次，资助贫困学生钱、物款达 3 万余元。学校通过"校长惠民服务群""班级服务微信群"等，对家长在家庭教育过程中遇到的问题予以解答。特别是疫情期间，通过网上家访、网上家长会、网络直播，打造"互联网＋平台"教育模式，每名班主任每周做两次线上家访，及时消除家长和学生的恐惧感和焦虑心理，以更好的心态来适应疫情下的学习生活，提升了家校合作的质量。

（六）开展丰富多彩的社区活动

通过专家讲座、文艺演出和亲子体验等活动，社区居民树立了正确的教育观，建立了良好家风，形成了良好的教育合力。社区服务站还吸纳了社会可用资源，服务形式涵盖一对一交流、主题讲座、特色沙龙、实践拓展等，更具针对性、实效性和灵活性。2021年，在服务站开展专家讲座20场次、4000余人参与，开展各类活动50余场次，丰富了居民生活，让家长学生受到了良好的社会教育。

家、校、社三位一体，共育学生健康成长，学校取得了长足发展。学校家委会被评为"潍坊市中小学优秀家长委员会"，学校被评为县级"优秀家长学校""山东师范大学家庭教育实验基地"，山东省家校协同育人优质课程，1名教师被潍坊市教育局评为"2020年度市级优秀家教总协调员"，家委会主任孔凡艳被评为"县级优秀家委会主任"，26人事迹被评为县级家教好故事。2020年6月开展家庭教育课题研究获得县级结题，6名教师获县级"教师优质案例"荣誉，4名教师获市级"家庭教育优质课一等奖"，4名学生在市"践行家风家训好少年"比赛中获奖，学校在县班级育人能力大赛中，获学校层面一等奖，3人获德育金点子一等奖，5名班主任获"德育教学优质课"荣誉，10个班级被评为"县级示范班级"。30名教师取得家庭教育指导师资格，潍坊市、临朐县教体在线两次报道城关小学家校共育典型事迹。

下一步，我们将继续发挥好家委会及社区服务站的合力育人作用，进一步丰富家庭教育工作内涵，全方位拓展家、校、社共育阵地，努力寻求家校沟通的平衡点，不断提升育人水平，推动家、校、社工作更加科学、规范、深入发展。

作者简介：

张华奎　临朐县城关街道城关小学校长，高级教师

王学娟　临朐县城关街道城关小学副校长，高级教师

同心同向同道　探寻育人最大公约数

李金辉

舜文中学是一所九年一贯制学校，位于市中区阳光舜城，于 2006 年 9 月建校，在家庭教育方面具有良好的基础。自建校以来，历任领导都非常重视家长学校和家委会建设，起步早，标准高。课程建设由零散的讲座到形成课程体系，组织架构由学校主导到家校社政研协同推进，授课形式由线下单一授课到线上、线下大课微课相结合，不断探索和谐共生、协同发展的家庭教育新样态。

一、背景和动因

学校始终坚持立德树人目标，不断整合社区优质资源，以家庭教育为切入口，为学生成长赋能。舜文中学家校社共育新样态，经历了三次迭代，由"阳光爸妈俱乐部"到"线上线下九年一贯制家长学校"再到"家校社政研育人共同体"。三次迭代，三次蜕变，源起学校探索构建"共融共建共享共赢"多元育人模式的初心。2018 年 10 月，山东省教育科学研究院与舜文中学、舜华社区成立"党建＋家校社政研多元育人共同体"，随着共同体工作的推进，需要在运行模式、协作机制、项目实施、理论研究、协同方向等方面进行深入研究，提高育人水平，探索多元环境从无序到有序转变的共同规律。

二、操作程序和测量指标

（一）实践基地，招才引智

2020 年 11 月，学校成为山东省"多元协同育人共同体实践基地"。基地的建立，为探索育人共同体新模式提供样式，为组建有效的家庭教育指导团队提供支持与保障。

（二）三个团队，抓铁有痕

学校原有领导团队、工作团队两个团队，在此基础上增加了专家团队，确保团队落实创建培育工作，对工作质量有监控、有激励。"三驾马车"领航"学校为主体、社区配合、专家引领、家长参与"的合作共育工作。

（三）联动建制，搭建平台

在多元合作中逐步形成相关工作机制，通过建立统筹协调机制，共建共育机制，协作联动机制，组织保障机制，不断完善长效协同机制，为家校社政研企的建设提供制度保障和更长远的发展空间。

（四）规范操作，积极赋能

以家委会为载体，以学校为主导，拓展社区服务项目。坚守三级家委会阵地，学校将家长委员会纳入学校日常管理，制定家长委员会章程，组织开展形式多样的家庭教育指导服务和实践活动，引导广大家长积极、有序、规范地参与学校教育教学管理和社区志愿服务。

（五）线上线下，平台多元

由于家庭教育的差异，重点打造三个项目：云上家校，云上书城，云上社区。以云上家校为平台开发舜文中学家庭教育特色课程；结合智慧校园建设"云上图书馆"；联合社区开展"悦读达人""书香家庭"评选活动，推动"全民悦读"走向深入；充分利用舜华社区基地，发展社区云上家庭教育大讲堂。

（六）固化传承，弘扬家风

组织开展"舜文家教好故事"征集推选活动。由家委会组织，家长从"好家风，好家教，好家长"三个话题中任选一项，通过文字、照片、短视频等形式，分享健康教育理念和沟通模式，丰富"各美其美、美美与共"的教育理念，打造家校一体的舜文教育空间。

（七）亲子十刻，高质陪伴

家校携手共建"舜文亲子十刻"。在"双减"大背景下，家校携手做好加减法，开展有质量、有视野的家庭亲子活动助力孩子的成长。

（八）小传承人，育人初心

借力社区资源，逐步构建舜文"小传承人"多元协同育人课程。家校社协同成立社区少工委，加强校外少先队组织建设，更好地团结、教育、引领少先队员健康成长。

（九）商量机制，牵手社区

建立"商量"沟通机制，党员教师社区双报到，社区联席会议商量学校智援社区项目。多元协同育人共同体课题组成员走进社区，举办家庭教育社区读书会、假期志愿者义教等。

（十）借技借智，科研引路

借技借智山东省教育科学研究院，开拓创新多元育人新模式。通过课题引领结合疫情防控形势带来的变化、以"家长空间"和《家长手册》为抓手，使家长学校课程建设走向深入和创新。建立与省教科院的对接机制，邀请省教科院、教育社专家不定期针对家庭教育问题线上"传道授业解惑"。

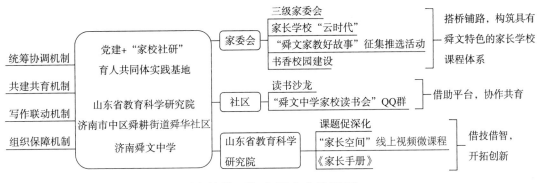

"家校社研"多元育人流程图

三、主要创新创优点

凝聚教育合力，创新家长学校新模式，不断提升学校家庭教育指导服务的科学性和时效性，打通多元育人共同体联盟的"最后一公里"。

（一）同心 —— 建立双减背景下和谐的家校沟通关系

1. "建机制"

学校进一步规范三级家委会建设，将家长委员会纳入学校日常管理，2020年底的学校家委会例会上形成《舜文家长公约》，引导广大家长积极、有序、规范地参与学校教育教学与管理。

2. "请进来"

自2020年年底至2021年年底，学校开展"邀请家长进校园"活动15次，校园开放日两次，开展"家长大课堂"活动10次。在家庭教育研讨、配餐监督、运动会、入学教育、远足、学校操场验收等活动中都有家长忙碌的身影。2021年10月召开家长论坛，互动交流，提升家校对双减政策的同频共振。教师们也通过家访、电话沟通、微信联系等不同方式倾听家长心声，打造有温度的家庭教育。

3. "搭平台"

家长学校有值班制度并开通家委会值班电话，在每周三下午都会有一位家长学校成员在家校联系部与家长朋友们沟通交流，畅通家校联系渠道。

（二）同道——线上线下课程相结合，家长学校迈入云时代

为解决家长学校上课时间的限制、家长的教育理念和接受程度的差异性等问题，学校重点打造云上家校、云上书城、云上评价三个项目，满足家长个性化需求。

1. 云上家校

开展"家长学校"特色课程研发，提升家庭教育水平。建立线上平台自修课程，

推出每年级的周主题课程。每周六晚上七点，固定为"舜文周六七点家教时间"，班主任与家长一起线上学习、讨论。班主任自主开发线上家庭教育微课——学校每个班主任与家委会一起研讨，录制微课，指导学生学习生活。学校家委会微信公众号推送，形成"舜文老班假期说"家教课程。

2. 云上书城

建设"云上图书馆"，开展"悦读达人""书香班级""书香家庭"的评选活动，以小手拉大手，推动"全民悦读"走向深入。目前学生阅读平台已经开发使用，学生们坚持每天读书、写评论，与家长进行亲子阅读。

3. 云上评价

利用《中国学生发展核心素养》作为评价量表，结合大数据分析，开发出"积卡升级"评价系统。给学生发表扬卡、待改进卡，为每一个孩子的发展精准"画像"。家长能通过"积卡升级"系统了解孩子在学校的表现，大大提高了教育的针对性、时效性。这是国内较早借助信息技术实现核心素养评价的学校，对同行具有较强的借鉴意义。

（三）同向——完善家校社政研育人共同体

1. "舜文亲子十刻"

双减之下，不能只做"减法"，要有有质量、有视野的家庭亲子活动助力孩子的成长。一方面学校设置线下学段特色家庭教育课程，穿插家长成长工作坊的形式，让家长在身心层面都得到提升和成长。另一方面家委会会长论坛，推出"舜文亲子十刻"，包括亲子阅读、亲子分享、亲子健身、亲子公益、亲子联欢、亲子劳动、亲子沟通、亲子旅行、亲子观影、亲子游戏，每个时刻都有指导策略，用解放出来的时间进行亲子体验和互动，成为密切亲子关系的"黏合剂"，平稳度过"双减"家庭教育转型期。

2. 借力社区资源，逐步构建舜文"小传承人"多元协同育人课程

2021年6月，中国少年先锋队舜雅社区少工委正式成立，目的是加强校外建设少先队组织，更好地团结、教育、引领少先队员健康成长。

四、效益分析和示范推广

教育一个家长、带动一个家庭、影响一个社区、文明整个社会，"家校社政研育人共同体"家教品牌已经初步树立，产生了良好的效能。

（一）促进家校协同育人

目标一致，密切衔接，积极互补，逐步形成学校、家庭、社会协调一致的育人合力，发挥教育的整体效应。"家校社政研育人共同体"实践基地产生了良好的社会反响。学校鹿永梅书记在全国家庭教育品牌城市联盟会议暨济南市中小学家庭教育"泉

家共成长"工程启动仪式上做典型发言。学校陆续承接国家行政学院家庭教育调研，山东师范大学家庭教育指导师、校长专业素养培训班，济南市家庭教育现场会，市中区第二届品质教育学术节家庭教育现场会等十余次活动。学校家庭教育经验在《山东教育报》专版登载。"家庭主体、学校主导、社区参与、政府统筹、科研指导"的多元协同育人模式已初步形成。

（二）促进教师专业成长

学校继张峰、李旭、李金辉成为市中区第一批家庭教育指导师后，骨干教师参加培训学习，又有4位教师取得山东师范大学颁发的家庭教育指导师资格证书。双师队伍建设成为家长学校持续发展的坚强后盾。

（三）促进家庭和睦

开展"舜文家教好故事"评选，有十余人次家庭教育好故事、好经验发表在《泉城家庭教育》《齐鲁周刊》等报刊上，家教水平提升显著；与社区联合评选红色、教子、传承、绿色等各类"最美家庭"，形成家校社共育教育场。

（四）促进学校内涵发展

学校承接各级各类家庭教育交流活动，2020年获得"全国家校共育示范校""山东省协同育人实践基地""济南市百所家长学校示范校"；2021年获得济南市"家校共育成长未来"榜样学校；2022年将承办全国家庭教育年会分会场，向全国代表展示多元协同育人成果。

教育要面向谁？不同的人会有不同的答案，舜文的思考是：面向每一个，尊重每一个，不放弃每一个。学校继续以"协同育人实践基地"为实践支持，用爱心与情怀、用科学与智慧共同托起有温度的家庭教育，汇聚最大的同心圆。家校社政研五位一体，同心、同向、同道，探求育人最大公约数！

参考文献：

[1] 中华人民共和国教育部. 关于进一步加强家庭家教家风建设的实施意见，2021-7-23. http://www.moe.gov.cn/jyb_xwfb/s5147/202107/t20210723_546277.html

[2]张志勇,刘利民.确立父母家庭教育的职业角色——家庭教育法的重大意义[J].人民教育,2021(22).

[3]中国教育学会.家庭教育指导实用手册(家长卷)[M].人民教育出版社,2020.

作者简介：

李金辉　济南舜文中学校长助理、学生发展部部长,高级教师

家、校、社资源平台的构建与运维

张纪余　宋文静

家庭教育决定了孩子的天花板，父母是孩子人生的起跑线，现代学校制度的建立要求家校密切合作，通过构建家、校、社协同育人模式，积极引用家长和其他社会资源，加快学校的开放性、民主化、现代化进程。家长资源是以学生家长为主体的重要校外教育资源，如何构建好家、校、社资源平台，发挥家庭以及社会资源在教育中的最大价值，促进家校合育、协同发展，是我校家庭教育的重点工作。

一、形成协同，构建家、校、社资源平台

（一）学校内部家校育人协同

在家校合作过程中，学校发挥着全方位的主导作用。依托学校现有的家权中心、各个级部和具体班级三个层次的行政机构，以此为家、校、社协同育人模式的校内组织平台，针对资深班主任、资中班主任和资浅班主任三个层次，开展多形式的交流和培训活动，如班主任论坛、青年教师培训会、全体教师专题报告会等，提高教育者对家校合作重要性的认识，提高教育者驾驭和处理家校合作问题的能力。

在家校合作过程中落实全员育人理念。树立全体教师都是家校合作实施者的理念，根据工作需要，任课教师应加入班级 QQ 群、微信群聊、班级博客等沟通平台，参加家长会、学生个体联合诊断等活动，与班主任形成互补，与家长形成互动。

探索建立良好的家校合作模式。成立由教师、家长组成的专门课题小组，根据家校关系发展的新背景、新特点，探索家校合作的新途径、新模式，成为现代学校制度的有机组成部分。

加强教师培训，提升教师家庭教育指导能力。依托山东师范大学等驻济南高校优势资源，开展为学校培训家庭教育指导师、提供家庭教育专家报告、指导开展家庭教育课题、组织家庭教育高端论坛等活动，打造专门师资团队，开展百人课堂宣讲和日常指导工作等。

（二）家长内部家校育人协同

家长是影响现代学校教育的巨大力量，可促进，也可阻碍。有人认为家长或已成

为妨碍学校正常教育的最大因素，这种说法也是有一定道理的。家长的认识水平、教育能力和教育行为千差万别，对学生的影响也是参差不齐的，对学校教育的理念和行为的认识也会出现很大的偏差，必须全面提升家长对教育的认识水平和协同能力，发挥对家长教育培训的熏陶功用。

在学校的指导下，推动家长相互了解，引导家长自愿推荐建立校级、年级、班级三级家长委员会（以下简称家委会），给家、校、社协同育人模式的推进以组织保证。

明晰家委会职责权限，做好分工。制定《家委会章程》，明确家委会的人员构成、工作职责、活动方式以及责任与权利等。

创新形式开展家长经验交流。通过举办家长学校、征集"家教好故事"、评选智慧家长、成立家长互助共学小组等形式，引导家长交流家庭育子心得，发挥优秀家长的引领作用。

（三）搭建家、校、社协同育人平台

家、校、社协同育人平台为家校的合作架起了桥梁，成为家长与学校间沟通的纽带，资源融通平台有四个：

1. 网络平台

以建设数字化校园为契机，建立以学校为主导的 QQ 群、微信群聊、班级博客、学校网站、公众号、电话、人人通等家校沟通合作网络平台，密切家校沟通，加强双向接触。学校非常重视教师与家长建立顺畅的沟通渠道，接班之初要求班主任和任课老师组建班级 QQ 群，推广学校网站、微信公众号，指导家长使用人人通应用程序，创办个人空间，通过各种方式，尽可能让家长了解学校、关注孩子。

以此为依托开展相应的网络活动。向家长推荐、赠送优秀的家庭教育阅读书刊、科普视频等，通过《致家长的一封信》《家长快线》电子读物向家长推送名家教育观点与理念，指导家长用先进理念育子。通过学校官网、公众号，宣传学校的办学理念、育人目标、校风校训等校园文化内核，宣传学校德育信条和教学管理格言等，增进家校教育理念认同。开展"阳光心语"网络交流活动，邀请教育专家进行家庭教育方面的讲座，发放宣传材料，帮助家长解决家庭教育方面的困惑。建立学生成长记录电子包裹（学生综合素质成长档案），让家长更加便捷、及时地掌握学生在校表现，增强教育的针对性。

2. 家长学校平台

成立家长学校，落实《山东省中小学教学基本规范》要求，每学年为家长开设不少于 8 课时的家庭教育课程。为推动家长自觉履行家庭教育责任和义务，提升我校家庭教育整体水平，学校成立家长学校"智慧父母学堂"，开展家长教育，组织家长参加学习研讨，提升育儿能力。

（1）完善"线下"家长学校课程层次。课程分四个类型，以专家报告为主的"千人课堂"，以骨干教师授课为主的"百人课堂"，心理老师主持参与的 30 人"家长沙龙"，以优秀家长为引领的 10 人互助共学小组。其中千人课堂每学期 2 次，分别在期中、期末开展，百人课堂每月 1 次，家长沙龙每周 1 次，互助共学小组工作日常随时开展，力争全面覆盖，具体指导，取得实效。

（2）丰富"线上"家长学校课程内容。根据家长们的阅读习惯，且能较少占用家长们的时间和精力，高效沉浸式获得学习内容和学习享受，学校家权中心创新传播形式，创办"见微知著·每日分享"活动，有文字版和语音版两种形式。用简洁精练的语言，平实易懂的文字，结合《问卷调查》等日常家长反馈问题和育儿困惑，每周选定内容和主题，每月带领家长、老师共同学习，使家长们的学习随时随地、灵活自如，以较快提升家长的家庭教育能力。

3. 家长参与学校管理的平台

设立家长义工岗位，提供校园角色体验机会，让家长参与寄宿值班、学生护送、交通协管、驻校办公等服务工作；举办校领导与家长委员会恳谈会，听取意见，增强家校理解和支持。

4. 家长资源使用平台

引入家长资源等社会力量丰富德育课程，通过建立"家长资源库"，组织"家长课堂"。利用家委会，日常收集家长意见，回应家长关切，构架家校沟通桥梁；倡导和鼓励家委会组织各类实践活动，使学生从社会中汲取丰富多样的成长养分，开阔视野，增长能力。具体分为四个方面：

（1）社会教育。社会教育机构主要有文化馆（站）、少年宫、图书馆、博物馆、纪念馆、现代媒体等，发挥这些机构的作用，对学生进行多方面的教育。

（2）社会实践。学生社会实践活动包括两个方面：社会活动——社会服务、参观访问、军政训练、社会调查、科学考察等；社会生产劳动——工业劳动、农业劳动、公益劳动、商业服务劳动等。

（3）野外考察。紧密联系所学课程内容，关注与生活密切的乡土事项，尝试解释生活生产现象和问题，初步探究解决方案。如环境与环境保护类、天文观测类、自然地理考察类、旅游资源考察类、社会经济情况调查类等。

（4）专家进校。挖掘家长专业优势，组织专家进校园活动，对学校课程建设、社团建设、法制安全教育、人生发展规划等进行专业指导，提升学校教育水平。

二、依托平台，拓展家、校、社协同育人活动

协同育人活动是家、校、社协同育人工作的重点，家、校、社资源使用的途径。活动把家长、学校和社会连在一起，增进了家长、学校和学生三者的相互了解，发挥了家长对教育学生的作用，深化了学校教育的效果，让家长对学校工作给予监督，加强了家长、学校和学生三方感情基础。家、校、社协同育人活动分为四类：

（一）社会实践活动

利用家长资源，开展职业体验、户外拓展、参观访问等丰富多彩的校外实践活动。学校鼓励各班在寒暑假、学期中组织学生参与实践活动，利用社会资源，增强实践机会，家长能够积极挖掘社会中存在的教育资源，各班家委会利用周末、寒暑假期举行了各种各样的社会实践活动。目前，有相当一批家长已经形成了积极参与学校教育的意识，并有一部分家长已经活跃在学校教育中，他们从家庭走到学校，充实了学校的教育元素，丰富了学生的课余生活，增强了家长的责任意识。班主任和家委会成员独具慧眼，根据各位家长的有利条件，为孩子的教育提供独特的帮助。不同的家长所学的专业、所从事的职业各不相同，能与教师形成合作互补关系，可发挥出特殊的作用。广泛开展社会实践活动，不仅能培养孩子的综合能力，还能增强家长对孩子的陪伴和了解，融洽亲子关系。

（二）节点活动

通过征集发布家长寄语，见证孩子入队入团成长节点，邀请父母参加开学典礼、颁奖仪式、成人礼、毕业典礼等活动，让家长见证孩子成长、激励学生，增进亲情。

（三）环节活动

通过亲情运动会、特色班级展示、"写给父母的一封信"等主题教育活动，毕业离校、艺术展演、父亲节、母亲节等活动，设计家长参与环节，增进学校、学生、家长三方感情沟通，促进家校合作。比如，初中部出版《信·心》刊物，每学年不同的主题、不同内容，七年级《写给三年后的自己》，九年级《写给父母》，九年级《写给即将毕业的自己》。沉下心来书写的过程，静心思考，反复推敲，必是学生感动自己、感激父母、感恩师长、感悟人生的过程。每一封信正面是学生写，背面要求父母写回信，亲子间用文字交流沟通，能够更好地学会尊重与理解。

（四）交流会

举行家长开放日，开好新型家长会，按照"家长最想了解什么""我们想让家长了

解什么"的思路精心准备家长会，突出家长会的服务和育人功能。根据学生特点、成长阶段等召开分类小型家长会。发挥家长对学校工作的监督作用，定期召开学校发展重大事项的家长通报会，完善家委会监督职能，增进理解和支持。通过家访和日常沟通，班主任与家长、任课教师进行多维度交流，了解学生的成长背景、身体状况、兴趣爱好、性格特点等信息，知晓每一位学生的与众不同之处，开具三联单式学业发展处方，让因材施教落到实处。

三、完善机制，保障家、校、社协同育人运行

当前家长想知道学生在校表现及学校工作进展的意愿愈来愈强烈，任何小的问题都会引起家长的关心和焦虑。为急家长之所急，急学生之所困，更好地服务于家长，更加有利于学生的成长，增强学校工作的透明度，让家长更好地了解学校，让学校更好地了解家长们的意愿，学校建立了家、校、社协同育人模式的信访机制。机制包括三个方面：

（一）回应机制

实行家长回访办结制度，对12345市民服务热线、校长信箱、个人来电来信等反映的问题，归口管理，及时回应，限时办结，增强问题回应的实效性。建立家校定期磋商机制——"1+1共成长"项目，在家校沟通层面让学校民主化管理真正落地。让家长和学校管理者的时间留下来，脚步停下来，直接对话，平心静气地商量；此项目每两周进行一次，家校信息反馈不滞后，家长学生不积怨，及时解决急难困事件；作为日常线上线下交流渠道的有益补充，用平等沟通的方式从学校视角、家庭视角、社会视角探讨家庭教育的理念，改进学校工作；顺应《家庭教育促进法》的出台与落实，促进家长、学校育人共同体的建设，掌握沟通工作的主动权，增强问题回应的主动性。

（二）诉求机制

精心设计家长问卷，召开座谈会，利用家长开放日等时机，了解家长的意见和建议，按照学校要求，形成家长问卷统计报告，拓宽了解家长诉求的渠道，不断改进学校工作。

（三）服务机制

通过文明窗口建设、办事流程图印发、建立与充分使用家长接待室、家长体验就餐、开设延时服务等，实现家校互助，提高面向家长的服务意识。

（四）评价机制

建立健全家校合作工作评价机制，制定家校合作工作评价办法，根据参加家校合

作活动的频率、效果、影响力等，评选家校合作先进级部、班级、家委会、优秀家长等，促进家校协同工作提升。

我校家、校、社协同育人工作在探索中发展，在发展中创新，努力构建家、校、社资源平台，形成具有本校特色的家、校、社协同育人方式。未来还将继续遵循教育规律、办学方针，以满足家长、学生需求为主要目标，进一步优化家、校、社协同育人的各项工作。"双减"落地后无疑对学校、家长、社会提出了更高要求，各方应积极承担责任，相互协作，助力成长。学校应积极承担提升质量、指导家庭教育、强化家校合育的责任，家长应科学养育、用心陪伴、积极运用生活教育的智慧，社会各方需积极承担关爱未成年人的责任。只有发挥家、校、社协同育人作用，才能引导学生终身发展的"全程之美"，培养德智体美劳全面发展的"全人之美"，达成家庭、学校、社会三位一体、和谐发展的"全景之美"！

参考文献：

［1］张雷刚. 应用型本科院校 ESP 教学中的问题与对策［J］. 陕西学前师范学院学报，2016，32（5）：86—88.

［2］马忠虎. 家校合作，基础教育新概念丛书［M］. 北京：教育科学出版社，2000：102—110.

［3］唐文琴. 协同教育视角下中国家校关系的失衡与反思［D］. 重庆：西南大学，2013.

［4］黄立新. 网络环境下的协同教育研究［M］. 北京：科学出版社，2010：8.

［5］马忠虎. 基础教育新概念：家校合作［M］. 北京：教育科学出版社，1999.

［6］张建卫. 家长参与：家校协同的心理学研究［M］. 北京：首都师范大学出版社，2012.

［7］南国农. 成功协同教育的四大支柱［J］. 开放教育研究，2006，12（5）：9—10.

［8］陈丽敏. 家校 E 堂系统的构建与应用研究［D］. 金华：浙江师范大学，2012.

作者简介：

张纪余　济南外国语学校副校长、初中部校长，一级教师
宋文静　济南外国语学校家校合作与学生权益保障中心副主任，一级教师

促进家校共育　传递教育温情

——山东省济南第一中学家校共育纪实

高　彬

"双减"政策让教育回归常态，有效避免了教育"内卷"在孩子和家庭中的蔓延；2021 年 10 月《中华人民共和国家庭教育促进法》的颁布，凸显了家庭教育在整个育人体系中的重要地位和国家意志。作为学校，必须要站在"为国育人"的高度重新审视自己在家校协作、协同育人中的责任和功能，厘清边界、主动作为，真正打造学校、家庭和社会教育紧密结合的"育人共同体"，共同促进未成年人健康成长，培养德智体美劳全面发展的社会主义建设者和接班人。

作为一所有着近 120 年历史的百年老校，山东省济南第一中学历来重视学生的品德发展和家校共育工作。自 2010 年开始，学校就率先成立首届"家委会"，创造性开展家庭教育指导和家校协同育人工作。近年来，在学校党委书记、校长逄坤敬全力领导和推动下，济南一中家庭教育和家长学校建设不断创新、深化，不论是在体系建设、课程建设、课题研究还是育人实效等方面都取得了丰硕的成果：培育了五十多位专业家庭教育校内指导师队伍，构建了"1＋1＋N"协同发展新生态共育体系，出版了《高中阶段亲子沟通手册》《家庭教育与心理健康》等校本课程论著，学校先后被评选为"济南市百所家长学校示范校""山东省优秀家长学校"。

一、完善工作机制，保障家校共育规范开展

2010 年下半年，我校便组建了第一届家委会和家长学校。家长学校领导小组由学校校长、德育部、教学部、团委、各班主任等组成，家长学校管理委员会由学校有关部门领导和部分学生家长组成。管理委员会负责制订家长学校学习计划，安排实践活动，收集相关资料，协调家校关系，组织师资向家长宣传家教理论，讲授科学的家庭教育方法。

（一）不断完善家校共育相关工作制度

由家委会代表和学校共同编写了《济南一中家委会章程》，并陆续出台和完善了《济南一中家长学校章程》《济南一中家长学校课程实施标准》《济南一中家庭教育教师

评价考核办法》《济南一中优秀家长、优秀家庭评选表彰制度》等一系列规范化制度和考评机制。

（二）创造性地提出了"济南一中家委会 1234 工作法"

即一个方向要把握：一切为了孩子的健康成长。两个误区要避免：一是和学校对立，二是成为学校的工具。三个关系要和谐：与家长的关系，坚持自愿参与原则；与学校的关系，坚持协作共商原则；与学生的关系，坚持全面发展原则。四项工作要落实：监督学校建设，参与学校管理，解决学校难题，发挥家长特长。根据不同家长拥有的不同资源和能力，力所能及地为教职工、学生提供特色服务。

二、培育师资，打造团队，为家校共育提供专业支撑

家校共育离不开一支懂家庭教育规律、具备一定教育学和心理学素养的专业指导队伍。

2015 年，学校专门成立家庭教育指导中心，组建了一支以班主任、家庭教育骨干指导教师和心理健康专职教师为主体，有关专家和优秀家长代表共同参与，专兼职相结合的家长学校教师工作队伍，专门从事家庭教育理论研究、家庭教育实践活动和家庭教育培训等工作。

2019 年，学校与山东师范大学继续教育学院签订长期合作协议，成为山师大家庭教育实验基地，依托驻济高校优势资源，为学校培训家庭教育指导教师队伍、提供家庭教育专家报告、开展家庭教育课题指导，参加山东师范大学举办的省内家庭教育高端论坛等活动。

提供经费保障。学校家庭教育专项经费每年不少于 10 万元，主要用于支付"济南一中本土家庭教育指导师"的培训费以及相关家庭教育校本课程和材料，为家长学校的规范化、常态化建设提供充足的物质条件与保障。同时，本着"先专业培训，后考核上岗"的原则，形成了比较科学完整的师资培训体系。截至目前，已有 51 位教师在山东师范大学接受家庭教育脱产专业培训，并顺利拿到"家庭教育指导师"资格证书。

三、建构家长学校系列课程，为家长"赋能"

家庭教育的核心在于家长的教育意识和教育能力。为全面提升家长在家庭教育和家庭建设方面的能力，学校开发实施了"合格父母"、生活德育实践、生涯规划三个模块的家校课程。

（一）家长学校"合格父母"基础课程

家长学校面向全校学生家长，开设高中阶段学生身心发展特点、家庭教育与家庭建设、家校共建中的有效参与、亲子沟通方法策略、生涯规划与动力提升五大专项共12个课时的父母课程。通过课程的开设，培养家长做智慧父母，了解该年龄阶段孩子家庭教育的常见问题与应对策略，帮助家长树立正确的家庭教育思想观念，掌握科学的家庭教育知识和方法，提高自身修养，营造良好的家庭环境。同时，顺应高考改革，指导家长了解新高考、生涯规划的方法，引导孩子顺利选科选专业，平稳度过高中生活。

（二）家庭生活德育实践活动课程

学校聚焦当下在家庭生活中面临的手机依赖性较强、劳动意识薄弱、亲子沟通困难三个问题，与家长委员会共同发动广大学生和家长深入开展"家庭生活德育三个践行"实践活动课程。

1. 告别手机控，建起"养机场"

家庭共同设计制作一个存放手机的固定场所，命名为"养机场"；家庭成员共同商定，每天在同一时段全部将手机放进"养机场"，起始阶段时长至少1小时；每个家庭可根据实施情况，共同约定延长手机存放时间；手机存放期间，家人可共处、可独处，做一些有趣或有意义的事情。

2. 全家齐动手，力行"众厨芳"

倡导家庭中每周一起精心准备1次正餐；保持创造，试着学做一道新菜；做饭要变换分工，每个人要获得不一样的体验；可根据家庭实际，共同约定、适当增加全家人一起做饭的次数。

3. 青春誓无悔，潜心"上书房"

家庭成员每周固定两个时间段，每次至少1小时，静下心来读书；形式多样，既可以读每个人自己喜欢的书，也可亲子共读；改进阅读方法，对特别有价值的书，可做批注和写读书笔记；可根据家庭实际，共同约定、适当增加共同阅读的次数和时长。

（三）生涯规划与学业潜能课程

2017年，山东省成为第二批高考综合改革试点省份。新高考改革给学生更大的自主权和选择权的同时，也给学生带来新的选择困惑。如何给予学生科学、有效的生涯指导，满足学生多元适性发展的需求，成为学生和家长共同的课题。为此，我校结合自身实际，整合校内外资源，开发了生涯规划教育理念下的家校生涯课程。

专兼职教师队伍的培养与建设。发挥专职教师的专业引领作用，同时开展多种形式的教育培训，在班主任、任课教师队伍中培育和发展具备一定指导能力和指导意愿的骨干教师队伍。

借助专业测评系统，了解学生在生涯规划与学业发展方面存在的困惑与需求。借助"中学生生涯测评系统"和"ALP学业潜能量表"等了解学生在自我认知、专业选择、生涯决策等方面的客观现状与主观需求，建立学生生涯发展档案，为学生选课、选考提供客观数据参考；把测试结果及时反馈给家长，指导家长了解学生的发展动态，帮助孩子搜集相关专业及招考信息，协助孩子进行合理规划；整合家长资源优势，开展丰富多彩的优秀家长职业生涯论坛、学生专业、职业体验、职业模拟等相关课程项目。

经过多年的探索和深入实践，家校共育工作已经形成了相对完善的工作体系，取得了丰硕的成果和良好的育人实效。学校的《家校携手　和谐育人》成果案例荣获"山东省优秀德育案例"，并在全省德育工作会议上做典型发言；作为北大"家长教育与人才成长"课题共建基地，顺利完成中国教育学会十二五教育科研规划重点课题《现代学校制度中家长委员会研究》的课题研究和结题工作。

近年来，学校家长受教育参与率均达到98％以上，绝大部分家庭的家庭氛围和亲子关系均得到明显改善，家长对学校工作的满意度大大提高，学校连续九年获得济南市教育局"家长满意学校"称号。家庭教育"一中模式"，成为落实济南市教育提出的打造"有温度有品质的济南教育"品牌的有力助推者和先锋践行者。

作者简介：

高　彬　山东省济南第一中学团委书记，一级教师

第四章　家庭教育示范课例

　　本章是家庭教育的示范课例，共 20 个问题，涉及幼儿园、小学和中学三个学段，包括家长和教师普遍头疼的教育问题，比如孩子没有安全感怎么办、孩子注意力不集中怎么办、孩子厌学怎么办、孩子叛逆怎么办、孩子上网成瘾怎么办等。本章既为家庭教育指导师开展家庭教育提供范例，又为广大家长提供解决孩子问题的良方良策。

重视亲子绘本阅读

石　悦

大家好！我是石悦，是一名幼儿园教师。在工作中，我收获了孩子们的喜爱。但是当家庭教育越来越受重视、家庭教育的问题越来越多、家长们越来越想成长、家园联系越来越密切的时候，作为一名教师，单单教育教学优秀是绝对不够的。通过学习，我成了家庭教育指导师，加入了山东师范大学家庭教育的专家团。

今天，给大家分享一个家庭教育的案例——《重视亲子绘本阅读》。我们知道绘本被越来越多的家庭认可。它作为阅读工具，成了全面帮助孩子建构精神世界的有力帮手。但是仍然有很多家长是这样认为的：一本薄薄的绘本字数不多，价钱却不便宜，也读不出蕴含的价值；还有的家长知道绘本的好，却不知道该怎样和自己的孩子一起投入阅读，影响绘本作用的发挥。

我将从绘本阅读的好处、绘本选择的技巧、亲子绘本阅读的基本方法、亲子绘本阅读的注意事项四个方面进行分享。

一、绘本阅读的好处

（一）和谐亲子关系

一个家庭营造一种氛围，一种氛围产生一生影响。和谐氛围的营造离不开和谐的家庭关系，其中亲子关系又是非常重要的关系之一。但很多家长常以工作忙为由，忽略了亲子关系的构建。另外还有一部分家长，含蓄内敛，即便拥有陪伴孩子的时间，可是不善于表达自己的感情，也影响了亲子关系的和谐。家长们完全可以从亲子绘本阅读开始，找一个安静的下午或者是睡前的时光，打开一本绘本和孩子一起享受阅读的美好。在这个过程中，家长可以尽情地释放自己，运用动作、表情、语气，与孩子共同感受和体会绘本里的故事。这样会让亲子关系越来越融洽和谐，孩子也更愿意与家长互动交流。

另外，同一本绘本，家长和孩子会读出不一样的感受。比如《母鸡萝丝去散步》，孩子们会在阅读中笑得前仰后合；家长们也许会发现母鸡萝丝的经历就是成长的经历，也就能学着坦然面对孩子的长大。

（二）增强文化认同

阅读中国原创绘本，能让家长和孩子更加了解我们国家的文化、习俗、风土人情，在阅读中引发回忆，萌发情感，找到共鸣。比如绘本《团圆》，它的细节、情感、画面都是有中国特色的，反映的也是我们中国千千万万个家庭的故事。再如2022年北京冬奥会开幕式二十四节气的倒计时，让全世界看到了中国人的浪漫。这从侧面说明绘本《二十四节气》，值得家长和孩子一起品读，体会有生命意义的中国味道。

（三）促进心理发展

1. 促进认知发展

（1）促进孩子的思维能力。《3～6岁儿童学习与发展指南》中语言领域提出：语言是交流和思维的工具。思维，是一个分析与综合、比较与分类、抽象与概括、系统化与具体化的复杂过程。亲子绘本阅读时需要较多的语言交流，所以绘本可以当作思维发展的有力抓手。尤其是有些绘本的内容情节丰富、画面细腻、形象鲜明，孩子可以通过提问、理解、吸收，进行语言或动作的表达、表演。这个精细化的过程，就可以促进孩子思维能力的提高。

（2）提升孩子的想象力。孩子在绘本阅读中可以与绘本情节进行情感和思维的互联，尽情地放飞想象。想象力，可以说是孩子弥足珍贵的一种本领。有很多绘本故事是充满惊奇和趣味的，是可以激发想象力的，可以使孩子的内心世界更加丰富。比如绘本《月亮的秘密》，月亮有阴晴圆缺的变化，这种深奥的研究到了绘本里就变成了有趣的故事。整本书都是以蓝色的星空为背景，弥漫着安宁静谧的感觉。比较特别的是，每一页的设计是独特的递增式或递减式的翻页，这会让小朋友们爱不释手，忍不住地想跟着绘本里的小动物们一起爬到天上去寻找月亮的秘密。书中小松鼠先是抛出了一个问题："为什么月亮每天晚上都会变样子？"小动物们就开始了大胆的想象。这时候，孩子也可以进行天马行空的创想。再到后面，小动物们想把月亮摘回去，用来做什么呢？它们有很多的答案。这时，家长也可以鼓励孩子发挥想象力给出更多的想法。这就是绘本在提升想象力方面的价值。

（3）提升孩子的观察力。观察是认识的基础、思维的触角，是获得知识的重要手段和方法。良好的观察力对孩子成长和学习都是非常重要的。其实，每个孩子很小的时候就有观察能力，家长们还记得他们小时候的问题吗？小蚂蚱的血为什么不是红色的？小鱼为什么会吐泡泡？蚕宝宝有没有牙齿？这些细致入微的观察能力，家长有进行保护和引导吗？如果孩子不善于发现，我们完全可以借助绘本培养起这种观察能力，因为绘本中的故事、情节、对白、表情、画面等内容是非常丰富的，通过潜移默化的引导可以让孩子逐步学会细致入微的观察。

（4）提高孩子的理解能力。理解是学习的基础，只有加强理解才能促进知识的消化、吸收，才有利于知识的拓展与加深。培养理解能力有很多方法，其中很重要的一点是要借助"语言"打开孩子"理解的大门"。不管何种类别的绘本，都会让这个"理解的大门"打开得更宽，"门里"的世界也会更为丰富。

2. 促进社会性发展

社会性发展是比较复杂的内容。从社会学角度来看，概括地说，社会性发展就是人的社会属性系统的不断完善和社会参与能力逐步提高的过程。

（1）有利于同伴交往。随着认知水平的发展，自我意识的不断增强，孩子们之间的交往也日渐频繁。他们语言与非语言的表达能力也有了更好的发展，可以更明确地向其他同伴表达自己的意愿，同时能够运用一些简单的与同伴交往的积极策略，但是也会存在一些消极的交往问题。我们可以通过绘本阅读来帮助孩子学会与同伴交往。比如《鸭子说"不可以"》讲的是关于包容的故事，《兔子的胡萝卜》讲的是关于谦让的故事，《敌人派》讲的是关于如何处理冲突的故事。绘本可以让乏味的说教变成有趣的画面和故事，让一些同伴交往的方式方法润物无声地滋养孩子。

（2）有利于形成亲社会行为。亲社会行为是指人们在社会交往中表现出的对他人有益或对社会有积极影响的行为。《3～6岁儿童学习与发展指南》对3～6岁儿童的亲社会行为发展做了描述性的规定，主要涉及同情、安慰、帮助、分享、合作和社会公德行为（如诚信与保护环境）等与学前儿童发展水平相适应的行为。但是由于家庭教养方式的不同，有很多的孩子在人际交往中表现出明显的排他性情绪和行为。比如有的孩子以自我为中心，比较任性；有的孩子与他人交往会感到紧张、羞怯；有的孩子在与成人或同伴交往时攻击性行为较多。那么，在进行绘本阅读时，孩子会以自己的理解体验着绘本中的世界；于是在阅读过程中，孩子会逐渐学会绘本中表达的社会性情感和行为，从而潜移默化地完成社会化进程，丰富自己的社会经验。所以，绘本对促进孩子亲社会情感和行为的发展有着不可替代的教育价值。

除此之外，绘本阅读还可以培养孩子的阅读兴趣，提高其审美能力，激发其创作欲望，让孩子更善良、更坚强、更有爱等。

二、绘本选择的技巧

了解了绘本阅读的好处，在选择绘本之前，需要知晓绘本的概念——绘本，顾名思义就是"画出来的书"，是以绘画为主并附有少量文字的书籍。绘本不仅可以让孩子读故事、学知识，而且可以全面帮助孩子建构精神世界，培养多元智能。国际公认"绘本是最适合孩子阅读的图书"。

那么，有没有绘本选择的技巧呢？我们要明确绘本的选择初衷——那就是一定得站在孩子的角度：孩子喜欢，或者对他的成长有利。

（一）根据年龄段选择

1. 处于小班年龄段 3～4 岁的孩子，适合阅读色彩鲜明、情节简单有趣、最好有重复语言、重复情节的绘本

比如《谁咬了我的大饼》，讲的是一只小猪睡醒之后，发现自己的大饼被咬了一口，于是他去问不同的小动物："是你咬了我的大饼吗？"这就是重复的语言，而在重复的语言中，我们可以挖掘出小猪面对不同的动物时不同语气的趣味。比如面对小鸟时，他可以用略带傲慢的语气问出："是你咬了我的大饼吗？"但在面对鳄鱼的时候，又会带着胆怯的感觉问："是你咬了我的大饼吗？"语气、表情的转换，读来非常有意思。

2. 处于中班年龄段 4～5 岁的孩子，适合阅读有情感体验、涉及社会交往等方面的绘本

比如《月亮的味道》，孩子们在阅读中会感受小动物们团结一致终于获取成功的喜悦。

3. 处于大班年龄段 5～6 岁的孩子，适合阅读关于能力培养、规则树立、品质养成等内容较为复杂的绘本

比如《大脚丫跳芭蕾》，讲述的是拥有一双大脚丫的贝琳达，在追寻芭蕾梦想的路上，遇见了各种坎坷，但是仍然坚持不懈，最终如愿以偿的故事。这会让孩子们从中学到要尊重别人、坚持自己的良好品质。

（二）根据实际需要选择绘本

绘本的"魔力"还在于可以打破年龄的界线，根据孩子实际需要进行选择。

当孩子问自己是从哪里来时，可以读《小威向前冲》《出生的故事》等生理启蒙类绘本；当孩子需要对抗恐惧的时候，可以读《床底下的怪物》《世界上最美的歌声》等意志品质类绘本；当孩子挑食的时候，可以读《鸡蛋妹妹我爱你》《爱吃青菜的鳄鱼》等生活习惯类绘本。当然还有科普百科类、人文历史类、自我保护类等各种类型的绘本可供选择。

三、亲子绘本阅读的基本方法

（一）阅读之前先聊话题

1. 围绕绘本内容展开话题

阅读绘本之前，作为家长，需要简单翻阅一下要阅读的绘本内容，以对绘本内容有大体的了解。如果绘本是关于友情的，就可以问孩子："你的好朋友是谁？你们一起做过什么很开心的事情？"如果绘本是关于情绪的，比如《生气汤》，就可以问孩子："你会因为什么事情生气？你生气的时候会怎样？"

但是很多情况下，孩子拿过来一本绘本就让家长读，不给家长留有读完绘本的时间，这里再提供几个其他方法。

2. 从色彩入手聊话题

绘本《讨厌黑夜的席奶奶》的封面，主色调是黑色，我们可以聊与"黑色"有关的话题。比如：你喜欢黑色吗？黑色让你想到了什么？

3. 从题目入手聊话题

绘本《勇气》，题目是我们容易理解和展开话题的，可以以题目作为切入点展开话题。可以这样说：你是一个有勇气的孩子吗？你做什么事情的时候需要勇气？

4. 从形象入手聊话题

绘本《灶王爷》，封面当中的形象、着装和长相都很特别，是我们中国独有的传统文化中的形象——灶王爷，所以就可以从形象入手聊话题：这是谁？他有什么特点？你猜他是做什么的？这里的形象不单单指人，也可以是动物或物体的形象。

总之，绘本阅读开始前，大家可以围绕整个绘本的内容，和孩子先聊个话题；也可以从色彩、题目、形象入手和孩子聊话题。这是为了充分调动起孩子的阅读兴趣，为接下来的阅读做好铺垫。

（二）阅读时进行提问互动

亲子绘本阅读，比较有特点的就是要有互动，提问就是一个不错的互动手段，可以在两个维度进行提问：一个是问题指向绘本，另一个是问题指向孩子。

1. 问题指向绘本

家长所提出的问题都和绘本内容有关，可以围绕四个方面进行提问：问画面、问原因、问过程、问结果。

比如绘本《大卫不可以》，问画面可以提问：发生了什么？怎么了？小男孩儿在干什么？问原因可以提问：他为什么要这样做？他这样做的时候是怎么想的？他为什么自己一个人洗澡？问过程可以提问：接下来会发生什么事情？妈妈会说什么？楼下邻居家会漏水吗？问结果可以提问：最后会怎样？邻居会找上来吗？很多时候，过程和结果会一起问，区分不必过于明显。这里所说的"提问"是双向的，可以家长问孩子，更要鼓励孩子问家长。

2. 问题指向孩子

当问题指向孩子的时候，《大卫不可以》同样的一页，可以问：你是怎么洗澡的？如果有一天你也这样洗澡的话，妈妈会怎样？

孩子会比较喜欢这种问答方式，因为问题和他本身相关，他会对自己做过的事情进行回忆。

用这样的提问方式，会让孩子学会观察和发现，更重要的是学会感受和表达。

（三）帮助孩子感受

孩子的感受从何而来？就是在绘本的画面当中生发出来，我们可以通过之前的提问互动来帮助孩子进行感受。除了开心、喜悦、生气、愤怒等内在的感受之外，还可以和孩子一起感受更多的内容，比如画面中人物、动物的形象、表情、动作，还可以感受画面的布局、绘画手法、画风、色彩明暗冷暖的变化等。这对于家长和孩子了解绘本有很大的帮助。

比如《一颗超级顽固的牙》，内容讲的是小女孩的牙齿马上要掉了，她用了各种方法想让它掉下来，想通过跳舞的方式扭动下来、想绑在乌龟身上扯下来，但是都没有成功；最终她打了一个大喷嚏，牙齿掉了。而这一幅图就是牙掉了之后的画面，家长可以和孩子一起感受牙终于掉了的喜悦。为了帮助孩子感受这份喜悦，可以问：你觉得小女孩掉牙之后开心吗？你怎么看出来的？或者说，如果你的一颗超级顽固的牙齿掉了，你会有什么感觉？说到感受色彩，一看这画面就会让人感到开心，因为它的用色很鲜艳、明亮，让人看了就高兴。这时，家长就可以问孩子：这里的色彩给你什么感觉？那么他以后再画画的时候，就会知道用怎样的色彩表达开心的画面了，这种引导就是潜移默化的。

（四）重视表达

表达要注意两个环节的渗透，一方面体现在绘本阅读过程中，在一问一答的形式下，让孩子充分地通过语言和动作表达自我；另一方面体现在绘本阅读结束后，可以用绘画、手工、表演、制作等艺术创作进行二次表达和理解延伸。

上述看似复杂的绘本阅读的方法，其实很简单，只不过家长们之前没想到绘本原来可以这样读。

四、亲子绘本阅读的注意事项

（一）不要忽视声音、表情、动作的作用

家长的声情并茂的阅读和符合绘本情节的表情、动作，会帮助孩子理解绘本、进入绘本情境；不加感情地指读，会降低孩子的期待，影响亲子阅读的效果。

（二）注意绘本内容的连贯性

绘本每一页的内容都很丰富，并且不是孤立存在的，往往前后的内容有呼应、有逻辑关系，这点要注意引导孩子进行观察。

（三）孩子是阅读的主体

家长要站在孩子的角度，以他们的兴趣为主，不强化某一种阅读形式，也不必每一本都精读。虽然前面的内容提到了如何提问，但是一定允许和支持孩子向家长提问，甚至可以大胆抛弃原绘本的内容，让孩子讲，家长听。学习和互动的过程才是最重要的。

（四）绘本阅读并非看图说话

不要为了提问而提问，每一个问题都是有价值的、有意义的，问题要精准。提问多而不精，会适得其反。

（五）给予正确回应

绘本阅读，孩子的感受和表达很重要，他们的思路比成人要开阔，想法也比成人有趣；所以孩子对绘本的理解跟成人会有不同，对家长提出的问题的回应也会有不同。很多家长对孩子的回答会持反对意见，往往还会带着情绪去否定，这都是不可取的。这时候怎么办呢？家长可以这样说："哦，你是这样想的啊，你的想法很特别，你为什么这样想啊？"多听听孩子的解释，会带给家长不一样的惊喜。

（六）绘本既可以读也可以游戏

绘本既可以读，又可以游戏。比如绘本《谁咬了我的大饼》，小猪去问各个小动物："是你咬了我的大饼吗？"同时还会让小动物们在大饼上咬一口，来对比看到底是不是同一个牙印。围绕这样的情节，家长们可以拓展思路，既源于绘本，又向外延伸。

比如可以玩"连连看"，和孩子比一比，谁先找出常见动物的牙齿或者尾巴；可以玩你比划我猜，猜猜比划的是哪种动物；可以玩动物拼图、绘本配音；还可以和孩子真正做一张大饼，用牙齿咬出不同的形状；等等。虽然这样听起来很有意思，实际上很有难度，这对亲子关系有要求，对家长的用心程度有要求，对亲子陪伴的时间也有要求。

我们了解了绘本阅读的好处、绘本选择的技巧，分享了亲子绘本阅读的基本方法和注意事项。通过这样的阅读，我们离绘本会更近一步，离这个广阔而美丽的世界也会更近一步。同时，家长会讲了，孩子也会感受和表达了，亲子关系也融洽了，这就是我们读绘本的初衷。另外，只有家长和孩子在一起读，在一起尝试，适合自己家庭的方法才是好方法。坚持阅读，家长会发现孩子语言表达能力、想象力等各个方面的提升。这会为孩子将来的发展打下坚实的基础，也会让家庭氛围充满正能量。

参考文献：

[1] 孔屏.牵手两代 [M].北京：北京教育出版社，2013.

[2] 李季湄，冯晓霞.《3～6岁儿童学习与发展指南》解读 [M]．北京：人民教育出版社，2013：03.

[3] 赵寄石，楼必生.学前儿童语言教育 [M]．北京：人民教育出版社，2005.

[4] 周慧.3～6岁幼儿语言发展特点、影响因素、策略 [J]．重庆第二师范学院学报，2018（11）：84－87.

作者简介：

石　悦　济南市天桥区尚品清河幼儿园教学主任，一级教师

孩子安全感不足怎么办

卫秋丽

大家好，我是卫秋丽，是一名学习能力培训师，也是一名心理咨询师。很荣幸也很高兴能与大家一起探讨育儿问题。

安全感的重要性，越来越成为广大父母的共识。美国著名心理学家马斯洛认为，安全感是决定心理健康最重要的因素之一，可以被看作是心理健康的同义词。

今天我们探讨孩子安全感不足怎么办。主要从以下三个方面来探讨：建立安全的依恋关系、提高孩子的各种能力、改变错误的教育方式。

一、建立安全的依恋关系

孩子的安全感主要来自自身与养育者之间安全的依恋关系。

什么是依恋？依恋一般是指个体对某一特定个体的长久持续的情感联系。

什么是安全型依恋？安全型依恋是指孩子与母亲在一起时，能安逸地操作玩具，并不总是依偎在母亲身旁，只是偶尔需要靠近或接触母亲，更多的是用眼睛看母亲、对母亲微笑或与母亲有距离地交谈。

母亲在场使孩子感到足够的安全，能在陌生的环境中进行积极的探索和操作，对陌生人的反应也比较积极。当母亲离开时，孩子的操作、探索行为会受到影响，孩子明显表现出苦恼、不安，想寻找母亲。当母亲回来时，孩子会立即与母亲接触，并且很容易经母亲抚慰而平静下来，继续去游戏。如果孩子表现出来这样的情况，我们就认为孩子跟母亲之间形成了安全的依恋关系。但现实中，很多孩子没有形成安全的依恋关系，其中的原因是什么？

（一）孩子没有形成安全的依恋关系的原因

1. 先天因素

先天因素是指孩子生来就有的，比如有的孩子一出生就很容易形成这种安全的依恋关系，而有的孩子生来就是困难型或者冲突型的依恋关系。

2. 后天因素

（1）抚养质量差。有的家庭从孩子出生开始让他自己睡小床，为了避免惯坏孩子，总是让孩子独自一人待着，跟孩子很少有肢体接触，也很少去抱孩子，这种搂睡和抚触不足会影响孩子依恋关系的形成。比如，有的家庭依然用"哭声免疫法"对待孩子，孩子哭了不抱，不哭才抱，违背了孩子的心理需求，完全破坏了孩子和父母的联结。有的孩子跟妈妈说话，妈妈看都不看一眼就让孩子别说了。孩子的需要未及时得到满足，会严重影响安全依恋关系的形成。断奶和分床不当会造成孩子分离焦虑，也会影响安全依恋的形成。有的妈妈担心不能顺利断奶，断奶时把孩子送回老家或者妈妈借故出差不回家。其实吃奶除了解决饥饿问题，更重要的是，孩子能通过吃奶跟妈妈建立连接，产生安全感。断奶本身就会让孩子焦虑，如果再看不到妈妈，孩子的焦虑、不安全感会更重；还有，从小分床或者过早分床的孩子，分床的时候没有做好充分准备，直接就让孩子去单独的房间自己睡，都会让孩子产生焦虑，安全感不足。

（2）父母及家庭安全性不足。有的父母自身安全感不足，孩子生活在父母身边，自然会接收到不安全的信号。如果养育人频繁变化，也会影响安全依恋关系的形成。有的家庭的养育模式是前三个月爷爷奶奶带孩子，后三个月外公外婆带；更可怕的是一个星期轮流，这个星期在爷爷奶奶家，下个星期到外公外婆家。养育人这样的频繁变化，会加重孩子的焦虑和不安。另外，有的家庭父母的婚姻状况不佳，总是吵架、"冷战"，家庭氛围冷漠；或者居住环境本身安全性就很差。这都会影响孩子建立安全的依恋关系。

（3）创伤事件的发生。可能是孩子亲身经历的，比如亲人的突然离世；可能孩子出去玩的时候亲眼看到其他小朋友发生危险，也会成为孩子的创伤事件；有可能孩子听到新闻报道的或者父母讲述的重大事故或者自然灾害等，也会让孩子焦虑、恐惧和担心，从而影响孩子形成安全的依恋关系。

（二）建立安全依恋关系的策略

安全的依恋关系跟先天因素及后天因素有关，先天因素是孩子与生俱来的，我们没有办法决定和改变，所以在这里我们仅从后天因素的角度去探讨建立安全依恋关系的策略。

1. 提高抚养质量

（1）给孩子充足的搂睡和身体抚触。不同生产方式的孩子搂睡时间不一样，自然生产的孩子，可以搂睡到 4 岁；剖腹产的孩子，可以搂睡到 8 岁。每天多拥抱和抚触孩子，比如给孩子做一些抚触按摩等。

（2）及时满足孩子的需要。需要包括生理需要和心理需要。生理需要是最基础的，父母细心一点，基本上都能满足孩子。孩子哭了闹了，抓紧时间去看一看，饿了就给吃，尿了就给换。更重要的是心理需要，主要指孩子对父母注意、关爱、照顾等的情感需要和活动需要。当孩子感到害怕、不舒服的时候，父母应当和孩子在一起，通过温和的语言，温柔的抚摸、拥抱，消除孩子的紧张不安和不适感。比如，孩子看到虫子或者被声音吓了一跳、怕黑，父母可以把孩子抱在怀里，轻轻拍拍孩子说："宝宝害怕了，妈妈在。"

（3）给孩子断奶与分床要循序渐进。断奶是孩子切断与母亲依恋的第一步，所以断奶必须有个循序渐进的过程。断奶的时候，妈妈要与孩子在一起，因为孩子长大了必须要断奶。下面我把自己给孩子断奶的经验分享给大家：

笔者给孩子断奶的经验是先让她白天不吃奶，白天我去上班，不再给孩子储存奶，晚上下班回家后给孩子吃一次，以此缓解孩子一天见不到妈妈的焦虑。然后，我们正常吃饭，晚上睡觉前再给孩子吃一次奶。我在这个时候告诉她，吃完这一次，就不再吃奶了，然后睡觉。孩子半夜醒了想吃奶，或者哭闹。妈妈要做的就是坚决不给，并告诉孩子："你已经长大了，不能吃了，乖乖睡觉吧！"拍一拍，抱一抱。孩子会闹一阵儿，闹完之后就睡了。我家孩子闹了两天，就成功断了夜奶。这样持续将近两周，然后慢慢断掉下班后及睡觉前的两次奶就可以了。其实给孩子断奶没有那么难，难的是作为妈妈，无法忍受孩子的哭闹和挣扎。特别强调两点：第一，给孩子断奶的时候，千万不要让孩子离开妈妈，断奶本身对孩子就是一个巨大的挑战，再见不到妈妈，便是孩子的灾难了。不管孩子怎么哭闹，温柔而坚决地告诉孩子："你长大了，不能再吃妈妈的奶了。"第二，最好在1岁半时断奶，最晚不超过3岁，不然会影响孩子独立人格的形成。

分床是孩子与父母切断依恋的第二步，也必须循序渐进，而不是说分就分，需要有个准备过程，从每天亲人一直陪着睡，到一周有5天陪着睡，再到一周3天陪着睡，最后孩子独自睡。或者是先分床不分房，孩子的床与父母的床紧挨着，然后是孩子的床与父母的床分开一段距离，最后是孩子去自己的房间睡，晚上父母陪着孩子睡着后离开。我的孩子就是用的第二种分床的方法，这样既能实现分床的目的，也不会破坏孩子的安全感。当然，在分床过程中，有的孩子半夜来找妈妈。记住，妈妈千万别偷懒，让孩子在父母床上睡，而是抱着孩子回他的房间，哄睡了再离开。

另外，尽量在孩子满3岁后再送幼儿园。因为3岁的孩子有比较好的生活自理能力，很容易适应幼儿园生活；有较好的语言表达能力，能够表达自己的需要。当然，有些孩子刚入园时会焦虑不安，为了孩子能够坚持上幼儿园，我们要允许过渡性客体的存在。

　　什么是过渡性客体呢？过渡性客体是指婴儿为抵御分离焦虑并获得自我满足而创造出来的第一个"非我"所有物。比如，有一些到了入园年龄的孩子，在上幼儿园的时候，他会要求带一个小手帕，或者是带一个毛绒玩具。可能有一些父母会认为，孩子这样是不正常的，所以不允许孩子带。其实，有的安全感不足的孩子是需要这样的一个物品来帮助他缓解"主要养育者"不在的焦虑。当孩子抱着那个毛绒玩具或者跟妈妈有关的物品在自己身边的时候，就好像妈妈还在身边一样。这些物品能给予孩子温暖的安抚，可以陪着孩子度过妈妈不在身边的时间，缓解找不到妈妈的焦虑。更重要的一点是，这个物品比妈妈更能做到24小时不离身。所以，在不影响其他人的情况下，我们允许孩子这样做。有一个这样的"客体"存在，孩子内在的焦虑会慢慢减少，直至消失。当焦虑消失了，孩子就不再需要这些物品了。在这里提醒一下大家，有的孩子选择的是一条破毯子或者旧毛巾，父母不要轻易地去清洗它们，一旦清洗这个物品，就会改变它的味道，无法满足孩子的需要。

　　很多父母陪孩子看过动画片《小猪佩奇》。动画片里佩奇的弟弟乔治，不管在哪里，都会带着自己的小恐龙，上幼儿园带着，睡觉也会放在枕头旁边，让小恐龙陪着一起入睡。而乔治的妈妈，从来没有阻止过乔治，在乔治找不到恐龙的时候，还会帮忙一起找，乔治妈妈的这种做法是值得肯定的。

　　2. 父母要提高自身的安全感，为孩子提供稳定的家庭环境

　　（1）通过专业咨询或治疗性课程提高父母自身的安全感。一般来说，主要是妈妈抚养孩子，尤其是0~3岁的孩子。如果主要养育者自身的安全感不足，那就尽快选择专业的心理咨询或者治疗性的课程来解决自身问题，避免自己的问题对孩子产生不良影响。比如，参加阿德勒亲子教练系列课程，通过学习理论和参与体验来提升自己。

　　（2）稳定的养育人。对于3岁以内的孩子，尤其是1岁以内的，应该保证有1到2个固定的养育人。如果需要老人帮忙带孩子，最好是老人到子女家去，至少保证养育人是固定的。另外固定带孩子的时间稍微长一点，不要孩子刚适应就又换人了。如果找保姆帮忙带孩子，可以找熟人推荐，尽量避免频繁地更换保姆。养育人要尽量保持情绪稳定，保持情绪稳定并不等于"没有情绪"。如果有情绪，我们可以避开孩子，比如，可以到另外一个房间，把情绪稳定下来，然后再解决问题。同时，尽量保证居住环境的安全及稳定，不要频繁地搬家。搬家就意味着适应新环境，适应新环境可能会导致养育人不能及时、敏感地对孩子的需要做出反应，从而导致孩子没有安全感。

　　（3）和谐的关系。在一个家庭里面，爸爸爱妈妈、理解妈妈并给予支持，夫妻关系、婆媳关系就会比较和谐。尤其是在孩子刚出生的几年，妈妈需要理解和支持。当然，如果主要养育人不是妈妈，同样要给予其理解和支持，去发现对方做得好的地方，而不是埋怨、指责。如果家里有弟弟或妹妹出生，不要忽略了对老大的陪伴，要照顾老大的感受。

3. 接受必要的心理治疗

前面我们提到过，养育人可以通过专业的咨询或者治疗性的课程来提高自身的安全感，孩子也是一样的。如果孩子经历了创伤性事件，没有被恰当处理，或者其他的原因导致孩子安全感不足，可以通过心理辅导来提升孩子的安全感。一个问题的形成，往往是多种因素造成的，借助专业的力量，可以让我们对问题了解得更透彻、更清晰，从而有更完整、更科学的解决策略，也是效率最高的解决方式。

（1）个别心理辅导。可以选择专业的心理机构进行个别心理辅导，咨询师会根据父母或者孩子的情况，选择合适的方式来帮助孩子，常用的方法有心理沙盘、绘画治疗、OH卡牌、催眠等。说到这里，可能有一些父母不太接受，可能会认为我们又没有病，没必要接受心理辅导。其实，大多数人接受心理咨询师和心理治疗师的治疗，不是因为精神疾病，而是遇到了凭借自己通常的解决模式不能解决的问题而已。进行心理咨询不是说我们有多糟糕，只是选择一种方式，让我们变得更好。

（2）团体心理辅导。除了个别心理辅导，也可以参与团体心理辅导，如成长小组、训练营等。比如，团体活动里常常进行的盲行和信任背摔活动，在参与活动过程中，可以战胜内心的恐惧，增强安全感。

二、提高孩子的各种能力

很多孩子的安全感不足与能力落后有关，孩子能力落后是怎么造成的呢？

（一）孩子能力落后的原因

1. 生活能力欠缺

有的孩子去了幼儿园，还不能够自主吃饭，还不能自主上厕所，都需要生活老师帮助。这样的孩子很难适应、融入幼儿园的生活，他会缺乏安全感。

2. 交往能力不足

有的孩子明明是想跟其他小朋友玩，但是他会用抢夺玩具，或者使劲拍打对方这样的方式，与其他小朋友产生连接。而这样的行为往往无法达成"跟对方一起玩"的目的，从而导致孩子在幼儿园没有朋友，使其感觉幼儿园不好，更甚者还有可能会引发其他小朋友的愤怒，从而导致更多的冲突，以致让孩子不想去幼儿园。

3. 运动能力比较差

有些孩子已经上幼儿园了，但是动作不协调，跑得很慢，不能很好地参与幼儿园的活动。

（二）提高孩子的各种能力

孩子因为能力落后导致的安全感不足，需要家长设法提高孩子的各种能力。我国著名教育家陈鹤琴先生曾说，凡是儿童自己能做的，应当让他自己做。也就是说，我们要舍得用孩子，不要什么都不让他干。

1. 生活能力

让孩子独立进餐，拒绝追着喂饭，拒绝边看电视边吃饭，学会使用筷子；让孩子学会自己穿袜穿鞋穿衣，学会自己洗袜子，洗手帕，整理自己的玩具和衣物。孩子的生活能力提升上来，他会慢慢体会到自己的成就和价值，安全感也会随之提高。

2. 提供交往机会，教会交往技能

（1）提供交往机会。多带孩子去小区、广场、公园等小朋友比较多的地方；可以多带孩子去参加小朋友聚会；周末了，可以邀请小朋友、邻居来家里做客；父母可以做一些美味可口的点心，让孩子给客人送去；父母也可以多带孩子参与一些公益活动，比如义卖、进养老院献爱心等。

（2）教会交往技能。让孩子学会主动发出邀请，比如当孩子想跟其他小朋友一起玩的时候可以说："我能跟你们一块儿玩吗？"也可以主动邀请幼儿园的小朋友周末来家里玩；教会孩子使用礼貌用语，见了老师、同学要主动问好，比如"你好""谢谢""再见"；当其他小朋友在玩耍的过程中遇到了什么困难，可以主动去帮助和支持，比如其他小朋友在玩球，可以帮助同学捡球；不小心碰到了其他同学要主动说对不起。有交往能力的孩子会获得更多的友谊和支持，自然更有安全感。

3. 提高孩子的运动能力

（1）大肌肉运动。大肌肉运动是指钻、翻、爬、滚、跳、跑、投等，比如跳绳、拍球、投篮。父母要学会利用身边的资源，比如社区的小广场、公园，可以带着孩子做大肌肉动作。

（2）精细动作。精细动作是指捏、夹、拧、剪、叠、绑等。在幼儿期，手是认识事物基本特征的重要器官。通过手部动作，幼儿可以认识事物的各种属性和联系。《3～6岁儿童学习与发展指南》中指出：要创造条件和机会，促进幼儿手的灵活和协调。可以提供剪刀、纸张、胶水、橡皮泥等工具和材料，或充分利用各种自然、废旧材料，让孩子进行剪、折、捏、粘等活动。

运动能力强的孩子，内心更有力量，身体更灵活，遇到危险的时候会跑得更快，自然也就更安全。

三、改变错误的教育方式

（一）父母错误的教育方式导致孩子安全感下降

1. 边界不清

有的家庭根本就没有边界，哪些事情能做，哪些事情不能做，全看家长的心情。有的家庭即便制定了一些规则，也不能坚持执行。比如，有的父母跟孩子制定的玩手机的时间是每次 20 分钟，父母高兴的时候可能让孩子玩的时间会超出 20 分钟，父母被领导批评的时候可能会禁止孩子玩手机。这样摇摆不定会让孩子很焦虑，他不知道到底该怎样做，这会降低孩子的安全感。

2. 教育不当

有的父母在孩子哭的时候会说："别哭了，再哭，我就把你扔了。""再不听话，警察就来咱家把你抓走。""你再这样，我就不要你了。"这些语言看似在当时的情景下起了作用，孩子可能立刻不哭了，但孩子内心的恐惧和焦虑可能更严重了。他会随时担心我是不是真的会被抓走？父母是不是会真的不要我，这会让孩子有非常强烈的不安全感。

（二）通过科学的教育增强孩子的安全感

1. 界定清晰的界限

清晰的界限是安全感的来源。父母要明确告知孩子哪些能做，哪些不能做，尤其是要让孩子学会遵守纪律和社会规则。比如，遵守交通规则，红灯停、绿灯行；按照幼儿园要求的时间入园，遵守幼儿园的作息时间；不是自己的东西不能动，哪怕是父母房间的抽屉，没有经过允许也不能翻……

制定规则的时候，父母可以邀请孩子一起参与。因为孩子比较小，成人的很多语言描述孩子可能听不懂，如"把玩具归位"，我们可以告诉孩子"玩具从哪里拿的就放回到哪里"。父母跟孩子一起把玩具放回去，并且告诉孩子，下次玩的时候，还是要跟这次一样，把玩具放回去。我们与孩子制定了清楚的规则，规则就像一个圆，孩子在这个圆圈内，可以自由自主地去做事情。如周六要接受父母的安排，去参加活动、兴趣班等；周日这一天的时间，可以交给孩子自己做选择，去游乐场，在家玩玩具，或者是去邻居家玩。长幼有序，要让孩子明白，在家里"父母才是老大"。这并不是说什么都是父母说了算，而是要让孩子知道父母有权威，是父母来指导孩子，不要乱了次序。如果家里有两个及以上的孩子，还要注意维护老大的权威，不要让大的总是让着小的，而是让年幼的孩子多听年长孩子的话。

另外，要给孩子留有足够的空间，切不可什么事情都插手。在这里特别强调，家庭安装监控会严重侵犯孩子的边界，让孩子没有自己的空间，不利于孩子安全感的建立。

给孩子的界限，大部分也是父母的界限。比如玩手机，要求孩子在什么时间玩手机、玩多长时间，父母尽量要跟孩子同步。越界的惩罚一定要双方都能接受，比如说玩手机超过了时间限制，可以扣除第二天使用手机的时间，而不是这一周都不能玩手机了。还有，界限一定是可评估的。比如有的父母制定的规则是要好好刷牙，那什么是好好刷牙？可以说，刷牙要刷够3分钟。有的父母要求孩子早睡早起，可以直接说晚上8：30睡觉，早上6：30起床。一旦确定要执行相应的规则，不管孩子怎样哭闹，我们要温柔而坚定地去执行。比如制定的玩手机时间是每次20分钟，孩子已经玩了25分钟了，那我们就要扣除第二天玩手机的时间，第二天玩手机的时间由20分钟减少为15分钟。第二天孩子再去玩手机的时候，我们一定要温柔而坚定地去执行，不管孩子怎么哭闹，就是温柔而坚定地告诉孩子，今天只可以玩15分钟。这样坚持一两次，孩子就会清楚地知道，他需要按照跟父母约定好的去执行。当然，家庭里面的规则不要太多，3~5条最佳。如果我们的规则要求太多，孩子往往想要去突破界限，从而出现违规行为，甚至引发安全事故。

2. 掌握科学的教育方法

（1）无条件的爱与接纳。接纳就是接受、悦纳的意思。无条件接纳就是无论孩子是什么样的，不管孩子身上有多少优点和缺点，父母都无条件接受孩子本身，认可孩子，支持孩子，但是并不代表孩子所有的行为都要接受。比如有的孩子犯错了，拿了家里的钱随便花，我们告诉孩子："因为父母爱你，所以告诉你这样做是不对的，你可以告诉我们你想买什么，我们一起解决。"最后还要告诉孩子："虽然今天我们批评了你，但是我们永远爱你。"

（2）多肯定多鼓励。在日常生活中，多给孩子一些肯定，少一些挑剔和指责。可以这样说："虽然你画得比较慢，但是涂色均匀，很好看呢！""这一行第五个字写得很好看啊！怎么做到的？"

（3）多向孩子表达爱。我们爱孩子是无疑的，可是我们是怎么表达爱意的呢？因为受到传统观念的影响，我们相对比较含蓄，大多数时候是只做不说，或者做的多说的少；甚至有的时候心里明明想的是这样的，但是说出来的就变味了。我们要学着多向孩子表达爱意，可以这样说："宝贝，妈妈（爸爸）爱你！""宝贝，有你真好！""宝贝，这个家因为有你而更完整、更美好！"这样的表达可以让孩子感觉到自己是足够好的，是有价值的，安全感也会提高。

我们还可以借助肢体语言表达爱意，如拥抱、摸摸头、拍拍肩、击掌等。

（4）不威胁不恐吓。父母要用温和的方式对待孩子，处理问题的时候要充分肯定孩子的长处，循循善诱，认真冷静地帮助孩子分析错误的原因，对孩子的过错予以纠正。

最后，给大家推荐三本书：《养育有安全感的孩子》《心理营养》《科学的家庭教育》。通过看书，了解孩子的发展规律，掌握科学的育儿观，因为科学的育儿观远比单纯的解决策略更重要。

参考文献：

[1] 林崇德. 发展心理学 [M]. 北京：人民教育出版社，2020.

[2] 钱志亮. 科学的家庭教育 [M]. 长春：北方妇女儿童出版社，2020.

[3] 钱志亮，王冬梅. 幼儿家庭教育指南，中班，下册 [M]. 南昌：江西高校出版社，2020.

[4] 孔屏. 理解幼儿的内在需要 [M]. 北京：北京教育出版社，2014.

作者简介：

卫秋丽 山东梦村教育咨询有限公司首席咨询师，国家二级心理咨询师

如何高质量陪伴孩子

王亚楠

大家好！今天我与大家交流的话题为"如何高质量陪伴孩子"，我将从以下三个方面来与大家分享：一是高质量陪伴的内涵，二是陪伴的误区，三是高质量陪伴的策略。

首先我们来看一下"高质量陪伴的内涵"。

一、高质量陪伴的内涵

经常听到家长对我讲："你懂家庭教育是吗？太好了！孩子不学习怎么办？孩子不愿意写作业怎么办？孩子叛逆了怎么办？我快急死了！你快告诉我个办法，让我好好治治他！"

我特别想对这样的家长讲，虽然家庭教育会给家长很多方法，但是请不要把家庭教育当作"急诊"，等孩子出现了这样或那样的问题才急于寻求良方。在我看来，较之"急诊"，家庭教育更像是如今中医院里的"治未病科室"。

《黄帝内经》中说："上工治未病，不治已病，此之谓也。""治"，为治理、管理之意。"治未病"即采取相应的措施，防止疾病的发生发展。

一个和谐良好的家庭氛围，一份在孩子成长过程中的真诚的高质量陪伴，就是避免孩子走弯路、走岔路的最有效途径。那么，我们先来看一下什么是真正的高质量陪伴。

真正的陪伴，不是陪同，不是看管，不是物质满足，更不是说教和监督。高质量陪伴，是全身心融入孩子的内心世界，是不分心、不焦虑的相伴，是彼此愉悦的心灵交流，是真诚的接纳和欣赏。它能够给孩子满满的安全感、充分的独立自信和良好的人际关系，它是家长给予孩子成长过程中的最好的礼物。

现在越来越多的家长都意识到了陪伴对于孩子成长的重要性，也会想办法尽可能地抽时间多陪孩子。然而，有的家长还是会有困惑，明明挤出了时间去陪孩子，为何没有预想中的效果好呢？这很可能是家长陷入了"陪伴"的一些误区当中。接下来，我们就来看一看几个常见的陪伴误区。

二、陪伴的误区

（一）陪伴就是陪在孩子身边

有的家长把陪伴孩子完全当成任务来对待，简单地认为陪伴就是陪在孩子身边。

比如，妈妈问爸爸：你是去刷碗还是去陪孩子。有的爸爸会选择陪孩子，可是当妈妈忙完了家务活，看到的场景却是：爸爸待在孩子旁边，不是玩游戏，就是聊天，而孩子只是自己一个人玩。当孩子想要问问题，展示自己的游戏成果，或者是想要表达自己的情绪时，爸爸却像听不见一样。

像这样的陪伴，家长虽然和孩子在一起，却并没有进入孩子的世界，没有和孩子在游戏中互动起来，亲子之间也没有产生情感连接，这样的陪伴就是无效的。这样陪着，孩子还是会感觉很孤单，觉得自己不被重视。

我们不妨回忆一下 2020 年春节期间，我们因疫情而居家生活的那段日子。整个社会按下暂停键，可以说在那样一种状态下，每个家庭都有了充足的陪伴孩子的时间，然而却并未换来良好的亲子关系。甚至，有些家庭的氛围反而比平时还要紧张。

其实，家长的陪伴，不在于时间的长短，也不在于你是否在孩子身边，而在于你是否真正融入孩子的真实世界或精神世界，和孩子产生心理上的共鸣。

（二）陪伴就是陪着孩子学习

这是很多家长都陷入的一个误区：错误地认为陪伴就是陪着孩子学习，否则就是毫无意义的"瞎玩"。这一类家长往往耗费了非常大的精力，但效果却未必理想。

一方面，家长为了准备与孩子的陪伴内容，绞尽脑汁想出各种亲子互动方式，唯恐因为自己做得不好而耽误了孩子的成长。另一方面，当孩子没有按照家长制定的计划完成任务，没有达到预期目标时，家长又担心自己的孩子会不会比不上别人家的孩子，担心自己的孩子会输在起跑线上。

这种把陪伴单纯地视为学习的做法令家长很辛苦，令孩子很反感，甚至对学习产生抵触情绪，这自然不是好的陪伴。

要知道，相比于陪伴的内容，孩子们往往更看重家长陪伴时的态度和情绪，更在意父母是否全身心投入其中。其实，不是陪伴本身多重要，重要的是陪伴过程中的爱、温暖、体贴等正面的情绪被孩子感知和学习。孩子因为被爱而学会爱人，与人产生连接。

因此，家长在陪伴时呈现出来的状态，远比陪伴时具体做了什么更重要。

（三）陪伴就是"寸步不离"

有一些家长深知陪伴的重要性，这一类家长往往会在孩子身上花费很大精力，在他们的生活中，孩子永远是第一位的。对待孩子寸步不离，嘘寒问暖，生怕孩子磕着碰着，这种没有界限感的陪伴，家长辛苦，孩子却未必领情，甚至会产生厌烦情绪。

孩子出去玩，家长说这里危险不能去，那里很脏不要碰；公园中，孩子发现一朵娇艳无比的鲜花，正要蹲下细细观察，耳边却传来了家长"站好且微笑"的拍照要求；家长陪孩子搭积木，孩子有自己的想法，家长却不停唠叨"这样搭不对，该这样搭"；孩子手拿画笔正画得起劲儿，家长送来一杯水，要求孩子当下必须喝完……

过多的干涉或保护，看似关心，实则让孩子失去了自主发展的能力。还有的家长习惯于只盯着孩子的缺点，看不到孩子的好；而一旦看到孩子的缺点和不足，又会忍不住发脾气，这种不稳定的情绪往往会增加孩子的紧张和焦虑。孩子总是怕自己做不好，担心自己被批评、被指责，哪里还有精力做好当下事？

陪孩子时，不要总是看到孩子的缺点，想着改变孩子。你只需静静地陪着，感受他的感觉，观察他身上一点一滴的变化，享受这个亲子相处的时刻。

过度的控制和过多的干涉其实都是一种自私的爱，如此陪伴非但没有效果，反而会干扰和拖慢孩子成长的进程。

最后，与大家交流高质量陪伴的策略。

三、高质量陪伴的策略

讲了那么多陪伴的误区，并不是想表达陪伴孩子是一件难度很大的事情。恰恰相反，真正的陪伴应当是一件轻松且美好的事情，是父母和孩子彼此都身心两悦的过程。

幼年孩子的世界里充满童真、想象力、好奇心，孩子永远保持着对所有事物最亲近、最温柔、最善良的感悟和热爱。家长通过陪伴再次重温童年，去感受最美的纯真。而孩子则是在家长的陪伴下，逐渐认识这个美好的世界，从呱呱坠地的婴儿逐渐成长为有能力、有担当的少年，家长的生命在孩子的成长中得到延续。

因此，真正的陪伴是一个用生命影响生命的彼此成长的美妙过程！如果您没有这样的共鸣，那么或许是因为用错了方法。接下来，我就与大家分享三个轻松的陪伴策略，希望能够对您有所帮助。

（一）参与孩子的成长，真诚相待

不要等到孩子长大了才想到，应当多花点时间陪陪孩子的。那时，孩子未必需要我们陪伴了。原因很简单，家长已经过了陪伴的有效期。而且，如果您听过类似的课程，了解了孩子的成长规律，一定会更加明白孩子成长中家长参与的重要性。

因此，当我们与孩子在一起时，千万不要只是陪着，一定要真诚参与到孩子的成长中来，真诚地对待自己的孩子。怎样参与呢？

1. 放下手机，目光接触

在如今的社会中，手机俨然已经成了生活中不可替代的必需品。与其说我们使用手机，不如说是我们的生活被手机控制了。各种各样的软件，总是想尽办法占用我们的时间，即便在繁忙的工作间隙，也总是想刷一下手机。

那么，至少，当我们面对孩子时，放下手机吧。可以将它放到距离自己比较远的位置，将工作中的烦恼从大脑中暂时清空出去，给自己一个放松的时间。

当孩子与我们交流时，请放下手机，保持与孩子的目光接触。目光接触可以表达你的关注，同时也能更好地接收孩子传达过来的信息。比如，孩子在描述幼儿园的某件事时，也许嘴上说的是"还不错"，但他的眉头却微微皱起。这时，我们就可以进一步了解下"还不错"的背后是否有什么隐情。

当孩子主动与我们沟通时，如果你当时正在忙，可以跟孩子商量让他适当等待 5 分钟或 10 分钟。承诺的时间到了后，不管你手头的事情有没有忙完，请遵守承诺，放下手机，先停下来，专注地与孩子沟通。这样，孩子就能感受到来自我们的尊重和关注。

2. 做亲子都喜欢的事情

家长在脑海中布置陪伴场景时，既要考虑到孩子的接受度，也要尽量挑选自己感兴趣的事情。

如果家长对环境整洁有心理上的强迫症，就尽量避免选择清洁量较大的游戏。如果家长本身就对讲故事感到枯燥无味，那也别强求自己每晚为孩子诵读一个故事。

3. 让孩子感受到家长心里始终有他

其实真正的陪伴是要让孩子知道，自己是时刻被家长记在心里的，是要让孩子感受到在自己的成长过程中，家长从未缺席。只要孩子能够感受到这一点，即便父母没有在孩子的身边，也没有关系。

有一年春节拜年时，我的儿子喜欢上了亲戚家的一个拼插小玩具。可是，亲戚家的小弟弟也非常喜欢那个小玩具，舍不得将玩具送人。因此，即便儿子的眼中满是喜欢，也并没有提出想把玩具带走的要求。这一切都被我看在眼里，记在了心里。

第二天，因为我有工作要处理，把他放到了姥姥家。他一整天都跟着姥姥，直到晚上九点多我才到家。我回家后的第一件事，就是从背后拿出了我在回家路上专门为他挑选的太阳系的拼插玩具。孩子的眼中满是惊喜，说：“妈妈，你怎么知道我喜欢这样的玩具，你怎么知道我想玩这个？”我笑着说：“因为我是你的妈妈呀！昨天我就看出来你很喜欢弟弟家的这个玩具。”孩子听后开心地抱住了我。

虽然，我因为工作把他放到了老人家，没有和孩子在一起，小小的拼插玩具也并不昂贵。但是，这对于孩子来说却是妈妈懂自己，妈妈把自己记在了心里。让孩子感受到家长心里有他，有时比陪着更重要。

4. 坦诚相告“我累了”

家长的工作难免有特别忙碌的时候，当我们好不容易完成了一天的工作，拖着疲惫的身躯回到家中时，真的只想一个人安静地待一会儿，好好休息一下。除了工作的疲惫，家长在生活中也难免会遇到烦心事、糟心事，会有心情不好的时候。

可是，孩子却偏偏在这个时候要求我们为他讲一个故事。此刻，即便我们知道应当陪孩子，却也实在是有心无力。

面对这种情况，如果您的孩子稍稍大一点了，我的建议是，您不妨坦诚地对孩子讲：“宝贝，我累了。你可以允许我休息一会儿吗？”

我们的孩子往往比我们想象中更爱我们，而且小孩子的感受力是非常强的，他们真的会感受到我们的疲惫。当我们坦诚相告，通常会换来孩子的理解。而且，把自己最真实的情况告诉孩子，这本身也是一种以诚相待的交流。

虽然陪伴很重要，但您是否知道，家长是怀着内疚、逼迫、沉重的心情，还是带着随性、走心、轻松的状态去陪伴，比陪孩子玩什么游戏更重要。

（二）重视知识，更要重视情感交流

很多家长在陪伴孩子时，总是想着要教给孩子知识和技能，生怕孩子输在起跑线上。然而，重视知识的同时，更要重视与孩子的情感交流，营造一个充满爱的成长氛围才是最佳的起跑线。

人生是一场长跑，和谐温馨的家庭则是孩子成长过程中最好的加油站。情感交流本身也是促进孩子社会性发展的重要方式。

1. 在玩中学习知识

首先，重视孩子的兴趣。

每一种兴趣对孩子的求知来说都是宝贵的，聪明的父母不是简单地按照自己的想法来评判孩子的兴趣是不是"有用"，而是利用这些兴趣把孩子引向各类知识的殿堂，并借此培养出孩子好的求知习惯。

比如，一个 3 岁的孩子可能会对一条鱼产生兴趣。一旦孩子产生兴趣之时，也就是学习的最好时机。我们可以与孩子一起交流这条小鱼是什么颜色的，小鱼有多长，小鱼平时吃什么，小鱼怎么睡觉，等等问题。

除此之外，我们还可以继续和孩子一起探索小鱼背后的知识。比如，小鱼为什么在水里不会沉下去？因为它的身体里有一个"气球"。为什么它游泳时会摆动身体？因为它是在利用身体摆动推动周围的水，从而获得向前的动力。在家长的陪伴中，孩子学到了知识，长此以往，还有可能会养成一种探索的思维方式，而这是不是远比学习知识本身更有意义呢？

其次，做孩子学习路上的"小助手"。

比如一个 7 岁的孩子会对一本有插图的书产生兴趣，可是他的识字量又不足以独立阅读。此刻，家长就可以把这本书的故事大概讲一下，帮助孩子了解这本书的内容。如果孩子真的感兴趣，家长还可以和孩子一起在亲子阅读中巩固识字。

2. 在玩中增进感情

在和孩子玩的过程中，一定要有交流。那么在这个过程中，请大家留意以下两点，会帮助我们很好地增进与孩子之间的感情。

首先，要理解孩子，与孩子共情。

或许大家不曾留意，在我们的生活中轻视、低估、否定孩子感受的情况是时常发生的。举一个简单的例子，刚刚吃过晚饭一小时，孩子对妈妈说自己饿了。妈妈很可能会说："刚吃了饭，你怎么会饿呢？"可如果是爸爸这样对妈妈说呢？妈妈则十有八九会问："你是不是中午没吃好？"

所以，当孩子摔倒了，我们要做的不是告诉孩子快站起来，不疼。这样讲，即便是孩子自己站起来了，他也只是学会了装出一副坚强的模样。孩子并不知道如何面对痛苦，更不知道怎样去关心别人。

如果孩子摔倒了，家长应当做的是立马赶到孩子身旁，确认孩子的状况。如果孩子吓到了，可以对孩子讲：突然摔倒了，确实吓人，我们一起休息一下再去玩吧。允许孩子自由轻松地表达情感，避免否定、怀疑或者轻视孩子的情感。让孩子知道父母永远会给自己提供帮助，通过情感的交流给予孩子归属感和安全感，这非常重要。

其次，少说多听。

当孩子在跟家长聊起与班上的同学闹矛盾了，或是被老师批评了，家长不要急于去评价或是指出对错。孩子愿意对你袒露心声，说明他信任家长，家长一定要珍视这份信任。

事实上，很多情况下，孩子并不需要家长给予意见和建议，他们只是渴望拥有一个倾诉的对象。只要家长认真倾听，就会给孩子的内心带来很大的安全感。如果孩子需要，家长再给予帮助也不晚。

尊重孩子，用心去感受他的情绪，聆听孩子的心声，理解孩子的感受，这比起给予建议、教给孩子知识和技能更为重要。

让孩子知道家长永远会站在孩子的背后，家庭是孩子永远温暖的港湾，这才是陪伴孩子过程中，送给孩子的最好礼物。

（三）在陪伴中学会放手

尊重与理解孩子，并不意味着在陪伴孩子的过程中毫无界限感地溺爱。当孩子出现不良行为时，作为陪伴者的家长，应当做的不是发泄自己的情绪，而是放下自己的情绪，去引导孩子正视自己的错误，使其从错误中获得成长。在孩子面前管理好自己的情绪，这本身也是一种言传身教的陪伴。

1. 孩子的有些错误其实是探索性成长

我的儿子今年刚刚上一年级，学校非常重视幼小衔接，因此一年级教室的布置和幼儿园很像，四个孩子面对面坐在一张桌子上。

开学不久，孩子在课上进行了一次口算练习，内容很简单，但是结果却差强人意。原因不是孩子们不会，而是第一次做练习的小朋友们在答题过程中，发现彼此的答案不一样，你看看我的、我看看你的，最终决定一张桌上的同学把答案都改成一样的。

对于这样的错误，家长不必大动干戈。一年级的小朋友对于上学、对于做练习，还在熟悉阶段。我是笑着听儿子讲述这个所谓错误的，这原本就是一件大不了的事情。事实上，从那以后，儿子再也没有出现过类似的问题。

2. 不愤不启，允许孩子犯错误

很多家长之所以感觉陪伴很辛苦，很大一部分原因在于家长管得太多了。家长的焦虑，大多来自沉不住气，不忍心让孩子犯错。其实，孩子成长的路总要自己走，这其中也必然包括弯路。

子曰："不愤不启，不悱不发。"孔子说的意思是，教导学生，不到他冥思苦想仍不得其解的时候，不去开导他。

在家庭中引导孩子与孔子教育学生是相通的。当孩子没有向家长求助时，家长不妨留给孩子一点空间，保护孩子注意力的同时，让他自己去探索和尝试。当孩子的积

木总是搭不高时，未必不会收获快乐。当他玩倦了，也未必不会思索怎么搭才会更坚固。家长只需在身边，让他感受到足够的安全感，在孩子需要的时候，给予适当的帮助即可。这样，孩子才会充满勇气，迎接种种未知和挑战，获得真正的成功。

除此之外，舍得孩子自己去跌些跟头，允许孩子犯错误也是一种陪伴。与其不停催促孩子赶快起床，不如由他去，让他感受一次因磨蹭而迟到的批评；与其反复提醒孩子经常喝水，不如由他去，让他了解口渴的不舒适感；与其每天检查孩子的文具，不如由他去，让他体验一次在课堂上无橡皮可用的困窘。

家长的陪伴绝对不是事事包办，在孩子不需要被指导、被关注的时候，站在孩子的背后默默观察，给予孩子一个承担直接后果的机会，未必不是一堂生动的成长课。

真正高质量的陪伴，不是一直在场，也不是溺爱式地围着孩子转，而是取决于家长是否了解并掌握符合孩子各年龄阶段的交流方式。真正的高质量陪伴应当是走进彼此的内心，相互陪伴，共同成长。

高质量陪伴，并没有多么高深的学问，只要我们真诚地把孩子当作自己的伙伴，让孩子感受到被尊重、被理解，与孩子一起成长，就是最好的陪伴。

今天的交流到此结束，谢谢大家！

参考文献：

[1] 简·尼尔森. 正面管教 [M]. 北京：北京联合出版社，2016：25—130.

[2] 菲利帕·佩里. 真希望我父母读过这本书 [M]. 北京：中信出版集团，2020：53—88.

[3] 金伯利·布雷恩. 你就是孩子最好的玩具 [M]. 海口：南方出版社，2019：1—48.

[4] 赫伯特·斯宾塞. 斯宾塞的快乐教育 [M]. 福州：海峡文艺出版社，2010：45—70.

作者简介：

王亚楠　济南市天桥区官扎营小学一级教师

有了二宝　大宝怎么办

逄　霞

大家好，这次课程的主题是：有了二宝，大宝怎么办？这可能是很多有二宝的父母要面临的情况。今天，我从两个方面和大家一起探讨：一是同胞竞争，二是家庭投射历程。

一、同胞竞争

什么是同胞竞争？通俗讲就是孩子之间的"争宠"。

（一）同胞竞争的表现

请大家来看两个例子：

1. 母子对话

男孩：你总是和妹妹在一起！

妈妈：没有啊，我不是刚为你读书了吗？哦，你不喜欢我花太多时间在妹妹身上？

男孩：是的。

2. 警惕的二宝

妈妈在陪二宝玩玩具，感觉很放松、很惬意。这时大宝打开房门喊："妈！"大宝还没进来呢，二宝就迅速扔下手里的东西，紧紧抱住妈妈，眼神警惕，仿佛在说：先占下再说！

在同胞竞争过程中，大宝更可能会出现同胞竞争障碍。如果不幸中招，大宝的表现是什么呢？

（二）同胞竞争障碍的表现

1. 出现问题行为

大宝可能会打、咬、掐小宝，并要求送走小宝，还可能会发脾气、失眠，甚至性格发生变化；年龄大一点的孩子可能会出现头晕头疼、学业成绩大幅下降、与同学冲突增多等表现。

2. 出现退化行为

大宝可能会尿床、要求家长喂食，丧失以前已学到的技能并有行为幼稚化倾向；

年龄大一点的孩子出现频繁撒娇、要求父母陪同睡觉等表现。

(三) 解决策略

1. 了解孩子到底在争什么

其实孩子们争来争去就为三样东西，也是父母能给予的三大资源：物质、爱、时间。父母了解后，在面对孩子的竞争时就可以做到心中有数。

2. 父母在面对孩子竞争时的有效策略

(1) 物质。不用均分，而是按照每个孩子的需求分配。比如：

大宝："你给弟弟的饼干比我多！"

爸爸："没有啊，每个人都是四块。"（不推荐）

爸爸："噢，你还饿是吗？再来几块？"（推荐）

(2) 爱。不需要表达给每个孩子的爱一样多，而要表达出爱的独特性。比如：

女儿："妈妈，你最爱谁？"

妈妈："我爱你们一样多。"

女儿："才不是呢，你就是随口说说。"

妈妈："我都说了一百遍了，我对你们的爱都是一样的。"（不推荐）

妈妈："对我来说，你们每一个都很特别，你是我唯一的，在这世界上没有人像你一样。没有人有你这样的想法、你这样的感受、你这样的微笑，有你这样的女儿，我真高兴。"（推荐）

(3) 时间。不用给予同样长度的陪伴时间，而是按需分配。比如：

妈妈："我刚陪你姐姐 10 分钟，现在我要陪你 10 分钟。"（不推荐）

妈妈："我知道我花了很长时间陪你姐姐做家庭作业，因为这对她来说很重要。等姐姐作业完成后，我要听听哪些事对你来说很重要，妈妈陪你一起做。"（推荐）

大宝："你们总是围着妹妹转，你们更爱她！"

妈妈："妹妹现在特别小、特别脆弱，只是因为她需要更多，爸爸妈妈对她照顾才更多，而不是因为她更重要。"

与此同时，建议给老大一个专属时间：每周一次，一次 1～2 个小时，不带小宝，陪大宝外出做他喜欢做的事情。比如，看场他感兴趣的电影，陪他一起去爬山、踢球等。

其实，如果家庭中的同胞竞争是在正常范围内，那么在家庭这个环境中竞争是最安全的。通常来讲，相比独生子女家庭，多子女家庭的孩子长大之后也更容易有竞争意识。

二、家庭投射历程

（一）家庭投射历程的含义

什么是家庭投射历程？就是父母将他们的不良分化（焦虑）传递给孩子的过程，其影响因素有两个：

1. 父母的分化程度

2. 家庭承受的压力或焦虑程度

父母的分化水平越低，他和子女的融合程度就越高，就越容易把情绪传递给孩子。当家庭承受的压力变大或者焦虑程度增加时，父母就更容易把焦虑传递给孩子。

（二）家庭中焦虑的传递

如果父母分化程度低，父母和孩子会更融合，从而使得情绪如同共有一般，父母情绪更容易传递给孩子。试想：家庭承受的压力提高，父母也会更焦虑；那么，最被关注的孩子也会接收到父母最多的焦虑。

我是父母的第一个孩子，出生的时候老爸很骄傲，说有个问题他不明白：新闻里父母怎么会抱错孩子呢？医院里那么多小婴儿，我一眼就能看到我闺女。七年后，我弟弟出生，那时候，父母非常忙，我猜他们也很焦虑。弟弟出生后，他们的第一句话是："这孩子怎么这么丑。"等弟弟上学后，对比更加明显：老爸去开家长会，上午我的家长会，老师一通表扬，老爸感觉脸都大了。下午弟弟的家长会，会后要留下来单独挨批。所以，我父母的焦虑更多地投向了弟弟，他们并没有思考：用养育女孩的方式来养育男孩是否合适？只是认为弟弟就是不行。其实，弟弟的记忆力、音乐方面都很强，但很可惜，没有得到很好的发展。

因此，父母需要处理焦虑，过高的焦虑传递可能会影响孩子自我的发展。如果孩子较少受到家庭情绪历程的影响，需要处理的焦虑较少，就能够发展出更多的基本自我，发挥出更多天生的才能。

（三）二胎家庭常见的情况

小宝很萌很可爱，而大宝都上二年级了却突然尿床，要求妈妈喂饭，还得妈妈陪同睡觉。作为疲惫不堪的父母，你心里会喜欢谁？小宝！你会把焦虑投向谁？大宝！

小宝很萌、很可爱，而大宝进入青春期，说什么都不听，还跟你吵架，一言不合就摔门，成绩也大幅下滑，老师反映其在班里也常和同学有冲突。作为疲惫、焦虑的父母，你心里会喜欢谁？小宝！你会把焦虑投向谁？大宝！

如此易形成恶性循环，当父母把焦虑投向大宝的时候，大宝不仅需要面对自己的挑战，还要面对来自父母的焦虑，他的状态会越来越差。因为他需要的不是父母的焦虑，而是理解和帮助。

（四）解决策略

1. 父母要能够看到自己

家庭投射历程完全是一个自发性的过程，通常父母并不了解他们在这个过程中所扮演的角色。当他们学习到这一概念，并且知道他们早已不知情地参与了这一过程，就有机会修正自己的角色，达到某种程度的良好结果。

2. 父母要保持界限感

自己的焦虑自己处理，实在做不到，可以和伴侣、朋友倾诉或探讨，尽量不要让焦虑传递（投射）到孩子身上。

3. 父母要能够识别孩子发出的信号

（1）大宝突然尿床，要求妈妈喂饭，还得妈妈陪同睡觉。

信号：提醒爸妈"大宝也需要你的爱"。

大宝5岁了，自理能力很强，但自从有了弟弟之后，他变得像个小孩子。比如，要求妈妈抱弟弟的时候也得抱着他，不是搂着，是抱起来，不抱就又哭又闹。妈妈忙得焦头烂额，很烦躁，觉得"这孩子怎么越大越不懂事"。我了解到大宝在两岁时，妈妈曾经到外地学习了一个月，当时妈妈离开后大宝哭闹不止。根据了解的情况，我建议妈妈满足大宝的要求，大宝要求妈妈抱的时候，妈妈就抱他。妈妈很吃惊："啊？这会不会把孩子惯坏了？这不是溺爱吗？"我说："你可以试试，而且满足他时要心平气和，或许大宝需要确认：你仍然爱他，没有抛弃他，嘱咐好家人不要讲道理或者批评大宝。"

一周后，妈妈给我打电话："逄老师，太感谢您了！"在坚持抱大宝的第六天的一个晚上，妈妈很吃力地抱着两个孩子从卧室走到餐厅准备吃晚饭，大宝一下子从妈妈怀里跳了下来，大声说："妈妈，我长大了！我不用你抱了！"然后就自己跑过去吃饭了。妈妈当时就流泪了，她知道大宝已经确认了妈妈对他的爱。从那天以后，大宝恢复了以往的好状态，还会经常帮助妈妈。

也可以用不一样的解决方法：如果大宝退化行为并不严重，早期也没有分离创伤，我会建议家长通过游戏的方式让大宝了解作为小宝的利弊。比如：需要喂饭是吗？没问题，妈妈来喂你，只冲奶粉给他喝；想吃别的？不行不行，你还没有长牙，只能喝奶；宝贝，不要跑来跑去，躺着就好，小宝宝是不会走路的。让他体验做小宝宝的感觉，发现做小宝宝其实没那么好玩，还是做大孩子好，他就会停止退化行为。

（2）"说啥啥不听，一言不合就摔门"。

信号：孩子应该是到青春期了，乖巧可爱的二宝到了青春期也有可能会这样，他需要父母更多的理解。

"成绩大幅下滑，在班里和同学有冲突"。

信号：提醒父母"快来我这里看一下，我需要你的帮助"。

"有了二宝，大宝怎么办？"我们一起从同胞竞争和家庭投射历程两个方面进行了探讨。感谢您参与课程的学习，希望这节课能够帮助到您和孩子。

参考文献：

阿里斯特·冯·施利佩，约亨·施魏策. 系统治疗与咨询教科书：基础理论 ［M］. 北京：商务印书馆，2018.

作者简介：

逄　霞　济南幼儿师范高等专科学校心理中心副教授

孩子需要养成哪些生活习惯

马　月

各位朋友，大家好，今天我们分享的主题是孩子需要养成哪些好习惯。

叶圣陶先生曾说过："什么是教育？简单一句话，就是要养成好习惯。"那么习惯养成的关键期是什么时候呢？研究认为，幼儿时期对周围环境敏感，愿意听从成人的教导，喜欢模仿，易受外界的刺激和影响，并在大脑中留下深刻的痕迹。同时，幼儿已有的不良行为极少，很容易形成新的良好习惯，是最容易接受教育的时期，也是人生诸方面奠基的时期。

关于幼儿期需要养成哪些好习惯，在讨论这个问题之前，朋友可以思考两个问题：您了解自己孩子有哪些习惯吗？您的孩子有哪些好的习惯，有哪些不好的习惯？

教育部于 2012 年 10 月颁布了《3～6 岁儿童学习与发展指南》（以下简称《指南》），对 3～4 岁、4～5 岁、5～6 岁三个年龄段末期幼儿应该知道什么、能做什么，大致可以达到的发展水平，提出了合理期望。其中，生活习惯养成主要包括三部分：睡眠作息习惯、饮食习惯、个人卫生习惯。

一、睡眠作息习惯

《指南》建议：保证幼儿每天睡 11～12 个小时，其中午睡一般应达到 2 小时左右。午睡时间可根据幼儿的年龄、季节的变化和个体差异适当减少。

问题：您的孩子是否达到了睡眠时间？一项调查显示：幼儿的平均睡眠时间为 8～10 个小时。很多幼儿晚上哭闹不睡、白天不起。要知道幼儿身心发展还不完善，足够的睡眠时间是保证幼儿健康成长的先决条件之一。在睡眠过程中，内分泌系统释放的生长激素比平时增加 3 倍，从而促进幼儿生长发育。另外，幼儿睡眠姿势以仰卧或向右侧卧为宜，不宜俯卧、蒙头睡。4～5 岁的幼儿要逐步做到独立睡眠。

养成策略：

1. 与幼儿一起阅读绘本，启发幼儿养成良好的睡眠习惯
绘本推荐：《你睡不着吗》《晚安，小熊》《无法入睡的小公主》《睡吧，小宝贝》。

2. 约定家庭睡眠时间表并执行

用图画的形式制定好家庭作息时间表，贴在卧室内；遵守作息时间，到睡眠时间后，父母至少一方陪同幼儿一起早睡。

二、饮食习惯

《指南》建议：合理安排餐点，帮助幼儿养成定点、定时、定量进餐的习惯；不挑食，少吃或不吃不利于健康的食品；多喝白开水，少喝饮料；吃饭时不过分催促，提醒幼儿细嚼慢咽，不要边吃边玩。

问题：挑食、偏食、剩饭、剩菜、边吃边玩、不能独立吃饭等。

养成策略：

1. 饮食方面绘本阅读推荐

《我绝对绝对不吃番茄》《胖国王》《好喜欢吃蔬菜》《我要爱上吃饭：一个关于食物和感受的故事》。

2. 了解农作物及其生长过程

父母和幼儿走入自然中，跟幼儿讲解农作物的生长过程。同时，可以与幼儿一起养育农作物，从而身体力行养成珍惜粮食的好习惯，实施光盘行动。

3. 制定餐桌行为规则

与幼儿一起绘制就餐时间安排、就餐礼仪等图片；约定一起遵守，如在就餐时间没有按时吃饭，下一次开饭前不能吃零食。

4. 父母放手给予幼儿练习机会

幼儿学习使用勺子、筷子的过程中，由于精细动作没有发展，对于小肌肉操控力量有限，会表现得动作笨拙，把饭撒得到处都是，父母要放手让孩子去练习，而不是包办。

三、个人卫生习惯

（一）牙齿篇

《指南》建议：早晚刷牙、饭后漱口。

问题：幼儿过分摄取甜食，龋齿比例较高；不良的口腔习惯会导致幼儿的牙齿参差不齐，使其不得不接受牙齿矫正的"酷刑"；饭后漱口意识淡薄。

养成策略：

1. **绘本阅读推荐**

《小熊不刷牙》《鳄鱼怕怕，牙医怕怕》《牙齿大街的新鲜事》《我那颗摇晃的牙齿绝对绝对不能掉（换牙）》。

2. **指导幼儿刷牙**

幼儿牙刷应选取较小的软毛材质的，牙膏应选择幼儿喜欢的口味。父母一方在早上和晚上与幼儿一起刷牙，并监督幼儿是否给牙齿认真"洗澡"，随时指导过程。

3. **养成饭后漱口的习惯**

4. **控制甜食的摄入量**

（二）洗手篇

《指南》建议 3～4 岁的幼儿做到在提醒下饭前便后洗手；4～5 岁幼儿做到洗手方法基本正确；5～6 岁幼儿能够饭前便后主动洗手，且方法正确。特别在新冠肺炎疫情防控期间，洗手成为防控疾病的重要措施之一。

问题：饭前便后不洗手，洗手只是简单地过一下水，洗手时玩闹戏水。

养成策略：

通过绘本阅读《根本就不脏嘛》让幼儿了解洗手的重要性。与幼儿一起学习"七步洗手法"，可在洗手台上贴上洗手标识。

七步洗手法：洗手心、洗手背、洗指缝、搓指背、转拇指、洗指尖、洗手腕，可总结为"内、外、夹、弓、大、立、腕"七个字。

（三）洗澡篇

《指南》建议：勤为幼儿洗澡、换衣服、剪指甲。

问题：孩子洗澡时哭闹，不愿意配合。

养成策略：

首先，通过绘本阅读，让幼儿逐步了解并喜欢洗澡：《我爱洗澡》《莎莉，洗好澡了没》《我的身体，这是什么——在澡堂里认识身体》《星期二洗发日》。其次，洗澡是亲子之间的亲密游戏，可以通过玩泡泡、玩水，营造好游戏氛围。

（四）如厕篇

《指南》建议：指导幼儿学习和掌握生活自理的基本方法，如擦屁股。

问题：父母责备幼儿尿床造成孩子紧张；幼儿随意选择地点大小便，缺乏隐私意识；不良饮食习惯造成幼儿便秘或者腹泻。

养成策略：

1. 绘本阅读推荐

《嗯嗯太郎》《拉便便，真舒服》《拉便便好疼：给便秘孩子的健康指导》《丛林里的放屁声》《是谁嗯嗯在我的头上》。

2. 按时把尿

对于年龄较小的孩子，要按时把尿。当幼儿尿床时，不要责备孩子。

3. 养成良好的习惯

晚上不喝太多水、多吃蔬菜水果、在厕所里如厕。

4. 学会擦屁股

用图画或者模型演示的方式，告诉孩子怎么擦屁股。

（五）穿衣脱衣篇

《指南》建议：3～4岁幼儿能在家长的帮助下穿脱衣服或鞋袜；4～5岁幼儿能自己穿脱衣服、鞋袜、扣纽扣；5～6岁幼儿能根据冷热增减衣服，会自己系鞋带。

问题：父母包办过多、幼儿不会穿衣脱衣。

养成策略：

1. 绘本推荐

《看，脱光光了》《阿立会穿裤子了》《袜子怪找袜子》《我的新衣》。

2. 父母要让孩子逐步自己穿衣、系鞋带

在孩子习惯养成过程中，父母要有耐心，不能因为孩子动作慢或一直做不好而包办、厌烦，甚至出现打骂等错误的教育方式。

3. 循序渐进

培养习惯时要循序渐进，由易到难，不勉强孩子，不难为孩子，不给孩子提出过高的要求；善于发现孩子的点滴进步，给予孩子发自内心的鼓励和赞赏，让孩子愉快地投入每一个习惯的养成中去。

值得注意的是：生活习惯的养成对幼儿成长奠定了基础。在幼儿期生活习惯的养成有助于后期学习习惯的养成，实现习惯的正迁移，从而使其后期更顺利养成阅读、认真完成作业等好习惯。

我们从睡眠、饮食、个人生活三个方面分享了幼儿要达到的目标、存在问题与解决建议。期待朋友们感受到：培养习惯是一个连续的过程，要循序渐进，由易到难，不勉强、不难为孩子；善于发现孩子每一点进步，给予孩子发自内心的鼓励和赞赏，让孩子愉快地投入每一个习惯的养成中去。

最后，感谢您参与课程的学习，希望这节课能够帮助到您和孩子。

参考文献：

----

[1] 董雨果，朱佳佳，吴航. 3～6 岁幼儿生活习惯养成现状及影响因素调查研究——以湖北省武汉市 X 区 15 所公办园为例 [J]. 幼儿教育：教育科学，2018 (9)：6.

[2] 徐东. 家庭中幼儿良好生活习惯的培养 [J]. 兰州学刊，2008 (4)：3.

[3] 韩映虹，张宇. 图画书阅读——培养幼儿良好生活习惯的有效途径 [J]. 新疆教育学院学报，2015，31 (1)：5.

[4] 万颖. 绘本榜样人物对幼儿生活习惯养成影响的实验研究 [D]. 沈阳：沈阳师范大学，2018.

[5] 魏梅. 2～6 岁儿童生活习惯、饮食行为问卷调查 [J]. 中国妇幼保健，2008，23 (26)：3.

作者简介：

马　月　济南幼儿师范高等专科学校教师，发展心理学硕士

孩子爱哭怎么办

马　月

各位朋友，大家好，我是马月，一名高校心理学教师，今天跟大家一起探讨"孩子爱哭怎么办？"孩子爱哭是很多幼儿阶段的父母要面临的头疼问题。

让我们从三个方面来探讨：一是孩子爱哭的理论解释，二是父母非支持性反应，三是应对孩子哭泣的三个策略。

一、孩子爱哭的理论解释

为什么孩子爱哭，他在向父母表达什么？让我们从不同的理论视角去看看，或许能够有新的发现。

（一）进化心理学认为哭是我们人类繁衍的保护机制

进化心理学从最古老的方式对孩子爱哭进行了解读。孩子哭，他们在表达什么？其实这是孩子寻求成人保护的危机信号，这一信号关乎人类种族的繁衍，所以孩子的哭声能吸引成人的注意，促使成人去接近哭泣的孩子，采取照料安抚措施。

听到孩子哭，父母有所反应，这可能是印刻在人类基因里的故事。

（二）生理心理学认为哭是让身体恢复平衡的一种方式

生理学家坎农认为，情绪，它是身体的智慧，直接回应各种紧急状况，并在状况过去后恢复平衡。

孩子哭是在表达什么？这是他净化情绪、自我保护的一个重要手段，通过这一手段，让身体恢复到平衡状态。

（三）行为主义心理学认为哭是为了获取利益

孩子总是哭闹，很可能与我们父母的行为有关。试想，你有没有遇到这种情况？孩子每次在想要玩具时，一哭闹父母就觉得没办法，买！满足他！

这时候父母买玩具这一行为就对孩子哭闹进行了强化。孩子很聪明地了解到，哭闹是自己的"杀手锏"。只要一哭闹，父母就会满足自己的需求，孩子后期会经常使用哭闹的方式获得利益。

（四）认知发展心理学认为哭是因为你不懂我的世界

孩子眼中的世界与成人不同。根据皮亚杰认知发展阶段理论，2～7岁的孩子处于前运算阶段。这一阶段的孩子具有自我中心性，他们更多从自我视角出发考虑问题，很难站在他人视角考虑问题，并且思维比较刻板。当事情与自己期望不一致时，孩子很可能无法理解，用哭闹来表达自己的不满。

如生活中见过的故事：妈妈和亮亮一起走进电梯，妈妈顺手按了电梯，此时亮亮就哭了。妈妈很困惑问："你哭什么呢？"亮亮说："我们之前说好的，我按电梯，为什么妈妈按了？"妈妈说："你再按一下呗。"亮亮继续哭，无奈，妈妈重新和亮亮进电梯，亮亮按电梯后，这一事件落幕。亮亮此时思维发展很刻板，设想自己按电梯，当出现例外，无法理解。这一现象，会随着孩子认知发展逐渐消失。

以上，我们从四个理论视角跟大家探讨了孩子爱哭的原因。进化心理学告诉我们：哭，是我们人类繁衍的保护机制。生理心理学告诉我们：哭，是为了让身体恢复平衡。行为主义心理学告诉我们：哭，是为了获取利益。认知发展心理学告诉我们：哭，是因为你不懂我的世界。

孩子爱哭，这一行为背后的故事有很多，如进化心理学所说，孩子哭——父母反应，这可能是刻在基因里的故事。但并不是所有的反应都是可取的，哪些反应不可取？又是为什么呢？

我们接下来探讨第二部分——父母非支持性的反应。

二、父母非支持性的反应

研究者将父母非支持性反应分为三种：忧伤、忽视、惩罚。

（一）忧伤反应

因为看到孩子哭，父母表达反感。

当孩子哭的时候，我们父母很多时候也会陷入消极情绪中，直接向孩子表达自己对哭泣行为的不满、反感。如当孩子哭时，跟孩子说"烦死了"来直接表达情绪，或者埋怨："就知道哭，哭有什么用？"

（二）忽视反应

忽视孩子的哭泣行为，认为孩子反应过度。

父母看到孩子哭后，很多时候都会问："怎么了，你为什么哭？"当孩子说明原因，父母很可能会觉得这件事不值得哭，可能会直接表达否定，如跟孩子说："这点儿小事有什么好哭的？要哭你回房间一个人哭，哭完了再出来。"

（三）惩罚反应

用惩罚的方式来制止孩子哭泣。

当看到孩子哭，很多父母努力哄，哄没用就向另一端发展，惩罚。

如吓唬孩子，"再哭，妈妈就不喜欢你了"；或者剥夺孩子的权利，"再哭，就别出去玩了"；甚至打骂孩子。

以上，我们分享了三种非支持性反应，这些反应是不可取的。为什么？我们一起看看研究结果。

当父母采取忧伤、忽视、惩罚这些非支持性反应应对孩子哭泣时，一方面，孩子消极情绪并没有宣泄，而是受到压抑，情绪可能会以更糟糕的方式再次出现；另一方面，孩子也会逐渐学会隐藏或抑制消极情绪，从而使孩子失去正常体验消极情绪和学习情绪调节的机会，甚至会降低孩子的安全感和自信心。

那作为父母，孩子爱哭，我们应该怎么做呢？在这里跟大家分享应对孩子哭泣的三个策略。

三、应对孩子哭泣的三个策略

（一）关注孩子哭泣

哭是一种语言，它可以表达并宣泄情绪，可以表达问题，或者表达情绪超出自己的处理范围，需要帮助。此时，父母应关注孩子，跟孩子表达父母看到了你的状态。

比如，跟孩子说："我看到你哭得很伤心。"孩子感受到自己被关注，是疗愈的第一步，也是最重要的一步。

（二）分析孩子哭泣的原因

询问孩子为什么哭，让孩子把哭的原因说出来。关于原因，前面我们从理论视角跟大家进行过探讨。

孩子哭可能是因为：释放需要帮助的信号；处在不平衡状态；获取利益的手段；不被理解；等等。

当我们了解到孩子哭的原因后，需要有针对性地处理。

（三）处理哭泣的办法

1. 及时帮助，事后探讨表达方式

如果孩子哭是为了表达自己需要帮助，在此时父母及时帮助，一起与孩子解决问题。事后与孩子一起探讨，我明白你哭是为了跟父母说你需要帮助，我们再想想，当你需要帮助时，怎么表达更好呢？你是不是可以直接对妈妈说，你遇到了什么困难。比如，告诉妈妈："这个玩具我打不开，妈妈帮帮我。"

2. 给予孩子哭泣的空间

孩子哭，是因为自己情绪不好，这时父母需要耐心陪伴他，或者抱一抱他，允许孩子用哭的方式把情绪释放完。

3. 合理满足需求

孩子用哭闹方式获得玩具时，我们要告诉孩子：哭不能满足他的需求，要说出自己的需求；合理，父母会满足。比如，在超市购物前，与孩子协商，我们可以买一个玩具。当孩子选择多个玩具时，父母要温柔且有原则地告诉孩子：我们之前达成了协议，只买一个玩具，选择你最喜欢的一个吧。这时候即使孩子哭得特别厉害，也要耐心等待他哭完，然后做出选择。让孩子了解到，哭这一方式不能获得利益。

4. 转移注意力

当哭闹停止后，引导孩子思考，除了哭，我们还可以怎么做？共同探讨解决办法。

或者通过绘本阅读，用孩子听得懂的语言、丰富的画面疗愈情绪，并从中获得启发。

在这里给大家推荐关于孩子爱哭怎么办的绘本：《爱哭公主》《生气汤》《杰瑞的冷静太空》等。

关于孩子爱哭，我们从三个方面做了分享。你是否从中有所收获？其实，哭是我们生来就有的表达能力，在婴儿时期，孩子通过哭来保护自己。长大之后，哭也是孩子避免内心被情绪吞噬的自我保护方式之一。希望通过这节课的分享，大家可以感受到：面对孩子的哭泣，忧伤、惩罚、忽视并不能解决问题；此时非支持性反应，情绪也会流转到其他地方被你"看见"。

最后，感谢您参与课程的学习，希望这节课能够帮助到您和孩子。

参考文献：

［1］柏琼. 大班幼儿哭泣行为研究［D］. 南京：南京师范大学，2014.

［2］杨晰径. 教师对中班幼儿哭泣行为的回应策略研究［D］. 武汉：华中师范大学，2018.

［3］郑报. 幼儿的不良心理行为分析及其应对策略［J］. 河南教育（幼教），2019（3）：4.

［4］李想，郑涌，孟现鑫，等. 成人对婴儿哭声的反应及其脑机制［J］. 心理科学进展，2013，21（10）：1770－1779.

［5］李晓巍，杨青青，邹泓. 父母对幼儿消极情绪的反应方式与幼儿情绪调节能力的关系［J］. 心理发展与教育，2017，33（4）：9.

作者简介：

马　月　济南幼儿师范高等专科学校教师，发展心理学硕士

孩子要上小学　该怎么衔接

苏　伟

　　各位朋友，大家好，我是苏伟，一名高校学前教育学教师。幼小衔接是一个社会热点问题，很多家长在焦虑，不少幼儿园老师也有困惑。科学的幼小衔接应该是怎样的？家长应该如何做？下面我们一起学习孩子要上小学该怎么衔接的问题。

　　上小学是孩子生活中的一件大事，这意味着孩子将由以游戏为主的幼儿园生活进入以学习为主导活动的小学生生活。有些家长认为"书包背起来、字写起来、算术做起来"就是幼小衔接，可是提前学习是幼小衔接吗？什么是幼小衔接？幼小衔接中，家长需要帮助孩子做好哪些入学准备？如何做？

一、为何幼小衔接

　　小学生的不适应很大程度上源于对小学和幼儿园之间差异的不适应。孩子上小学面临哪些转变和挑战呢？德国的哈克教授认为，从幼儿园到小学，不仅是学习环境的转换，也包括教师、朋友、行为规范和角色期望等因素的变化。他根据观察和研究指出，处于幼儿园和小学衔接阶段的儿童，通常存在下列六个方面的"断层问题"。

（一）关系人的断层

　　孩子入学后，必须离开"第二个母亲"——幼儿园教师，去接受要求严格、学习期望高的小学教师，这会让部分孩子感到一定的压力。

（二）学习方式的断层

　　小学正规的科目学习方式与幼儿园在游戏中学习、在生活中学习和在探索中学习的方式有较大区别，孩子需要时间加以适应。

（三）行为规范的断层

　　通常在幼儿园被认为是理所当然的个人要求，在小学不再被教师关注。孩子入小学后，必须学会客观地认识自己，遵守集体规范，尽快融入班集体。

（四）社会结构的断层

　　孩子入小学后与幼儿园的小伙伴分离，需要重新建立人际关系，结交新朋友，并获得老师和同学们的认可。

（五）期望水平的断层

家长和教师都会对上了学的孩子抱有较高的期望，儿童被看成了真正的学生，被认为应该能够比较快速、准确地掌握系统、抽象的科学文化知识及读写算等基本能力，甚至为了保证孩子学业优良而减少孩子玩游戏、看电视的时间。

（六）学习环境的断层

从幼儿期自由、活泼、自发的学习环境转换成学科学习、有作业、受教师支配的学习环境，孩子们容易注意力不集中或患有不同程度的学习障碍。

幼儿园和小学的差别决定了过于强调知识准备会无法实现幼小平滑衔接，幼儿必须有健康的身体、积极的学习态度、浓厚的学习兴趣和求知欲、充足的自信心和自我控制能力、稳定的情绪，以及人际交往能力、独立性等才有可能应对这些挑战，轻松而愉快地适应小学生活。所以，无论是幼儿园、小学教师还是家长都应该重视幼小衔接工作。我们的准备越充分，孩子的过渡就会越轻松。

二、何谓幼小衔接

自20世纪90年代以来，幼小衔接问题受到世界各国的普遍重视。不同文化背景下幼小衔接的内涵不同。当下，我国家长对幼小衔接的理解更侧重幼儿期的入学准备，特别是知识方面的准备，认为幼小衔接是为幼儿进（升）入小学，在知识学习以及学习习惯养成等方面提前做的准备，并且伴随着应试教育的加剧，"准备"越发凸显出"小学化"的倾向。在日本，幼小衔接问题是由小学提出的，更侧重儿童的入学适应。刚入学的一年级新生不会集体行动、上课坐立不安、不能按照教师要求行动、不会解决与同伴之间的冲突等问题，而这些问题可能会在学生身上持续数月乃至更长时间。

幼儿园入学准备和小学入学适应是幼小衔接任务在两个学段的不同体现。幼儿园，尤其是大班下学期应有针对性地帮助幼儿做好生活、社会和学习等多方面的准备，帮助幼儿建立对小学生活的积极期待和向往。小学，尤其是一年级上学期应调整课程安排，合理安排内容梯度，减缓教学进度，采取游戏化、生活化、综合化等方式教学，共同实现儿童从幼儿园到小学的顺利过渡。幼小衔接即幼儿园与小学这两个教育阶段的衔接，是学前儿童能够为进入小学做好各方面准备、顺利地完成角色转换，进而能够很好地适应小学生活的过程。

三、何以幼小衔接

幼儿入学准备要以促进幼儿身心全面和谐发展为目标，注重身心准备、生活准备、社会准备和学习准备四方面的有机融合和渗透，不应片面追求某一方面或几方面的准备，更不应用小学知识技能的提前学习和强化训练替代全面准备。

（一）身心准备

1. 健康的身体

家长要帮助孩子做好体能上的准备。进入小学后，学习是主导活动，孩子需要有充沛的精力投入小学的学习与生活。家长培养孩子良好的运动习惯有利于增强孩子的体质，保持充沛精力和良好情绪，少生病、少缺勤。

2. 积极的态度

家长要培养孩子积极的态度和情绪。孩子对小学生活充满向往，有上小学的愿望，这是孩子开启小学学习生活的情感动力，也是重要的入学心理准备。良好的情绪状态要求孩子要具备基本的情绪调控能力，这有助于孩子积极适应小学新的环境和人际关系。

（二）生活准备

首先，家长要培养孩子的生活自理能力。小学没有专门的生活老师，这就要求孩子要有一定的生活自理能力，自己喝水、吃饭、如厕、增减衣物、整理学习用品等。

其次，家长要培养孩子的劳动习惯，并指导孩子学习正确的劳动方法。有研究表明，做1～2项家务的孩子学习成绩比不做家务的孩子成绩更好。家务劳动如摆放碗筷、餐后整理餐桌、洗碗、扫地、扔垃圾等，不仅能提高孩子的自理能力和动手能力，还能增强自信心，培养孩子初步的责任感。父母要充分相信孩子，放手让孩子做自己力所能及的事情。同时，家长要以身作则，分工做好家务劳动。

（三）社会准备

1. 培养孩子的交往能力

研究发现，没有朋友比没有好成绩更糟糕，被同学拒绝的孩子容易出现心理和行为问题，如自卑、退缩、攻击等问题行为，学习成绩也更差。让孩子主动结交新朋友，尤其是与同一小区的即将和自己去同一小学学习的小伙伴结交朋友。

2. 培养孩子的任务意识

具备任务意识和执行任务的能力，有助于幼儿适应小学学习生活，逐步做到独立完成各项学习任务。

（四）学习准备

1. 培养孩子良好的学习习惯

专注力、坚持性、计划性等学习习惯的养成，有助于幼儿入学后更好地胜任新的学习任务，对幼儿来说受益终生。

2. 培养孩子良好的学习兴趣和学习能力

兴趣是最好的老师，让孩子喜欢学习、爱上学习，具备一定的学习能力比学到多少知识更重要。幼儿具有浓厚的学习兴趣和基础学习能力有助于入学后适应不同学科新知识、新技能的学习，并且能更加主动、持久、投入地学习。

四、以何幼小衔接

幼小衔接的内容涉及身心准备、生活准备、社会准备和学习准备四方面，幼小衔接应从何时开始？幼儿园的幼小衔接工作贯穿至整个学前教育，幼儿园应充分利用三年幼儿教育阶段，培养幼儿扎实的综合能力和良好的生活、卫生和行为习惯，以及对事物的探究学习兴趣。家庭中的幼小衔接应从家庭生活的一点一滴入手，积极参加户外活动－增强体质、同伴游戏－会交朋友、日常生活－培养习惯、家园合作－助力衔接四个方面准备。

（一）鼓励并陪伴孩子积极参加户外活动

充分保证孩子每天的户外游戏和活动时间。首先，家长尽可能提供方便、灵活多样的体育活动材料，如皮球、跳绳、滑板车等。其次，陪伴孩子开展多种形式的游戏和体育活动。鼓励、支持孩子选择自己喜欢的活动。比如，家长平时可以带孩子拍球、骑车等，周末可以带孩子爬山、短途旅行。体能上的准备不仅有助于增强孩子的体质，还能够减轻孩子的心理压力，改善情绪状态。孩子参加体育活动也是一种学习。

（二）指导孩子学习正确的交往方式

首先，家长应提供材料、创设条件，引导和支持孩子和小伙伴玩耍。比如，在小区楼下，幼儿园附近的小公园、小广场，同学、同事聚会等适合带孩子的时间和场合，都要积极为孩子创造交往条件，让孩子和不同年龄段的伙伴交往。

其次，家长积极引导孩子学会请求、学会商量、学习分享、学习同情、学习控制自己的情绪等。如果孩子想开启一段交往，家长可以指导孩子使用下面的交往策略：对想要交往的小朋友微笑，高兴地说话或者问好，如"你好""嗨，你想去哪儿呀""咱们一起玩吧"；还可以向对方询问一些信息，如"你叫什么名字""你知道小卖部在哪儿吗""这个玩具真好玩"等。孩子之间在交往中会发生冲突，作为家长尽可能成为旁观者，让孩子们自己协商解决，因为同伴冲突的解决过程就是孩子成长的过程。

最后，家长要引导孩子理解不适宜的行为，如攻击性的行为，推、抓、妨碍对方，或者抱怨、威胁、忽视、祈求、批评，或者用霸道的方式与别人交流，这些都不利于开启和维持良好的同伴关系。

（三）日常生活中培养孩子良好习惯

日本教育家福泽谕吉说："家庭是习惯的学校，父母是习惯的老师。"没有哪个孩子生下来就是自律的，自律都是通过外在力量，也就是父母、老师对他的要求，从而慢慢内化为自己的要求，最终才能够变成习惯。良好的习惯是在日常生活中一点一点养成的，家长依托家庭日常生活、家务劳动、亲子阅读活动培养孩子良好的生活习惯、卫生习惯、劳动习惯和学习习惯。

首先，家庭生活中要培养孩子的作息习惯和卫生习惯。作息习惯和卫生习惯直接影响孩子的身体健康。家庭成员要保持规律作息，坚持早睡早起、睡眠充足。保持良好的个人卫生，有自觉洗手的习惯和用眼卫生习惯；坚持自己的事情自己做，能分类整理和保管好自己的物品。家长切记要以身作则。

其次，家务劳动中培养孩子的劳动习惯和技能，任务意识和责任感。家长要鼓励幼儿参与力所能及的家务劳动，如摆放碗筷、餐后整理餐桌、浇花、洗碗、扫地、扔垃圾等。在劳动中培养孩子劳动光荣的价值观、任务意识和家庭责任感。劳动过程本身也是学习。以包饺子为例，孩子在包饺子的过程中学会观察饺子皮与馅儿的大小与数量关系，学习手部动作控制，学会数数，建立秩序感等，也体验了劳动的成就感与愉悦感。这都是很重要的学习品质。更为重要的是获得这些品质的过程是一种愉悦、温暖的过程，这种体验不仅仅影响当下，也影响孩子未来的家庭生活模式。

最后，亲子阅读中培养孩子的阅读习惯和专注力。亲子阅读最好每天有一个固定的时间，可以是睡前，也可以是晚饭后。每天花费的时间并不多，但是专注于其中就能收到很好的效果。父母尽量有感情地朗读，用不同的语调以及一些夸张的动作，引起孩子对内容的兴趣。亲子阅读的真正目的在于让孩子感受到阅读乐趣，亲子阅读的关键在于陪伴的质量，不是耗时间。要真诚沟通，尊重孩子个性特点，给孩子发表不同意见的空间。

（四）积极主动参与幼儿园和小学组织的幼小衔接准备活动

幼小衔接是幼儿园、家长、小学三者帮助孩子尽快适应小学生活所做的准备。家长可以积极主动参加幼儿园组织的幼小衔接方面的活动。小学也会做一些入学准备，如提前召开家长会、建立班级群，就近的小伙伴可以提前相互认识。家长有意识地和孩子聊聊丰富多彩的小学生活，使孩子对小学生活充满期待和向往。

正如虞永平老师所说，幼儿园中的幼儿转变成小学里的小学生，是儿童成长历程中一次重要的身份转变，这是儿童在人生的长坡上继续前行的一个里程碑。从幼儿园到小学，不是翻山越岭，不是跳跃大沟深壑，也不是进入天壤之别的生活，而是童年生活的一种自然延伸和过渡。幼儿园教育本身就有为入小学做准备的功能，小学也有创造积极氛围、改进课程与教学，帮助学生适应小学生活的责任。因此，只要幼儿园老师积极鼓励，小学老师笑脸相迎，家长真心陪伴，就能顺利地实现幼小衔接。

参考文献：

[1] 蔡迎旗. 学前教育概论 [M]. 武汉：华东师范大学出版社，2006：237.

[2] 杨敏，印义炯. 从哈克教授的幼小断层理论看法国的幼小衔接措施 [J]. 天津市教科院学报，2009（4）：55—56.

[3] 李季湄. 幼儿教育学基础 [M]. 北京：北京师范大学出版社，1999：238—239.

[4] 原晋霞. 学前教育观察：幼小衔接并非超前学习小学知识 [N]. 中国教育报，2011. 08. 26（4）.

[5] 崔春龙，甘泉. 幼小衔接的认识及实践：日本的视角. 外国中小学教育 [J]. 2016（12）：39—45.

[6] 刘云艳. 家长如何帮助孩子做好入学准备 [OL]. 学前微讯，2016-5-18.

[7] 刘云艳，柳倩，华爱华，等. 专家权威解答，幼小衔接的12个关键问题，家长必读 [OL]. www. sohu. com /a/385293759 _ 100261595. 2020-04-04.

作者简介：

苏　伟　山东师范大学教育学部副教授，教育学博士

孩子注意力不集中怎么办

辛　爱

各位朋友好，我是辛爱，是一名从事小学生注意力提升的培训师，也是一名心理咨询师、家庭教育指导师。

在生活中，我几乎每天都会和"注意力"打交道。作为一名培训师，我的工作就是提升孩子的专注力，让孩子注意力更集中；作为一名家庭教育指导师，我需要教会家长或老师提升孩子注意力的方法；同时，在我自己的家庭中，作为妈妈，我还会陪我的孩子做很多提升注意力的游戏。因为良好的注意力对一个孩子的发展甚至一个家庭都意义非凡。

很多家长给我反馈过有关孩子注意力方面的困扰。比如：孩子上课听讲不认真，叫起来回答问题一问三不知；或者是小动作多，批评完之后转身就忘；还有的孩子上课自己玩自己的，学的知识不会，写作业错误多，效率低；还有的孩子上课时看着在听讲，其实在走神。很多家长面对孩子的这些情况时，打、骂、罚或讲道理都用过了，但是都不管用或只维持了一小段时间，孩子还是注意力不集中，家长还是很着急。

今天，我就从家长角度来分享提升孩子注意力的方法。

一、科学教养

孩子的注意力水平不是家长讲道理或者揍几下就会改变的。有的家长对孩子简单粗暴、过于严厉，对待孩子的问题缺乏耐心，甚至斥责、打骂孩子，使孩子变得异常烦躁，情绪不稳，反而加重了孩子的注意力不集中，甚至对学习表现出较大的抵触情绪。

有一个3年级的男孩，爸爸对孩子的引导就是非打即骂，缺乏耐心。一次期末考试孩子成绩不理想，爸爸非常愤怒，随后的几天遇到事就批评，哪怕是和学习无关的事情，也会扯到考试成绩上批评他。有一天早上，孩子要去打篮球，孩子穿好衣服后，小声问妈妈："妈妈，如果我同学问我考得怎么样，我怎么说啊？"孩子和妈妈说话的声音很小，但还是被爸爸听到了。于是爸爸又开始批评孩子，爸爸说："现在知道不好意思了，早干什么去了，你考那个样还有脸担心别人问？"

妈妈给我描述的时候，气得发抖，非常生气也很无奈，爸爸对孩子一直是这样的态度，孩子的学习状态也非常糟糕，上课注意力更是无法集中。

还有的家长舍不得放手让孩子成长，让孩子失去了很多锻炼的机会。家长很多事情都替孩子代劳，久而久之，孩子产生严重的依赖心理，什么事也不想自己去做，只要是需要动手动脑的事，都懒得做，直接影响了孩子的毅力，进而影响注意力。因为集中注意力是需要付出意志努力才能完成的。一个什么都懒得自己去做的孩子一般缺乏意志力，也就难以培养出持久的注意力。

所以，建议家长要平和心态，放手让孩子去挑战、去成长，为孩子注意力集中打好心理基础。

一般情况下，当孩子注意力不集中的时候，家长更多是着急和愤怒，但是只要稍微冷静思考，我们的愤怒其实对孩子注意力的集中没有任何帮助。反之，当我们愤怒时，孩子会感受到焦虑、担忧和恐惧，在这样的情绪下，哪怕是成年人都难以集中注意力，更别说孩子了。

一个 3 年级男孩，他有很多的焦虑动作，咬指甲、捏嘴唇、捏虎口处。这个孩子 10 个指甲全咬秃了，嘴唇一直是紫红色，虎口处已经有很厚很硬的茧子，无论是写作业还是看书、玩耍，都不停地做这几个动作。这个孩子的妈妈属于高控制型，并且情绪非常暴躁。孩子作业写不好，妈妈就会撕卷子，气急了就不搭理他，也不给他做饭，冷暴力处理。

我们可以想象，这个孩子每天怎么可能集中注意力学习。在培训之前，这个孩子写作业非常拖拉，甚至常常出现退化行为，如明明学过的字或者是会做的题日都不会了。经过培训以及和家长多次沟通，妈妈慢慢在改变自己，情绪不再那么急躁，孩子的学习成绩开始慢慢有了提高。

关于注意力，很多家长有认识误区。有的家长觉得孩子注意力不集中，提升孩子就可以了，其实不是的。孩子的很多行为和能力受到外在环境和教养方式的影响，需要双管齐下，亲子同时成长和改变。还有的家长认为注意力不集中的问题会随着孩子年龄增长而自然消失，但往往到小学高年级就后悔没有及时提升，错过提升的黄金期。另外，孩子玩电子产品时注意力集中，家长就认为孩子注意力没问题。孩子看电子产品的时候是无意注意，不需要付出意志努力，是被动注意；而学习是有意注意，需要意志努力的主动注意。另外，电子产品带来最直接、最强烈的刺激，孩子不需要排除其他的刺激干扰，所以会专注。学习时需要排除很多比学习更有吸引力的事情来专注当下，所以孩子就会出现学习和玩电子产品注意力不同的情况。还有的家长过度焦虑，看孩子没有好好学习就说孩子注意力不集中，夸大了问题的严重性。

二、积极引导

引导孩子的时候，建议家长常用这样几个句式："我看到你比上次有进步！""努力去做，你会越来越专注！""妈妈看到你很专注，真为你高兴！"每个人的优点或积极行为被发现、被肯定时，都会非常高兴并愿意继续维持这个行为状态，孩子的注意力也是如此。但往往很多家长会通过批评改变孩子，结果事与愿违。比如，家长会说"你就是好开小差""你做事一点都不认真""做事真马虎"等。家长给孩子说了太多负面语言，就是在给孩子贴负向标签。孩子无论做什么事，都会不由自主地在脑海里浮现成人给自己的暗示，并形成消极的自我认识："我是一个注意力不集中的孩子。"这种情况下孩子的注意力会越来越差。

在培训过程中，经常会听到有的孩子自我否定。

有一次我给一个学生讲解问题，他对我说："老师，你看我就是没有脑子，不认真，也学不会。"我当时很震惊也很心疼，一个孩子竟然这样贬低自己。当时我回应他说："每个人都有自己的擅长和不擅长，不会这一个并不代表你不会所有，而且勤能补拙，有些事我们认真努力去做，一定会有收获。你不会的，我或其他人也会帮你，放心吧！不要再说伤害自己的话，好吗？"孩子点了点头。

"你没有脑子，不够认真"这样的话，一定不是孩子自己凭空想象的，可能是某一次或者是很多次被父母或者老师这么强调过。

所以要想让孩子的能力提升，积极引导是必须要做的，而且有些伤人的话，无论何时何地，都不能对孩子说。因为这会对孩子造成非常严重的心理伤害。如果家长还没有学会表扬和积极肯定孩子，那就先保证做到不要用语言暴力伤害孩子，这是底线。

三、切忌干扰

有句名言这样说："除非你被孩子邀请，否则永远不要去打扰孩子。"但有很多家长会在孩子做事情的时候做出各种打断孩子注意力的行为，看似在提醒，其实是在干涉孩子，导致孩子的注意力被打断。比如，孩子正在摆积木，家长说你这样摆不对，你得先把大的放在下面，小的放在上面；还有的家长陪孩子写作业，孩子写错一点就提醒，纠正孩子的错误也是在打断孩子的注意力；还有的家长在孩子学习或玩耍时不断问"喝水吧""吃水果吧"……导致孩子注意力分散。

所以，家长需要做到不干涉孩子，让孩子专注自己的事情。如果家长控制不了自己对孩子的干涉，那建议家长在孩子专注的同时，自己也找一件事情做，让自己沉浸在自己的工作或活动中，避免过多地干涉孩子。在孩子做事情的时候不纠正孩子，相信孩子有能力做到。如果遇到孩子的作业需要家长核查，那么请等到孩子把这一项作业全部做完之后再去纠正，而不是写一点纠正一点。另外，强化孩子的专注行为，不消极对待。家长要给孩子时间和空间，让孩子在探索的过程中，发展出解决问题的能力，提升注意力。

四、强化训练

我们知道，成长需要道术结合。所以，家长不仅需要学习理论知识，而且需要对孩子进行注意力训练，下面就从四个方面分享提升注意力的训练方法。

(一) 身体稳定性训练

1. 粮食搬运工

锻炼孩子的注意力和精细动作能力，提高孩子的注意力集中性。需要准备：红豆、绿豆、黑豆、黄豆等粮食，或者是根据家里的情况，用现有的粮食也可以。训练的方法有很多，比如，可以用手从一个容器里捏到另一个容器里，也可以用筷子夹。做的过程中，可以按照颜色依次进行，比如，我们先运黄豆，黄豆运完再运红豆，红豆运完再运绿豆，也可以一个黄豆一个红豆一个绿豆3个为一组，活动的形式可以灵活调整以增强趣味性。可以先从10分钟开始练习，慢慢延长时间，可以到30分钟。可以用各种粮食创意做成一幅画，在做这个活动的时候，引导孩子一定要爱惜粮食，除训练用之外不能浪费，同时活动进行过程中保持安静。

2. 坐如钟

锻炼孩子的静心能力和注意力，让孩子在课堂上能静下心、坐得住。具体方法：孩子在书桌前端正坐好，拿一个空纸杯，大口朝下放在头顶，保持纸杯不掉。可以先从5分钟开始练习。这个活动还可以用矿泉水瓶来进行，找底部比较平坦的水瓶，里面装上大约1/4的水，拧紧瓶盖之后放在头顶，端正坐好，保证水瓶不掉。

3. 定点训练

让孩子伸出右手，食指指向斜上方一个固定角落，这个角落可以任选，大概方位准确，目标清晰就可以，眼睛顺着手指指尖看向角落。孩子的这个活动可以从30秒开始练习，经过训练，能够维持时间越久越好。

（二）视觉注意力训练

1. 舒尔特

舒尔特是世界公认的最强的锻炼孩子注意力的活动，简单有趣，训练效果好。家长准备 1～25 的表格，数字打乱顺序写在其中，让孩子每天练习 15 分钟，可以稳步提升孩子的注意力。

训练时，按照数字顺序逐个划消。舒尔特还可以做成互动式训练，家长随意说数字，孩子快速找到数字的位置。培训过程中，还有 1～36、1～49、1～64 和 1～81 的数字划消，总数越大，难度越大，家长不妨陪着孩子挑战一下。

为了增强活动的趣味性，这个活动还可以做成孩子正在学习的古诗，把汉字顺序打乱填在空格里，让孩子按照古诗顺序逐个划消。这样一方面增加孩子的识字量，巩固学过的知识；另一方面锻炼孩子的注意力集中性。

2. 一冲到底

具体方法很简单，就是让孩子以最快的速度从 1 开始写数字，根据孩子的数字掌握程度可以写到 100/200/300，保证过程中不漏不错。正写、倒写都可以。

3. 加数字

随意写一些数字，然后用心算的方式求和，只记住个位数，不记十位数。比如这个题目：8967465783914553 6783，$8+9=17$ 只记住个位数字 7；然后 $7+6=13$，只记住个位数字 3，$3+7=10$，只记住个位数字 0；然后 $0+4=4$，依次往后加下去；最后得出结果，大家可以算一下最后的得数是多少。

（三）听觉注意力训练

1. 顺风耳

家长随意写一些词语，其中某一类词语偏多一些，可以是水果类，可以是颜色类，可以是球类，可以是学习用品类……然后让孩子听这类词语做相应动作。如下面这组词语，听到水果类词语时拍一下手：

杧果　太阳　西瓜　电视　斑马　草莓　狮子　猴子

榴莲　黑板　香蕉　孔雀　电脑　樱桃　桌子　大象

这个活动如果想要增加难度的话，可以听不同的指令。比如，听到水果类词语拍一下手，听到动物类词语用脚踏一下地。这样孩子的注意力会更集中。错误越少，反应越快，集中注意力越好。

2. 正倒背

家长随意写一组数字或词语，家长说一遍，孩子重复。比如，家长说 1462，孩子重复 1462。也可以是家长说，孩子按照倒序说出来。比如，家长说白云，孩子说云白。建议：正背数字或词语可以从 4 位开始，根据情况增加或减少；倒背可以从 2 位开始，慢慢增加，具体情况根据孩子的接受程度灵活调整。

3. 找漏洞

让孩子听 1~20 的数字，听完后把漏掉的数字说出来，如 1、2、3、4、6、7、8、9、10、11、12、13、14、15、16、18、19、20（漏掉的是 5 和 17）。这个活动在做的过程中，依旧是根据孩子的情况，可以是 1~10 漏数，也可以是 1~20，或者是 20~40 等都可以，其中漏掉一两个数字也都是可以灵活调整的，家长要根据孩子的接受程度灵活出题。已经学过 26 个英文字母的孩子，还可以用英文字母来进行。

（四）感觉统合训练

1. 双抛球

家长准备两个球或者是沙包，用玩偶也可以，亲子进行抛接（两人同时抛出球，然后尽可能稳稳地接住对方抛过来的球）。进行这个活动时要注意，间隔的距离根据孩子的情况灵活调整，保证安全以及接球率。如果双抛困难，可以先从单抛开始练习，用一个球，一人抛一人接，做熟练后再双抛。

2. 小推车

家长抓住孩子的脚踝，孩子用双手掌撑地，家长向前推，孩子协力往前"爬行"。操作过程中一定要注意场地的安全性，如果孩子进行时觉得累，可以随时停下来休息，不必硬撑。如果孩子目前的力量还不能撑起身体，那就不要强求，先从锻炼臂力开始，可以做俯卧撑、单杠或攀岩。

3. 趴地推球

家长准备一个垫子，让孩子趴在垫子上，距离墙面是一臂加一球的距离，胳膊抬起不贴地，腿贴在地上，然后往前推球。家长可以给孩子计时 1 分钟，看看孩子可以完成多少个。家长要陪孩子一起做这个活动，帮孩子捡球，记录孩子每次的成绩，让孩子直观感受自己的成长和变化。

无论哪一项训练活动，都给大家分享了具体示例，陪伴孩子操作过程中，一定要以孩子为主导，如果孩子进行得非常容易，可以慢慢增加难度或时长；如果孩子有困难，那就不要强求增加难度，避免挫伤孩子的自信心。

孩子注意力不集中的原因非常复杂，其成长与改变也不是立竿见影的。有的家长看着孩子注意力不集中非常着急，恨不得马上就让孩子注意力高度集中。但教育家朱熹提出"循序而渐进，熟读而精思"，就是教导我们后人：教育需要耐心和循序渐进。

无论是训练活动的难度还是孩子成长的速度，都要慢慢来，让孩子在感受自己点滴进步的过程中提高能力，增强自信。

参考文献：

[1] 孔屏. 牵手两代——幼儿5　关注幼儿的认知发展 ［M］. 北京：北京教育出版社，2013：53－73.

[2] 王和平. 特殊儿童的感觉统合训练 ［M］. 北京：北京大学出版社，1957：216－224.

[3] 刘翔平. 儿童注意力障碍 100 问 ［M］. 北京：中国轻工业出版社，2019：3－35.

[4] 钱志亮. 入学早知道：儿童入学必备的八种能力 ［M］. 北京：北京师范大学出版社，2011：3－125.

作者简介：

辛　爱　山东梦村教育咨询有限公司首席培训师，国家二级心理咨询师

孩子不爱写作业怎么办

刘冬燕

朋友们大家好，我是刘冬燕，是山东行知青少年发展研究中心的一名心理咨询师。我从事儿童青少年心理咨询工作已经有十几年的时间了，很高兴有这样一个机会，给大家分享"孩子不爱写作业怎么办"这个主题。

一提到陪孩子写作业，我想这是让很多家长头疼的一件事情，很多人陪孩子写作业的时候觉得苦不堪言，吐槽辅导孩子写作业就像渡劫一样。

在我日常的工作中有很多小学生家长向我咨询孩子写作业的问题，"不写作业母慈子孝，一写作业鸡飞狗跳"像一个魔咒一样困扰着很多家长。下面我们就来一起探讨这个话题，看看这个魔咒到底怎么破。

下面我从两个方面来给大家分享：第一，孩子写作业的目的和意义；第二，孩子不爱写作业的原因及解决策略。

一、写作业的目的和意义

（一）巩固所学的知识

有的孩子经常会抱怨说："老师教的这些知识我都已经学会了，为什么还要写作业呢？"

孩子当天学习的知识真的能学会并且记住吗？德国心理学家艾宾浩斯（H. Ebbinghaus）研究发现，遗忘在学习之后立即开始，而且遗忘的进程并不是均匀的。学过的知识在一天后，如果不抓紧复习，会忘记 74％。随着时间的推移，遗忘的速度减慢，遗忘的数量也就减少。

所以，要想把学过的知识真正记住并转化成自己的东西，就需要及时地复习巩固，而写作业是巩固所学知识最有效的方法。

（二）养成好的学习习惯

有的家长觉得辅导孩子写作业就是配合完成老师的要求。实际上，家长辅导小学阶段的孩子写作业不是单纯为了帮孩子完成作业，而是通过观察指导孩子写作业的过程，帮助孩子培养好的学习习惯。一个好的习惯会让孩子在学习和生活中受益终生。比如，孩子回到家什么时间写作业？是先玩还是先写？写多长时间？写完后怎么检查？这些都需要家长在指导孩子写作业的过程中关注并加以科学引导，如此才能培养孩子良好的学习习惯，为以后的学习生活打下良好的基础。

（三）培养孩子的责任和担当

每天保质保量地按时完成作业是一个学生应尽的职责，让孩子通过对自己作业的负责来培养孩子的责任感，学会为自己的事情负责任。比如，写不完作业孩子可能会受到老师的批评，他也需要为自己的行为承担后果。

二、孩子不爱写作业的原因及解决策略

（一）学习能力不足及其解决策略

很多家长认为孩子写作业磨蹭、拖拉是学习态度有问题，其实并不一定是孩子态度的问题，而是他的学习能力发展不足导致的。比方说注意力差的孩子，写作业时坐不了 5 分钟就会动来动去的，小动作特别多，写作业也会很困难。家长就需要通过一些科学的训练，先提升孩子的注意力。

1. 听说读写能力发展落后

比方有的孩子阅读速度慢，经常有读书漏字、跳字、串行问题。写作业、写生字必须看一眼写一个字，甚至写一个字要看很多遍。写字经常丢笔画、写错笔画、忘字、笔画顺序写错。很多家长误以为孩子的这些表现是习惯问题或者态度问题，实际上并非如此 。如果孩子的精细动作能力没有发展好，他写字就写不到位。如果家长经常让孩子擦掉重写，甚至觉得孩子写得不好就给孩子撕掉，孩子会很烦，慢慢就不愿意写字了。

所以，家长只有训练孩子与写字相关的学习能力才能从根本上解决问题，也才能真正帮到孩子。比如，在家里可以带孩子经常做做手指游戏、剪纸等活动，锻炼孩子的手部肌肉，经常参加一些手眼协调的体育锻炼，如打篮球、乒乓球、羽毛球等。

2. 时间管理能力差

家长老是催促孩子快点儿写作业，但是很多孩子对时间是没有概念的，压根就不知道家长说的 10 分钟、15 分钟到底有多长，写作业的时候就会很磨蹭。所以，当孩子上一年级开始写作业时，家长就需要先引导孩子认识时间。

大家可以用"番茄工作法"来帮助孩子学习时间管理。这里需要用到一个道具：番茄钟，大家可以从网上自己购买。

番茄工作法，是指把任务分解成半小时左右，集中精力工作 25 分钟后，休息 5 分钟，这样就视作种一个"番茄"。然后进入下一个番茄时间。收获 4 个"番茄"后，能休息 15～30 分钟。

具体怎么操作呢？大家可以参照下面三个步骤：

第一步是计划：每天开始写作业前，家长先和孩子一起探讨今天的学习计划，是先玩一会儿还是先写作业，今天都有哪些作业，先做什么，后做什么，每一项大概写多长时间，几点开始写作业，大约几点能结束。

需要注意的是：我们要把主导权交给孩子。对于计划的每一部分，充分尊重孩子的想法，认真倾听孩子这样制定的原因，家长从旁协助就可以了。这样做的好处是，孩子会更有参与感和掌控感，执行起来会更有动力。

探讨完后家长可以帮助孩子制作一张时间表，做完一项可以奖励一个小粘贴，让孩子感觉到写作业的成就感。

第二步是执行：25 分钟用于学习，5 分钟用于休息；每 4 个番茄钟为一组，一组结束后，可以让孩子休息 15～30 分钟。

这里要特别注意一点：番茄时间不能分割。一个番茄时间不能中断，也就是说 25 分钟的专注不能被打断，不能把其分成一半，需要按照 25 分钟一个番茄时间严格执行。当然这个时间并不是完全绝对的，比如，孩子这一项作业 25 分钟没完成，还有几个字没写完，那可以写完再停下来休息。但是如果还有很多没有写完，那就需要停下来休息，这样才能保证下一个时间段的学习更高效。在 5 分钟的休息时间里，不要做任何关于学习的事情，可以让孩子在室内走动或者到阳台上眺望远处，让大脑为下一个番茄时间做充足的休息。

第三步是总结：每天结束学习后，家长和孩子一起复盘一下今天番茄钟的使用情况，看看哪些任务在规定时间内完成了，哪些没完成，有没有需要调整的地方。

时间规划有两个好处：第一，孩子的学习生活会更有规律，时间长了逐渐养成习惯后，孩子就知道什么时间该去学习了；第二，有了时间限制，孩子的学习效率也会越来越高。原来一张卷子家长督促孩子可能磨磨蹭蹭写好几个小时，有了时间限制，孩子也会自我约束，在规定的时间内抓紧时间去写。

如果一年级家长每天都帮助孩子这样做，孩子学习上的自主管理能力就会逐渐增强，以后孩子写作业就不用家长老是跟在后面督促了。

（二）写作业前的准备不足及其解决策略

很多孩子刚坐下还没写 5 分钟就一会儿上厕所，一会儿喝水，写到一半发现铅笔不行了、橡皮没有了，严重影响了写作业的效率。

孩子学习前都需要准备什么呢？

首先是生理准备。放学回来之后先别着急让孩子坐下来写作业，而是先让孩子喝点儿水、吃点儿水果或点心补充一下能量，上上厕所之类的。

写作业的环境也需要准备，家里的娱乐场所和学习场所最好分开，孩子最好有一个单独学习的房间，如果条件不允许也需要给孩子布置一个专属的学习角落。

孩子学习的书桌最好面向白墙，因为小学阶段的孩子抗干扰能力弱，很容易受到外界环境的干扰。现在很多家长给孩子买的书桌功能都很多，上面还带着书架，架子上面会摆放一些课外书或者玩具。这就很容易让孩子写作业的时候分心，孩子会忍不住一会儿摸摸这儿，一会儿摸摸那儿。孩子写作业的书桌要整洁干净，只放当下写作业需要的学习用品。比如，写语文作业，桌面上就放与语文相关的课本、本子、笔等。

另外，桌椅板凳也有要求，给孩子选书桌不是越贵越好，适合孩子的才是最好的。选择书桌的时候大家可以参考 3 个 90°原则。第一个 90°，孩子坐在书桌前时上半身和下半身呈 90°；第二个 90°，是大腿和小腿呈 90°，坐着的时候不能跷着二郎腿；第三个 90°，是脚踝和脚掌呈 90°，双脚踏地，不能踮脚尖。

孩子晚上写作业的时候还要准备合适的灯光。对于灯具的亮度，国家质量监督部门作了具体规定，一般灯具上都会标明光照度的级别：A 级的台灯，它的光照度是在 250 流明以上；AA 级的，光照度则达到了 500 流明。给孩子选台灯，这两个级别都可以。

这里有一点需要注意：很多家长习惯关掉大灯，开着台灯让孩子学习，认为这样能让孩子集中精力；但这样做会让环境亮度不均匀，对眼睛伤害更大。所以孩子写作业的时候开着台灯，也需要把房间的大灯打开。

（三）家长做法不当及解决策略

1. 不会陪

小学阶段的家长几乎每天都要陪孩子写作业，陪孩子写作业时会不断督促、唠叨、训斥孩子，这些做法都不利于孩子的成长发展。那家长到底该怎么做呢？

建议：陪伴不干扰。

孩子上一年级，家长要坐在孩子身边去指导孩子的学习，观察指导孩子的坐姿、握笔姿势，培养孩子读书写字的习惯。孩子上二年级，家长要坐在孩子房间，安心做自己的事情，在孩子有需要的时候，及时去帮助孩子。二年级以后家长就要撤出孩子的房间，让孩子自己在房间写作业。

小学阶段的孩子在家里学习的时候最好有一个人陪着，不要把孩子自己一个人放在家里。在孩子写作业的时候，家长不要来回走动、大声喧哗，也不要玩手机或者看电视。家长的行为最好和孩子保持一致性，尽量保证在孩子写作业的时间段做相似的活动。比如，可以看书、办公或者做一些有意义的事情，要让孩子感觉到：如果他需要你，你一直都在。家长身体力行，在潜移默化中影响孩子，在家庭中营造良好的学习氛围。总而言之，小学阶段家长陪孩子写作业，不是陪着孩子，陪伴的最终目的是培养孩子良好的学习习惯。

2. 过度包办

家长总是命令、催促孩子写作业。当家长不停催孩子写作业时，他大脑接收到的信息其实是：被命令、被控制。当大脑接收到的信息是"命令"或"控制"的时候，大脑首先输出的信息其实是"拒绝"，而不是"行动"。所以，当你命令孩子写作业时，他已经本能在抵抗了。

有的家长在孩子写完作业后会替代孩子检查，孩子完成学校老师布置的作业后，家长还会再给孩子布置很多额外的作业。这些做法的后果是什么呢？会剥夺孩子学习的自主感、掌控感，给孩子的感受就是：学习、写作业好像都是为家长做的。

建议：家长指导不主导。

写作业时孩子遇到困难求助的时候，家长可以先启发孩子自己思考或者想办法自己解决，不要直接讲解或者告诉孩子答案。写完作业后也不要替代孩子去检查，可以教会孩子检查的办法，如一边读题，一边检查；或者做一些简单的提示，如"第几行第几个字有错误"。实在检查不出来的，也可以让孩子带到学校去，不会的问题问老师，这样老师也会知道孩子学习上不足的地方在哪里。

3. 打击否定

请大家在脑海中想象一个画面：一只小白兔面前有一只大老虎。假如你是这只小白兔，会是什么感受？

我想您的答案可能会是紧张、焦虑、恐惧。其实这就是很多家长陪伴孩子写作业的一个写照，家长是大老虎，孩子是小白兔。

家长陪伴孩子写作业时的角色和心态是非常重要的，有的家长陪孩子写作业的时候会坐在孩子身边寸步不离，两眼紧盯孩子，不停地给孩子挑毛病。这个写得不好，那个写得不对，或者看孩子写的字不好了就让孩子擦掉重写，甚至把孩子辛辛苦苦写完的作业撕掉。

家长这样的心态和行为肯定会影响孩子做作业的心态，这个时候孩子会感到很焦虑，做作业就会越来越磨蹭。因为孩子担心万一写错了就会受到家长的责骂，甚至到最后孩子会特别厌恶做作业。

我们可以换位思考一下：如果我们工作的时候，领导就坐在我们旁边紧盯着。哪怕不说话，我们也会感到紧张和压力；年幼的孩子更是无所适从。

心理学上有一个词叫作"心锚"，是指由于特定事件反复强化你的正向或者负向的情绪，以至于沉淀为潜意识的感受。这之后，再遇到类似事件时，潜意识的情绪反应便会触发。

如果家长陪伴孩子写作业的时候总是打击、否定孩子，时间久了孩子也会把家长的这些评判内化成自我的评价。孩子一坐在书桌前写作业，脑海中就会产生很多痛苦的念头，如"我很笨""我很差劲"，让其对学习产生无力感。而且家长的这个影响会持续很久，即使后来家长已经不坐在孩子身边指指点点了，但是就像条件反射一样，很多孩子一坐到书桌前就会发呆或者磨蹭、拖拉。

如果孩子长期处在紧张、焦虑的状态中，根本没办法把注意力聚焦在当下要做的事情上，也就逐渐失去了轻松专注学习的能力！

从心理的角度来分析，拖延也是一种被动攻击！孩子通过拖延这个行为来表达对父母的不满意。那家长该怎么做呢？

建议：鼓励不否定。

低年级的孩子我们要用游戏的心态和方法去陪伴孩子写作业，给孩子营造轻松愉悦的学习氛围。

游戏中一个很重要的原则：先联结后指导。这意味着你给孩子任何指令或者要求时，需要先和孩子建立一个温暖和稳固的联结。当孩子感受到了与你的联结，他们就会合作；而当孩子感受到与你的联结断裂，他们就会拒绝。

家长可以用游戏化的语言和孩子交流，比如说："宝贝，我们今天来扮演小兔子吧，我们看看今天语文有几块草地，数学有几块草地，我们一起把它'吃掉'。"这个时候孩子的心情就很放松，也更愿意和家长合作。

如果孩子对写作业这件事情很抵触，家长要耐心倾听一下孩子的感受，可以尝试用这样的话术跟孩子沟通：

"是的，写作业这件事你觉得很困难，我知道你不想写作业，不过我们还有半个小时就可以完成了。"

"写完作业后你可以自由支配你的时间，可以有很多玩的时间。"

或者家长也可以问孩子："你觉得在支持你完成作业这件事情上，爸爸妈妈可以做些什么?"

当孩子陷在写作业的困难情绪中时,家长也可以先暂停一下,因为对于低年级阶段或者学习能力比较落后的孩子来说,长时间坐在那里写作业是非常大的挑战。家长可以停下来和孩子玩十分钟的打闹和摔跤游戏,如枕头大战、你追我赶或摔跤。这些都可以让孩子释放负能量,平复情绪。

心理学的研究表明:一个人的情绪越好,专注力越高,学习的效率就会越高,吸收的知识也就越饱满,也更愿意去学习。

如果您的孩子现在刚上一年级,我期待陪伴孩子写作业时,您要及时肯定、鼓励孩子,帮助孩子建立更多积极、正向的学习体验。家长每天可以找出孩子写作业的3个进步之处,可以说给孩子听,也可以写在便利贴上给孩子看。比如,今天你坐姿很端正;能在一个番茄钟的时间专心写作业;检查作业的时候能够一道一道仔细读题。

如果您的孩子已经中、高年级了,对写作业有很多抵触的情绪,我也期待您能先改变自己的心态和视角,看到孩子学习上的进步之处,每天找孩子3个进步之处加以肯定,通过正向的关注和肯定来改变孩子之前形成的不良学习感受。只有孩子感受好了,才有心力去应对写作业上遇到的问题和挑战。

有一句话说得很好:我们要和孩子一起打败问题,而不是用问题去打败孩子!孩子在作业上遇到的问题和挑战,我们做家长的需要和他一起去面对,积极寻求解决的办法。

今天我给大家分享的方法更加适用于小学低年级阶段的孩子,如果我们能够从小对孩子进行科学引导,孩子到了中、高年级阶段,写作业基本上就没什么问题了。如果您的孩子已经是中、高年级了,在写作业上仍然有很多困难,而且问题已经持续很久了,建议家长朋友们及时带孩子做专业的心理辅导,全面系统地分析孩子当下面临的问题,进行个性化的指导。

参考文献:

孔屏. 满足孩子的成长需求 [M]. 北京:北京教育出版社,2013:59—75.

作者简介:

刘冬燕　山东行知青少年发展研究中心副主任、首席心理咨询专家

孩子不喜欢阅读怎么办

乔资萍

各位朋友大家好，我是山东师范大学教师乔资萍。

今天，我和大家分享的主题是"孩子不喜欢阅读怎么办"。我们知道，阅读之于每个人的价值不言而喻，它可以丰富知识、开阔眼界，也可以让人滤除浮躁，还可以洁净人的心灵，提高人的素养。对于孩子来说，阅读是搜集处理信息、认识世界、发展思维、获得审美体验的重要途径。而引导孩子们喜欢上阅读并不单单是学校教师的任务；实际上，孩子们的阅读首先是从家庭开始的。苏联著名教育家苏霍姆林斯基指出："所有那些有教养、品行端正、值得信赖的年轻人，他们大多出自对书籍有着热忱的爱心的家庭。"可见，家庭对孩子们的阅读影响非常大。

如果我们能够引导孩子们爱上阅读，那么无疑就帮助孩子打开了观察世界的窗口。正如美国著名作家威尔逊所说："书籍——通过心灵观察世界的窗口。住宅里没有书，犹如房间没有窗户。"那么，如何引导孩子爱上阅读呢？我们可以从三个方面尝试努力。

一、选择适宜的阅读书籍

选书是阅读活动的开始，因此，引导孩子阅读的第一步，就是家庭中要有一批藏书。研究发现，家中藏书超过 200 本，小学生的阅读表现更好。虽然对部分家庭来说，收藏 200 本以上的图书有一定困难，但这在一定程度上说明一定数量的家庭藏书的确对孩子阅读大有裨益。

（一）选择书籍的原则

学习如何选择书籍并建立一批丰富的藏书，并把孩子们视为成熟可信的读者，引导孩子们有效地阅读，是需要我们学习的一门课。事实上，这也是让很多父母犯愁的一个问题，有些父母虽然希望多给孩子买些书阅读，但是，他们不知道哪些书适合孩子们阅读。对大部分家长而言，我们可以遵循以下原则帮助孩子选择书籍：

1. 书籍的选择要符合孩子的年龄特点

根据小学生的年龄特点和他们的识字情况，我们将小学生的阅读分为了三个阶段。

在不同的阶段，孩子们阅读的书籍会有所差别。

首先，在第一学段（1～2年级）。低年级段的小学生，心理特征带有明显的形象性、具体性、无意性，尚不具备抽象性、随意性。所以，他们对于书籍内容的理解相对较浅，喜欢直观形象的图书，加之他们注意力水平有限，所以适合他们阅读的书籍以绘本为主，也就是我们所说的图画书。这类书籍以绘画为主，并附有少量文字，比较符合六、七岁孩子的直观形象的思维特点。绘本不仅是讲故事、学知识，而且可以全面帮助孩子建构精神世界，培养多元智能。绘本是发达国家家庭首选的儿童读物，国际公认"绘本是最适合儿童阅读的图书"。

其次，在第二学段（3～4年级）。这一学段孩子的年龄主要集中在8～10岁。经过两年的小学生活，他们已经认识了大量的汉字，建立起了基本的阅读习惯，生活经验和学习经验也相对丰富很多，这为他们进一步的阅读奠定了重要的基础。所以，有人认为，小学三、四年级是孩子们阅读的黄金期，我们一定要利用好这一时期拓宽孩子的阅读世界。如果说对于一、二年级的孩子重点在于阅读习惯和兴趣的培养，那么对于三、四年级的孩子，我们不仅要继续培养其阅读习惯和兴趣，还需要拓宽孩子的阅读视野。

最后，在第三学段（5～6年级）。这一学段的孩子年龄主要集中在10～12岁。他们初步具备了抽象概括的思维能力，但由于知识经验的限制，还无法进行那些和具体事物相距较远的高度抽象概括的活动，也只能对一些过程、结构简单的事物进行抽象概括。加之前四年的学习和阅读，他们的阅读能力有了很大提高。因此，对于这一学段的孩子，我们可以选择没有配图、文字性的读物，而且由于孩子的注意力水平提升，完全可以给他们选择文本较长的书籍阅读。

2. 书籍的选择要遵循孩子的阅读兴趣

阅读是一个循序渐进的过程，孩子们只有积累了足够的阅读数量，才能最终实现阅读上质的飞跃。而引导孩子进行大量阅读的前提则是选择他们喜欢读的书籍。因此，家长在选择书籍时除了要考虑到孩子的年龄特点，还需要关注他们的兴趣点。因为每一个孩子的兴趣不同，所以他们喜欢的书籍也不一样。

从孩子们的兴趣点入手选择书籍，这对于开启孩子们的阅读世界起着事半功倍的作用。比如有的孩子喜欢车，我们就可以选择关于车的书籍给他们阅读。当孩子阅读这类书籍达到一定数量后，我们就可以引导他们由车一类的书籍扩展到其他交通工具类的书籍，再到每种交通工具的特点、构造一类的书籍，以及这些交通工具可以到达的城市等地理类的书籍，再延伸到这些城市的风俗、文化一类的书籍……这样，孩子们通过阅读不仅了解了各种各样的交通工具，还学习了关于这些交通工具的特点、构造方面的知识，还了解了不同地区的地理、风俗、文化等。可见，由他们感兴趣的一个点选择书籍，引导他们阅读，可以慢慢拓宽他们的视野，也可以使他们的世界越来越大。

3. 书籍的选择要保障孩子的阅读安全

我们还需要注意的是书籍的安全性问题。这主要包括两个方面：一方面，家长帮助孩子购买的图书在纸质上一定是安全的，不能够有污染。由于小学生年龄较小，安全意识较差，身心发展速度较快，所以一定要选择正版书籍，保证书籍纸张和用墨都是安全的，让孩子远离书籍的污染。另一方面，家长帮助孩子购买的图书在内容上一定是安全的。当前儿童图书市场良莠不齐，小学生的信息辨别能力和自我控制能力较弱，影响阅读的质量和效果。家长为孩子购买的适龄书籍一定确保书籍内容健康、积极向上，符合孩子的年龄特点，避免受到不良书籍的影响，为孩子营造健康的阅读环境。

（二）寻找书籍的来源

在家庭教育实践中，许多家长明了阅读对孩子成长发展的重要性，他们更困惑的是从什么途径寻找适合孩子阅读的书籍。的确，书籍的来源有很多，一般而言，我们可以通过以下几种途径寻找孩子阅读的书籍。

第一，从教育部推荐的阅读书单中选择适合孩子阅读的书籍。为了提升学生的阅读素养，教育部根据学生的年龄特点推出了一系列书单。针对不同学段的学生，他们推荐了不同的阅读书目，家长可以参照这些书目有选择地购买一些书籍。

第二，从学校推荐的阅读书单中选择适合孩子阅读的书籍。学生阅读素养的提升是每所学校关心的问题。许多学校结合当地的文化特色和学生的实际情况也会推出相应的阅读书目，家长可以从这些书目中选择孩子喜欢阅读的书籍。

第三，从教育专家推荐的阅读书单中选择适合孩子阅读的书籍。每个领域的专家基于自己对本领域的研究，会推荐适合小学生阅读的书籍。比如，文学家会推荐一些文学作品，数学家会推荐一些数学类的读物，而史学家会推荐适合孩子阅读的历史读本，这些专家推荐的书籍都可以根据孩子的特点有选择地购买，引导孩子阅读。

第四，从家长推荐的阅读书单中选择适合孩子阅读的书籍。有些家长非常关注孩子的阅读，与他们进行交流，我们可以常常有意外的收获。特别是孩子同学的家长，因为孩子与孩子之间的年龄相仿，知识储备相近，所以其他孩子喜欢阅读的书籍也可能成为自己孩子喜欢阅读的书籍。

第五，从孩子们交流来的书籍中选择适合孩子阅读的书籍。大部分学生非常喜欢与同学交流阅读体验，这种交流会扩宽孩子们的阅读视野和提升他们的阅读兴趣。通过交流，他们会让父母购买一些他们非常想阅读的书籍。这时，家长需要了解书籍的内容，在确保内容适合孩子阅读的情况下尽量满足孩子的阅读需要，帮助孩子购买，更好地培养孩子的阅读兴趣。

二、打造良好的阅读环境

良好的阅读环境是帮助孩子们喜欢上阅读非常重要的一环。因为小学生年龄相对较小，自我控制能力相对较差，他们受外部环境的影响较大。打造良好的阅读环境，可以给孩子营造一个相对较好的阅读氛围，有助于培养孩子养成良好的阅读习惯和阅读兴趣。那么如何给孩子打造良好的阅读环境呢？我们可以尝试着从以下三个方面进行努力：

（一）触手可及的书籍

首先，保证家庭中放置触手可及的书籍。相信很多朋友都会感慨，有人在乘坐地铁、公交车、火车、飞机时，甚至在公园的座椅上都能进行沉浸式的阅读；换句话说，阅读已经成为他们生活的一部分。与此同时，我们也从内心深处希望我们或者我们的孩子将来也能像他们那样随时随地阅读，让阅读成为孩子们日常的生活方式。如果想达成这种理想，我们就必须从现在开始，培养孩子们随时随地阅读的习惯。这就要求我们要结合孩子们的年龄特点放置书籍（因为这个年龄的孩子好动，他们在家庭中的活动范围也较大，所以他们很难固定在家中的书房中像成年人一样阅读）。家长要在家中的角角落落放置孩子喜欢阅读的书籍，保证孩子们想读书的时候随时都可以读。

我们要保证孩子有自己单独的书桌，同时还需要在客厅、餐厅、阳台乃至卫生间都可以安置一些书橱或者小书柜，放一些孩子喜欢的书籍。比如，现在有些家庭就将客厅改成开放式的书房，因为客厅是家人在一起活动较多的区域，这样我们和孩子就可以在客厅休息时随时拿本书进行阅读。当然，我们也可以在餐桌旁边安置一个简单的小书架，放置我们和孩子们喜欢阅读的书籍，这样我们吃完饭时就可以一起读一会儿书。

除此之外，我们还可以利用好阳台，特别是春天和秋天，天气比较好的时候，阳台光线充足，在阳台上放一个舒适的座椅或者小沙发，相信很多孩子都喜欢坐在这儿享受一下惬意的时光。这时身边有一本自己爱看的书就更完美了。所以，我们一定利用好孩子的这种心理需求，在阳台放置一个软些的座椅和书架，给孩子创造好的阅读环境，让书籍触手可及，让阅读无处不在。

（二）安静的阅读环境

根据贝姆的自我觉知理论，个体对自己态度、情感和其他内在状态的认知，是根据他们对自己的外显行为和该行为发生的环境进行观察而推断出来的。内在的线索是模糊不清的，因此客体就要站在外界观察者的角度，依据外部线索来推断个人的内在状态。而安静的阅读环境则是影响孩子内在阅读态度和情感的重要因素。安静，是孩子们与读书共生的最美好的状态。给孩子创造一个安静读书的环境，需要大家摒弃功利，回归教育与育人的本真，找回安静读书的自己或者身心宁静的状态。有了安静的环境和心境，才能给孩子营造一个宁静美好的读书氛围。

如果有的孩子不喜欢阅读，那么我们更需要创造宁静的环境慢慢引导孩子阅读。在孩子放学后，我们需要果断放下手机、关掉电视，引导孩子进入安静的阅读时光，告诉孩子不要受外界干扰的影响。我们要尽量避免其他外界因素影响或中断阅读。我们更不要打断孩子的阅读，不要给孩子倒水、送水果，不要与孩子讲话，要维持阅读的原则性与秩序性，让阅读有仪式感。

（三）固定的阅读时间

每天固定地读一会儿书，对于培养孩子的阅读兴趣和习惯起着很重要的作用。对于绝大部分孩子而言，他们比较喜欢的阅读时光是放学后、晚饭后或者睡觉前。这可以因孩子的喜好而定，我们一旦发现孩子在阅读，就尽量不要打扰。

根据孩子的年龄不同，我们可以引导孩子们每次阅读的时间不同。对于 7 岁左右的孩子，每次阅读的时间保持到 15~20 分钟就可以；而对于 9 岁左右的孩子，每次阅读的时间可以为 20~30 分钟；对于 11 岁左右的孩子，阅读时间可以延长到 30~45 分钟。这些时间并不绝对，在这里我们主要是指相应的年龄段，孩子一般都可以保持这么长的时间，有的孩子喜欢阅读，时间可以更长一些。

三、创设积极的阅读体验

积极的阅读体验是引导孩子爱上阅读的非常重要的前提条件。我们可以从以下几个方面给孩子创设积极的阅读体验。

（一）宁静的心理感受

宁静的心理感受侧重的是孩子们的心理体验，它是孩子积极阅读体验的重要内容。如果我们想让孩子爱上阅读，一定给孩子创设积极美好的阅读体验。在孩子阅读时，我们尽量不要打扰孩子，让孩子沉浸在书籍的海洋中，嗅着书香，反复咀嚼，品味着每一个字、每一句话和每一个道理。让孩子与书本为友，与作者交流对话。让他们徜徉在书籍带给他们的美妙世界中，静静地享受书籍带给他们的快乐和幸福。只有这样，孩子们才能走进书籍，静静地融入书中，走进思想的闪光圣殿。这样日积月累，孩子们的思想才不再是别人的跑马场，而是思维积存下的精神百花园。

（二）温馨的亲子阅读

亲子阅读以书为媒，以阅读为纽带，让孩子和我们共同分享多种形式的阅读过程，在孩子课外阅读当中起到重要的作用，是让孩子爱上阅读最好的方式之一。当爸爸妈妈和孩子共读一本书时，很容易会让孩子觉得读书是一件非常快乐的事情，进而更愿意自发地去进行阅读。

通过共读，父母与孩子共同学习，一同成长；通过共读，为父母创造与孩子沟通的机会，分享读书的感动和乐趣；通过共读，可以带给孩子欢喜、智慧、希望、勇气、热情和信心。

美国著名阅读研究专家吉姆·崔利斯在《朗读手册》一书中写有这样一段话："你或许拥有无限的财富，一箱箱珠宝与一柜柜的黄金。但你永远不会比我富有，我有一位读书给我听的妈妈。"这段话表明亲子阅读对孩子们来说是非常重要的一笔财富。我们可以从以下几方面开展亲子阅读：

一是要提前备课。给孩子读书之前，父母先用心读一读，感受图文带给你的乐趣，这样才可能把阅读的乐趣带给孩子。父母甚至可以预演一下，怎么读才更有意思。父母应该认识到，给孩子读书不是一件能够马虎应付的事情，需要认真对待。

二是要有固定的阅读时间。安排固定的时间和孩子一起进入美妙的阅读时光，并尝试使之成为习惯。不必强求每次阅读的持续时间，专注而热情地读 10～20 分钟绘本也能在孩子脑海里留下深刻印象。

三是声情并茂地朗读。为孩子朗读时，语速不要太快，最好改变自己的声调来扮演角色，表情要尽量夸张。在关键时刻或悬疑时，压低声音、慢下来，可以让孩子全神贯注。

四是采取灵活多样的形式。比如，对于 1～2 年级的孩子，我们可以给孩子读书，慢慢地过渡到指导孩子阅读；对于 3～4 年级的孩子，我们可以与孩子选择同一个时间一起读，一起交流各自的感受；而对于 5～6 年级的孩子，我们可以与孩子在不同的时间阅读同一本书，选择合适时间交流。

（三）积极的表扬肯定

当孩子与我们交流他的阅读感受时，我们要尽量做到积极地肯定和表扬孩子，以强化孩子阅读的兴趣和成就感。具体要求：（1）鼓励孩子积极表达自己的阅读感受和认识；（2）我们不要打断孩子表达自己的观点；（3）不要评断孩子的观点，哪怕他的看法很幼稚；（4）不要把自己的理解强加于孩子；（5）不要显示出自己一定强于孩子；（6）积极引导孩子拓展阅读。

家长可以通过积极的表扬和肯定引导孩子在当前阅读的基础上进一步拓展阅读。一是，肯定孩子好的阅读状态，如"你刚才阅读时非常安静，很专心，你一定被书里面的故事吸引了吧？给我讲讲书里面讲的是什么"；二是，赞美孩子的毅力，如"你这次阅读的时间很长，你的毅力提升了很多，你真的长大了"；三是，肯定孩子的观点，如"你对这本书的评价很独特啊，我虽然也看过这本书，但真没有想到还有这种新颖的观点。今天你增长了我的见识"；四是，与孩子的讨论一定学会留白，如"关于这个问题我好像记得××这本书上也讲过，改天我看看再跟你讨论"。如此往复，孩子慢慢地就会获得积极的阅读体验，产生积极的阅读情感；他们就会在无形中爱上阅读，使阅读成为他们生活的重要内容。

阅读不仅仅对每个人的生活更有价值，事实上，它对整个人类文明也非常重要。培根曾经说，书籍是在时代的波涛中航行的思想之船，它小心翼翼地把珍贵的货物运送给一代又一代。希望我们能用学到的阅读知识更好地引导孩子爱上阅读，在家庭生活中养成良好的阅读习惯，让人类的思想之船代代相传。

参考文献：

[1] 苏霍姆林斯基. 苏霍姆林斯基教育箴言 [M]. 朱永新，编. 北京：教育科学出版社，2016：281.

[2] 盛文林. 最经典的世界名言 [M]. 北京：台海出版社，2011：179.

[3] 谢锡金，林伟业. 提升儿童阅读能力到世界前列 [M]. 北京：北京师范大学出版社，2013：2.

[4] 温红博，梁凯丽，刘先伟. 家庭环境对中学生阅读能力的影响：阅读投入、阅读兴趣的中介作用 [J]. 心理学报，2016，48 (3)：248－257.

[5] 吉姆·崔利斯. 朗读手册 [M]. 陈冰，译. 北京：新星出版社，2016：1.

[6] 培根. 培根谈人生 [M]. 梁凤雁，译. 北京：中国工人出版社，2009：160.

作者简介：

乔资萍　山东师范大学教育学部副教授、硕士生导师，教育学博士

孩子爱发脾气怎么办

杨　洋

各位朋友，大家好。我是杨洋，来自济南市市中区泉泽小学，一直从事学校教育和家庭教育指导方面的工作；是山东师范大学家庭教育专家库的成员、注册家庭教育指导师、阿德勒亲子教练导师；曾经获得过全国班会评优课现场课一等奖，济南市优秀班主任，济南市法制教育先进个人，市中区教学能手、优秀教师、十佳班主任、优秀少儿工作者等荣誉称号。

在日常工作中，经常听到家长向我们这样抱怨："我听说孩子在学校表现不错，但是回到家之后经常大发脾气，真不知道该怎么教育我的孩子。""我孩子在和小朋友一起玩耍的时候，特别容易发生矛盾，而且发生了矛盾也不会处理，动不动就大吵大闹，甚至有时候还会大打出手。"面对一个个爱发脾气的"小神兽"，很多家长都束手无策。其实，乱发脾气是现代孩子中较为常见的现象之一，很多孩子稍不如意就大喊大叫，或者关起门来生闷气。

所以，特别想跟大家一起聊一聊，面对爱发脾气的孩子，我们到底应该怎么办？

一、孩子爱发脾气的原因

每个孩子行为背后都是有原因的，那么，我们先来了解孩子爱发脾气的主要原因。

（一）个体因素

1. 先天性格特点

心理学研究发现，气质类型为胆汁质的孩子，或者本身性格特点具有攻击性的孩子，更容易发脾气。其实每个人都是独一无二的，有着独特的气质特点。有的人天性温顺和气，有的人天性心急气躁。作为家长，我们首先要了解孩子先天的性格和气质特点。

2. 缺乏抗挫折能力

有的孩子抗挫折的能力比较差。每当遇到困难时，他们没有积极乐观的心态，缺乏有效处理问题的方法与能力，无法很好地控制情绪，自然就会着急发脾气了。这是一种无力感的体现。

3. 缺失满足感

八九岁的孩子已经有了很强的自主意识，很多事情都想自己说了算。但在家长眼中，他们却是小孩子，这就容易使他们和家长产生矛盾。当孩子的心愿经常无法满足时，孩子便会烦躁气愤，甚至使性子、发脾气。

4. 在发脾气中获益

经过长期观察，我们发现有些孩子一发脾气，家长便立刻软了下来，答应孩子的各种要求。这样孩子在发脾气的行为中一旦获益，下次遇到相似的情形，他依然会搬出发脾气的"武器"来达到目的。还有的孩子在发脾气时，负性情绪得到宣泄，心情变得好起来，那以后不开心时，也会以发脾气来缓解愤怒。

5. 引起关注

有的孩子是以发脾气来引起家长或别人的注意。家长不妨问问自己，是否对孩子倾注了足够的关注和陪伴。特别是有二宝的家庭，我们总会以二宝小需要特别关注、大宝已经长大了等各种理由将过多的注意力集中在二宝身上，不经意间就忽略了大宝的心理感受。得不到足够关注的大宝就会通过发脾气的方式，来引起爸爸妈妈的注意。因此，特别提醒我们的爸爸妈妈，一定要关注到家里每个孩子的成长；同时不要总是在自己孩子面前夸赞其他小朋友，防止孩子出现被忽视的感觉。

（二）家庭因素

1. 过于溺爱

在与家长们沟通交流中，我们发现，很多家庭对于孩子的爱是过度的、没有原则的，甚至变成了一种溺爱。孩子衣来伸手，饭来张口，家长事事都替孩子包办。久而久之，就养成了孩子事事依赖的心理。这样的环境只要稍加变化，孩子就难以适应，就容易急躁、发脾气。这些孩子在家长过度的娇惯下，形成了严重的自我中心主义，稍不满意就大喊大闹。有的孩子因为家长工作忙，是跟着奶奶、爷爷或姥姥、姥爷长大的，再加上家长疏于对孩子的管教，跟着老人长大的孩子享受了很多的娇惯和溺爱，俗话说的"隔辈疼"在这里便没有了原则。在这样的成长环境下，当他心愿没有达成的时候，就特别容易发脾气。另一种情况是，有的家长因为平时对于家庭教育的学习不是很重视，当孩子做错事或者犯了一些小错误的时候，想对孩子进行教育，但是教育的方式却非常简单粗暴，要么大吼大叫，要么打骂。这些方式不仅没有教育到孩子，反而让孩子学会了这种简单粗暴解决问题的方式。

2. 家庭成员的不良示范

有的夫妻吵架从不避讳孩子，守着孩子就吵起来了，甚至因一件小事就会大动干戈。孩子虽然没有参与其中，但是却在旁边默默地看着爸爸妈妈通过这些吵闹的方式来解决问题，他自然而然也就学会了用这样的方式来处理和解决问题。

二、预防策略

面对孩子发脾气，这里有七个方法分享。

（一）家长的以身作则很重要

不做易怒的家长，避免这种负面影响对孩子的成长产生不良后果。

（二）不把消极情绪带回家

不管是工作中还是生活中的消极情绪，都不要把它转嫁到孩子的身上，这样也能够预防孩子乱发脾气。

（三）尽量满足孩子的合理需求

比如说，当孩子取得一些成绩或进步时，他特别希望得到家长及时的鼓励表扬，甚至奖励。在家庭条件允许的情况下，我们不但可以口头鼓励和表扬，还可以进行一点物质上的满足。

（四）和孩子商议、设计"灭火"方案

可以用自言自语法。比如，自己对自己说："我不生气，我能处理好。"或者说："停下来，深呼吸。"也可以用做游戏的方法，比如，当孩子发脾气的时候，家长说"冰冰"，孩子必须立刻保持一分钟不动，意思是坏脾气的孩子被冻住了；家长说"冰冰化"，孩子才可以动，表示不发脾气的孩子解冻了。游戏可以根据孩子的喜好来设计，只要能起到控制孩子坏脾气的作用就可以了。还可以去坐"平静椅"，找一把固定的椅子作为"平静椅"，每当孩子发脾气的时候，就让他坐在这张椅子上，告诉他这张椅子具有治疗坏脾气的功能，让他学会控制自己的情绪。只有孩子学会了主动控制情绪，才会从根本上纠正随便发脾气的坏毛病。当然，还可以商议好发脾气的后果惩罚，如果孩子发脾气，可以适当剥夺他的某些权利。比如，取消每周六晚上看动画片的特权，取消准备带他旅游的计划等。

（五）可以给孩子读一些控制情绪类的绘本

这里，我给大家整理了几本绘本：《我的情绪小怪兽》《菲菲生气了》《我的大喊大叫的一天》《生气汤》《把坏脾气收起来》《妈妈我真的很生气》等。其实这一类的绘本还有很多，可以去选择类似的读物，多给孩子读一读，平时下功夫，遇事能预防。

（六）练习微笑，并且记录每天美好的事情

引导孩子每天睡觉前，把今天开心快乐的事情都记录在漂亮的本子里，越多越好，

但最少要记录下 5 件开心的事。比如，今天的天特别蓝，妈妈给我买了新球鞋，遇到了一只可爱的小狗，公交车上给老奶奶让座了，晚饭爸爸做了我最爱吃的红烧肉，等等。把这些快乐的事情记录下来，让孩子学会感受美好。

（七）写下坏情绪，把它抛出去

当孩子烦恼生气的时候，让他把坏情绪写下来，把写有自己烦恼的纸叠成飞机，用力地抛出去。放飞纸飞机的游戏，也能释放孩子焦虑愤怒的情绪。

孩子成长的道路上，会遇到很多问题。所谓智慧家长，就是遇到问题能游刃有余地将其解决。但是，即便我们做好了各种预防，还是会遇到孩子发脾气的时候。在情绪火山爆发的当口，我们该如何应对呢？

三、情绪控制三步骤

何为情绪控制三步骤？那就是：接纳孩子的情绪→稳定孩子的情绪→疏导孩子的情绪，简而言之，就是接纳、稳定、疏导。说着简单，做起来并不容易。针对这三步中的每一步，我会给大家推荐几种策略，在接下来遇到类似情况的时候能够加以运用。

（一）接纳孩子的情绪

1. 关注孩子的情绪变化

我们首先要关注到孩子的情绪变化，当孩子有情绪变化的时候，家长一定要及时关注，不要让孩子有被冷落的感觉。有的家长不太敏感，即使孩子已经到了情绪崩溃的边缘，家长还没关注到，仍在玩手机或干别的事，甚至还在唠叨或训斥。如果家长及时关注到了孩子的情绪，并加以疏导，就抓住了非常宝贵的时机，可能就会大事化小，小事化了。但当孩子有情绪或者想发脾气的时候，被冷落了，他的脾气有可能会爆发。

2. 要稳定自己的情绪

有的家长一看到孩子"想"发脾气，自己心中的火就点燃起来。家长一定要注意，千万不要因为孩子发脾气或者哭闹而自己先失控，甚至开始对孩子大吼大叫，要保持自己情绪的稳定。有的家长还自我美化，说这叫"以怒制怒"。在这种情况下如果您先失控了，将是对孩子非常不良的示范。

3. 会疏导情绪

尊重孩子的情绪表达，耐心陪伴。因为不管是高兴、愤怒还是发脾气，这都是孩子再正常不过的情绪表现罢了。家长能做的，首先是耐心陪伴，尊重孩子这种愤怒的情绪，他是有权利愤怒的。在这个过程中，还是牢记"接纳"这个词。请大家相信，只要我们先接纳了孩子的情绪，后面我们再进行管教时，孩子就更容易听得进去。当然我们还要注意以下几个事项：

（1）不能骂，更不能打孩子。前面提到自己绝对不能失控，不能一看孩子发脾气或发怒了，便觉得作为家里的长辈要有权威，得教育或者制止你，于是对孩子又打又骂，如此一来那就适得其反了。

（2）千万不要在孩子的情绪没有发泄完的时候，就开启教育模式。有的孩子正在发脾气，家长就开始快速进入教育模式，进行各种指责或者唠叨。这时，孩子怒气会更大，这完全不是灭火，是在浇油。这不利于孩子对情绪的控制和宣泄，也不利于孩子接受家长的教育。

（二）稳定孩子的情绪

1. 暂停法，迅速把孩子抱离现场

暂停法就是快速把孩子抱离刚才发脾气的现场，也叫换个环境。有的孩子在发脾气的时候，是在一定的环境下激起了他的怒气，但是当你快速把他抱离这个地方的时候，他可能会突然忘了，从而帮助孩子快速地把这种愤怒的情绪稳定下来。

2. 找一个安全的地方，让孩子把脾气发完

如果在家里可能是一个温馨的卧室，或者是一个他经常游戏的房间，在外面可能是一个无人的走廊或者小角落。把孩子放到那里，允许孩子把这个坏情绪发泄完。大家要知道，当人愤怒的时候，大量血液涌向大脑，会使脑血管的压力增加。这时血液中含有的毒素最多，氧气最少，对大脑、肝脏等多种器官的伤害不亚于一剂"毒药"。这时候让孩子把脾气发泄完，尽快平复情绪，是另一种形式的排毒。

3. 增加身体的接触，让孩子感受到父母的爱

有些孩子爱愤怒、爱生闷气，这时候能看到孩子小脸气得通红。这个时候我们作为家长或者长辈，可以通过一些增加身体接触的方法，比如说把孩子抱到自己的怀里，然后用手轻轻地从他的头一直向下抚摸，沿着脊背抚摸几下。多反复几次，孩子急躁的情绪往往会得到缓解，孩子的情绪稳定下来了，也能够感受到家长的这份爱。

4. 尝试用顺从孩子的话的方式稳定情绪

比如，孩子在生气的过程中，会暴躁地对父母说，某个小朋友怎么怎么不好；怎么怎么欺负他；是他犯错误了，激怒了自己……这时他怎么说，家长就只需要顺着他的话说："爸爸明白了，他不好，他欺负你了，他犯错了，他激怒你了……"通过这种方式也可以帮孩子把情绪快速地稳定下来。

（三）疏导孩子的情绪

稳定好情绪之后，我们就该帮孩子疏导情绪了，这一步也非常关键。同样介绍几

种方法：

1. 做积极的倾听者

这种方式特别容易让孩子感受到被认同。其实从心理学角度来说，共情是一种非常好的沟通手段。因为我们要全面了解孩子为什么会发脾气，所以让孩子把他发脾气的原因全都讲述完。在还没有完全听懂或者听全的情况下，先做个耐心的倾听者，不要着急教育。通过积极倾听的方式，既能让孩子梳理自己的思路，还能让孩子感受到自己被认同。

2. 要让孩子明确父母对待他发脾气的态度

对孩子进行教育之前，先把自己的态度明确地告诉孩子。可以跟孩子温柔而坚定地说："今后有事或者生气了，可以跟爸爸妈妈好好沟通。合理的，爸爸妈妈可以接受，但是哭闹发脾气一定不能解决问题。"我想这个态度给孩子讲清楚了，等于给孩子划定了一个底线，很多孩子是能够理解和接纳并加以注意的。

3. 带领孩子认识自己的情绪，试着为自己的情绪命名

尤其是低龄的孩子，对情绪的认知还不是很清楚，有些时候他还不太会去表达自己的愤怒和悲伤，他们都是通过发脾气的形式来表达。我们可以通过为情绪命名的方法，带着孩子一起了解什么是愤怒，什么是悲伤，什么是不高兴；让孩子理解这几种情绪的程度不同，有时候不需要因为一点小事就升级到非常愤怒的程度。这样来帮助孩子认识和理解自己的情绪。

4. 当孩子已经平缓了情绪之后，我们可以带领他们进行场景重现

带领孩子重新返回到当时发脾气的现场，让孩子再来体验一遍刚才那个过程，同时帮助他分析每一小段的事情有没有其他可能。这时可能孩子已经不那么生气和着急了，这也是教会孩子如何表达愤怒的一种好方法。在这个重现的过程中，和孩子交流，比如说："这个小朋友刚才欺负我了或者推倒我了，我很生气。那我除了这种发脾气的方式，还可以通过哪些正确的表达方式来和他沟通呢？可不可以告诉他我现在很生气，你推倒我了，我很不开心，请你向我道歉。"孩子第一次处理这种问题的时候，可能使用的方法不当；但是当我们给他讲明白之后再加以操练，也许孩子今后就会用正确的方式去处理问题了。

5. 教给孩子一些平息愤怒的方法

这里我也给大家推荐几种方法：①提醒法，让孩子请自己的好朋友帮助，当自己要发脾气时，请他们及时提醒，帮自己压住火，使自己冷静下来；或在床头铅笔盒里贴上制怒的警句，提醒自己遇事要冷静。②深呼吸法，想发脾气时立刻进行深呼吸，想象自己用力把坏心情呼出去，然后把快乐吸进来，反复做上十次，也许坏脾气就会

无影无踪了。③转移法，在怒气来临之前强迫自己数 30 下，或马上把自己的注意力转移到另一件事情上去。比如，出门跑跑步，要不然睡一觉，然后一切怒气云消雾散。④记录法，把每一次因一些琐事而发怒的原因和经过，记在一个本子上；事后看看，一定会觉得羞愧，自己都觉得好笑。

6. 及时的表扬和巩固

当孩子想发火，却努力控制了自己的情绪时，家长应及时给予表扬，肯定孩子的积极行为；告诉孩子这样做很好，爸爸妈妈为他感到骄傲。改变孩子的行为，最简单的办法就是抓住他们良好的表现，及时给予肯定和强化。孩子会记住这些被家长赞许过的行为而继续坚持下去。相反，如果孩子努力克制着没发脾气，而家长却表现得无动于衷，或者认为理所当然时，孩子没有得到预期的赞扬，下次就很难再克制自己了。要记住，孩子毕竟是孩子，如果孩子的坏脾气总也不改，家长应该考虑给予适当的惩罚。所谓适当的惩罚是指惩罚的度要恰当，太小起不到惩戒的作用，太大则让孩子把注意力放到了惩罚本身，而忽略了原本的不良行为。惩罚的目的是让孩子认识自己的不良行为，并且积极改正。

总之，我们通过接纳孩子的情绪，稳定孩子的情绪，疏导孩子的情绪，学会了应对孩子坏脾气的方法。其实，我们最终的目的还是希望孩子不发脾气或者少发脾气。因为发脾气伤害身体，更影响孩子的健康成长。

有时候孩子发脾气并不一定是坏事，是孩子自己寻找解决问题的一种手段。其实孩子有情绪，往往说明孩子的情感丰富。只要加以疏导，相信家长们都能够培养出高情商的宝贝。

参考文献：

[1] 孔屏. 爱我你就接纳我 [M]. 北京：北京教育出版社，2013：95—112.

[2] 边玉芳. 读懂孩子——心理学家实用教子宝典（6～12 岁）[M]. 北京：北京师范大学出版社，2014.

[3] 孙云晓. 习惯养成有方法 [M]. 杭州：浙江文艺出版社，2016：3.

作者简介：

杨　洋　经五教育集团副理事长，济南市市中区泉泽小学副校长兼执行校长，济南市市中区润泽学校小学部执行校长，一级教师

孩子不合群怎么办

李　丽

各位朋友好，我是济南市经五路小学的李丽。今天，我和大家分享的主题是"孩子不合群怎么办"。

围绕这个主题，主要和大家交流三个方面的内容：孩子不合群的表现，孩子不合群的原因，孩子不合群的具体解决策略。

一、孩子不合群的表现

生活中，我们经常会听到家长反映自己的孩子有这样一些令人头疼的表现：

有的孩子总是喜欢一个人待着，很少主动和小伙伴玩耍，让他和小伙伴一起玩，不是不想去就是必须要家长陪伴；在集体活动中，有的孩子不仅不主动，还很不自信，容易被忽视甚至发生被孤立的现象；有的孩子虽然喜欢和朋友一起玩，但在活动中总会发生不愉快的事情，产生各种矛盾冲突；有的经常告状、抱怨、指责别人的问题……

在列举的现象中，这些孩子在社交情境中不是感到紧张、焦虑而逃避与人交往，就是在交往中矛盾频发、负面情绪较多。面对这样的现象，家长就需要进一步了解孩子"不合群"的原因并进行干预。

二、孩子不合群的原因

（一）孩子方面的原因

1. 性格内向胆小

不合群可能是由于孩子自身性格造成的。有的孩子胆子小、比较内向，相对于那些活泼、主动型的孩子，融入朋友圈一般都比较慢。

2. 行为习惯不良

有些孩子不仅比较调皮，更缺乏良好的习惯和规则意识，总是喜欢做一些出格甚至违规的事情，做事情的时候极少考虑他人的感受，在集体中的被认可度比较低，也会发生被排斥在朋友圈以外的现象。

3. 身体缺陷或疾病

在一些特殊情况下，家长还需要科学判断孩子不合群是否是由于身体缺陷或者患有疾病引起的。

我们在学校常常发现，有的孩子上课精力总是不集中，喜欢做小动作甚至发出夸张的怪声音，影响其他同学上课。和同学相处的时候也常常不经对方同意有肢体上的触碰而发生冲突，家长和老师反复教育效果都不明显。后来到医疗机构进行诊断，发现孩子患有多动症，这才找到了真正影响同伴关系的根源。

其实，孩子不合群，不仅有孩子方面的原因，家长自身也存在着影响孩子交往能力发展的因素。

（二）家长方面的原因

1. 家长不善于交往

英国专家萨拉·布朗和卡尔·泰勒通过研究 3000 对父母的社交情况后得出结论：喜欢社交的父母，他们的孩子往往也爱社交；不善于社交的父母，社交圈狭窄，难以给孩子提供社交的机会。同时，由于父母自身不喜欢被打扰，甚至和周围邻居都很少来往，孩子更难以建构伙伴关系。很多时候我们会发现，当家长之间热情熟络、相互交流的时候，孩子也会很快聚在一起游戏、玩耍。反之，孩子对共同玩耍会表现得胆怯、犹豫。

2. 家长对孩子的交往行为缺乏有效支持

家长对孩子交往的错误认识和做法也是影响孩子交往能力提升的主要原因。

当下仍然有部分家长认为学习最重要，所以每天把孩子的生活安排得很满，很少给孩子提供自主活动、社会交往的机会；有的家长则担心孩子的认知水平有限，不会分辨好坏、对错、善恶，所以，费心尽力地给孩子挑选学校、挑选班级，甚至挑选"朋友"，孩子只能和所谓的"好孩子"交往；有的家长对孩子过度包办，尤其是孩子在交往中一遇到困难，比如闹意见、哭鼻子、受欺负，家长的理智指数就会直线下降，赶紧替孩子出头，事事代为处理……这些都成为影响孩子正常交往的阻碍。

3. 忽视对孩子良好品行的培养

众多研究表明，孩子在不同领域的发展是相互关联、相互影响的。家长不能"厚此薄彼"。关注孩子的品德培养、习惯养成、心理健康与学习同等重要，甚至更加重要。有些不礼貌的行为小时候不制止，不良的态度不纠正，不好的习惯不改正，孩子在人际交往方面一定会吃大亏。

分析了孩子不合群的原因，下面我们就针对这些原因再来聊一聊解决策略。

三、孩子不合群的解决策略

（一）孩子方面

1. 良好性格的塑造

不少细心的家长会发现，孩子在平日的生活中，总是表现出一些比较稳定的特点，如有的孩子比较合群、忍让，有的比较任性、自私，有的比较大胆、勇敢，有的比较胆小、怯懦……这些孩子在生活和活动中表现出来的相对稳定的特点，就是心理学上所说的性格。

那么如何培养孩子良好的性格呢？

第一，对于性情比较急躁、难以被满足、控制欲强的孩子来说，家长要保持冷静，随时关注孩子的情绪变化，为孩子制定行为规范，并试着和孩子保持有效的沟通；第二，对于慢热型的孩子来说，家长更要保持极大的精力和耐心，帮助孩子集中注意力，提高他们的敏感性和增强自我关注的能力……这些不仅是塑造良好性格的方法，也是培养孩子友好交往能力的前提和基础。

2. 良好习惯的培养

不仅是良好的性格，良好的习惯也非常重要。孩子从小就要养成良好的卫生习惯（注意环境卫生、个人卫生、饮食卫生等）、礼仪习惯（打扮得体、举止文雅等）以及自理能力等生活习惯。这样的孩子在集体中更受欢迎，更容易结交朋友。

3. 提高孩子的自我意识，让孩子悦纳自我

良好的自我意识是一个人身心健康发展的重要内容，对成长中的孩子来说更是如此。特别是当孩子在交往中感到苦恼的时候，要善于做"智慧家长"，帮助孩子打开心结。

我曾遇到一位非常聪明的妈妈，最初她的孩子也是不敢和同学交往，给孩子带来很大困扰。这位妈妈没有一味地说教，而是拿出一张纸，从中间对折了一下，让孩子把自己的优点写在左边，缺点写在右边。孩子从来没有思考过这样的问题，但是在妈妈的鼓励下很认真地进行了整理，最后写了满满的一张，尤其是写出了很多优点，孩子非常惊讶。这位聪明的妈妈说："你看，每个人都有很多的优、缺点，只是大多数人

并不了解自己。你有这么多优点，怎么还担心交不到好朋友呢?"孩子受到鼓舞，解开了心结，走出了自我，也结交到了越来越多的朋友。

其实，人生就是一个不断认识自己、发现自己的过程，教给孩子学会正确地认识自己、悦纳自己，很多交往问题自然迎刃而解，所以在教养过程中，家长要注意做到以下两点：

第一，积极、正面地评价孩子，引导孩子更全面地认识和了解自己；第二，注重挖掘、培养孩子的特长，发挥孩子的优势，增强孩子的自信。

(二) 家长方面

1. 注重以身示范

(1) 夫妻相敬如宾。在孩子踏入社会之前，家长的形象和相处模式每时每刻都在潜移默化地影响着孩子。夫妻之间相互关心、彼此帮助、相敬如宾，在这样的家庭中成长起来的孩子，会更加开朗热情、与人为善。

(2) 邻里友好相处。作为孩子学习与人交往的最重要的模仿对象，家长与人交往的方式、习惯对孩子影响很大。因此，在生活中家长一定要注意与邻里、朋友友好相处，热情打招呼、适时的问候、帮助邻居解决燃眉之急、为朋友提供帮助……这些行为都会影响孩子的交往观。

(3) 多和同学家长联系。作为家长还要有意识地和孩子的同学家长保持联系，一方面可以帮助孩子和同学更好、更多地交往、沟通；另一方面也可以从其他家长那里了解孩子的实际情况，同时学习更多的教养经验。

(4) 积极参与学校活动。家长有责任积极参加学校活动，走进孩子的校园生活，充分了解学校教育的要求，了解老师对孩子的观察和评价，做好家校配合，不断提升自身的教养水平，培养好自己的孩子。

2. 转变观念，科学教养

很多家长对孩子的期望值总是不由自主地关注到学习上，时间也总是安排得很满，往往忽略了给孩子接触社会、自主成长的时间和空间。作为促进孩子健康成长的重要他人，家长应该做出怎样的改变呢? 概括地讲就是八个字：转变观念，科学教养。

(1) 不圈养，多放手。家长应该全力支持孩子多参加集体活动。那些常常参加集体活动的孩子一般来说性格都比较开朗、活泼，也表现得比较阳光、自信，受同伴欢迎。其实，不管是幼儿园、学校，还是社会生活，都是孩子与同龄人一起生活的真实世界。在真实的环境中，孩子才能真正学习怎么生活、怎么相处。所以，家长不要总是把孩子拴在自己身边，要多放手，鼓励孩子多与同龄人在一起活动、学习，让孩子多参加集体活动。不仅仅是跟同班同学，还有社区伙伴、亲朋好友，一起去公园、博物馆、图书馆、艺术馆、科技馆等场所参观游玩，不断扩大孩子交往体验的空间。

（2）做桥梁，巧改善。对于那些性格确实比较内向的孩子，家长可能要多花一些心思。

我曾经有一个学生，这个孩子属于人们眼中的"乖乖女"，非常令人省心。但是随着年龄的增长，我和家长都发现这个孩子性格上的"乖"恰恰影响了她的正常交往。尤其是在班级中，孩子越来越像"隐形人"，表现得越来越不自信，甚至有时候会为缺少朋友闷闷不乐。针对这一现象，我给家长提了一个小建议：帮助孩子找一位小伙伴，周末、假期，经常主动邀请孩子的伙伴到家里来玩；鼓励孩子当好小主人，招待好自己的朋友；家长提供各种条件，从旁协助，但不包办代替。慢慢地，这个小姑娘眼里有了更多的光，脸上有了更多的笑。孩子不仅有了自己的小闺密，课间活动的时候，孩子也从最初的边缘人自然而然融入了更大的朋友圈。

3. 培养孩子优秀品质

有的孩子比较强势，凡事总喜欢以自我为中心，不考虑别人的感受；有的孩子在集体中总是我行我素，随意打断别人说话，可别人跟他说话，他却又爱搭不理；有的孩子喜欢用伤害行为表达情绪；有的孩子只要自己喜欢的东西就要占为己有，只要自己方便就要抢先一步……

对于这些情况，家长要及时帮助孩子纠正，培养孩子举止得当、乐于助人、宽容利他等优秀品质。

（1）举止得当。比如，告诉孩子见到人要有礼貌、谦虚，不要总是一副"唯我独尊"或者"满不在乎"的样子。

（2）乐于助人。在生活中遇到他人需要帮助的情况，在力所能及的情况下，要鼓励孩子伸出援助之手。比如，帮老年人提菜篮子、帮邻居取快递、借给同学学习用品……赠人玫瑰，手有余香，乐于帮助别人的孩子，走到哪里都会受到欢迎。

（3）宽容利他。有些孩子是因为以自我为中心和任性而缺乏朋友。家长在孩子的成长过程中更要注重通过引导和鼓励，让孩子学会多为他人着想，适当放弃自身利益，适当谦让，帮助孩子建立"利他思维"，甩掉"任性"的标签……可以和孩子一起进行角色扮演，通过表演一个常见的情境，帮助孩子理解对方的想法和感受，这也是家长培养孩子构建良好人际关系的重要一课。

良好的同伴关系有利于孩子人格的健康发展。希望本节课分享的具体策略，帮助家长朋友可以更加有的放矢解决孩子的交往问题，让他们在良好的同伴关系中健康成长！

参考文献：

[1] 边玉芳. 读懂孩子并不难——边玉芳教授与您一起陪伴孩子度过 0～18 岁 [J]. 中华家教，2014（9）：2.

[2] 孔屏. 牵手两代——亲子课程 [M]. 北京：北京教育出版社，2014.

作者简介：

李　丽　济南市经五路小学副校长，一级教师

孩子被欺凌怎么办

于明东

各位尊敬的朋友，大家好，我是于明东，是中国心理卫生协会首批注册心理咨询师、国家二级心理咨询师，中学心理专职教师。在工作 20 多年的时间里，我教过 1 年级到 9 年级的每个年级，并且作为青岛市家庭教育讲师团的专家做了大量的家庭教育咨询和培训工作。

今天，我和大家分享的主题是"孩子被欺凌怎么办"。

就这个话题，我想和大家分享三个方面的内容：如何确认孩子被欺凌；孩子被欺凌可能会有什么影响；孩子被欺凌，家长应该如何应对。

一、如何确认孩子被欺凌

（一）什么是学生欺凌

如果您的孩子回家告诉您，最近自己的东西经常被丢在地上，还会留下脚印，觉得很委屈，您会怎么想？如果孩子回家说，最近同学们突然不跟自己说话了，下课走过自己身边的时候，还故意堵上鼻子，您会怎么回应？这些问题是不是就说明孩子被欺凌了？如果孩子上课的时候，只要被老师叫到了名字，全班就会哄笑起来，这是被欺凌吗？对于上面这些现象，可能很多人会困惑。

有家长说："学校治理校园欺凌的力度蛮大的，但效果不敢恭维。我们是外地人，儿子今年 11 岁，上小学 5 年级，因为口音问题，经常在学校被同学取笑。我儿子胆子小，不敢跟彪悍的同学交朋友，在学校很孤立。我想知道，被同学排挤叫不叫校园欺凌？"

什么是学生欺凌呢？2017 年 11 月 22 日教育部等十一部门印发《加强中小学生欺凌综合治理方案》，对学生欺凌进行了界定——中小学生欺凌是发生在校园（包括中小学校和中等职业学校）内外、学生之间，一方（个体或群体）单次或多次蓄意或恶意通过肢体、语言及网络等手段实施欺负、侮辱，造成另一方（个体或群体）身体伤害、财产损失或精神损害等的事件。

在这个定义里，第一强调了地点——校园内外；第二强调了主体——学生之间；

第三强调了结果——身体伤害、财产损失、精神损害。

教育部基础教育司组织编写的《防治中小学生欺凌和暴力指导手册》这样定义学生欺凌：在校学生之间发生的强势一方对弱势一方进行侮辱性身心攻击，并重复实施或传播，使被欺凌的学生遭受身心痛苦的事件。

这里强调了欺凌的本质由四个关键要素构成，以强凌弱、身心攻击、重复实施、遭受痛苦。

（二）学生欺凌，普遍又隐秘

学生欺凌现象有那么多吗？很多人有不同的认识。有家长说："什么叫校园欺凌？不就是小孩子打架吗，至于小题大做吗？哪个男孩小时候没有打过架？民间把小孩子打架比喻为'狗咬狗两嘴毛'，意思是伤不到皮肉。我觉得吧，只要不过分，打架也是孩子之间交流的方式，今天打架，或许明天就和好了，这叫'不打不相识'。"

实际上，学生欺凌比我们想象得要多。

国内外有很多的研究调查表明，学生欺凌发生率是很高的。在美国，有数据显示，有47％的学生说曾经被以令人难过的方式欺凌、取笑或嘲弄；在英国，儿童慈善团体接到的求助热线中有1/4是关于学生欺凌的。一项涉及40个国家的大规模调查研究发现，11～15岁（初中）学生中，欺凌别人或被别人欺凌的比率高达26％。张文新利用修订的Olweus欺凌问卷对9205名城乡儿童进行了测查，结果显示，近1/5被调查的儿童卷入过欺凌/受欺凌事件。

然而，学生欺凌现象往往不容易被发现，一方面很多人会认为是正常的打闹和玩笑而忽略；另一方面，孩子会因为害怕被报复，或者"说了也没用"而不告诉家长和老师。2016年，联合国儿基会做过一个网络调查，全球10万多名青少年参与，其中有2/3报告过去曾经受过欺凌；但是有40％以上的受欺凌者选择了沉默，没有告诉家长和其他任何人。

出现这样的情形，家长不能埋怨孩子为什么不跟自己说，而是要理解孩子不说的原因，更要有识别孩子是否被欺凌的能力。

（三）如何判断孩子遭受了欺凌

我们如何知道孩子可能遭受了欺凌呢？当孩子发生下列变化时，表示孩子可能遭受欺凌或有被欺凌的危险。

1. 突然改变上学方式

如果孩子毫无缘由地改变自己的上学习惯，家长要警觉。一般说来，孩子通常会在固定的时间、按照固定的路线去上学。随着孩子年龄逐渐增加，更多的孩子不愿意父母接送。如果孩子没有任何缘由地要求提前或者推后上学的时间或改变上学的线路，尤其是独自上学的孩子要求父母接送等，家长都要提高警惕。

2. 突然厌学

如果孩子突然厌学，家长要警觉。孩子遭受欺凌后，如果没有应对的办法，很可能出于自保而选择逃避，常见的方式就是拒绝去上学，或者装病不上学，以回避欺凌者。

小兰是个 9 年级的女孩，她沉默寡言，在同学眼中怪怪的。班里有一个女生是她小学同学，和小兰关系不好，拉拢了班里一些同学孤立小兰。对此，小兰深感被伤害。可是那个女孩学习好，能说会道，人缘也好。小兰感觉没有办法解决问题，自己的爸爸是个军人，对自己要求严格，跟他说也没有什么用，还会说很过分的话批评自己，就产生了装病不上学的想法。

3. 学习成绩突然下滑

如果孩子学习成绩突然下滑，家长要警觉。当孩子的成绩突然变化的时候，我们一定要注意。特别是那些平日成绩稳定的孩子，突然成绩下滑，家长一定要深入了解原因，而不是一味批评孩子。有不少被欺凌的孩子会陷入恐惧、愤怒、焦虑等种种不良情绪中，对学习造成严重影响。而有些家长会在孩子成绩下降的时候一味批评和指责，埋怨孩子不努力，忽略孩子成绩退步的原因，也错过了帮助孩子的机会。

4. 突然拒绝与外界交流

如果孩子突然孤立自己，拒绝与他人交流，家长要警觉。如果孩子突然变得不愿意和别人交流，把自己关在房间里，不和父母交流，不参加集体活动，在家里不再提起原本关系很好的朋友，放学就回家闷在房间里，家长要高度怀疑其是不是遇到了欺凌事件。

小宇是个 8 年级的男孩，他原本的好朋友突然不理自己了，和另一个同学成为好朋友，竟然还一起嘲笑自己。他就把自己封闭起来了。这种关系和友谊的变化，被朋友背叛、误解和排斥会带来更大的伤害。当然，我们也需要辨别正常的青春期反应。大多青春期的孩子会减少和父母的交流，并不是孩子把自己关在房间里不和家长交流就是被欺凌的表现，家长需要进一步观察和确认。

5. 突然出现睡眠或进食问题

如果孩子出现睡眠或者进食问题，家长要警觉。被欺凌的孩子，因为不良情绪的积累，很容易出现睡眠问题或者进食障碍。如果孩子经常失眠或者因为噩梦而惊醒，往往提示他有了严重的焦虑或其他不良情绪。吃饭问题也是如此。

小刘是个胖胖的六年级女孩子，因为体型问题被同学嘲笑，就开始节食减肥，导致了一系列进食障碍。她每天只吃很少的东西，又会因为饥饿大量吃东西，吃多了就会自责和内疚，再想办法催吐，最终不得不到医院精神科就诊。

6. 不明原因的物品损失或身体伤害

如果出现不明原因的物品丢失、损坏，或者说不清楚的身体瘀青、伤口等，家长要警觉。这些损伤在肢体欺凌中是比较容易出现的，也是比较明显、容易识别的被欺凌标志。还有的被欺凌的孩子可能出现非自杀性自伤行为，如当有同学辱骂自己的时候，孩子会划伤自己的胳膊。

7. 其他各类情绪、行为突然变化

有其他一些无法理解的情绪、行为变化，家长要警觉。比如，孩子向家长要更多的钱，或者偷拿家里的钱；还有一些情绪或行为的突然变化，也可能会提示发生了学生欺凌事件，比如绘画中出现暴力、混乱的意象；突然出现低落、暴躁、紧张、恐惧等情绪；孩子突然要求每天带着刀子上学等。

男孩小战在受到同学欺凌之后，就开始关注刀具和其他防身用品，网购了匕首和催泪瓦斯。有一次还在学校卫生间里喷洒了催泪瓦斯。询问原因，他告诉老师，是为了吓唬那些欺凌自己的人，让他们别惹自己。

下面这个表格从生理变化、心理变化、物品变化、关系变化和行为变化五个方面，提示孩子被欺凌可以观察到的迹象，给家长以借鉴。

孩子被欺凌，可以观察到的迹象

变化类型	具体表现
生理变化	身体上有难以解释的伤口（划伤、瘀青等）
	突然出现食欲不振、恶心等反常表现
	突然表示有胃痛、头疼等疼痛情况
	经常做噩梦，睡眠质量下降
心理变化	常常情绪低落，少言寡语
	情绪上显得焦虑、胆小
	害怕去某些场所（厕所、校园某些角落）
	出现抑郁甚至自杀倾向
物品变化	个人物品出现损坏（文具、书包、衣服等）
	经济方面出现异常，零用钱花得很快
	物品常常丢失

续表

变化类型	具体表现
关系变化	很少与其他同学交流
	明显被其他同学孤立
	害怕参加互动性的集体活动
行为变化	上学路线发生变化，上下学时长明显变化
	出现无故上学迟到的现象
	放学常常不想回家或有意避开某些同学

（四）如何区分欺凌和正常打闹

2016年，北京某小学发生了一件震惊全国的事件，一名10岁的小学生被两名同学在厕所中用装着厕纸的垃圾桶扣头后，学校和肇事学生家长认为这是孩子间的过分的玩笑打闹，但这一事件中的受害孩子出现了易怒、恐惧、失眠等急性应激障碍。其实在现实生活中，到底是欺凌还是玩笑，是伤害还是打闹，边界并没有那么清晰。有的时候，过分的打闹玩笑也会转变成欺凌。

区分欺凌和正常的打闹嬉戏，必须要充分考虑当事人的性格、心理承受能力，关注当事人的心理感受。

我们可以从以下五个方面比较欺凌和打闹嬉戏的不同。

欺凌和打闹嬉戏的不同

比较维度	学生欺凌	打闹嬉戏
目的	一方以另一方为戏弄、欺凌的对象	互相之间的打闹、游戏和调侃
主观意图	恶意的	非恶意的
力量对比	恃强凌弱	角色和力量相对均衡
原因	轻蔑、歧视、偏见、取乐	互相娱乐，增进感情
结果	身心伤害	无伤害地和平相处

我们可以看到，学生之间的打闹嬉戏是双方平等、善意的，带来双方的愉悦感，并且双方都有随时结束的权利。而学生欺凌往往会有力量上的不均等，这种力量上的不均等可能表现在体力、智力和关系等多个方面。学生欺凌会造成不良的结果，就是会有身体、财物和精神上的损失。这里要相当重视受害一方的心理感受，同样程度的互相捉弄、嘲笑和玩笑，可能对一些孩子没有任何影响，但是对另外的孩子就会造成

巨大的伤害。另外，在主观意图上也要注意，并非只有恶意的戏弄才会造成伤害，有些时候，班级中对某个孩子的哄笑，同样也会让被欺凌者倍感压力和伤害。简单地说，玩笑嬉戏是"你笑我也笑"，而"你们笑，我不笑"就可能已经构成了欺凌。

还有，哪怕是双方议定的游戏，如果超过了必要的限度也会演变成欺凌。2018 年 1 月，《华商报》报道了陕西省汉中市的一名高二女生的家长求助。说他的女儿在学校被同桌用笔扎得满腿是伤。学校调查后认为，这是同学之间互相约定，谁上课打瞌睡走神儿，另一人就用笔扎她的大腿，双方腿部都有扎的眼儿，只是该女生的伤势更重一些。

所以，对于家长而言，要判断嬉戏打闹和欺凌的区别，既不能小题大做，也不能冷漠忽视；要了解孩子的性格特点，关注孩子的情绪变化。

二、孩子被欺凌可能会有什么影响

国内外有大量的研究发现，学生欺凌会造成广泛和深远的影响，对被欺凌者、欺凌者、旁观者都会造成巨大的不良影响。同时，欺凌事件发生时，对学校、家庭和社区都会产生不利的影响。

《中国教育发展报告（2017）》中探讨了儿童被欺凌经历与其发展之间的关系，指出被欺凌经历会在一定程度上伤害儿童的非认知能力，主要体现为：比较难以信任他人，性格上可能比较畏缩，缺乏利他精神，不够慈悲，不利于人格的健全发展；更容易焦虑、生气、敌意、沮丧或脆弱；难以做到自信、自律，更缺少责任感，不为成果努力；更不认同自己的价值，并且随着受欺凌程度水平的提高，这种不认同感会更加强烈；更倾向于相信生活不在他们的控制范围之内，是运气和命运主宰了他们的生活；对长期目标的坚持和热情不足。

（一）被欺凌者的身心健康风险

受欺凌之后最明显的后果通常是身体受到伤害。这种伤害往往是欺凌者通过身体欺凌的方式造成的，如踢、打受欺凌者。轻者鼻青脸肿，被咬伤、抓伤；重者眼睛受伤、骨折、脑震荡或造成终身残疾等。另外，美国杜克大学医学院的专门研究发现，在儿童期曾经遭受欺凌会导致受欺凌者长期的健康风险，其亚临床炎症水平高于正常人，并且可能持续到成年期。

相关调查发现，被欺凌者相比其他同学免疫力更低，更容易表现出头痛、胃痛等症状。张文新、纪林芹教授进行的大量研究发现，被欺凌者焦虑水平更高，更有可能出现社交障碍和抑郁的问题。

（二）被欺凌者的学业问题

在实际工作中，发现大多被欺凌者都有学业适应问题。被欺凌者因受到欺凌而对欺凌发生的场所产生恐惧感、焦虑感，缺乏安全感。被欺凌者因害怕被欺凌而不愿上学，也会对学校逐渐失去兴趣，或者是在学校上课时注意力分散，造成学习成绩不断下降。

《中国教育发展报告（2017）》指出，遭遇学生欺凌的儿童对学校的归属感不够，学习兴趣不足，学习生活投入比较少，并且学习成绩差和被欺凌这两件事会互相影响：那些学习成绩差，上课好动、不守纪律，容易被老师批评的孩子也容易成为被欺凌的对象。如果欺凌者是班干部或学习比较好的孩子，这种欺凌不容易被发现。

（三）被欺凌者的情绪及行为问题

被欺凌的孩子往往会出现比较严重的情绪和行为问题，他们的自我认知、自我评价会比较消极，自卑感重，缺乏安全感。他们有可能对外界刺激过于敏感，产生情绪波动和心理挫折感，出现抑郁症状，感到孤独、焦虑，甚至出现自杀念头。他们也可能因为恐惧、焦虑而逃避某些场所，如逃学、避免到学校的某些场所等。

（四）受欺凌者的关系问题

被欺凌者常常被孤立和受排斥，难以形成良好的人际关系。他们往往缺乏人际吸引力，在同伴交往中表现出行为退缩，而这种行为退缩反过来又导致其社交技能更差，不知道如何与同学建立好的关系。被欺凌者还会表现出破坏性或攻击性行为，他们在受到欺凌之后，可能会采取极端的措施对欺凌者做出反击，或者转而欺凌更为弱小者。正如鲁迅所说，勇者愤怒，抽刃向更强者；怯者愤怒，抽刃向更弱者。

比如，发生在陕西米脂某中学门前的报复母校学生的事件。2018年4月，赵某因为工作、生活不顺心而心生怨恨，认为都怪当年读初中的时候同学欺负自己，就产生报复母校学生的想法。27日下午，在学生放学时间，赵某冲入学生中捅刺学生，造成严重的人员伤亡。事后，赵某被以故意杀人罪判处死刑。

三、孩子被欺凌，家长应该如何应对

讨论如何应对的问题，我们既要关注事件发生之后的应对，也要关注事件发生之前的预防。所以在这个话题下，我们要关注从欺凌前到欺凌后的全过程应对。

（一）谨防被害者心态

什么是被害者心态？对于刚刚进入幼儿园或者小学低年级的学生家长而言，常常会担心孩子被欺凌。这种焦虑和紧张可能会促使家长更多关注孩子在幼儿园或学校的负性事件。有的妈妈会在回家后询问孩子是否被老师批评，是否被同学欺凌等。这其实就是某种被害者心态的展现。当我们过度关注负面事件，或者对一些同学之间的交流、打闹等正常事件做负面解读，往往就是有害的。时间长了就有可能会造成不良的人际互动，阻碍正常的人际交流，甚至形成对立。

小振是个初中男孩，从小就有注意缺陷问题，所以经常会被老师批评，也经常会被叫家长，造成师生关系、家校关系还有同学关系紧张。后来，小振的妈妈就总是担心小振会被同学欺凌，被老师针对。小振上学的时候也会记住很多同学对自己不好、老师对自己不好的事例回家告诉妈妈。妈妈就经常打电话举报老师，小振和同学的关系也特别对立，最终严重损害了小振的社会适应能力。

还有的时候，当某些偶发事件发生后，当事家长心态不佳，没有从孩子的发展出发，而是过多地诉诸媒体，希望把事情搞大，反而对孩子造成更大的伤害。

童童是个小学生，有一次和同学出现了一点小矛盾，与同学打了一架。本来童童和同学很快和好了，可是童童的妈妈却坚决不同意，认为老师处事不公，孩子被欺凌。童童的妈妈说孩子出了很大的心理问题，并且不让孩子到校上学，希望借此施压，把孩子转学到一所重点小学。结果事情处理了两个多月也没有结果，孩子却真的无法上学了。

这警示家长，要重视学生欺凌事件，但也不能把问题扩大化。

（二）孩子被欺凌，家长行为负面清单

当孩子告诉父母自己被欺凌，甚至家长已经确认欺凌行为确实存在的时候，家长可能会采取一些不利于问题解决的行动。以下这些行为特别不利于问题的解决：

1. 拍案而起，替孩子出手解决问题

有的家长会因为孩子被欺凌而特别愤怒，或者特别悲伤，然后就马上联系老师或者对方家长，替孩子解决问题。有的家长甚至还会冲到学校，直接质问、威胁对方孩子。这些做法往往不利于问题的解决，反而会把孩子陷入尴尬之中。

有一个孩子和同学出了点儿矛盾，爸爸和老师吵了一架，结果把问题变得更复杂了。有一个爷爷，在孙子和同学发生矛盾后，冲到学校大闹一场，要求老师马上给孩子调位。这搞得孩子很尴尬，觉得无法面对同学，很长时间没有到校上学。

2. 教孩子以暴制暴，"谁打你，你就打回去！"

要不要让孩子打回去，是很多家长感到困惑的事情，到现在依然有很多家长是这样教育孩子的，但是这种方式问题很大。对于年龄小的孩子而言，如果我们这样教育他，他在判断主观意图方面是有困难的，很容易不管别人是恶意攻击还是只是正常的身体接触，都一概打回去。结果自己成了爱打人的孩子，造成了更大的适应困难。还有些被欺凌的孩子，在身体、智能、人际关系等各方面都存在劣势，一味让孩子"打回去"，反而给孩子带来更大伤害，甚至把孩子置于危险之中。

3. 轻视问题的严重性，或者让孩子承担被欺凌的责任

有的家长在事情发生后，会漠视问题，告诉孩子没有什么大不了的；或者指责孩子，埋怨孩子有错误，常见的说法是："你不能离他远点儿！他怎么不打别人？"

4. 总是让孩子自己面对和解决

有的家长会让孩子自己面对和解决问题，美其名曰锻炼孩子能力，却忽略了孩子的实际能力，给孩子造成更大的身心伤害。

5. 寻找替罪羊

有不少家长在欺凌事件发生后，会指责学校、指责老师，甚至指责其他不知情的人，就是不能承担自己作为家长的责任，忽视了孩子的心理需求，给孩子造成二次伤害。

（三）孩子被欺凌，家长要这样做

当孩子被欺凌并发出求助信号时，在处理和应对上，家长要秉持两大原则：零容忍，共进退。所谓"零容忍"是要重视学生欺凌，哪怕孩子只是发出了一点求助信号，家长也要高度警惕。在孩子最初遭受欺凌的时候，就想办法解决，可以避免小问题变成大问题。青春期阶段的孩子，可能会隐瞒被欺凌的事实，轻易不会向父母求助；一旦孩子开始求助，就说明孩子已经遇到很大的困难了，家长就要更加重视。所谓"共进退"是家长要作为孩子的坚强后盾，提供陪伴和支持。

1. 仔细观察、关注孩子的情绪，引导孩子说出来

如果家长发现孩子回家后确有异样的情绪反应或行为举止，并且不愿跟家长说；那么，家长可以先避开这个话题，跟孩子聊些别的事情，或让孩子玩玩游戏、听听音乐，或干脆躺一会儿、静一静，借以减缓压力，走出封闭的心境。等孩子愿意说了，再好好听孩子诉说。

有些被欺凌的孩子，无论家长运用什么手段，都不愿意跟家长说自己被欺凌的事情。遇到这种情况，家长可以绕开孩子自身的话题，说些别人的事情，用类比的方式让孩子明白，只有告诉了家长，才能帮助其摆脱被欺凌的困境。比如，可以说说自己小时候曾被同学攻击、嘲笑的故事，并着重说明自己如何在家长和教师的帮助下解决了欺凌问题。

当孩子愿意开口跟家长说的时候，家长要始终保持平和的心态和表情来倾听，不

要表现出焦虑不安的情绪，也不要说一些没用的甚至会起反作用的话，如"他骂你，你也可以骂他呀""告诉老师给你调座位，不跟他坐在一起"。这类话对孩子来说都属于"废话"，只能让孩子产生"跟家长说没用"的感受。

2. 做出承诺，让孩子感受到家庭的支持力量

家庭是孩子的安全港湾，家长是孩子的稳固靠山。在孩子跟家长诉说被欺凌的事情后，家长首先要给予孩子一个坚定站在他这一边的明确承诺，让孩子感受到家庭的支持力量。其次，家长要明确告诉孩子，错误的一方是欺凌者而不是他自身，这是为防止受欺凌者将出现问题的原因归结到自己身上。例如，学习优异的孩子可能因为常被其他同学取笑说是"书呆子"，因而故意让自己的成绩下降。在家长坚定的保护承诺之下，被欺凌孩子的内心痛苦能较快地得到缓解和平复。

遭受了欺凌的孩子往往不敢向老师报告自己遭受伤害的事实，但如果有了家长的支持和明确承诺，孩子就能体会到足够的安全感。此时，若同时辅之以家长给出的问题解决办法，孩子便敢于向老师报告，从而更好地应对问题，防止事件的进一步恶化。

家长虽不是解决欺凌和暴力问题的最终力量，却是引导孩子正确应对欺凌和暴力事件的重要帮助者。只有在家长、教师的支持和共同努力下，才能有效地解决欺凌和暴力问题。

3. 联系老师和学校进行处理

如果孩子遭受了欺凌，家长要做的是立即与班主任联系，要求班主任对事件进行调查，向学校求证相关信息的真实性，确认是否存在真实的欺凌行为。如果自己的孩子确实被欺凌了，家长应要求班主任进行处理，并主动配合学校的工作，而不是自己直接找对方家长去说理或数落对方家长。

（1）详细地反映情况。和学校联系之前，首先应该尽可能详细地记录欺凌的过程，以防止向学校反映时漏掉重要的环节。然后，把孩子受欺凌的时间、地点、参与者、见证者以及整个过程向学校进行详细的、实事求是的陈述和说明，不要夸大事情的严重程度。

（2）协同学校工作。首先和学校保持良好的沟通，帮助学校制订干预计划，与学校和孩子保持联系，监督计划的执行情况，了解事情的进展，关注行动的结果。其次，家长要根据自己和学校所制订的计划，配合学校老师的工作，共同努力，使学校变得更为安全、可靠。

4. 教给孩子应对欺凌的正确方法

为防止孩子以后继续遭受欺凌，家长应用较平和的方式，就事论事地跟孩子讲明

如何理性应对欺凌，尤其注意教给孩子应对各种欺凌的具体方法。另外，家长应向被欺凌的孩子说明以下几点：

（1）不要害怕。家长可以与孩子一起将被欺凌的经历写出来，目的是让孩子能够大胆地说出自己受到的伤害。

（2）主动寻求帮助。教给孩子获取帮助的方法，如鼓励孩子把被欺凌的经历告诉家长或老师、让孩子记住一个在危机时可以向其求救的成人的电话号码等，并向孩子解释为什么要这么做。让孩子知道，虽然有些欺凌你的同学可能会威胁说让你不要告诉大人，或者你会担心告诉家长或教师之后欺凌你的同学可能会报复你，但你应清楚教师和家长能帮助你，一味地隐瞒只会让你受到更持续的严重伤害。

（3）灵活判断是否需要反击。目前大多研究者反对被欺凌者反击，认为反击会带来更多麻烦，但具体问题需要具体分析，有时候恰当的反击可以更好地解决问题。比如，有的欺凌行为未必是出于主观恶意，而是由于大脑发育不足带来的自控力不足。在小学低年级段，常常有孩子因为注意缺陷的问题情绪冲动，自控力不足，所以容易与同学发生冲突。普通的教育手段常常是无效的，老师、家长都有可能无能为力。在这样的情况下，教孩子自我保护，教孩子学会用安全有效的方法反击，可能更有助于问题的解决。

5. 其他长期应对策略

给孩子表现自己能力的机会，让他们获得成功的体验，从而培养他们的自信心。体育运动会增加身体的协调性、增强孩子体质，同时提高孩子的自尊心，改善同伴关系，督促孩子平时加强体育锻炼。对于挑衅性的被欺凌者，家长应帮助他们改变自己的行为，对他们进行广泛的社会技能训练，努力提高受欺凌者的社会技能，增强同伴间的积极互动。

家庭是心灵的港湾，也是学生的精神寄托，家庭成员的关爱与呵护能使孩子的紧张心理、压抑情绪得到一定程度的缓解，家人的关爱也会让孩子感受爱的力量和生命的含义。

孩子被欺凌，家庭很重要。家庭与学校应密切联系、共同配合，为孩子的心理康复形成合力，为孩子的健康成长共同努力。

参考文献：

[1] 教育部基础教育司. 防治中小学生欺凌和暴力指导手册 [M]. 北京：教育科学出版社，2018.

〔2〕邵守刚，等. 向欺凌说不! 学生欺凌预防与治理 30 讲〔M〕. 北京：法律出版社，2019.

〔3〕张文新，纪林琴，等. 中小学的欺负问题与干预〔M〕. 济南：山东人民出版社，2006.

〔4〕杨东平. 中国教育发展报告（2017）〔M〕. 北京：社会科学文献出版社，2017.

〔5〕张文新. 中小学生欺负/受欺负的普遍性与基本特点〔J〕. 心理学报，2002（4）：387－394.

〔6〕张文新，鞠玉翠. 小学生欺负问题的干预研究〔J〕. 教育研究，2008（2）：95－99.

〔7〕纪林芹. 初中学生品行问题的发展轨迹、影响因素与干预〔J〕. 教育科学研究，2019（12）：88－92.

〔8〕李茜. 孩子被欺负了德国家长这么做更有效〔J〕. 中华家教，2018（8）：6－7.

作者简介：

于明东　山东省青岛第五十九中学一级教师，国家二级心理咨询师，中国心理卫生协会首批注册心理咨询师

孩子粗心磨蹭怎么办

王文鑫

大家好，我是王文鑫，是一名培训师，从事和家庭教育、儿童发展相关的工作，今天我和大家分享的主题是"孩子粗心磨蹭怎么办"。

说起粗心磨蹭，各位家长一定不陌生。很多来培训的家长都会跟我反映，孩子在学习过程中总会有粗心磨蹭的问题。比如，考试的时候经常漏题，明明是"5"写成"3"，读书漏字跳行，写作业的时候明明30分钟就能完成的任务偏偏磨蹭到半夜11点也写不完。其实，不光是到我这里培训的孩子有这样的情况，很多孩子都有类似的问题。

有研究者在全国18个城市上万个家庭中进行了一项调查，小学生家长最关心的问题：注意力不集中，粗心，马虎，拖拉、磨蹭。可见，粗心磨蹭这个问题在孩子小学阶段已经是一个非常普遍的问题了。

遇到孩子出现这样的问题，很多家长都会非常着急，有的家长就会使出他的绝招"唠叨大法"，对着孩子不停地唠叨，不停地催促；有的家长会不断地指责孩子，给孩子贴各种各样的负面标签。但是，我们会发现，当我们这样去做的时候，对孩子来说并没有什么用，有的孩子粗心磨蹭的行为还会越来越严重。最后，老师找家长，家长天天愁得不得了。下面从个体、家庭、学校三个方面来探讨造成孩子粗心马虎的原因及解决策略。

一、个体方面的原因及解决策略

（一）学习能力落后及解决策略

1. 学习能力不足

学习能力是指孩子读、写、算的基本能力，包括大脑的生理能力（跑、跳、攀爬等）、人的行为能力（注意力集中、学习专心等）和学习的接受能力（视觉能力、听觉能力、手眼协调能力等）。

在小学阶段，孩子学习过程中用到的最基本的能力简单来说就是注意力、视知觉能力、听知觉能力以及精细动作能力。当孩子出现粗心马虎的现象时，很有可能是孩子学习能力中的注意力、视知觉能力和精细动作能力出现了问题。

（1）注意力集中时间短，上课听讲、写作业容易走神。很多孩子因为注意力集中时间过短，不能长时间专注于一件事情，所以在写作业的时候就会出现边玩边写、频频走神的情况，造成写作业拖拉磨蹭。

（2）孩子学习时会出现看书漏字、跳行、考试漏题、数字或者汉字反写的情况。很多题目孩子本来会做，但是因为所谓的粗心马虎就做错了，其实这不是孩子粗心马虎的问题，而是因为他的视知觉能力发展不足所导致的。

（3）孩子写字特别慢，而且写字歪歪扭扭，一点也不工整。这可能是因为孩子缺少手部肌肉的锻炼，手部肌肉力量弱，手指的精细动作做不到位导致的。还有的孩子写作业磨蹭是因为握笔姿势不正确，写作业时手部肌肉紧张，握笔很用力，导致书写很费力。孩子写一会儿作业就会很累，于是写写停停，导致做作业速度慢。

　　2. 解决策略

当孩子出现这些问题的时候，我们应该怎样帮助他呢？接下来我给大家分享几个提升孩子注意力、视知觉和精细动作能力的训练方法，每一种能力我给大家分享一种训练方法，剩下的训练方法大家可以到网上自己寻找，后面我也会给大家推荐一些训练的素材。

（1）注意力的训练方法——静心串珠。左手拿珠绳，右手大拇指和其他的 4 根手指配合轮流捏珠子，把珠子串到珠绳上。注意：在活动过程中保持安静，也可以让孩子边串边数个数。这个活动不仅能锻炼孩子的注意力，也能够很好地锻炼孩子的精细动作能力。

（2）视知觉能力的训练方法。这里要先跟大家澄清一个概念，我们说视知觉有问题并不代表孩子近视眼。看、看到和看懂不是一回事。视知觉是我们眼睛接收到信息，传递到大脑进行转换，最后进行计划和行动的过程。很多孩子就是大脑转换的这个过程出现了问题，所以会导致视知觉能力不佳。

视知觉能力提升方法——译码活动。在规定的时间内（一般计时 30 秒）记忆图形和数字，时间结束后，将提示板盖住，让孩子按照从上到下，从左到右的顺序将数字写到对应的图片下面。这个活动也可以锻炼孩子的视觉分辨能力，我们让孩子用彩笔将指定的图片进行划消，边划边数个数。

（3）精细动作能力提升方法——剪、撕、缝综合训练：为孩子提供不同的纸，如旧挂历、报纸、餐巾纸等，让他们感受不同纸的质地、韧度等特性，进行撕纸、剪纸、缝线的游戏，通过这样的方式提升孩子的精细动作能力。

（二）孩子缺乏耐心、责任心及解决策略

1. 孩子缺乏耐心、责任心在学习上的表现

（1）孩子对学习、考试不够重视，做事没耐心、没常性，做什么事情都是 3 分钟热度，坚持不下来。

（2）有些孩子对比较容易的问题，自认为比较有把握，所以掉以轻心，不认真审题思考，最终出现粗心磨蹭的不良心理和行为。

2. 解决策略

（1）我们首先要培养孩子的耐心和责任心。家里如扫地、倒垃圾、买饭、洗碗、叠被等一些轻巧的体力活，可以让孩子选择一两项由自己负责。要求孩子每天把自己所负责的工作做好，做不好就要求他重来一遍，直到做好为止。

（2）家长以身作则，给孩子做榜样。家长对工作、对家庭要有责任心，对待工作、对待孩子要有足够的耐心。家长要从自身做起，给孩子树立一个好的榜样。

（三）生活习惯不良及解决策略

1. 生活习惯不良的表现

（1）孩子时间观念比较差。小学阶段尤其是一、二年级的孩子，他并不能理解 1 个小时到底是多长时间，自己在 1 小时内到底能做多少事。结果，因为贪玩，时间就不知不觉地过去了。虽然家长一再强调要抓紧时间，但是孩子根本不理解如何做才叫"抓紧时间"。

（2）房间物品杂乱。有的孩子专注力本身就不够稳定，容易被干扰。如果房间物品非常杂乱的话，就非常容易影响孩子的专注力，让孩子走神，从而造成粗心磨蹭的问题。

（3）书包里面物品乱七八糟。孩子书包里面东西特别杂乱，也会造成孩子粗心磨蹭的问题。书包里面小零食、跳绳、课外书什么都有，所以在写作业的时候光找书就会浪费很多时间，甚至有一些孩子本来是要找书，但是看见书包里面的其他东西就玩了起来，浪费了很多时间。

2. 解决策略

（1）帮助孩子树立时间观念。家长可以帮助孩子制定一个时间计划表，然后监督孩子执行。在执行计划的过程中，若孩子不能坚持下来，我们要及时鼓励孩子；同时也要温柔而坚定地督促孩子完成计划。温柔而坚定是指态度要温柔，但是计划还是要按要求完成。

（2）帮助孩子养成整理房间的好习惯。在做作业之前先将自己的房间、书桌收拾整齐，将与做作业无关的所有东西全部收起来。

（3）培养孩子养成整理书包的习惯。在孩子每天晚上写完作业后，要整理自己的书包。这里家长可以先带着孩子整理一次书包，将所用的学习用具分类装好，然后让孩子按照这样的方式自己进行整理。

在书包的选择上，家长也要帮助孩子挑选适合的书包。首先书包材质要轻，书包自身的重量不宜过重，以免加上物品后书包过于沉重而伤害孩子的脊柱。其次是书包大小要适中，小学生一般选择高度为 36～42 厘米的书包就可以，过小或者过大对于孩子来说都不方便整理。最后就是书包内部空间设计合理，可以将孩子各种书本、文具、生活用品分类放。小学低年级阶段的孩子，书包一般有 2 到 3 个分层内包就可以了。第一层用来装书，第二层用来装作业本和铅笔盒，第三层用来装跳绳和纸巾等物品。

二、家庭方面的原因及解决策略

（一）父母错误的教育方法及解决策略

1. 三个最常见的错误的教育方法

（1）催促。很多家长经常给孩子说的一句话就是"快点儿，快点儿"。其实对于孩子的磨蹭，单纯催促的方式并没有什么用处，反而会让孩子越来越慢。因为很多时候大人与孩子的生活节奏、生理节奏以及生命节奏都是大不相同的。孩子有自己的节奏，对他们而言，感觉最舒服、最顺畅、最有利的就是顺应自然的生理节奏。如果孩子的生活节奏过快，会影响身体的激素分泌，对身体和心理都会造成损害，甚至会影响孩子的生长发育，容易出现早熟、易烦躁、耐性差等特征；或截然相反，表现为反应迟缓、自我压抑、对某些事物过分依赖等问题。

（2）批评。除了催促，我们家长经常用的一种方式就是批评。很多家长经常批评训斥孩子是小马虎精、好开小差、静不下来等。当我们经常用一些负面的评价去跟孩子交流的时候会发现，孩子的负向行为会越来越多，甚至有的孩子还会朝着我们希望的反方向发展。

（3）过重的课业负担。在孩子较快地完成了当天的任务后，很多时候家长会给孩子额外布置很多的任务，使孩子产生抵抗情绪。孩子会认为反正我做完了这个任务后，还得去完成其他额外的任务，还不如不做，所以他就会故意拖延时间。

2. 应对策略

（1）拒绝催促，尊重孩子的节奏。不要以大人的标准来要求孩子，允许孩子比我们慢一些，更不要因为心急指责孩子。孩子可能已经拼尽全力，只是还达不到家长的要求，别太苛求我们最爱的孩子。

（2）学会赞美孩子，对于孩子好的行为要及时鼓励表扬。多去发现孩子的闪光点；当孩子出现粗心马虎的问题时，我们不要一味地指责孩子，而是要学会从问题出发，就事论事；学会用正向的语言去跟孩子沟通，当我们用积极正向的语言跟孩子沟通的时候，就会发现孩子会随着我们所期待的正向方向进行发展。当然，鼓励孩子、赞美孩子并不是整天跟孩子说"你真棒""你真厉害"，而是要学会具体事件具体表扬。比如说孩子今天写作业写得比昨天快一些，那我们就可以跟孩子说："宝贝，你今天写作业比昨天少用了 5 分钟，而且正确率很高，太棒了！"这就是具体的表扬。

（3）给孩子布置任务时，要明确具体，一定不要在孩子完成了一项任务后，额外布置其他的任务，以免挫伤孩子写作业的积极性。

（二）不和谐的家庭氛围

当父母关系、亲子关系不和谐时，孩子的注意力就难以集中，从而会出现一些磨蹭、心不在焉、粗心的情况。这里需要注意的是，冷漠的夫妻关系也是不利于孩子成长的，孩子会容易处于紧张的氛围中，注意力难以集中，粗心、磨蹭的现象自然也就多了。

建议父母首先要营造和谐的家庭氛围。家庭成员之间多付出、少索取，多肯定、少指责。多去发现伴侣、孩子身上的闪光点，多去赞美和鼓励。还有就是夫妻之间学会积极沟通，切忌在孩子面前争吵，哪怕真要争吵也要在孩子不在家的情况下再去处理两个人的问题。同时我们平时也要多阅读与家庭教育相关的书籍，或者学习一些相关课程，给予孩子高质量的陪伴。我们有些家长是真不会陪孩子，陪孩子往往就是孩子玩玩具、家长玩手机，两个人各玩各的，基本没有互动，这根本就不是陪伴。这里推荐一套比较好的家庭教育书籍——孔屏教授主编的《牵手两代》，里面有很多很好的育儿方法，大家可以参考。

三、学校方面的原因及解决策略

（一）学校方面的原因

首先，学校学习紧张，孩子不能适应学校的学习节奏。很多孩子受本身的学习能力和气质类型影响，做事情要比同龄的孩子相对慢一些，不能很好地适应学校快节奏的学习，就容易造成粗心磨蹭的问题。

其次，老师过于严厉，消极评价孩子，孩子产生厌学情绪。有的老师过于严厉，当孩子出现粗心磨蹭的问题时，老师就会消极评价孩子，甚至严厉批评。这样孩子内心就会产生一些抵触，甚至会产生破罐子破摔的想法，更加马虎和磨蹭。

（二）解决策略

首先，加强家校沟通，家长要理解老师，支持学校和老师的工作；其次，家长要鼓励孩子积极参与学校活动，从而赢得老师的积极关注，尽快帮助孩子适应学校的学习生活；最后，老师要有宽容心、耐心，接纳孩子的问题，积极关注孩子，强化孩子的良好行为，让孩子远离粗心和磨蹭。

关于孩子粗心磨蹭怎么办的原因及解决策略，我只是跟大家分析了其中比较主要的方面，当然还会有一些其他的原因和应对策略，家长需要根据孩子的实际情况进行分析和解决。

最后跟大家分享一套比较好的提升孩子学习能力的训练材料——山东行知的《玩转专注力》卡片，上面有很多训练方法，家长可以根据孩子的情况选择对应难度的题目，带着孩子练习。

衷心期待家长理解孩子，尊重孩子，科学陪伴，一起成长！

参考文献：

[1] 孔屏. 培养孩子的良好习惯 [M]. 北京：北京教育出版社，2014.

[2] 郭瑞立. 学习能力训练教案 [M]. 南京：南京出版社，2014.

[3] 钱寅生. 孩子做作业磨蹭的原因何在 [J]. 新农村教育，2001（8）：43.

[4] 唐俊. 小学生作业磨蹭习惯现状及矫正对策 [J]. 科学咨询，2013，29（39）：1.

作者简介：

王文鑫　山东梦村教育咨询有限公司首席培训师，国家三级心理咨询师

孩子撒谎怎么办

解德荣

大家好，我是解德荣、山东省烟台第九中学教师、山东师范大学家庭教育专家库专家、山东省家庭教育讲师团成员、烟台市家庭教育兼职教研员。今天我们交流的话题是"孩子撒谎怎么办"。

说起撒谎行为，大家的第一反应是：这个行为不好！再仔细想想，或许会想到善意的谎言，这个好像还可以接受，仅此而已！其实呀，对于撒谎这件事，我们要学会辩证地看待，尽管这个行为是错误的，但是这也是孩子成长、变聪明的一个表现。平心而论，我们哪个人没有说过谎？但是，许多家长发现孩子撒谎时，便如临大敌，惊恐不已！于是凭一腔正气，立刻戳穿孩子的撒谎行为，并且上纲上线对孩子进行教育，轻则反复说教，重则训斥打骂，甚至从此戴着有色眼镜审视孩子，致使孩子的自我价值感下降，无法有效建立成长所需的自尊和自信。甚至，有的孩子为了逃避撒谎被发现的后果，运用更隐蔽的撒谎手段，从而使撒谎成为一种习惯。因此，对于孩子的撒谎行为，我们要讲究帮助策略。

一、科学辨别

孩子撒谎可分为无意撒谎和有意撒谎。无意撒谎是指由于孩子的认知水平较低，在思维、记忆、想象、判断等方面出现与事实不相符合的情况而造成的撒谎。无意撒谎通常出现在4岁以下的孩子身上，但是个别孩子在6岁左右偶尔还是会出现无意撒谎的行为。家长要根据孩子对事物的认知力、理解力、记忆力等对孩子的撒谎行为进行判断，并采取适当的教育方式。

有位妈妈说了这样一件事：她的女儿梦到妈妈给自己买了一条漂亮的裙子，当她看到别的小朋友穿类似裙子的时候，她说"我也有这样的裙子"。对此，家长非常吃惊，孩子怎么撒谎呢？

其实孩子不是有意撒谎，而是对现实和想象分不清。对这种情况，家长先要放松下来，然后像讲故事一样温和地和孩子探讨如下问题：你什么时候看到的这条裙子呀？

裙子是什么样式的？什么时候买的呢？什么时候在什么场合穿过……让孩子清晰地认识到原来只是自己的想象而已。这样做不仅不会伤害孩子的自尊，还能帮助孩子梳理记忆，也能启发孩子的联想，让孩子回想当时的场景，回想事情的全貌，意识清晰而豁然开朗，问题就解决了。

所以对待孩子的无意撒谎，我们要做到情绪放松、和蔼交流，帮助孩子主动回忆，清晰概念和界限，从而使此类问题迎刃而解。

接下来，我们一起来看看有意撒谎。有意撒谎是指有说假话的动机，并且也意识到自己在撒谎，撒谎时还伴有出现较强的心理紧张、不安、恐惧、内疚等情绪体验。

小亮同学上 6 年级了，不喜欢学习，成绩较差，经常会找各种理由不上学。他常用的借口是"头晕、恶心、不舒服"，而且在家里一待就是一天。最初两次，他用这种理由的时候，妈妈以为他真的是身体不舒服，带他去医院做检查，但是没有查出任何问题，而他却能顺利地留在家里。妈妈很忙，没有时间专门照顾他，于是他在家里不是看电视就是玩电脑、手机。慢慢地，妈妈开始怀疑他撒谎，因为他在家里没有半点儿生病的样子。两次之后，当他再说病了要求不去上学时，妈妈就强迫他去，训斥他，骂他，毫不留情地指出他是在撒谎。但是妈妈的这种做法却激起了他强烈的愤怒和对抗，他带着这种愤怒去上学，不仅不学习，课堂纪律也保证不了，甚至很容易与老师、同学发生冲突，出现更严重的问题。

这里需要说明一个问题，小亮说身体不舒服，但是去医院检查却没有任何问题，那孩子的不舒服可能有两种原因：一种是心理因素导致的躯体反应，一种是撒谎。从孩子生病的种种迹象来看，两种情况都有可能，只是后来在处理这个问题的过程中，我们确认了小亮的不舒服是撒谎行为，这个在后面会具体讲到。

当我询问孩子在家的表现以及家长的教养方式时，妈妈一声叹息："这个孩子真不省心，打也打了，骂也骂了，好话也说尽了，但是他就是不上进。如果是个物件，早就送人了。他还特别逆反，一管他就恼，乱发脾气，不可理喻。学习上我们已经放弃了对他的任何要求，但是现在看来这个孩子做人也是有问题的，我们真是失败的家长。我们对他已经不抱任何希望了，已经放弃这个孩子了。"从交流中，我看到家长对孩子是全面否定的，在日常生活中存在大量的挑剔、指责、批评、惩罚式的教育，对孩子丧失了最基本的信任和信心。尤其是在孩子撒谎这件事上，没有从孩子的角度思考撒谎的原因，没有科学施教，而是一味地以暴制暴，导致矛盾激化，不可收拾。针对家长的这些负面的情绪、做法，我与她沟通交流，帮助她觉察自己教育模式中不恰当的方式，寻找孩子一步步变成今天这个样子的原因。最终她认识到是自己的教育出问题了，并表示愿意通过改变教育的方式方法来帮助孩子。

二、正向期待

（一）多发现孩子的优点

在日常生活中，摒除嫌弃孩子的心态，找寻孩子的优秀点、闪光点。

在与小亮妈妈的交流中，我让她找出孩子的 10 条优点，她哭笑不得地说："别说 10 条优点，我连 1 条都找不到。要说缺点，我立刻能说出 100 条！"等她情绪平复下来，我引导她从孩子小时候说起，慢慢地去寻找孩子的优点。渐渐地，妈妈发现孩子还真有不少优点。比如，小亮在外出购物时很体谅妈妈，总是抢着提东西；妈妈回家，他会主动打招呼"妈妈你回来了"等等。只是现在来看，他的这些微不足道的优点被缺点掩盖了。所以，我给妈妈布置了作业，每天写下孩子的一个优点，每天的优点不允许重复，至少连续坚持 2 个月，而且要与孩子分享她所看到的优点，让孩子体会到妈妈那颗深爱他的心。

（二）及时肯定孩子的点滴进步

当孩子有点滴进步时，要及时给予肯定并表达出来。比如，孩子近几天上学很积极，妈妈就要及时关注到这一点并与孩子交流。妈妈可以这样说："我注意到你这几天都能按时上学，放学按时回家，让妈妈抱抱你，这么有勇气的孩子！"再比如，妈妈回家，孩子主动为妈妈拿拖鞋，妈妈要及时说："谢谢你儿子，有个大儿子这样帮助我，我太幸福了！"通过这样的肯定与正面强化，拉近与孩子的距离，为孩子传递和注入爱的力量。

（三）积极解读孩子的行为

比如，当看到孩子这几天上学又有些消极，妈妈可以这样说："孩子，我看到这几天你的情绪都不是很好，但你依然能坚持上学，妈妈从心里为你的坚持感动，妈妈也会尽最大努力帮助你！"

再比如，当孩子考试得了 28 分，他改成 88 分，尽管孩子的这种行为是错误的，但我们从中可以看到孩子对好成绩的渴望，他还拥有一颗渴望上进的心。

这样的解读和处理，可以为孩子营造一个宽松、温暖的家庭氛围，让孩子从中感受到理解、尊重和信任，获得成长的力量。

三、率先垂范

大家都听说过曾子杀猪的故事吧。

曾子是孔子的学生。有一天，曾子的妻子要到集市上去，她的儿子哭闹着也要跟着去。曾子的妻子便对儿子说："你先回家，等我回来为你杀一头猪，咱们吃肉。"于是儿子回去了。妻子从集市回来后，曾子就要去杀猪，妻子制止他说："我只不过是与小孩子开个玩笑，你怎么还当真呢？"曾子说："我们是不能和小孩子开这种玩笑的。小孩子是不懂事的，要依赖父母学习，并听从父母的教诲。现在你用谎言欺骗他，是在教他学会撒谎和欺骗。母亲欺骗儿子，儿子就不会相信自己的母亲，这不是教育孩子该用的办法。"于是，曾子就把猪杀了煮肉吃。曾子用自己的行动教育孩子要言而有信、诚实待人。别看杀了一头猪，眼前利益受损，但从教育子女的长远利益看，大有裨益。

但是，小亮的家长是怎么做的呢？

我和小亮聊天时曾问他："你的家长在家里撒谎吗？"小亮说："他们不仅撒谎，而且经常撒谎！比如，他们经常会骗我说，只要我这周能按时上学，周末就带我出去玩，但是 10 次有 9 次都黄了！还有，我爸爸撒谎都不眨眼，有一次，吃完晚饭他在家看电视，他的朋友王叔叔打电话找他出去喝酒，他张嘴就说'加班呢'。他们都能随便撒谎，我为什么不能？"

在这件事上，我们家长通常有个认识误区：如果自己诚实地说了已经吃过饭了，在家陪孩子而不去赴约，就会辜负朋友，让朋友伤心，从而失去这个朋友。但事实恰恰相反，我们实话实说，反而能得到他人的尊重，赢得更多的朋友。而家长的撒谎行为不仅不会赢得朋友的信任，更会成为孩子的反面教材。

从曾子杀猪的故事和小亮家长的撒谎行为中，我们深切地感受到，父母作为子女的第一任启蒙老师，其言行对子女的成长起着莫大的作用。所以有智慧的家长在孩子面前会处处以身作则，以培养他们良好的品德。

有的家长会说，我撒谎是有理由的。是的，任何人撒谎都是有理由的。我们要做诚信的人，有些话可以不说，但说出来的话就要践行。对于特殊情况下善意的谎言，如果内容不是涉及孩子个人，那就一定要跟孩子讲清楚这样做的理由，让孩子正确理解这种行为，避免产生不良影响。

比如，我们很多人会在老人生病这件事情上说善意的谎言。举个例子，鹏鹏的姥姥生病了，症状有些像感冒，但是检查结果却是白血病。在家里，鹏鹏听到了痛不欲生的妈妈和爸爸的对话，也确切知道姥姥的病情很严重。但是在医院里，他却看到爸爸妈妈微笑着，轻松地对姥姥说："您老人家仅仅是感冒而已，不要紧，打几天点滴就好了，就能出院了。"对此，年龄尚小的鹏鹏不能理解。事后爸爸妈妈就要认真地和孩子说清这样和姥姥说的原因，让孩子理解爸爸妈妈的良苦用心，不能因为孩子年龄小，无视孩子的感受，让孩子产生误解。

四、同伴支持互助

俗话说，近朱者赤，近墨者黑。教育研究表明，爱撒谎的孩子有爱撒谎的朋友。因此，当家长发现孩子有撒谎的不良行为时，除了采取上述的方法帮助孩子外，还应该引导孩子与身边诚实守信的孩子多交往，同伴之间潜移默化的影响会远远超过家长苦口婆心的说教。

（一）请进来，请诚信的朋友到家里做客

比如，小亮的家长可以请班级里讲诚信的同学或邻居家讲诚信的孩子来做客，让孩子更多生活在诚信的氛围里，以潜移默化地影响孩子。或者与邻居或同班同学的家长组织孩子们共同参与的活动，让小亮多与这些诚信的孩子交往，在这个氛围里实现蜕变。

（二）走出去，扩大诚信朋友圈

比如，家长可以多带孩子参加社会活动、公益活动等，扩大孩子的交往范围，让孩子从中认识更多品质优秀的同龄人，让孩子感受其他孩子的人格魅力，树立正向的学习榜样，从而以榜样的作用引领、带动孩子。

（三）在传播、践行诚信中提升自己

我们都会给孩子讲诚信的故事，如《一诺千金》《匹诺曹》，还有反面教材《狼来了》的故事等。在给孩子传播这些诚信故事的过程中，可以强化他们对诚信的认识和体会。同时在践行诚信的时候，会得到大家的信任和赞誉，让孩子获得美好的情感体验，这些都能有效帮助孩子改掉撒谎的不良习惯，坚定诚信行为。

五、行为矫正

小亮撒谎问题的解决需要家校携手，联合进行行为矫正。

在学校，协调各任课教师调整对小亮的学习要求，降低他说谎的动机。比如，作业暂时按照他的能力水平适当布置，上课有针对性地向他提问一些简单且能回答上来的问题。当他能按时交作业或者回答问题正确时，就为他发一个班级奖优的小红心。小红心的积累有利于学期末的各项评先树优，他由以前对小红心的望尘莫及变成了现在经过尝试和努力之后的有望获得，提高了他对学习的兴趣和积极性。同时，鼓励他的其他正向行为，也鼓励同学们主动与他交往，让他感受到班集体的温暖、同学的关

爱，提高他对上学的渴望。

在家庭中，家长可以实施如下的行为矫正方法：

（一）强化

运用代币制，建立规则，强化正向行为。

在家庭中，与孩子协商制定"诚信小明星记录表"，用代币制帮助孩子强化正向行为。如果一周内没有逃避上学的撒谎行为，可以得到 20 个小星星，积累到一定数量可以换取一个权利。比如，20 个小星星可以去公园一次，30 个小星星周末可以增加 10 分钟玩电脑或手机的时间等，以此让孩子拥有选择权。

（二）消退

阻断撒谎与不当利益之间的联系，消退撒谎行为。

小亮妈妈通过学习，掌握了正确的应对方法，当小亮再次撒谎留在家里时，妈妈撤掉了他所希望得到的一切不正当利益，比如看电视、玩电脑和手机等。降低不当利益对撒谎行为的强化，消退了小亮的撒谎行为。

妈妈具体是这样做的：早上，小亮起床告诉妈妈自己不舒服，妈妈立刻放下手头的工作，非常着急地询问他怎么了。小亮故伎重演，说头晕、恶心。妈妈已经心知肚明，立刻主动地说不要上学了，让他在家休息。小亮听到这里愣住了，因为妈妈今天的表现不同寻常！他内心预设的是妈妈坚决拒绝，并且批评他、讽刺他、骂他、逼着他上学等。他也想好了怎样对付妈妈，只是没想到妈妈今天是这样的态度。但是很快他就恢复了常态，依着妈妈的要求，重新躺到了床上。妈妈给他掖好了被子，给他做好吃的饭，不时地过来摸摸他的头，送水，又端来饭喂他。小亮迷惑了，但他还是安心地享受着。可过了一会儿，妈妈要带他去医院，还说要打点滴之类的话。这可把小亮吓坏了，无论如何也不去，还反过来安慰妈妈不要担心，妈妈只好作罢。可是妈妈的这种优待让他简直受不了，妈妈不让他起来，只让他在床上躺着。到上午 9 点的时候，小亮已经憋得不行，开始提要求，比如看电视、玩电脑和手机，但都被妈妈委婉地拒绝了。最后，小亮忍无可忍，终于说出了实话：要知道这样，还不如去上学好！于是，下午他便去上学了，而且这次上学没有以前的愤怒、烦躁等情绪。这个方法有效地化解了此次"生病"危机。由此也可以确认，小亮以前所说的"生病"是撒谎行为。

（三）惩罚

制定并严格坚持惩罚规则，态度和善而坚定。

要与孩子协商制定惩罚规则，并达成一致意见。当出现撒谎行为时，要酌情扣除小星星或者扣除一个权利作为惩罚。比如撒谎一次扣 10 个星星，当累积扣到 20 个星星时，扣除周末玩电脑、手机的权利等。在执行规则时，家长的态度一定要和善而坚定，同时多关注孩子其他积极正向的行为，建立孩子的自尊和自信，从而增强孩子战胜撒谎行为的力量。

通过采取上述策略，两个月之后，小亮的撒谎行为彻底消失了。

生活中撒谎的原因还有很多，比如好奇心驱使的撒谎、虚荣心造成的撒谎等。对待孩子的这些撒谎行为，我们要积极运用如上方法来帮助他们改掉。

总之，面对孩子撒谎的行为，家长一定要采取正确的策略，一是要科学辨别，区分无意撒谎和有意撒谎；二是要正向期待；三是要率先垂范，做诚信的榜样；四是同伴支持互助；五是行为矫正。

参考文献：

[1] 刘守旗. 班主任教育艺术 [M]. 北京：教育科学出版社，2007.

[2] 石宣. 不输在家庭教育上 [M]. 北京：中国商业出版社，2015.

作者简介：

解德荣　山东省烟台第九中学高级教师

孩子厌学怎么办

张光年

大家好，我是张光年，是山东行知青少年发展研究中心理事长、山东师范大学家庭教育专家库专家，主要开展青少年学生的心理咨询、学习力指导及家庭教育工作。这次课程跟大家一起交流的主题是"孩子厌学怎么办"。

厌学是指学生消极对待学习活动的情绪和行为反应模式，主要表现有学习时烦躁，应付了事；逃避学习活动，想方设法玩闹；不愿意写作业或者不写作业；学习态度散漫消极，经常迟到、请假甚至旷课。厌学会危害到孩子的学业发展，会使孩子出现情绪问题、行为问题，甚至还会出现一些身心疾病。

下面我将从三个方面跟大家一起探讨：一是孩子厌学的三种程度表现，二是孩子厌学的主要原因，三是孩子厌学的解决策略。

一、孩子厌学的三种程度表现

（一）轻度厌学表现

孩子在情绪状态上会表现出对学习不感兴趣，不喜欢学习；在上课状态上表现出注意力涣散；在作业状态上表现出对课后作业拖延、"偷工减料"；在自学状态上表现出家长不督促很少主动学习；在上学状态上，表现出偶尔不想上学、学习效率低下。

（二）中度厌学表现

孩子在情绪上会表现出学习时感到疲劳、烦躁；在上课状态上，表现出得过且过，听不懂、背不过就算了；在作业状态上，表现出对课后作业应付、抄袭、偶尔拖欠；在自学状态上，表现出家长不督促从不主动学习；在上学状态上，表现出偶尔迟到、缺课。

（三）重度厌学表现

孩子在情绪状态上，会表现出厌恶学习和上学；在上课状态上，表现出不听讲、玩闹、睡觉，或偶尔听讲；在作业状态上，表现出抵制、拒绝写作业，长时间拖欠；在自学状态上，表现出家长督促也不学习；在上学状态上，表现出时常迟到、早退，甚至旷课、弃学。

我们在判断孩子的厌学程度时，需要和孩子的恐学进行区别。有一位家长说孩子一上学就紧张起来，肚子难受。暑假在家待着挺好，一开学就出现这种情况，但孩子还想去上学。后来在和孩子咨询过程中，综合更多信息评估，孩子的状况属于恐学症。

什么是恐学症呢？恐学症是指学生对学校产生强烈的恐惧感而拒绝上学的现象。主要表现包括：在情绪上一到学校甚至一提到学校就感到烦躁、易怒、恐惧、焦虑、情绪低落；在行为上会做上学准备，但临上学又找各种借口回避到校；在躯体症状上，到学校或将要去学校前伴有头晕、头痛、胸闷、心慌气短、呼吸不畅，或尿频、腹痛、恶心等躯体症状。厌学的主要表现就是不想、不愿、反感、讨厌上学；而恐学的表现主要就是想上学但恐惧去上学。不管是厌学还是恐学，都需要了解具体原因，然后积极地介入心理咨询治疗。

二、孩子厌学的主要原因

孩子厌学是由家庭、个体、学校和社会等多方面因素造成的，课程中我们主要从家庭和个体两方面来探讨孩子厌学的原因和解决策略。

（一）家庭因素

1. 父母对学习的消极态度

有些父母几乎不参与个人的成长学习，对工作和生活得过且过，在潜移默化中使孩子不愿意学习，对待学习得过且过。孩子在青春期阶段会有很多困扰影响到学业。有的家长发现孩子成绩有了下降，埋怨孩子远远多于寻找策略帮助孩子，那孩子会更加厌烦学习。还有些家长的价值观中认为不管做什么，挣钱就行，会对孩子说一些诸如"上那么多学有什么用"的话，导致孩子出现厌学的情况。

2. 父母对孩子的期望值过高

如果家长对孩子的学业期望过高，孩子却总也达不到，在学习中就会有很多挫败感，大概率上会出现厌学的情况。有研究认为，有的家长一方面对孩子期望值过高，另一方面又教育不当，这会造成孩子学习困难，进而出现厌学问题（丁栓群，2005）。我在咨询中遇到过这样一个案例：孩子有两天未去学校，本以为是孩子出现了厌学、恐学等状况，但在了解之后才清楚，孩子没有考到理想的分数，被家长惩戒在家反省。父母想通过惩戒让孩子认识到自己有能力考到前20名却没有考到，就是态度不好，需要好好反省。但是，家长发现孩子没有良好的反省状态，于是想到了通过咨询师帮助孩子认识自己的问题。但在咨询中，我更多的是和家长沟通，家长对孩子的期望过高，教育方式又不恰当，已经让孩子对学习产生了一些反感。如果家长不做出一些改变，那孩子很可能会更加厌学。

3. 家庭氛围不和谐

有研究发现，学业成绩差的孩子，以单亲家庭居多，由其祖父母或外祖父母抚养的多，父母关系多不融洽；学业成绩好的孩子，家庭类型以核心型为主，日常生活和学习大多由父母负责照顾，父母关系多和谐（雷晓梅等，2019）。如果孩子处在一个不和谐的家庭氛围当中，得到父母的情感支持会不足，很多时候会缺乏安全感，难以专注学习而出现厌学症状。

4. 不恰当的教养方式

溺爱型的教养方式往往会使孩子懒惰，意志力薄弱；放任型的教养方式往往会使孩子变得随意、松懈，得过且过；专制型的教养方式往往会使孩子情绪压抑烦躁，行为对抗。有研究发现，成长于民主、高要求、高反应的权威型家庭的孩子往往喜爱学习，且勇于承担责任；而成长于专制、放任型家庭的孩子，往往学习成绩不良且伴有不同程度的厌学反应。

（二）个体因素

1. 能力不足

有些孩子的基本学习能力不足，在尝试着努力学习之后，发现还是学不会，这时孩子往往就会出现厌学的状况。孟四清等对天津1203名中小学生的学习状况进行调查发现，考试不及格的学生更容易出现厌学情况（孟四清，2009）。还有些孩子的挫折承受能力不足，在遭受挫败之后不愿意坚持，出现行为退缩，也会厌学。

2. 动力不足

有的孩子理想目标模糊，不知道为什么而学，缺少长期目标和短期目标的指引，很容易在学习中迷茫，学习动力就比较差，不愿意去学习。我们可以把在学校里的学习比喻成在大海中航行，假设远处有个灯塔，这个灯塔就会指引着我们前进，我们以后的学习都会朝着它去。在朝着这个灯塔去的路上我们总会遭受到各种挫折打击，但看到灯塔就不会让我们随便放弃，也不会迷茫。如果没有这个灯塔，一旦我们遭受到各种挫折打击，发现没有可躲避的地方，那我们可能就会想，干脆停在这里吧，不再前进了。所以，树立理想目标对孩子的学习动力是非常重要的。有的孩子对学校里设置的学科学习不感兴趣，一到上课就想着下课，一到老师讲课就觉得无聊。还有的孩子自我价值感比较低，没有信心做好要做的事情，在学习中会有很多的逃避退缩。有研究发现，"成功感"是"自信心"的基础，失去自信心和成功感，就会损害到"求知欲"，而"求知欲"受损的主要表现就是"厌学"（罗斯特，2017）。

3. 情绪困扰

青春期孩子中枢神经系统处于过分活跃状态，对于较弱的刺激，也会给予很强烈的反应。

我在一所学校培训初中的学生，课程结束后翻看学生反馈表时，发现一个学生在反馈表上写了一句话："老师，你为什么看我？"我细致回忆了一遍，觉察到我在上课时没有刻意看过哪个同学。学生我都不熟悉，也都是正常的目光扫视，但是这个孩子却感受到了我是在看他。很可能这个孩子对我正常的目光扫视这样一个较弱的刺激，给予了"老师对我有意见"的强烈反应。

如果孩子长期处在这样的"较弱刺激—强烈反应"的状况之下，那孩子就会出现很多的情绪困扰，无法安心学习。还有就是孩子的逆反心理的影响，青春期阶段很多孩子处在逆反状态中，对学校的规则，以及老师、家长强调的学习会产生很多的逆反行为。

一个8年级学生在咨询的时候反馈："我终于活明白了，小时候妈妈说关电视就得关电视，说写作业就得写作业，可到了初中后，慢慢琢磨出来了，凭什么啊？我想玩游戏不去学校了，家长又能怎样呢？"在这样的逆反心理之下，孩子出现了比较严重的厌学情绪。

青春期阶段的孩子烦躁、抑郁、焦虑等情绪体验深，范围广，持续时间长，在这种情绪困扰中，孩子更容易出现厌学状况。2019—2020年中国国民心理健康调查报告中指出，2020年青少年抑郁检出率为24.6%；其中，轻度抑郁的检出率为17.2%，重度抑郁为7.4%。这么多孩子处在抑郁状态之下，表现出厌学的状况也就不足为奇了。

4. 人际困扰

青春期孩子出现的人际困扰会在极大程度上影响到孩子的学业适应。很多情况下，孩子在学校里没朋友比考试不及格还严重。

一个7年级的女生咨询时谈到，她在学校里没交到好朋友。其他人都是三五成群的，而她经常是一个人，而且她也没觉得自己哪里出了问题，不知道该去改变些什么。一开始，同学们还是有一些简单交流的，但后面基本上都不愿意和她讲话了，导致她一走进校园、走进教室就浑身不舒服，也就很不想去学校。

还有些孩子在亲子关系、师生关系和异性同学的关系上出现了一些困扰，孩子需要拿出很多时间和精力去思考、去改善人际关系。这些困扰使孩子身心俱疲，厌学也就比较明显了。

三、孩子厌学的解决策略

（一）家庭方面的调整策略

1. 父母的认知与情绪的自我调整

家长在孩子成长道路上投入的时间和精力会影响到孩子的成长。当发现孩子出现厌学状况时，家长需要积极地参与到家庭教育的学习当中，去发现并解决问题。在孩子出现厌学之后，家长要积极寻找解决方法，积极借用身边的资源去帮助孩子；而不是怨天尤人，不断埋怨孩子。和孩子探讨学习时，不要给孩子灌输学习是为了有个好挣钱的工作，引导孩子认识到学习是为了实现理想，是为自己创造更美好的未来，是为我们的国家更加繁荣昌盛贡献自己的力量。

2. 对孩子的学业有合理的期望

一开始帮助孩子制定学业目标时，要制定较容易能达到的目标，先让孩子能够达到自己的目标，之后可以再去帮助孩子设定跳一跳就能够达成的目标。在孩子达成目标后要记得在精神上或者物质上给予一些奖励，让孩子更多地体验到达成目标的成就感、愉悦感，这会让孩子更愿意参与学习活动。

3. 营造温馨和谐的家庭氛围

夫妻关系方面可以遵循"多付出，不计较，多沟通，少埋怨"的原则。当然，处理夫妻关系还有三个字的秘诀，就是"听你的"。比如"家里安个净水器吧？""听你的！""家里挂几幅画吧？""听你的！""给孩子报个训练营吧？""听你的！"……只要不是涉及重大经济开支，重大学业、工作、生活改变的事情，都可以听对方的。当不断去向对方传递"听你的"这份尊重时，对方也会反过来"听你的"。对于亲子关系方面，家长对孩子要多鼓励，不打骂；要多尊重，少控制；让孩子感受到家庭中的情感支持，有足够的安全感。

4. 学习科学的教养方式

在四种不同的教养方式中，权威型的教养方式最有利于儿童发展。大量研究证明，在权威型教养方式下，孩子的学业成就会更好一些。

（二）帮助孩子解决具体困扰

1. 帮助孩子提升学习能力

对于孩子的学习能力发展水平，可以通过观察简单了解，或者通过专业测评进行评估。比如孩子的注意力发展水平，中学阶段的学生，注意力的集中性基本要达到30分钟。如果家长发现孩子在家自主学习时不到10分钟就忍耐不住了，要来回走动，或者要玩玩其他的东西，或者走神严重，那孩子的注意力水平就太差了。通过观察或测评了解孩子的基本学习能力后，需要通过刻意训练去提升孩子的学习能力。刻意训练的时候要针对弱势重复训练，不是简单训练一两次或者几天就可以的。要从拆解后的最小单元练习，如训练工作记忆能力。我们不是要让孩子背一篇课文去训练记忆能力，而是要训练孩子把看到、听到的1～3句话的信息进行复述或者默写。刻意训练过程中一定要有他人的指导和反馈，而且积极正向的反馈会更好一些。对于孩子的抗挫折能力，家长也可以通过设置问题情境，进行角色扮演，让孩子提前进入可能要面对的挫折情境去体验，并针对孩子的应对方式进行探讨并寻找解决策略。比如，妈妈可以和孩子进行角色扮演游戏，妈妈扮演老师，对孩子作业没写好进行批评，然后再对孩子听到批评后的感受和之后可能的应对方式进行探讨，寻求最佳的问题解决策略。

2. 帮助孩子提升学习动力

（1）树立理想目标。家长可以引导孩子通过"读万卷书""行万里路""阅人无数""名师指路"等方式树立理想目标。读书得到的是间接经验，孩子可以从很多的名人传记中得到树立理想目标的重要意义。"行万里路"指的是实践操作，家长可以帮助孩子制定一些小目标，并引导孩子不断去达成这些小目标，让孩子体验制定目标、实现目标的成就感，获得直接经验。"阅人无数"是指引导孩子多交往，不断发现和学习同龄人的优点，以提高自己的社会适应能力。还可以拜访求教名师，给孩子学业生涯以更多的引导。

（2）增强学习兴趣。兴趣是最好的老师，设法增强孩子的学习兴趣可以有效解决孩子的厌学问题。

（3）提升自我价值感。很多家长抱着"优点不说少不了、缺点不说改不了"的态度去教育孩子，使孩子觉得自己没有优点，缺点有一堆最后还没改正，让孩子产生很多的挫败感。其实，"优点越说越优秀，缺点越说越糟糕"，少说或不说孩子的缺点，不断肯定孩子的优点，孩子会更加自信，其自我价值感自然就会提升了。

3. 帮助孩子调节好情绪

对于孩子的情绪困扰，我们可以分成三种情况处理。第一种情况就是一般情绪困扰，这是大多数人都有的情绪困扰，情绪体验比较浅，持续时间短，主要是由某些让人不愉快的事情导致的。家长可以和孩子进行有效沟通。第二种情况是严重情绪困扰，情绪体验比较深刻，持续时间长，也是由一些让人很不愉快的事情导致的。建议家长在有效沟通的基础上，带孩子进行心理咨询。第三种情况就是神经症型的情绪困扰，如焦虑症、恐惧症等。家长要及时带孩子进行心理咨询或者到医院心理科就医。帮助孩子应对情绪困扰时，很重要的一点就是家长的情绪要稳定，不能因为孩子出现了一些情绪困扰，先激发起了家长的不良情绪表达。要记得，父母稳定的情绪是送给孩子最好的礼物。

4. 帮助孩子和谐人际关系

在孩子的人际关系应对中，有些人际互动已经影响到了孩子的学习，但是孩子还没有认识到，如早恋、身边有一些厌学的伙伴、厌烦某个老师、亲子关系不好等。对于这些方面，家长可以和孩子进行一些预防性的沟通。比如，和孩子提出这个问题，并尝试这么表达："最近看你挺烦你老师的，你会因为反感老师而影响到你自己的学习，影响到你最终目标的达成吗？"如果家长觉得自己无力去应对，可以帮孩子预约专业人员，尝试帮助孩子解决学业、人际、情绪等方面的困扰。还有一些人际困扰，孩子会认识到这些已经影响到了自己的学习，像是同伴冲突、异性不断的追求、老师的批评等。家长需要给予孩子一些同理心，去感受孩子的感受、理解孩子的困扰，而不是去指责孩子不恰当的做法。对于校园欺凌这方面的人际困扰，家长要积极和老师沟通，给孩子出谋划策，提供实际的帮助，也需要及时让孩子介入心理辅导。

我从孩子厌学的三种程度表现、孩子厌学的主要原因、孩子厌学的解决策略三个方面进行了一些分享，期待热爱学习的您切实帮助到那些厌学的孩子！

参考文献：

----

［1］韦淑群. 团体心理辅导对高中学生厌学的干预研究［D］. 南宁：广西民族大学. 2020：6—7.

［2］丁栓群，王国英. 农村初中生厌学原因调查［J］. 中小学心理健康教育，2005(9)：18—19.

［3］孟四清，陈志科，李强，等. 天津市中小学生厌学状况的调查［J］. 天津市教科院学报，2009 (3)：4.

［4］张文华，孔屏. 人际关系不良导致青少年学生厌学［J］. 中小学心理健康教育，

2011（6）：16—17.

[5] 郑彦芹. 中学生厌学的原因分析及干预措施 [J]. 校园心理，2013，11（3）：197—198.

[6] 王昀莉. 中学生厌学成因及其团体干预的实验研究 [D]. 武汉：华中师范大学，2015：5—7.

[7] 李建平. 中学生厌学问题的个案工作介入研究 [D]. 南昌：江西财经大学，2016：6—11.

[8] 雷晓梅，宁宁，刘利，等. 家庭环境和教养方式对小学生学业成绩的影响研究 [J]. 中国儿童保健杂志，2019，27（9）：962—966.

[9] 罗斯特. 德国中学生厌学现象严重 [EB/OL]. 德国印象网，2017-5-23.

作者简介：

张光年　山东行知青少年发展研究中心理事长，济南大学教育与心理科学学院实践教学校外指导教师，国家二级心理咨询师

孩子考试焦虑怎么办

张光年

大家好，我是张光年。这次课程跟大家一起探讨"孩子考试焦虑怎么办"。

一是正确认识考试焦虑，二是采用科学的教育方法，三是掌握有效的调整策略。

一、正确认识考试焦虑

（一）考试焦虑及其表现

考试焦虑是在一定的应试情境激发之下，受自己的评价能力、人格特征和其他身心因素所制约，以担忧为基本特征，以防御或逃避为行为方式，通过不同的情绪反应表现出来的一种心理状态。

有些孩子在考试之前和考试期间会出现一些过分担心、紧张、不安、恐惧等情绪障碍，还可能伴有失眠、消化机能减退、全身不适或者是植物神经系统功能失调症状。这种考试焦虑的状态会影响孩子思维的广度、深度和灵活性，分散和降低了考试前和考试过程中的注意力和记忆力，让孩子的复习和考试达不到应有的效果，甚至可能无法参加考试。孩子出现了考试焦虑的问题，在平常考试时会导致孩子成绩发挥失常，如果是在中高考中出现考试焦虑，会直接影响孩子未来几年所接受的教育质量，也会极大地影响到孩子的人生发展。

（二）评估孩子的考试焦虑水平

在孩子出现考试焦虑后，我们需要评估孩子的考试焦虑水平。我们可以先让孩子给自己的考试焦虑做一个主观评估。如果一点都不焦虑，感到轻松自在，打 0 分；感到非常焦虑，会寝食难安，出现胃痛、身体很不舒服等症状，打 10 分。从 0～10 分评分，孩子会给自己的考试焦虑评几分？当然，这样的评分主观性太强，对于高焦虑、自我觉察能力较强的孩子会即刻检测出来，但对于一些自我觉察能力比较弱的孩子，这种检测就困难了。

有一个 9 年级男生，自己没怎么感觉到焦虑，妈妈却感觉孩子很焦虑。因为孩子在重大考试前半个月，在家总是会出现坐立不安的状况，情绪也很不好，睡眠也比平常晚睡近 2 个小时。听家长反馈孩子的状态，我感觉孩子还是存在着很严重的考试焦虑，于是发给家长一份考试焦虑问卷。孩子测评后，显示是重度焦虑。在给孩子进行一段时间的考前心理辅导后，孩子考试状态有了明显的变化，最后的中考也是超常发挥。

所以，除了简单的主观评分，还需要有科学的测验。下面是一份中学生考试焦虑测验问卷（中学生心理诊断，郑日昌．1994），共有 33 道题，A 代表很符合自己的情况，B 代表比较符合自己的情况，C 代表不太符合自己的情况，D 代表很不符合自己的情况，每道题只选择一个答案。

这里面的每道题都是关于考试焦虑的一些认知、情绪或行为上的状况，如实作答即可。

举一个例子，像第 22 道题"在考试时，即使不热，我也会浑身出汗"，如果自己就是这样的，那就选择 A，很符合自己的情况；如果自己会出比较多的汗，但不是浑身出汗，就选 B，比较符合自己的情况；如果只是出一点汗水，就选 C，不太符合自己的情况；如果一点汗也没出，那就选择 D，很不符合自己的情况。

中学生考试焦虑测验问卷

每题只能选择一个答案，其相应字母的意义是：

A＝很符合自己的情况；　　　　B＝比较符合自己的情况；

C＝不太符合自己的情况；　　　　D＝很不符合自己的情况。

(1) 在重要的考试前几天我就坐立不安了。　　　　A　B　C　D

(2) 临近考试时，我就泻肚子了。　　　　A　B　C　D

(3) 一想到考试即将来临，身体就会发僵。　　　　A　B　C　D

(4) 在考试前，我总感到苦恼。　　　　A　B　C　D

(5) 在考试前，我感到烦躁，脾气很坏。　　　　A　B　C　D

(6) 在紧张的复习期间，常会想到："这次考试要是得到个坏分数怎么办?"

　　　　A　B　C　D

(7) 越临近考试，我的注意力越难集中。　　　　A　B　C　D

(8) 一想到马上就要考试了，参加任何文娱活动都感到没劲。　　　　A　B　C　D

(9) 在考试前，我总预感到这次考试将要考坏。　　　　A　B　C　D

(10) 在考试前，我常做关于考试的梦。　　　　A　B　C　D

(11) 到了考试那天，我就不安起来。　　　　A　B　C　D

(12) 当听到开始考试的铃声响时，我的心马上紧张地急跳起来。　　　　A　B　C　D

（13）遇到重要考试，我的脑子就变得比平时迟钝。　　　　A　B　C　D

（14）看到考试科目越多、越难，我越感到不安。　　　　　A　B　C　D

（15）在考试中，手会变得冰凉。　　　　　　　　　　　　A　B　C　D

（16）在考试时，我感到十分紧张。　　　　　　　　　　　A　B　C　D

（17）一遇到很难的考试，我就担心自己会不及格。　　　　A　B　C　D

（18）在紧张的考试中，我却会想些与考试无关的事情，注意力集中不起来。

　　　　　　　　　　　　　　　　　　　　　　　　　　　A　B　C　D

（19）在考试时，我会紧张得连平时记得滚瓜烂熟的知识一点也回忆不起来。

　　　　　　　　　　　　　　　　　　　　　　　　　　　A　B　C　D

（20）在考试时，我会沉浸在空想之中，一时忘了自己是在考试。　A　B　C　D

（21）在考试中，我想上厕所的次数比平时多些。　　　　　A　B　C　D

（22）在考试时，即使不热，我也会浑身出汗。　　　　　　A　B　C　D

（23）在考试时，我紧张得手发僵，写字不流畅。　　　　　A　B　C　D

（24）在考试时，我经常会看错题目。　　　　　　　　　　A　B　C　D

（25）在进行重要的考试时，我的头就会痛起来。　　　　　A　B　C　D

（26）发现剩下的时间来不及做完全部考题，我就急得手足无措、浑身大汗。

　　　　　　　　　　　　　　　　　　　　　　　　　　　A　B　C　D

（27）如果我考了个坏分数，家长或老师会严厉地指责我。　A　B　C　D

（28）在考试后，发现自己读懂的题没有答对时，就十分生自己的气。

　　　　　　　　　　　　　　　　　　　　　　　　　　　A　B　C　D

（29）有几次在重要的考试之后，我腹泻了。　　　　　　　A　B　C　D

（30）我对考试十分厌烦。　　　　　　　　　　　　　　　A　B　C　D

（31）只要考试不记成绩，我就会喜欢考试。　　　　　　　A　B　C　D

（32）考试不应当像在现在这样的紧张状态下进行。　　　　A　B　C　D

（33）不进行考试，我能学到更多的知识。　　　　　　　　A　B　C　D

测验记分与结果解释：

◆统计所圈各个字母的次数：每圈一个 A 得 3 分、B 得 2 分、C 得 1 分、D 得
　0 分。

◆用下列公式算出总得分：总得分＝3×圈 A 的次数＋2×圈 B 的次数＋圈 C 的
　次数。

◆根据总得分即可推断考试焦虑程度：

0～24 分，对考试镇定自若，沉着冷静；

25～49 分，轻度焦虑；

50～74 分，中度焦虑；

75～99 分，重度焦虑。

选择完之后进行计分统计，根据总得分可评估孩子的考试焦虑程度。如果测评显示孩子是中度、重度焦虑，家长也不要紧张，这仅仅代表孩子最近处于焦虑状态，不一定患了焦虑症。如果孩子超过半年时间都处在中度、重度焦虑状态，家长就需要高度重视，设法帮助孩子降低焦虑。

二、采用科学的教育方法

孩子出现考试焦虑，和家长的教育方法有很大关系，需要家长进行一些调整。

(一) 设法降低自己的焦虑

研究发现，父母对孩子过于严苛，会在一定程度上引发孩子的内心冲突，使孩子面对困境时缺乏心理上的支持、信赖，从而产生高焦虑情绪 (Barlow，2002)。父母焦虑是影响青少年焦虑的一个重要因素，高度焦虑的父母会把焦虑传递给孩子 (Bruce et al，1998)。所以，要让孩子摆脱考试焦虑，父母首先要做不焦虑的家长。如果自己做不到，可以寻求专业人士的帮助。

(二) 帮助孩子设置恰当的目标

父母如果为孩子设置了不切实际的学习考试目标，或者孩子自己设置了比较高的目标，那孩子大概率会出现考试焦虑状况，所以家长要帮助孩子设置恰当的目标。恰当的目标会有效降低父母和孩子的焦虑，它是孩子通过努力能够达到的。父母无须苛求孩子成为龙凤，成为更好的自己即可。

(三) 帮助孩子安排好考前休息和饮食

对于考前睡眠，整体要求就是平时几点睡，考前的几个晚上就几点睡。不要因为第二天要考试了，就建议孩子提前上床睡觉，这样容易打乱孩子的生物钟。如果考试前睡不着，建议孩子睡前喝一杯温热的牛奶，洗个热水澡或者用热水泡泡脚，也可以从舒适的睡衣、床铺、被褥等方面考虑调整孩子的睡眠。对于考试前的饮食，主要就是忌讳食谱出现大的变化，平常怎么吃，考试前和考试期间就怎么吃，不要因为要考试了就吃些好吃的，补充营养。突然间的饮食变化有可能引起孩子的肠胃不适，影响到孩子的考试状态。

（四）避免不恰当的语言暗示

有些父母在孩子考试前会给孩子说："什么事都不要你做，你只要好好复习就行。""孩子，你千万不能紧张。""你一定要好好考，要为父母争口气!"这些语言看似是在为孩子争取时间，在安抚孩子，为孩子鼓劲，但实际上会给孩子消极的心理暗示。还有"书看得怎么样了，记住了没?""早提醒你看，你不看，现在着急了?""不要紧张，差不多就不错了。""你的笔袋、考试用的东西都带好了吗?"这些话语都会造成孩子的紧张感，让孩子烦躁。

家长可以参考下面这五句话和孩子交流："我们相信你的能力，不管你最后考得怎么样。""相信你自己，随便别人怎么说、怎么做。""早些睡，注意休息。""有什么需要，说一声。""尽力而为就行。"

（五）转变不良的教养方法

日常生活中如果家长时常对孩子唠叨、比较、打骂、讽刺、怀疑、抱怨、溺爱、忽略，孩子往往会出现比较多的情绪困扰，对于考试也会有焦虑表现。家长需要把唠叨变为闭嘴，把比较变为鼓励，把打骂变为接纳，把讽刺变为尊重，把怀疑变为信任，把抱怨变为期待，把溺爱变为放手，把忽略变为关爱。孩子从内心里感受到家长的真心接纳和关爱，情绪自然平和而不焦虑。

三、掌握有效的调整策略

（一）认知调整

有这样一个故事，说从前有两个秀才，他们两人结伴而行，到京城去赶考，走在半路上看到一队送葬的人马，并看到了一副棺材。其中一人看到这支队伍之后，心中咯噔一声，就想：出门赶考，遇到送葬队伍，看到了棺材，真晦气，真倒霉，考试还有什么希望呢？这一想，心里顿时感到非常失落。另一个人看到这支队伍之后，心里也咯噔一声，不过他马上告诉自己：遇到任何事情都要朝好的一面去想，出门赶考遇到棺材，棺材棺材，又升官又发财！再联想到自己这次考试，那就意味着升官发财的机会到来了，改变自己人生命运的机会就在这一次考试了！当他这样想的时候，顿时充满了信心。最后，情绪非常失落的这个人落榜了，充满信心的这个人却超常发挥。这两人同样去赶考，同样遇见棺材，结果却有很大的不同，原因在哪里？是的，他们思考的方式不一样，一个是消极的，一个是积极的。

当我们思考的方向不一样的时候，心里的感觉就不一样，做事方式就不一样，所以结果就不同。这也是美国心理学家提出来的 ABC 理论，通常，我们会认为我们的情绪和行为反应是直接由一件事情引起的。但 ABC 理论指出，这件事情 A 只是引起情绪和行为反应 C 的间接原因，而人们对这件事情所持有的信念、看法、解释 B 才是引起情绪和行为反应 C 的更直接的起因。

在考试前和考试过程中，孩子们在学习和生活上都会经历很多事情，遇到任何事情，朝哪个方向去思考才是关键的。所以说，我们要引导孩子遇到事情朝积极的方面去思考。

比如，有孩子在考场上答题的时候，试卷第一面刚刚做到一半，就听到后面哗啦一声，有翻试卷的声音，好像有人已经开始做第二面了。这时候自己心里面咯噔一声："坏了，我做得已经够快了，怎么他比我做得还快？"这时候自己就着急了，一着急，大脑就开始乱，就容易出错，很多知识点就想不起来了，这门课程可能就考砸了。这是消极思考的结果。"你看看他，第一面肯定很多题目都不会做，他只好做第二面，因为老师都说过，实在不会做的题目就先跳过去。"当孩子这样想的时候，就会感到平静、专注，有信心了，不着急了，这门课程可能就考好了，这是积极思考的结果。

焦虑本身并不可怕，可怕的是认为紧张焦虑必然妨碍我们的学习，因而急于将紧张排除，并固执地认为只有排除了紧张，才能专心地学习和考试。这种想法的一个前提就是，"因为紧张，所以考试失常，如果没有紧张我就会正常发挥"。当我们这样想问题时，就把紧张与成绩必然地联系在一起了，而紧张又是我们不可能完全消除的。下次考试一旦出现紧张，就会因联想而更为害怕，导致发挥失常。

为缓解焦虑，我们可以引导孩子这样做：

1. 接受自己的焦虑

在考前或考试中有焦虑情绪是再正常不过的，如果不紧张才是不正常的。接受自己的焦虑，就意味着有焦虑情绪的时候，该做什么还做什么，不需要停下来反省自己为什么焦虑了。

2. 不夸大焦虑的作用

要认识到适当的焦虑对学习是有积极作用的，它让我们意识到时间的珍贵，知道抓紧时间复习，并对注意力和精力都有促进作用。有些同学认为："我不能有一点焦虑，稍微有点焦虑就觉得天要塌下来一样。"这就夸大了焦虑的作用，成了自己吓唬自己。

3. 不竭力克制焦虑

不克制自己的焦虑，尤其是不能将注意力集中在与焦虑的斗争上。有些孩子每当焦虑产生后，都急于排除焦虑与紧张，他的注意力会集中在与焦虑情绪作斗争上，反而不能专心地学习和考试。焦虑紧张作为神经系统的自然反应，是人的一种自然需要，与这种需要作斗争就是费力不讨好。

一个高三女生在下晚自习后给我打电话，说晚上测验的时候，无意间发现同桌在抖腿，感到很烦躁。她就朝教室前面看了一下，发现好几个同学也在抖腿，之后她发现班里很多同学都在抖腿，突然之间变得很焦虑，注意力很难集中在做题上。我就跟她讲，不要去克制这种焦虑，这种焦虑不会毁掉考试的。为了能够做到不克制这个焦虑，我给她的建议就是当再看到另外的同学抖腿的时候，你也尝试着去抖腿；看到谁的腿在抖，就跟着他的节奏抖一会儿，不去对抗自己的焦虑，而是去适应，去接受。孩子考完试之后给我反馈，她后面考试又出现这种情况，只是跟着同桌抖了一小会儿，就没再关注这件事情了。

（二）放松训练

1. 深呼吸放松法

在所有的减压方式方法当中，深呼吸是一个非常有效的方法，可以随时随地用，不受时间、环境等条件限制。但深呼吸放松法也恰恰是很多孩子容易做错的一种方式，很多孩子只知道深呼吸是深深地吸一口气，这口气却吸到了自己的胸腔当中，吸完之后就会有憋得慌的感觉。这是错误的深呼吸方式，达不到良好的放松效果。

深呼吸，是腹式呼吸，深深地吸一口气，吸到我们的肚子里，呼出的时候，肚子会慢慢地瘪下去。可以尝试着吸气5秒钟，憋住3秒钟，呼气7秒钟。有的人深深地吸一口气，肚子会慢慢地瘪下去，呼气的时候肚子胀起来，这也是深呼吸，被称为逆腹式呼吸。如果一开始练习深呼吸的时候做不到腹式呼吸，那就在中午或者晚上睡觉的时候，平躺在床上，再尝试把深深吸的那一口气吸到肚子里，这时就会发现，自己睡觉前的呼吸基本上就是深呼吸的状态。如果在考场上等待考试的过程中，内心感到非常焦躁，可以静静地坐在那里，做上10～20次深呼吸，并配合暗示"我很放松，很舒服"，焦虑就会有极大的缓解。

2. 肌肉放松法

让身体所有的肌肉，包括头部、肩部、双臂、腿部都紧绷起来，感到肌肉呼吸都绷不住了，然后突然之间放松，这样操作3～5次就会有明显的放松感觉。

也可以动作小一点，只是紧紧地握拳，突然地松开，这样来回地操作也会极大地缓解考场焦虑。

3. 穴位按摩法

按摩身体的内关穴会达到放松的效果。内关穴在手腕内侧的三横指当中处，我们可以把右手的无名指、中指、食指并列放置，无名指靠近手腕和手掌连接处，紧靠食指所在位置的手腕中间部位就是内关穴。我们可以用右手的拇指按摩左臂的内关穴，按摩的时候，心中可以不断地默念"镇静，镇静"，或者"放松，放松"。穴位按摩再加上暗示，对我们的心慌意乱、情绪急躁都会有很好的调节作用。

内关穴

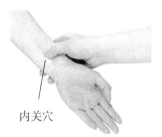
内关穴

4. 音乐放松法

音乐有助于降低焦虑，但是音乐的选择并非很多人认为的只听舒缓的音乐。音乐可以是轻柔的也可以是激烈的，轻柔还是激烈，是自己选择出来的。如果听完轻柔的音乐，有放松的感觉，就可以。但如果听完轻柔的音乐发现自己更焦虑了，那说明轻柔的音乐不适合，可能需要一些激烈的音乐。

5. 运动放松法

各种形式的运动都会达到减压的效果，所以为了缓解自己的考前焦虑，孩子要每天坚持一些运动。因为这样的运动，会让我们的大脑产生一种叫"多巴胺"的物质。这种物质会让孩子的心情变得更加愉悦，学习的效率就会更高一些。也可以每天坚持一项运动，比如每天做50个俯卧撑，或者每天做50个仰卧起坐，或者每天跳绳500个，这些都不会让孩子付出很多的时间，却可以很好地缓解他的考试焦虑。

（三）积极的自我暗示

有好多孩子，在焦虑紧张的时候也想给自己一些暗示，但暗示的时候却做错了，把暗示语变成了"别紧张""别害怕""别焦虑"。我们要知道，在暗示的语言当中，这种不要怎么着，别怎么着，恰恰是不合适的。

我在学校操场发现了这样一个场景：一个体育老师在教一年级的学生跑步，我看到有两三个孩子在跑到终点前要减速停下来，这个体育老师大声地喊了一句"不要停"，结果发现后面跟着的其他同学也都减速停了下来。体育老师又给孩子们强调了一遍规则，后面我就听到体育老师喊的全是"快跑"了，因为孩子听到"快跑"，脑海中反应的就是跑，而听到"不要停"，往往第一反应就是停下来。

所以，我们在进行心理暗示的时候，要注意把"别担心""别焦虑"换成"放松""镇静"这样的词语。还可以每天给自己一些积极的暗示："今天将是美好的一天！""我会很愉快地度过这一天！""我度过了愉快的一天！""我又掌握了更多的知识！""我相信我能睡个好觉！""我能放松下来，镇静下来！"

（四）成功自我意象法

考试产生焦虑的一大原因是对未来的不确认感，因为不清楚以后会成为什么样子，所以内心会有焦虑，担心会考不好。

很多人都知道望梅止渴的故事。士兵们找不到水喝，已经又渴又累、快要倒下了。曹操却想到了一个点子，他站在山岗上，抽出令旗指向前方，大声喊道："前面不远的地方有一大片梅林，结满了又大又酸的青梅。大家再坚持一下，走到那里吃到青梅就能解渴了！"战士们听了曹操的话，想起梅子的酸味，就好像真吃到了梅子一样，口里顿时生出了不少口水，精神也振作起来，鼓足力气加紧向前赶去。

这就是大脑里想象吃到青梅的那个图像刺激了人们的神经系统，驱使着人们充满力量去达成目标。

如果孩子在考试之前，脑海中能够想象出自己考试顺利的场景，或者成绩单出来后成绩很好的场景，在这种成功的自我意象的影响和作用下，孩子就会变得更加自信，更有价值感，并且潜意识里逐渐充满积极、乐观、成功的意念，在考试前就会放松下来。

（五）注意力转移法

有些孩子因为考试焦虑，在考场上答题的时候会出现手抖的状况。如果他把注意力放到了怎么去控制手抖的状况上，可能会让自己更加焦虑。恰当的做法是将注意力转移到具体问题的解答上，或者将注意力转移到自己的呼吸上，或者将注意力放到想象一些成功的画面上……如此孩子的焦虑就会有明显降低。

当年我在高考的考场上就出现了手抖的情况。当时，不大记得老师说过什么减压的方式。我就使劲甩甩手，使劲握握拳，还用左手拍了右手几巴掌。可是拿起笔来之后，发现还是会抖。幸好这时候还是记起了老师讲到的："开始做题后什么都不用管了，专心做题就可以了。"我的注意力就又转移到了题目上，没再去管手抖不抖的情况，同时，心里面还冒出了很重要的一句暗示语：抖就抖去呗，反正我在做选择题。后面只是偶然关注了一下自己的手，发现选择题还没做完手就已经不抖了。

当我们太过专注于某件事情时，就会对这件事情有患得患失的感觉。考场上，即便压力比较大，我们也是需要专注于考试内容的。但在考试之前，我们可以让孩子从繁忙的学习状态中抽出一点时间，去看场电影，去吃顿大餐，也可以到公园里转一转，这都会缓解孩子的考前焦虑。

（六）合理宣泄法

考试之前孩子如果感觉到压力比较大，可以向好朋友、父母去倾诉；也可以大声喊叫、摔枕头、在本子上涂涂画画；还可以快速奔跑，跑完了之后躺在地上，深深地喘口气。这些都可以达到宣泄的目的。

合理宣泄法的基本原则就是不伤害自己，不伤害他人他物。孩子可以用手去捶沙发，但是不要用头去撞墙，这样就伤害了自己；可以去摔枕头，但不要去摔锅碗瓢盆。

一个高三女生的考试焦虑已经很严重了，因为在高考之前一段时间，她经常出现恶心呕吐的状况。我问她自己有没有一些减压的小方法，她说回家后会踢凳子。我就问她两个问题：第一，"踢完凳子之后这个凳子会被你踢烂吗？"她说："不会。"第二，"踢完之后你的脚会特别疼吗？"她说："也不疼。"我说OK，这就可以作为减压的一个方式。这就是在我们的基本原则下，不伤害自己、不伤害他人他物的情况下进行的。

我去一所学校做中考考前心理报告，一个孩子分享了她的减压的方法就是回家之后刷马桶，刷完了之后浑身就放松了。还有一个孩子反馈说走楼梯就会缓解自己的紧张焦虑。这都符合了不伤害自己、不伤害他人他物的原则，都是值得借鉴的！

（七）接受专业的心理辅导

如果前面的这些方式都不能够让孩子很好地缓解焦虑，那家长需要当机立断，寻找心理咨询师，接受专业辅导。

好了，关于孩子考试焦虑怎么办，在这里我从正确认识考试焦虑、采用科学的教育方法、掌握有效的调整策略三个方面进行了分享。期待热爱学习的您能切实帮助到考试焦虑的孩子！期待每一个孩子都能够战胜考试焦虑，考出好成绩！

参考文献：

[1] 郑日昌，陈永胜. 考试焦虑的诊断与治疗 [M]. 哈尔滨：黑龙江科学技术出版社，1990：107—121.

［2］郑日昌. 中学生心理诊断［M］. 济南：山东教育出版社，1994：265－268.

［3］吴祚稳. 高中生考试焦虑的心理辅导［J］. 人民教育，1999（4）：50－51.

［4］汪小琴，吕国新. 中学生考前心理辅导实验研究［J］. 江西教育学院学报，2000（5）：74－76.

［5］江琦. 中学生考试心理问题及教育对策研究［D］. 西南大学；西南师范大学，2003：8－11.

［6］Bruce F. Chorpita，David H. Barlow. The Development of Anxiety：The Role of Control in the Early Environment［J］. Psychological Bulletin，1998，124（1）：3－21.

［7］马月，刘莉，王欣欣，等. 焦虑的代际传递：父母拒绝的中介作用［J］. 中国临床心理学杂志，2016，24（1）：23－37.

［8］李艳平. 中学生考试焦虑与心理健康、学业成绩的相关研究［D］. 上海：上海师范大学，2003：2－10.

［9］孙丽，夏晓莹. 正确认识和应对学生的考试焦虑［J］. 学园，2020（30）：2.

［10］王丽丽. 家庭因素对中学生考试焦虑的影响［J］. 淮阴师范学院学报：自然科学版，2021，20（4）：3.

［11］边玉芳. 读懂孩子——心理学家实用教子宝典（12～18岁）［M］. 北京：北京师范大学出版社，2014：176－181.

［12］简妮·爱丽丝·奥姆罗德. 学习心理学［M］. 北京：中国人民大学出版社，2015：346－347.

作者简介：

张光年　山东行知青少年发展研究中心理事长，济南大学教育与心理科学学院实践教学校外指导教师，国家二级心理咨询师

孩子早恋怎么办

姜 萍

各位朋友，大家好，我是姜萍，是山东省烟台市家庭教育宣讲团成员，多年来一直利用业余时间做家庭教育讲座，支持青少年的心理成长与学业规划。今天我和大家一起交流"孩子早恋怎么办"。

孩子进入青春期后，对建立好的异性关系有向往、有心动，甚至会付诸行动，这都是正常现象。说明孩子的生理、心理发育正常，并正在走向成熟，但如果孩子真的发生了早恋，处理不当确实会带来负面影响。

英国哲学家罗素说："回避绝对自然的东西，就意味着加强，而且是以病态的方式加强对它的兴趣，因为愿望的力量同禁止的严厉程度是成正比的。"

看来，青春期早恋不能回避，需要家长正确面对。

一、为什么要接纳孩子早恋

（一）对异性有好感或者早恋，是青少年生理、心理发展的必然

从生理原因看，在过去的年代，一个人在13岁左右进入青春期。但现在随着社会的变化，孩子生长营养条件的改善，加上各种传媒文化的影响，孩子通过玩游戏或媒体接受的性刺激较多，导致孩子进入青春期的时间出现了提前的趋势。

从心理原因看，有的家庭对孩子情感需求关注不够，孩子情感上缺少寄托；有的家庭比较专制，孩子压力大，有反叛心态；有的孩子学业差，学习上没有兴趣；有的孩子受不良伙伴关系的影响，有异性召唤就难以拒绝，等等。

（二）孩子早恋多与父母关系不和或教养方式不当有关

父母关系和谐，家里没有争吵或争吵较少，孩子容易感受到家庭的温馨。在这种家庭中成长的孩子，早恋的可能性会很低。因为尽管孩子步入青春期，也可能会有焦虑情绪，但能够被父母发现并及时帮助排解，孩子不需要寻求其他的感情寄托，就不容易发生早恋。而在夫妻不和、经常争吵的家庭里，孩子心理压力大，在家里得不到关心和温暖，容易发生早恋。

一名高一女生，幼年时父母离异，与妈妈一起生活。五年前妈妈再婚，而今小弟弟已经4岁了。疫情居家学习期间，她在网络上单恋了一个男生。不认识他是谁，但两人在网络上聊了近一年。最近男孩告诉女孩，自己比她大，已经职高毕业且工作了，有了心仪的女生，不能再与她聊了。女孩很郁闷，说自己不是好女孩，也不想上学了，想去远方的城市找这个男孩。

这个女孩之所以产生不曾认识的"陌名恋"，主要原因是这个家庭的成员比较复杂，父母早年离异对孩子的心理有影响。妈妈带她改嫁且又有了小弟弟，这个女孩在这个家庭的存在感更低。新家庭对孩子的情感需求关注不够，孩子在情感上缺少寄托。

二、父母如何防止孩子早恋

（一）建立和谐的夫妻关系

夫妻之间感情的融洽程度会影响孩子感情的发展和以后的婚恋观。所以，在家庭里面夫妻之间要感情和谐。日常生活中，要彼此真诚关心、尊重对方人格。在孩子面前不要说伤害性的话或带有性别歧视的话，诸如"女人头发长见识短""男人没有好东西"之类。另外，家长在孩子面前，也要注意不要做太过亲昵的动作，不要穿过于暴露的衣服。有孩子在的场合，父母都要注意尊重异性，给孩子好的影响。

（二）建立和谐的亲子关系

孩子早恋，与家庭中的亲子关系有很大的相关性。青春期的孩子，从外观上看长大了，但心智并未成熟。父母仍要与孩子保持经常对话的和谐关系，对子女有充分的关爱、耐心，也要有适度而灵活的教育，并能尊重孩子的隐私。这也就是人们日常说的"和爸爸好的女孩不容易早恋"，因为她的男同学尚不成熟，难以比得上稳重、成熟、保护能力强的爸爸。亲子关系和谐的家庭中，即使子女发生了早恋，这份早恋关系也更容易趋向亲密、安全，彼此间的冲突与攻击少，彼此间的温暖与支持多，也不是坏事情。

有一个男孩、一个女孩，高二，同班。学习时经常讨论问题，感觉投缘，彼此欣赏。同学开玩笑说他俩好上了。后来玩笑话就传到了父母那里，男孩爸爸很担心，私下和班主任谈，请班主任想办法让他俩远离一些。班主任将二人座位做了调整，二人不能经常讨论题目。事后男孩知道了是爸爸背后操作的，他很生气，与爸爸大吵，并宣言："我就要和她谈恋爱，我就不学习，气死你们！"男孩爸爸很无奈，也很懊悔，自己没有尊重和理解孩子，将事情推向了反方向。

这件事情对女孩也有影响，男孩爸爸主动找到了女孩爸爸，向女孩爸爸道歉，自己解决方式不当。女孩爸爸比较洒脱，平静地说自己知道这件事情，感觉自己女儿能与男孩讨论学习，获得友谊是件好事，只是没想到男孩爸爸这么紧张。女孩爸爸说他来处理。女孩爸爸征求了女儿的意见，问女儿自己可以做些什么帮助他们。女孩说："爸爸，我还是想和那个男孩座位距离近一些，讨论问题更方便，而且我们之间不是他爸爸想的那样！"女孩爸爸说："爸爸相信你，爸爸既赞成你和这个男孩保持特别的友谊，也期待你与更多的男女同学有交往，取长补短，收获成长！"女孩把爸爸的尊重与理解告诉了男孩，男孩也放下了对自己爸爸和老师的抵触。

从这个案例可以看出，男孩爸爸心态不稳，不尊重孩子，没有倾听孩子的诉说，忽视了亲子关系的重要性。孩子出现一点可能早恋的苗头，就错误解读事实，出手太快，沟通失败。女孩爸爸尊重女儿，亲子关系良好，信任与理解女儿，接纳女儿对异性略有好感的事实，也没有上纲上线，及时与女儿沟通，表达信任与祝福，根据女儿的请求给予有效支持，疏导成功。

亲子关系良好时，孩子的情感受阻，会向家长倾诉。这时可以告诉孩子："当有你不喜欢的异性向你表达喜欢时，你要真诚地感谢他，感谢他把自己最美好的感情给了你，但你不能接受；当你喜欢的异性向你表达喜欢时，你要认真考虑一下，如果当下就接受对方的感情，会不会影响你们彼此的学习和生活？如果感觉会，请礼貌地拒绝对方，也冷静地拒绝自己，将这份爱默默收藏，静待花开；当你向自己喜欢的异性表达喜欢遭到了拒绝，请不要怨恨对方，因为对方有拒绝你的权利和自由；也请不要怨恨自己，因为并不是你自身条件不好，只是当下的你，恰好不符合对方的期待。"

（三）关注孩子的心理需求

对于青春期的孩子来说，父母既是孩子成长路途上的指导老师，也是孩子的朋友，要及时关注孩子的心理营养是否充沛，在必要的时候跟孩子多交流，多以一个朋友的身份关心孩子的心理健康，少以长者的身份只盯着孩子的学习成绩不放。

前面分析早恋原因时，谈到的那个女孩，她幼时父母离异，跟随妈妈再嫁，在网上进行"陌名恋"。当对方宣告结束后，女儿准备放弃学业，去寻找那个陌生男孩。

如果你是女孩的妈妈，你怎么做？

建议：妈妈首先要找到自己孩子在网络上"陌名恋"的主要原因，要看到孩子爱的缺失，增加对这个孩子的关注，用更多的爱温暖孩子孤单寂寞的心。待孩子愿意敞开心扉时，真诚地与孩子谈话，倾听孩子的心声。比如，对方给予了孩子什么样的感觉，从而了解孩子的情感需求，并反思自己的家庭是不是给孩子的情感满足不够，然后再与孩子探讨表达自己情感需求的其他方法，引导孩子学会自我成长。

至于孩子产生的一些错误认知，妈妈可以多角度询问，引导孩子更新认知。比如，女儿认为自己遇到了"情敌"、自己不是"好女孩"的问题，妈妈可以与孩子真诚沟通："你周围有没有你不喜欢的同学，他们都比你差吗？"孩子会说"不是"。可以继续追问与引导："那你发现了什么？"在追问中，母女会达成共识，人与人之间的喜欢与不喜欢，与对方差不差没有关系。每个人都是独特的，每个人欣赏他人的角度、观念，也都不一样。妈妈可以继续表达："不管他是否像你喜欢他一样喜欢你，但疫情期间他在网络上陪伴了你，我们感谢他，也祝福他！"可以再问："如果有个人喜欢你，疯狂地追求你，而你不喜欢他。你会怎么做？难道会为了让他高兴，就违心地接受他的感情？"女孩一定会说"不会的"。这时候，妈妈可以拥抱女儿，并表达："妈妈知道你难过，但我们也要尊重这个男孩的选择，你说呢？"这种多角度、多方面的沟通，可以让孩子整体全面地看待自己的恋情，回看自己、回看对方，会自己选择走出误区。同时，妈妈也要把网络恋情有极大危害的可能性告诉孩子，让孩子学会安全上网，保护好自己。

当然，也可以适当"敲击"孩子一下，唤醒孩子的责任意识和女孩的独立意识。比如，可以说："他当时欣赏你，是因为你努力，学业不错。如果你现在放弃学业去找他，会让男孩认为自己多亏没有答应你。因为你遇到了挫折，竟然放下了学业，要缠上他，他会吓得跑得更远的。妈妈是女人，妈妈知道女人需要安全感。一个男人将来是否有力量保护你，让你过上富足喜悦的生活，这很重要。如果你真的喜欢这一类型的男孩，真的有能力承担那份感情，可以在学业上、能力上再努力提升一下，这样你更有可能吸引你喜欢的男孩，将来也有能力陪伴他啊！"

妈妈用心沟通，理解自己的女儿，也能把自己的担心和祝福表达出来，相信孩子一定能够接收得到。

三、早恋的四种类型及处理

孩子早恋了，与父母沟通时，常见的有四种情况，分别是坦然相告型、躲藏掩饰型、明目张胆型、彼此伤害型。父母要学会有针对性地分析，灵活处理。

（一）坦然相告型

因为亲子关系良好，孩子接到了情书，或是喜欢上了谁，引发了苦闷，会主动和父母谈起，这是坦然相告型。这种情况，父母首先要祝贺孩子有了自己喜欢的对象，或者是有人喜欢他（她），这都是值得祝贺的事情。然后，和孩子探讨一下，他（她）准备怎么做？需要爸妈帮忙做些什么？如果要结束这份恋情，怎么拒绝能让自己坦然又不伤害友谊呢？如果要保持这段恋情，求学阶段要怎么保持才能对双方成长都有帮助呢？父母可以讲自己的情感经历，与孩子探讨怎样与异性相处，也可以畅想未来。孩子会在被尊重的状态下做出明智的选择。

一位高一男生，喜欢上了一位女生，向女生表白，女生回绝了他。男生还是疯狂地追她，可是女孩一直对他不冷不热，男孩很痛苦。有一天，男孩得知女孩和另一位男生交往了，男孩更痛苦了。他不想上学了，感觉自己无法面对女孩与别人在一起的情景。他把追求女孩的事情与不想上学的打算，向爸爸和盘托出。

如果你是爸爸，你怎么做呢？

这个男孩爸爸的做法很值得借鉴。爸爸对儿子说："儿子，谢谢你信任老爸。我之前听你妈妈说你喜欢一个女孩，一直没有追上。爸爸没想到你这么专情，爸爸年轻时没有你这个劲头。可人家不喜欢你，这怎么办呢？你看爸爸能帮你做什么？"儿子沉默不语。爸爸说："要不你打听一下，女孩家在哪儿？我去和她父母谈谈，可以的话，从父母这边使使劲，先给你们俩定个亲？"儿子瞅了爸爸一眼："你开什么玩笑？都什么年代了？"爸爸说："那怎么办呢？"儿子说："怎么办？不喜欢就不喜欢呗！有什么了不起的！"

从这对父子的言谈中，能看出父子关系良好。面对儿子因为情感受挫不想上学的事实，爸爸心态平稳，没有焦虑慌张，而是真诚地表达自己对儿子痛苦状况的理解，也表达了自己愿意施以援手的心情。这倒让儿子感受到了亲情之爱的美好，对这份并没有真正发生的恋爱关系也就坦然放下了。

(二) 躲藏掩饰型

孩了陷入早恋时问较长，也伴有苦恼，但孩子不愿意让父母知道自己早恋了，总是想尽办法掩藏，父母通过其他渠道得知消息，这是躲藏掩饰型。这种情况下，父母要知道，孩子躲藏掩饰说明他内心感觉这份恋情不妥，内心有内疚、自责，感觉这样不对，但又控制不住自己。

一位高一男生说："有一天课堂上，前排的女生甩了一下她的长发，发梢打到了我的脸上，我闻到了女孩发丝的香味，就看着这个女孩的背影发呆了。"之后，这个女孩就走进了男孩的心里，挥之不去，上课时就爱看她，爱走神。可是，他自己知道学业重要，不能有乱七八糟的想法，强迫自己忘掉，可就是忘不了。妈妈感觉到他状态不对，学业下降，老师也反馈说孩子状态不对。妈妈问儿子是不是有什么事情了，儿子不承认。后来，妈妈在儿子的日记中发现了事情的真相。

如果你是妈妈，你会怎么做呢？

建议：这个男生的早恋，其实是一份"单恋"。他感觉这样不妥，又摆脱不了这份感情，影响了自己的精神状态，也影响了学业。妈妈可以以写信留言或当面沟通的方式告诉孩子："你最近不愿意吃饭，精气神不对，妈妈担心你。今天收拾你房间时，看到了你抽屉里的日记本，没有忍住，看了后面的几篇。妈妈没有征求你的意见，就看了你的日记，妈妈向你道歉啊！"这一刻，妈妈真诚道歉，也表达了自己的担心，取得孩子的谅解后，妈妈继续表达："不过，妈妈知道你苦闷的原因了，以后有这样的事情可以和爸妈说说，憋在心里多难受啊。你有喜欢的人，说明我的儿子长大了，这也不是坏事啊！很多人在成长中都有默默喜欢的对象，内心知道就好，又没有伤害谁。为什么一定要忘掉她呢？每个人，越是想忘掉的东西反而越是忘不掉，这不是因为她多重要，而是不断提醒自己忘掉，其实是在反复强化要记住她。妈妈建议你，不用再提醒自己忘掉，这种事情顺其自然呗，记着就记着，忘了就忘了，没关系的。"

各位朋友，面对不能坦诚与父母沟通的孩子，父母要看见孩子的苦闷，理解孩子并共情于他，引导孩子打消"糟糕至极"的想法。父母也可以多与孩子分享自己青春年少的故事，可以凭借自身的经历和经验，多从正面引导孩子，多给孩子支持。

（三）明目张胆型

孩子有逆反心态，对父母有不满，常以宣告挑衅的方式，告诉父母自己"早恋"了，而且坚定表示要保持下去，这是明目张胆型。这种状态下，父母要反思亲子关系，面对孩子的宣告要冷静、不慌张。首先要祝贺孩子长大了，有了心仪的对象，而且表现得这么勇敢而坚定。在亲子关系和谐的前提下，可以和孩子谈谈爱情观。比如，稳定的爱情有激情、亲密、责任三个要素，请孩子分析一下自己的恋情处于什么状态，何时会拥有这三个要素，当下是否有苦闷或疑惑。父母毕竟是过来人，如果相信爸妈的话可以和父母谈谈，不相信的话，也可以推荐孩子信任的人谈一下。

我的建议：亲子间冲突不断，以"恋情"来宣告自己已经长大的孩子，可能会突破异性交往底线。父母要学习和掌握青春期性教育知识，协助孩子认识和适应性生理、心理的转变，为他们以成人视角理解性做好准备。也给孩子发问的机会，帮助孩子正确认识如何与异性交往。可以推荐孩子看一些相关教育警示片等，让孩子自己去领悟：过早地摘取不成熟的果子，是有害身心健康成长的。父母要引导孩子端正健康而负责任的性态度，确定正确的价值取向。

（四）彼此伤害型

彼此伤害型，是一种不健康的早恋关系。有的青少年早恋出现了彼此伤害的现象，身体上、精神上有互相控制的行为。通常一方偏强，一方偏弱。父母如果发现了这种情况，要及时了解真实情况，选择合适的方式支持孩子走出困境。如果两个孩子之间纠缠太深，也可以了解对方的家庭情况，看是否可以与对方父母对话，支持孩子走出困境。如果问题过于严重，则要与校方反馈、付诸法律等，保护孩子安全，而非听之任之。

八年级女孩，学业较好，偏胖，与爸爸关系不太好。有一次，爸爸到校门口接女儿时，发现女儿与一个男孩在路边秀恩爱。回家后父母对女孩指责打骂，引起女儿的强烈反抗，之后这两个孩子的交往更加过火，有时打电话聊天到夜里十二点，而且女孩会锁上门。妈妈说自己能听到一些聊天的内容，好像男孩在指导自己闺女做一些不好的动作。妈妈能感觉到女儿在这段恋情中有沉迷、有痛苦，妈妈很担心，但女儿拒绝与父母沟通。

这种情况下，父母怎么办？

我的建议：遇到这种让人担心的情况，父母要多渠道学习修复和孩子的关系，更新陪伴孩子的方式，减少孩子的抵触，争取孩子的信任。父母要学习青春期孩子的心理学知识，了解孩子在恋情中"唯命是从"背后的需求是什么。必要时也可以接受心理咨询，学习与孩子沟通的方法。然后，把孩子间的交往界定为"特殊友谊"而非早恋，尊重他们之间的友谊，选择相信自己的孩子，告诉孩子不管怎样，父母都支持你、保护你。如果孩子一直拒绝与父母沟通，又确实深陷其中，一定会有苦闷、彷徨等情绪，可以给孩子推荐心理老师。在孩子愿意的情况下，鼓励孩子与心理老师对话，引导孩子敞开心扉，了解自己，摆脱现状。

各位朋友，可能您家中孩子的早恋不属于上述四种情况，但不管怎样，面对孩子的"早恋"，父母要做到用心听孩子说、用心看孩子做、用心感受孩子的感受，而非立即评判、快速阻断。青春期的恋情如同青苹果，虽然诱人，却又苦涩。一旦这种恋爱关系遇到挫折，可能会对孩子的身心造成伤害，因而父母要灵活处理。

四、做好家校互动，积极正向引导

在处理中学生异性交往问题时，要注意良好的家校沟通，多做积极正向的家校互动，不要因为做法错误导致问题更难解决。

（一）及时了解，引导孩子正向关注异性的特质与优势

孩子出现了"早恋"现象，亲子之间就有了探讨情感人生的话题。父母要试着先与老师沟通，倾听老师的反馈，引导孩子思考自己欣赏对方的什么特质与优势。这也就是在引导孩子思考自己的价值观与恋爱观，引导青春期孩子从对一个人的迷恋，到

对某类人优秀特质的欣赏。

李女士在给 14 岁女儿收拾房间时，无意中发现了一张男孩子的照片。照片背面是女儿的字，写着"你是我的偶像"。李女士知道这个孩子，他转学到女儿班级不到一个月，据说这个孩子长得帅、很仗义，拉一手好提琴，但学习成绩不太好，同班很多女孩喜欢他。女儿这些日子经常提起这个孩子。李女士还曾告诫女儿，别跟这样的孩子接触太多，以免耽误自己的学习。看到照片和女儿的留言，李女士有些慌，难道女儿早恋了？从女儿上 7 年级起，她和丈夫因为担心孩子早恋，每日轮流接送女儿上下学，严格控制孩子的校外活动，唯恐孩子出半点儿差错。

如果你是李女士，你会怎样做？

我的建议：女儿能主动、经常性地与妈妈提及这个男孩，说明母女关系不错，也可以看出这个男孩有独特的特质被女儿及其他同学欣赏。女儿写的是"你是我的偶像"，说明这只是一份模糊的好感，并不是狭义上的"早恋"，妈妈不要武断地下结论。妈妈可以选择合适的时机，和女儿探讨，自己到底欣赏这个男生什么。比如，他的帅气、仗义、有音乐天赋，可能也会谈到阳光、正能量、有责任心等特质。其他同学欣赏这个男孩什么？如果这份优势被这个男生保持下去会怎样？如果他保持不下去会怎样？他的不足是什么？如果男孩不重视自己的不足，又可能会怎样？这样的谈话，是在引导女儿从对一个人的关注，到对他优秀特质、能力优势的关注。也可以引导孩子分析其他同学，如班级里还有谁责任心强、比较仗义？还有谁也有一些特别的天赋，等等。由此，引导孩子从"只见树木不见森林"的状态中走出来，让孩子看到人与人的不同，并告诉孩子你欣赏他人的优势，说明你也可能拥有类似的潜质，可以努力成长自己，让自己也成为有这样特质的人。这是在引导孩子全面地观察同性同学与异性同学，学习觉察自己，也学习取人之长。

如果您的孩子没有早恋，但他对同学间的早恋也会知晓或感兴趣，因为青春期的异性交往和性别认同是人生重要的阶段性发展任务。青少年在两性相处过程中，更能体会到设身处地为他人着想，体验除父母以外的依恋关系，这种依恋关系对青少年成年后建立正式的恋爱关系是有好处的。父母引导孩子敞开心扉，才能了解孩子的喜悦与苦闷，把准孩子早恋的脉搏，才有机会分享自己的建议，引导孩子形成正确的爱情观和婚恋观。

（二）积极学习，父母与老师要端正对孩子异性交往的态度

建议父母也学点儿发展心理学等相关知识，树立对青春期恋爱的正确认识，然后再与孩子沟通。如此，更有助于帮助孩子形成健康的异性交往观念，淡化对方的性别意识，做到思想无邪、落落大方。对孩子正常的异性交往，父母不要"大惊小怪"。双方都可以仔细分析一下，孩子是否真的在谈恋爱，还是两个人只是走得比较近而已。有时候孩子的想法比较简单，并不一定是奔着谈恋爱去的，父母和老师一定要正确对待。

（三）从细节入手，引导孩子关注自我成长

父母和老师可以从细节入手，引导孩子关注自我成长。比如，父母要告诉女孩在与异性交往时，言谈举止要庄重、得体，不能轻浮，要守住界限，做好自我保护。父母要教育男孩做谦谦君子，要尊重、照顾女孩，有绅士风度，有责任感。发现孩子确有问题时，如果亲子关系不良，可以请孩子的好朋友或孩子特别喜欢的老师帮忙，间接告诉孩子问题的危害性。这样做孩子更容易听进去，有助于从懵懂的感情中走出来，回归正常的学习生活。

如果父母发现孩子的两性交往已经有了越界行为，或是女孩父母发现女孩有早孕现象，父母一定不要指责，要冷静处理，快速提供安全有效的帮助，防止孩子伤害自己。

总之，情感体验是一个人长大后的必然体验，有美好，也有挫败。青春期的爱情教育是"做人"的教育，道德、情感、理想等方面都会对孩子的一生产生深远的影响。父母要引导孩子认识到爱情不仅仅是找最佳的伴侣，也是学习做最好的自己。当一个人以自我为中心，语言与行为不雅时，很少有人喜欢。所以，在与异性交往中要完善自己的人格，改正自己的缺点，美好的感情或爱情自然会瓜熟蒂落。

最后，给大家推荐两本书：《解码青春期》《为什么我的青春期孩子不和我说话》。

参考文献：

［1］孔屏. 牵手两代［初中］［M］. 北京：北京教育出版社，2014：21—42.

［2］王治芳. 高中生家长手册［M］. 济南：山东教育出版社，2018：29—34.

［3］林文采. 心理营养　林文采博士的亲子教育课［M］. 上海：上海社会科学院出版社，2016：224—231.

作者简介：

姜　萍　海阳市教育和体育局教学研究室小学室主任，高级教师

孩子青春期逆反怎么办

翟召博

亲爱的朋友您好，我是翟召博，是山东新未来教育研究院院长、山东省自在童年教育发展有限公司创始人，临沂市教育学会家庭教育专业委员会秘书长。今天我和大家分享的主题是"孩子青春期逆反怎么办"。

青春期是指一个人由儿童阶段发展为成人阶段的过渡时期，也是身心发展的重要时期。一般地，人们通常认为孩子上初中后就进入了青春期。在这个阶段，孩子们会经历身体发育和心理成长的快速发展与转变。

"小学时孩子很乖，到了初中怎么就变得不听话了？"似乎"逆反"也成为描述青春期的专用名词。

进入青春期，孩子为什么会变得逆反呢？难道青春期真的就是"学坏期"吗？很多家长为此倍感迷惘。

孩子青春期逆反，家长该怎么办？我分三个方面和朋友们分享我对这个问题的认识。

一、青春期逆反的表现及原因

逆反心理，是指一个人内心潜在的一种稳定的认识、情感和意识，随自我意识日益增强而对各种刺激产生的与众不同、与常态截然相反的心理反应，如情绪不稳定、行为冲动、思维偏激等。

青春期逆反心理，是指青春期的孩子们在成长（受教育）过程中，以冷漠甚至敌对的态度对待学习、对待家长（老师）的一种心理状态和行为现象。

（一）青春期的常见表现

第一，青春期本身就是相互矛盾、相互对立的。

第二，情绪飘忽不定，阴晴难测，不需要什么原因。

第三，爱发脾气，和具体事件关系不大。

可是这一切，真的只是"青春期"惹的祸吗？

随着年龄长大，青春期孩子的成人感越来越强，渴望被成人世界认同，渴望通过逆反的行为来向世界昭示自己已经长大了，再也不是父母眼里的小孩子了，再也不是可以随便操纵的"棋子"了。

（二）青春期孩子逆反的原因

为什么孩子要逆反？一个调查显示，75.4％的受访者表示，自己的父母都过于强势：孩子渴望独立，父母却事事包办；孩子想要自由，父母却将孩子紧紧拽在手中；孩子试图规划自己的人生，父母却强行设计孩子的未来。也就是，青春期孩子需要发展自己的自主性、独立性，而父母却在事事包办，甚至控制。

一边是渴望做主的孩子，一边是不愿放权的父母。于是，逆反就这样产生了。青春期逆反，很大程度是源于孩子日益增强的自我意识与父母过多的管束压制，是孩子与父母间权利斗争的一场较量。

所以，孩子逆反，不是青春期惹的祸，而是提醒父母，这个时期的亲子关系需要重构。重构的核心是尊重、发展孩子的自主性和独立性，为孩子自主性发展创造适宜的时间和空间。

二、孩子逆反时，家长的不同处理方式

美美过生日这天，妈妈带她去买衣服。转了半天，美美终于看上了一件心仪的上衣，可是妈妈嫌"太露"；美美又挑了一条哈伦裤，妈妈又说"太张扬"。

最后，妈妈替她挑选了一件"素净又大方"的裙子。美美漫不经心地看了看妈妈选中的裙子，转身对导购说："请打包我妈看不顺眼的那两件衣服！"

丢下气急败坏的妈妈和目瞪口呆的导购，美美提着两件"战利品"扬长而去。

美美已经在不知不觉中长大，并逐渐要求全面的、真正的独立。美美不再是那个事事都需要依靠父母的小孩了，妈妈却依然在沿用曾经的方式事无巨细地替她做决定。买衣服，本该是母女其乐融融的开心事，最后却演变为孩子"称心"，而家长"闹心"。审美不同是表象，亲子双方对自主诉求的态度才是核心。

面对孩子"想自己说了算"的自主诉求，不同家长有着不同的处理方式，对孩子的心理发展有着不同影响。

（一）有的家长要求孩子"必须听大人的"

不尊重孩子意见，不允许解释，孩子只有乖乖服从的份儿。这样做，孩子的行为的确在家长要求下"变规范"了，可是孩子的心却离家长远了，学习成绩也随之下来了。刚把不听话的"葫芦"摁下，关系疏远了，成绩下滑的"瓢"就起来了。孩子

"听话了"，至于该如何教育孩子从中学到什么，如何促进青春期孩子的自主，这样的家长显然没有想清楚，甚至根本没有想过，由此也让自己遇到了更艰难的挑战。

（二）有的家长都是"言听计从"

不论孩子提什么样的要求，有的家长对孩子都是"言听计从"。家长是"低三下四的孩子"，孩子却成了"蛮横强势的家长"。表面上，这样的家庭对孩子"很宽松"。不过，其对孩子行为的宽容，实际上是对孩子缴械投降，以大人的无原则和屈服来避免冲突，忽视了引导孩子遵守相应的规则。家长的宽松实际上是逃避直面矛盾，让孩子陷入更多的与外界的冲突中。对孩子逆反的无原则放纵，既没有为自己赢得孩子的尊重，也没有培养出孩子健康的独立性。

（三）有的家长对孩子报以坦诚和尊重

有的家长面对孩子青春期的逆反，既没有强迫孩子听话以维护虚假权威，也没有向孩子屈服以求得暂时和平，他们愿意为孩子长大付出耐心。他们对孩子的想法表示理解，相信孩子有一定的独立处理事情的能力；他们有勇气放下家长的架子，主动承认自己曾经的过失，给孩子做出反求诸己的示范。家长的坦诚和尊重，既让孩子的自主性需求得到了满足，也帮助孩子放下防御以诚实看待问题，给其他家长应对孩子青春期逆反做出了榜样。

古人治水，堵，水害加剧；疏，变害为利。同样是水，同样在治，利害不在于水，而在治水之人。这对家长们正确应对孩子的青春期逆反具有深刻启示。

三、青春期逆反的正确应对策略

青春期是亲子矛盾的高发期，同时青春期也是塑造期、成长期。下面从认知、觉察、应对、自我成长等方面，与大家交流孩子青春期逆反，家长该怎么办。

（一）改变观念

过去，我们常常认为孩子闹腾得比小学时厉害，不知为什么动不动就与家长对着干，让他往东，他偏朝西，青春期就是"学坏期"。

现在，通过学习家长要认识到，青春期是孩子从依赖走向独立，从幼稚走向成熟必然要经历的特定阶段。此时，孩子所表现出来的逆反，更多地表达了他们发展自主的一种意愿。正是经由对家长意见的不听从，孩子才从依赖大人到相信自己，实现初步的自主和成熟。从这个意义上讲，逆反是一个好的开始。不过，好的开始并不意味着好的结果，不意味着家长可以任意指责或放任自流。这是孩子走向独立的一个过渡期，这个时候他们难免会迷失方向。而家长要做的是成为孩子的引路人，带孩子走过这个时期，让他们顺利成长。

（二）自我觉察

为什么"家长越禁止，孩子越逆反"？估计每个家长都发出过类似的感慨："别玩游戏！明明你也知道会伤害视力，为什么还是一有空就玩个不停？""不许下课打闹，不许乱吃零食……""我都说了三百遍了，你咋还不改呢？"

大人的"不要"和孩子的"偏要"，成为不少家长心中的苦恼。

细究之下会发现，孩子逆反的根源在于家长依然用"对待小孩子"的方式，对待已经长大、具有强烈成人意识的孩子。这时，孩子与家长对抗行为的潜台词是"我已经长大了，我们是平等的"。孩子需要的是"长大成人的感觉"，以及家长允许、尊重他们长大意愿的态度和行为。此时，家长的殷切叮咛、"满腔爱意"，孩子感觉到的却是对自己独立性的"冒犯"。于是对大人的话不仅听不进去，更会有意无意地顶撞。

如何应对孩子的逆反，实际上就是家长如何对待孩子的自主诉求，在家长权威和孩子自主之间达成合理的平衡。家长应该意识到，把选择权交给孩子，尊重孩子的选择，促进孩子真正长大，才是家庭教育的目的。有的家长不愿让权，是因为担心孩子"考虑不周"，害怕孩子走弯路。实际上，孩子不见得一定要自己说了算，他们所需要的是家长愿意听听他们的想法，而不是时时想着去干涉。

赋权，是对孩子最好的尊重。跟孩子一起制定规则，给他一个明确的界限，在界限内让孩子做主，而不是永远说"不"，一味干涉，否则他就只能通过逆反来获得自己想要的事物。不强迫孩子听话，孩子才会开始听你的话。家长只要给予足够的爱与耐心去引导，孩子自会慢慢收起身上的刺，慢慢靠向你。

（三）方法恰当

对孩子的逆反行为，当家长不再纠结于"对错好坏"，试着看见孩子行为背后对独立、自主的需求时，学会尊重孩子，或许亲子冲突就不再是必然。家长不妨这样改变一下：

"无知"。就是学会在孩子面前装傻。孩子需要独立，遇到"全知全能的家长"也是件可怕的事情。在面临困惑的孩子面前，家长的"迟钝"有利于激发孩子主动探索的欲望；家长不给出问题的答案，孩子就需要自己选择去查询，他体会到自己可以"超越"爸妈，成长的信心也在潜滋暗长。

"兴趣"。不要只对孩子的学习感兴趣，孩子热爱唱歌、喜欢写作、敢于冒险，家长要学会欣赏他，允许孩子犯这个年龄可以犯的错误。那些看起来很傻的错误是孩子成长的资源，而不是障碍。只有家长认为是障碍，它才会成为障碍。对孩子喜欢的东西感兴趣，对孩子健康成长是非常有效的法宝。

"示弱"。有位妈妈生病了，还要强撑着给孩子做饭、洗衣服，而孩子一边玩游戏，一边抱怨妈妈做的饭不好吃。而同样是生病了，另一位妈妈却明确告诉孩子，现在自己发烧无力，要孩子自己做饭，而且要给妈妈端水送药。结果，孩子不但自己做了饭菜，还跑前跑后地照顾妈妈。在孩子眼中，父母越强大，他们的依赖性可能越强，懂得示弱的家长反而成就了孩子的"强大"。示弱并不是软弱，而是一种智慧，能激发孩子的雄心和信心，对孩子的成长更有利。

"温柔地坚持"。就是对原则性的问题要坚持，但要讲究方法。比如，孩子迷恋玩手机，让家长感到担心，也是不被允许的。只是，家长表达态度的方式要"温柔"，即让孩子感受到尊重。温柔不是家长放弃自己的立场，坚持不是不注重孩子的感受。爱与尊重，是与逆反期孩子相处的"解药"。

（四）自我成长

一位妈妈的体会："回顾和孩子之间在青春期的'爱恨情仇'，我发现好像都是孩子在引领我前进。在初中的时候，由于孩子的逆反，我开始机缘巧合地去听家庭教育课，结果感觉很好，就系统地学习相关课程。等女儿上高中，感觉彼此又走到死胡同了，也是由于孩子的原因，我机缘巧合又接触到了生涯规划。然后，我又觉得很好，再开始学习生涯规划，并在这个过程中感觉逐渐找到了自己的方向与目标，清晰了自己未来的老年生活如何规划。每次遇到母女关系的瓶颈，就像是遇到一次我个人成长的机会，结果都是我成长得很开心、很愉快，当然这个过程让女儿想斗也斗不起来。我有两个女儿，小女儿特别不让人省心，但如果她一直像姐姐一样让家长省心的话，估计我自己仍然在那个'绝对化要求'的'坑'里出不来，仍然会执着于太多的'应该'，而不会通过学习觉察和调整自己。"

毫无疑问，这是一位愿意自我成长的智慧妈妈。

总之，与青春期孩子相处，家长自身成长至关重要。毕竟，这个时期的孩子看似处处要求独立，其实心智并未成熟，他们仍然需要家长的肯定和接纳。缓和亲子冲突的主动权，仍然掌握在大人手里，家长需要比以往更智慧、更勇敢，尽管做到这些很难。

永远不要忘记：早年，鼓励孩子爬行、走路、学说话的时候，就是为了让孩子最终独立、自主、能战斗！留下两个问题，请家长们课后思考：

想一想：青春期，你有过逆反的表现吗？给孩子讲一个你在青春期和家长斗智斗勇的故事，让孩子分析一下其中"隐藏的成长密码"。

做一做："你让我往东，我偏要往西。"当你和孩子之间产生矛盾时，试着主动让步，并和孩子主动交流这个过程中的体会和感受。

好，这堂课我们分享到这里，谢谢大家!

参考文献:

[1]［美］罗伯特·费尔德曼. 发展心理学——人的毕生发展（第 5 版）［M］. 苏彦捷，等译. 北京：世界图书出版社，2013：412－416.

[2] 李子勋. 陪孩子长大［M］. 北京：中国广播电视出版社，2006：83－87.

作者简介:

翟召博　山东新未来教育研究院院长

孩子游戏成瘾怎么办

郑立平

各位朋友，大家好，我是郑立平，来自广州黄外翰林实验学校，拥有 30 多年教龄的正高级教师、特级教师，教育部国培计划专家，长期从事学校管理和教育教学工作，也特别热爱家庭教育研究和指导。目前受聘为山东师范大学家庭教育专家，曾获全国"十佳"班主任、全国教育改革创新优秀教师、山东省教育创新人物等荣誉称号；同时，兼任中国教育学会中小学德育研究分会副秘书长、全国名师工作室联盟副理事长、全国特别教育联盟理事长等，欢迎大家一起走进家庭教育，为孩子成长和家庭美好共同努力。

现在，只要聊起孩子成长，就有太多的家长谈到孩子迷恋手机游戏，上网成瘾，言语中充满抱怨、担心、急躁、恐惧等负面情绪。的确，智能手机的兴起，使社会、家庭、学校中的几乎所有成员都成了手机的使用者，有越来越多的人表现出对手机的依赖。面对触手可及的手机网络、手机游戏，广大青少年更容易受到诱惑和侵蚀。而稍有不慎，那些家庭教育不当、缺乏自制力的孩子就会被游戏迷惑、上网成瘾，沉迷其中而不可自拔，生活秩序被破坏，身体健康受损害，学业成绩迅速下滑。整个人精神状态懒散沉沦、萎靡不振，严重者还经常与家长发生冲突，甚至造成了许多不应该有的悲剧。

显然，面对充满刺激与诱惑的网络环境，面对这个我们必须高度重视的不良现象，担心解决不了问题，哀叹和抱怨都没有意义，逃避和放弃都只能伤害自己的孩子。那么，我们到底应该怎么办呢？

下面，我就从三个方面与大家一起来探讨这个让众多家长感到焦虑的问题——孩子游戏成瘾怎么办？

一、重新认识游戏成瘾现象

虽然我们大都关注过孩子网络游戏上瘾现象，但其实很多人只是看到了这个现象本身，并没有认真去思考其背后的问题：这是一种怎样的现象？它是怎样形成的？它与孩子、家庭生活有什么必然的联系？它有怎样的危害？等等。

（一）游戏成瘾现象的本质

"成瘾"，最初来自人们对物质滥用或依赖等行为的观察和描述，后来泛指在精神作用下，人非要经常做某件事，否则就会难受、欲罢不能的行为现象。上网成瘾、沉迷游戏，虽然两者有所差别，但在日常生活中常被人们看作同一个意思，我们这里也采用这样的认识。上网成瘾又称"病态性网络使用"，就是人们对网络（尤其是网络游戏）使用不当的过度依赖行为。

虽然游戏成瘾确实给许多青少年的学习和健康带来极大危害，但并不是无中生有、大逆不道，并不像许多家长、老师们担心的那样，好像洪水猛兽。它是人们常见的依赖现象的一种，在形成原理上和酒精成瘾、吸烟成瘾、赌博成瘾、吸毒成瘾、打麻将成瘾、跳广场舞成瘾等基本类似。从心理学上分析，游戏上瘾实际是一种补偿现象。补偿，意思是弥补缺陷、抵消损失，而上网行为就是儿童青少年心理发育过程中，因某些行为和欲望受阻而引起的心理补偿行为。如形成"建设性补偿"，则可以激活心理自修复过程完成补偿，恢复常态发展，即正常上网行为；如形成"病理性补偿"，则会引起过度补偿，导致发展出现偏差或中断，即网络成瘾行为。

电子产品泛滥，给家长和孩子都带来了很多的压力和焦虑。孩子一旦上网成瘾、沉迷游戏，首先会严重影响孩子正常的学习，往往使孩子对学习开始感到枯燥，学习成绩大幅下降，求知欲明显丧失，产生严重的厌学情绪。其次，严重影响孩子的身体健康。许多人把网瘾比作"吸食鸦片"，因为长时间捧着手机玩游戏不仅会伤害孩子的视力、颈椎等，还常常会让孩子对运动锻炼表现出消极态度，导致运动能力低下，进而影响孩子的生长发育。如果孩子不分白天黑夜疯玩游戏，则更会严重影响睡眠，导致精神不振，身心萎靡。最后，会导致孩子行为异常。手机游戏触手可及，游戏中泛化的虚拟世界和游戏规则的嵌入性，很容易让游戏者在虚拟感觉中执迷不悟。久而久之，就会表现出恍惚、退缩、无序、攻击等异常状态。因而，我们必须高度重视，尽可能走在前面，防微杜渐，防患于未然。

（二）游戏成瘾现象的诊断标准

日常生活中，如果某个孩子经常玩游戏，家长和老师们往往就说他"游戏上瘾"，动辄批评指责。但是，这样的说法并不十分准确，而且，给孩子贴上这样的负面标签还会带来许多消极影响。所以，我们一定要注意自己的言行。"游戏成瘾"这种现象，是伴随着现代信息技术的发展而出现的。在 2018 年 6 月，世界卫生组织（WHO）才首次将"游戏成瘾"列入了《国际疾病分类》，并特别提出了三条标准：

①无法控制地打电玩（频率、强度、长度都要纳入考量）。

②越来越经常将电玩置于其他生活兴趣之前，即使有负面后果也持续或增加打电玩的时间。

③如果以上行为持续 12 个月以上或少于 12 个月但非常严重，就会被确诊游戏成瘾。

简单来说，凡是游戏较长时间，沉迷且不能自我控制相关行为与情绪，出现了易怒、焦躁、难受等影响日常学习、工作、生活、交际等社会功能时，才属于"游戏成瘾"行为。当符合上述特征时，就需要进行调整，必要时需接受专业治疗；如果不符合，家长则没有必要大惊小怪，通过合适的沟通、交流和行为调节与引导，就完全可以恢复和保障孩子正常的学习和生活。

（三）游戏成瘾现象的形成原因

1. 游戏是人的正常心理需要，而且一直在变化升级

我们人类有各种各样的需要，除了满足生存与生物本能的需要之外，必然要充分释放其体力和心理能量。从心理学看，游戏自古以来就承担了认知、娱乐、社交等多种功能。游戏，是儿童生来就会的行为，是儿童学习与认识世界的必要途径与重要形式。而且，我们观察历史发展就会发现，每一代人都有那个时代的流行游戏。比如，我国古代文人雅士必须具备的琴棋书画、饮酒作赋、舞蹈击剑、诗词戏剧等，无一不是根源于人类的游戏娱乐需要。再比如，民间层面流传已久的下象棋、踩高跷、放风筝、赛龙舟，以及后来的连环画、武侠小说与电影、电视剧，一直到前些年的"偷菜""网聊"和现在风靡青年人圈子的"三国杀""王者荣耀"等网络游戏，其实都是人们流行的游戏形式。

2. 网络游戏设计中的心理成瘾机制，是导致孩子们成瘾的重要原因

人类生活离不开游戏，而青少年的天性就是爱玩，所以更喜欢玩这样那样的游戏。但是，我们必须看到：一方面，由于今天网络游戏的趣味性、娱乐性、参与性等空前发展，吸引力越来越强，而这也就大大增加了游戏玩家沉迷其中的可能性。而另一方面，还有一个重要的原因来源于网络游戏的设计者，即他们往往会使用大量的心理成瘾机制对自制力相对较弱的青少年进行"控制"。在网络游戏里，设计者往往不单纯从娱乐人们身心角度出发，而是从心理控制出发，以让玩家沉迷为目标，从而通过提高

上线流量来谋取利益。比如，游戏中通常具有装备与奖品等简单即时的赏励机制；利用心理的阶段性目标的设置，把人的欲望一步步拴住；创设不同的场景、人物、阶段，以增强神秘感；设置竞争排名机制，并给予不同的等级、荣誉和成功；等等。

当一个人的精神完全专注于某种活动的时候，体内就会分泌一种叫"多巴胺"的化学物质，使人产生兴奋、快乐和充实的积极体验。但是，每一次目标完成后，便会伴有巨大的失落感、空虚感与焦虑感。为了摆脱这些负面感受（人的本能），自控能力较薄弱的孩子就常常在不知不觉中被游戏设计者引入了下一场游戏，实现下一个目标，去层层过关。如此，螺旋式循环，就迫使孩子们在网游中不由自主地步步深入而不能自拔。

当我们明白了这个原因时，我们也就明白了很多专家说的"游戏成瘾不好，但原罪却不在孩子"。当孩子出现网瘾现象时，我们不要只是一味责怪孩子，而要给予更多尊重和理解，和孩子站在一起，勇敢面对问题，努力走出困境。

3. 孩子游戏成瘾源于内在冲突与匮乏，并与孩子自身有着密切关系

虽然网络游戏容易让人成瘾，也有其"毒源"，但游戏成瘾的毕竟只是一部分人，大部分游戏玩家并没有成瘾行为。这也说明了一个问题：除了游戏对人的吸引与控制，成瘾现象还跟当事人的认知水平、心理状态、现实环境等密切相关。也就是说，那些对游戏"易感体质"的孩子，更容易游戏成瘾。

我们知道，每个孩子都是自觉自愿玩游戏的，没有哪个孩子会出于强迫而玩游戏。如果强制一个孩子去玩他不喜欢的游戏，那他根本连几分钟都坚持不下去。反过来说，只有孩子真正喜欢一个游戏，他才会义无反顾地投入其中。而他之所以沉迷，肯定是因为有某种事物吸引他，或许是他特别喜欢的物品、行动，或是他乐在其中的感觉、体验。

研究发现，网络游戏会带给人在现实生活中常常难以获得的安全感、掌控感、成功感、充实感和愉悦感等，而真正让游戏成瘾者沉迷而不能自拔的，也恰恰就是这些愉悦的心理体验。因而，越是在现实世界中缺乏这些东西的人，就越是对网络游戏有更强的依赖性，其成瘾的可能性就越高。由此可见，正因为我们成人给予了孩子太多的学习压力，孩子既要忍受紧张、枯燥、单调的生活，又要无奈地承受抱怨、批评、否定、指责、训斥、羞辱等错误的教育方式。久而久之，就导致了其与父母情感的外在冲突和其内在心理、精神营养的匮乏。内在有匮乏，从父母、家庭那里又不能获取，那么他就会千方百计地去自行获取，而这恰是许多孩子沉迷网络游戏的最重要的内在动因。

那么，那些容易游戏成瘾的孩子，其内心匮乏什么呢？显性上，因为当下学习生活的紧张、父母教育方式的不当等，缺少诸如自由玩耍的时间、父母的温暖陪伴、有意义的游戏、自己说了算的事、交际互动的途径等适合孩子年龄和身心特征的事物和活动。而隐性上，因为与父母、老师的认知冲突或家庭的矛盾等，所以缺少安全感、归属感、自主感、成就感、荣誉感、满足感、幸福感、价值感等身心必需的心理感受。

所以，我们在调研大量的学生游戏成瘾案例后，发现有如下特征的十类孩子更容易成瘾：（1）安全感不足的孩子；（2）价值感缺乏的孩子；（3）成就感不高的孩子；（4）规则感不强的孩子；（5）社交能力弱的孩子；（6）独立自主不够的孩子；（7）亲子关系不好的孩子；（8）负面情绪无法排解的孩子；（9）家庭氛围压抑沉闷的孩子；（10）没兴趣爱好，找不到生活意义和生命存在感的孩子。

凡事有其因，才有其果。我们的孩子不会随随便便就沉迷于游戏，这其中固然与孩子本身有密切关系，但孩子渴望拥有的陪伴、自主、安全感、归属感、成就感、荣誉感等，却更需要家长与老师去给予。

各位朋友，知己知彼，方能百战不殆。我们只有充分了解游戏成瘾现象的本质、诊断标准、基本原因及一些相关特征后，才可以更好地面对，更理智地处理。

二、孩子为什么会游戏成瘾

网络成瘾、沉迷游戏，的确会给孩子和家庭带来很多危害，但是，父母、老师也不能因此而一味地指责孩子。前面我们已经知道，游戏设计者有意设置的成瘾机制是吸引孩子沉迷游戏的最主要的外因，内在的冲突与匮乏是导致孩子游戏成瘾最重要的内在动因。但是，父母是孩子的第一任老师，也是永远的老师；家庭是孩子的第一所学校，也是最重要的学校。父母和家庭教育对孩子的影响深刻，父母和家庭对孩子的健康成长至关重要。在某种意义上，孩子是父母的镜子，孩子身心表现出的种种问题往往是父母问题的投射。

（一）游戏成瘾孩子的家庭特征

经过分析大量的案例后我们发现，有如下特征的家庭的孩子更容易游戏成瘾：

1. 忙

即父母工作忙或者人在而心乱忙，忽视孩子，不管孩子。

2. 乏

即亲子关系较差，家庭缺乏关爱、尊重与欣赏，孩子没有安全感。

3. 推

即父母总是推卸自己的责任，反而指责抱怨孩子，或者总是推辞推脱，不积极陪伴和帮助孩子。

4. 软

即父母为人做事没有规则、原则，动辄迁就，而不是温和而坚定。

5. 乱

即父母对金钱管理比较随便，没有主次和价值意识，给孩子行为自律产生很多误导。

家长是孩子成长过程中绕不开也离不开的"土壤"，"营养"缺乏或亲子关系失衡都会给孩子带来负面影响。所以，很多孩子之所以迷上手机游戏，恰是想以此来逃避和对抗父母的冷漠、否定、羞辱、打击。"游戏瘾"很有可能就是强势的大人们为推卸自己的责任，而给弱势的孩子们贴上的一个"污名化"的标签。

（二）孩子游戏成瘾的综合分析

家长们总责怪孩子玩手机，总询问孩子为啥玩游戏，好像一切都是孩子的错，一切都是游戏惹的祸，作为父母的自己是个无奈无辜的受害者。殊不知，面对这个问题，最无辜的是孩子，最受伤害的还是孩子，我们的孩子不幸陷入游戏并不是个别特例。根据第 40 次《中国互联网络发展状况统计报告》显示，截至 2017 年 6 月，我国 19 岁以下青少年网民近 1.7 亿，约占全国网民的 22.5%，这真是让人触目惊心的数字。显然，手机、网络，甚至网络游戏，已经像空气、水分一样无形地嵌入了我们的生活，不可或缺，也很难剥离。所以，我们父母必须要明白的是，现在的孩子原本就是网络时代的居民，我们只有找到孩子游戏成瘾的深层原因，才能智慧地把孩子引出迷途。

孩子为什么喜欢玩游戏呀？孩子为什么又沉迷游戏呢？问得简单，但任何事物的形成都不是单一的，我们必须综合考虑。仔细剖析，归根到底有如下三点：

1. 我们父母大都不好玩

我们父母大都不好玩，这里的"好"是三声。大家反思一下，我们父母平常大都是怎么对待咱们孩子的？是不是总是抱怨、否定、批评、贬低、训斥、讽刺、打击，甚至辱骂、体罚？稍有态度略好者，也多是命令、要求、安排、指使、强制，言行中要么充满了愤怒、指责，要么充满了担忧、恐惧，总是不满意孩子，总是不信任孩子。为了让孩子考的分再高点儿，为了让孩子的名次比同学再好点儿，为了让试卷上那几个扎眼的错题再少点儿，为了让孩子离自己心中那个目标更近点儿，恨不得时时刻刻控制孩子，恨不得孩子无时无刻不在做题……

大家说，我们也曾经是孩子，这样的感觉，好吗？如果我们是孩子，我们喜欢与这样的父母玩吗？

很明显，我们自己也不会喜欢这样的"自己"。所以说，孩子为什么走进游戏，首先是忙碌、冷漠、麻木、武断的我们，把孩子渐渐从自己的身边推了出去，拒孩子于温暖的"父母之爱"之外。孩子很小的时候无可奈何，只能被动、憋屈地忍耐着；但是，等孩子身体慢慢成长强壮起来，他也就必然更有力量与我们抵触、挑战和对抗。等孩子对我们彻底失望，他也就必然开始"以其之道还治其人之身"，开始对我们表达一些不满、愤怒和报复的行为与措施。所以，我这里必须说，也请大家永远记得：我们可爱，孩子才会感受到爱，也会越来越可爱；我们值得被爱，孩子才会对我们敬爱，也越来越懂得自爱。

2. 我们孩子往往没得玩

玩不是原罪，它是孩子的天性。而现在问题的关键是孩子的闲暇活动本来就很少，而且还往往被作业填充，真的太单调、太枯燥，能自由玩耍的时间真的太少。除了做题、考试，就是背课文、记单词；除了学校里课堂学习，就是课后督导学习……孩子总是过着被别人安排的日子，做着被别人安排的事，偶尔有点玩的时间，也只能是玩着被别人要求或允许的娱乐游戏。过着单调、枯燥、压抑的生活，孩子能感觉到自由自在、自说自话、自得其乐、自我陶醉吗？可以说，父母不让玩，生活区域也往往没有合适的设施玩，孩子在这样的环境和氛围中，也慢慢变得不会玩。

同时，偶有闲暇的时间，孩子也大多只能待在自己熟悉而封闭的环境中，于是，手机、网络游戏便成了满足他们交友、娱乐、好奇心、探索欲等的最亲密的伙伴。原本作为重要生活工具的手机，也渐渐发生价值偏移，被当作了玩具。

"率性之谓道，修道之谓教。"孩子的天性就是"玩"，这个玩，就是好奇、探索、尝试、求知，就是喜欢和操作新奇、刺激的事物。对自控能力和理智都不成熟的孩子来讲，好心情比事情本身更重要。也就是说，孩子在玩的过程中爽不爽的体验和感觉，要比父母眼中的这件事对不对、好不好的判断和评价更重要。青春期的孩子在这一点上表现尤甚，就像我们很多家长说的"脑门一热，把学习什么的全都忘了"。

我们还必须注意到：绝大多数父母，也包括老师，平时给孩子提供的玩的东西或允许孩子玩的行为，是在其早有预设的不能耽误学习的态度下。一般都是孩子不太喜欢的老、旧、烦的东西，往往带来的也不是快乐、兴奋、舒服的感觉，因而难以让孩子感觉到父母对自己的信任和希望，更享受不到民主、自由、尊重、平等、欣赏的关爱氛围滋养出来的奋斗感、成就感、价值感、幸福感。很显然，孩子自然不会愿意。

没有无忧无虑，哪有天真烂漫？没有自得其乐，哪有幸福快乐？没有精彩丰富，哪有个性洋溢？如果我们的孩子能有更多可以自由支配的时间，能有更宽广的可以自由驰骋的空间，能有更多可以选择的游戏、项目与机会，能接触到更广泛的、有修养的长者与有共同智趣的同伴、朋友或团队，能尝试更深刻、更快乐、更好玩的文体、艺术、人文、科技等社会实践活动，那么，孩子们眼里就不会只有网络游戏，更不会对网络游戏那么着迷。我们打个比方，一块糖摆在孩子眼前，那就是极大的诱惑。可是，如果把它放到琳琅满目的糖果柜里呢？如果把它放到有孩子喜欢吃的很多食物的超市里呢？它必然会被冲淡，甚至很快被忽视和忘记。可是，当孩子选择很少，当孩子别无选择时，他只能选择触手可及的糖果。沉迷游戏的确不好，我们父母、老师也总说不让、不要、不行，可是，当孩子没有更多的、更有意义的选择时，这个在我们成人眼中不好的，也会被孩子作为最好的。

面对孩子对手机游戏的迷恋，我们一味严防死守，试图用"堵"的方式，结果显然是与目标背道而驰。

3. 游戏的确很吸引孩子玩

前面我们已经仔细谈过这个问题。从游戏设计本身来说，就是要吸引玩者，越有吸引力说明游戏价值越高。手机游戏满足了孩子现实生活中无法实现的价值需求。游戏设计者们比父母更懂得抓住青少年的内心机制，很多玩法和设计都源于历史和生活。在虚拟世界里又比现实更具有亲近感、真实感，孩子能很容易地体验自己的想法、激情、拼杀、奋斗，能即时地获得一个又一个奖励和荣誉。虽是虚拟，却让孩子感觉到成就和骄傲，这就是游戏可怕的魔力。

什么样的环境，往往就塑造出什么样的孩子。我们孩子在父母不好玩、日常没得玩的情况下，被泛滥于自己身边的手机游戏诱惑而沉迷，也就成了大概率的事。

（三）孩子真正沉迷的不是游戏

通过前面的分析，我们基本搞清了孩子沉迷游戏的来龙去脉，更可以得出这样的结论：父母老师往往看到的只是"孩子玩游戏"这个表面行为，可是并不知道使孩子迷恋的不是游戏本身，而是隐藏在玩游戏的过程中，孩子可以控制、尝试、体验，自己可以做主说了算的那种很爽的感觉。

一个孩子竟然因为父母没收他的手机而跳楼自杀，这是多么令人痛心的事呀！可是，我们在为孩子伤心悲痛的同时，没有想到的深层问题是这个手机给予了孩子太多原本是我们父母、家庭应该给予他，而我们却一直没有满足他，没有让他体验到的太多的美好的情感和体验。比如说，孩子们最在意的被接纳、被尊重、被欣赏、被倾听、被需要，这些对一个要逐渐走向独立的孩子来说，必然感觉比满足生理需要更珍贵。正所谓"生命诚可贵，爱情价更高，若为自由故，两者皆可抛"，不就是这样的道理吗？

孩子缺少自控能力，沉迷于游戏，这的确是令人担心的事。这里面一定有孩子自身的诸多问题，但自律、抵御诱惑的能力岂不也是需要我们父母、老师有意去培养吗？最重要的，我们往往以为孩子玩的是"游戏"，但如果能走进孩子内心深处，我们就会恍然大悟：我们错了，原来他玩的是寂寞，是孤独，是对爱的呼唤，是对自由创造的渴望啊！表现欲、创造欲、安全感、价值感、荣誉感等，这些原本都需要我们父母、老师唤醒、培育和满足，可是，我们却一次又一次地忽视，很少能静下心来，换位思考，去关注一下我们身边的那个活生生的人——孩子。

沉迷游戏固然不好，但比游戏更可怕的还是糟糕的亲子关系，是我们错误的教育理念和错误的教育方式。教育无他，爱与榜样。童年，父母应该是孩子最好的"玩物"；少年，父母应该是孩子最好的"礼物"；青年，父母应该是孩子最好的"参照物"。如此看来，孩子之所以更喜欢游戏而疏远我们，也有点讨厌我们口口声声念叨给他们的"学习"，其实不怪孩子，也不能怪游戏，最应该怪的是我们自己。作为父母、老师，我们当然必须关心孩子的行为。可是，我们更应该思考的是：孩子为什么迷上游戏？游戏到底契合和满足了孩子哪些身心发展的必需？我们和孩子的亲子关系有没有出现问题？我们的教育理念和教育方式有没有问题？

从优势视角上看，孩子上网成瘾、沉迷游戏，正是我们审视和剖析自我问题，改善亲子关系和教育方式的大好时机。因为孩子迷恋手机游戏，是对错误的家庭教育和学校教育方式的一种抗争；孩子迷恋手机游戏，是渴望被认可、追求成就感的非理性选择；孩子迷恋手机游戏，是孩子精神长期压抑、积聚后的一种心理宣泄；孩子迷恋手机游戏，是孩子丢掉理想、信念或没有被父母、老师激发和树立起理想信念后，而寻求精神寄托的一种错误选择。痴迷游戏的孩子，就像游泳时被吸引而误入旋涡的孩子。着急的父母千万不要认为孩子是在影响你，给你制造事端和问题，其实，他本身也是一个受害者。虽然这固然与他自身抵御诱惑的能力有关，但他毕竟是个孩子，而真正把他推入旋涡的，恰恰是忽略孩子内心需求的父母。所以，父母借此可以静下心来深刻地思考自身和家庭教育中存在的问题，开始特别关注自身的成长和如何提高家庭亲子关系的质量。因此，这个看似棘手的问题，实际也是一个很好的拐点和契机。

三、怎么帮孩子走出游戏成瘾

在心理学看来，上网成瘾、沉迷游戏有游戏本身的因素，因为其中有让人成瘾的"毒源"。解决和控制这些"毒源"，需要国家相关部门与社会的共同努力。而对于具体的个人与家庭来说，我们更多能做的是努力帮助孩子增强其自身的"体质"，强化自己的认知、情感与心理状态，增强其对游戏成瘾的"免疫力"，从而坦然、理智、自信地面对，合理、有效、科学地使用网络。

（一）辅导游戏成瘾学生的一般步骤

在我们日常班主任工作和心理咨询实践中，对游戏成瘾者的支持，一般会按以下五个步骤进行，这同样适合家长使用。

1. 利用"自我画像"，让孩子接纳自己

耐心引导上瘾的孩子看清自己沉迷于游戏的生活状态与本质，慢慢疏远导致自己沉沦的网络游戏。

2. 通过改善关系，完善孩子成长环境

家长要放下冲突，用心与孩子一起调整和创建接纳、安全、和谐的家庭、学校、班级等现实环境，增强孩子的安全感、归属感。

3. 引导孩子立足现实，勇敢地重新规划自己的生活和学习

对游戏成瘾的孩子来说，这是最难，也是最关键的环节。教师要和家长一起唤醒、激励、鼓舞孩子大胆忘记过去，充满信心地重新开始，建立合情合理的学习目标与人生理想，接纳和包容自己的不完美，努力聚焦那些成功、安全、愉悦等正向感受。

4. 坚持循序渐进，允许偶有反复

对于很多深度的游戏成瘾者，仅有沟通交流显然是不够的，必须要有适度的行为训练与控制，使孩子走出虚拟世界，循序渐进地增加现实生活的时间，不断地减少网络游戏时间。

5. 不断正向确认，使孩子形成良好习惯

对孩子的每一点进步言行，我们都要表达赞赏和肯定。这样，在教师和家人充满信任的引导和鼓励下，孩子们的自控力会越来越强，好的行为习惯会慢慢固化下来，并且越来越好。慢慢地，孩子可以在不需要老师和家人的提醒、帮助下，自觉地远离或控制游戏时间，最终从游戏成瘾中走出来。

（二）让孩子走出上网成瘾的两种基本策略

在处理孩子上网成瘾、沉迷游戏问题时，一般有厌恶疗法和正面引导两种策略。

1. 厌恶疗法

就是把网络游戏行为及孩子自身讨厌的某些事物和行为联系起来，使之建立条件关系。不断引导孩子更加注意我们有意赋予的坐姿、神态、评分、复述、总结等外在形式，而淡化游戏或玩游戏的过程本身。进而利用其逆反心理和负面评价，让他在意的那些东西逐渐贬值，从而使他逐渐厌倦而放弃。厌恶疗法的重点是对玩游戏的外在评价的巧妙设计，在与孩子达成共识的前提下，抓住这些指标，绑定上网成瘾现象，不断进行负面评价，以引起孩子的厌恶行为。

2. 正面引导

在处理孩子的游戏上瘾问题时，最常用的方法和策略是正面引导。这是一种从接纳和理解孩子，尊重和激励孩子的进步入手，通过正面的、积极的肯定，一步步引领孩子走出游戏成瘾的基本策略。在实施过程中，主要有如下五步：

（1）关注内心，理解孩子。当孩子游戏成瘾时，我们父母、老师要特别注意，尽量不要激怒孩子，与孩子对立，而要看到孩子内在的挣扎，发自内心地去理解他们。孩子需要的是理解，需要的是爱，而不需要指责。"孩子，虽然你沉迷游戏，但妈妈知道你也不想这样，妈妈知道你也不容易，爸爸妈妈知道你心里受了很多的委屈。"许多孩子听到这样出乎他意料的话语，一下子就卸下固执和怨气，哭得非常伤心。孩子心动了，心暖了，问题就可以打破僵持而有进展了。孩子有时候的确需要释放一下，不要怕他哭，怕的就是他麻木；孩子哭了，陪伴他就可以了，抱一抱很可能就把亲子之间对抗的坚冰融化了。

（2）承认事实，尊重孩子。沉迷手机游戏虽然一时很难改正，但这并不代表孩子认可自己的行为是好的。很多孩子会非常自责，也会经常自我否定。所以，我们要告诉他，不是他的错，更不是他无能。我们必须承认这个世界有很多东西是对人产生很大诱惑的，我们人性有时是很难经得住外界诱惑的，这是客观事实。那么如何与孩子沟通交流呢？请看下面的例子：

"手机、游戏被设计出来，本身就是要让人经常使用，越来越离不开的，而设计游戏的目的就是要让人上瘾。你玩手机、沉迷游戏，妈妈知道。这不是你的错，也不是大问题，更不是坏的、恶的。迷恋手机、沉迷游戏，不是你无能，这些东西本身就是有极大诱惑性的，很多成人也会经受不住诱惑；你喜欢手机、喜欢游戏，不正代表你对新鲜事物有强烈的好奇心吗？手机是为我们服务的，能进去代表有好奇心，能出来代表能自律。你是一个有远大理想、有自控力、有上进心、自动自发的孩子。走进去是你，能走出来也是你；有上进心是你，有自律也是你。既有好奇心，又有自律性，两者皆备，妈妈相信你必成大器。"

（3）消除戒备，给孩子安全感。告诉孩子，跟他聊游戏问题，不是为了打击他，不是为了批评他，也不是为了不让他玩手机。剥夺他玩游戏，只是为了与他共同商量一下，如何更合理地去玩。人人都希望改变，人人都愿意改变，但人人都不愿意被别人改变。当我们想强制别人改变的时候，就一定受到抵触，产生矛盾。如果我们能带着心平气和的态度，运用下面的话语方式，则一定会收到奇效。

"爸爸妈妈跟你聊一聊这个话题，不是为了不让你玩手机，也不是为了批评你。你可以继续玩，但妈妈不想因为玩手机的问题而天天担心你，妈妈也知道你肯定不想因为手机的问题而天天被爸爸妈妈骂。你被爸爸妈妈骂，你不开心，我们也很心疼。学累了玩一下，郁闷了玩一下，孤独了玩一下，都是可以的。但是，你也知道，重要的时间应该做重要的事情，而不能只是白白地荒废。所以，我们一起商量一下，怎么可以更好地去管理手机、管理玩游戏……"

（4）不直接否定孩子，对事情本身进行探讨。如果孩子愿意，可以一起制定一些规则；如果他不愿意，就再等待机会。因为孩子不同意，定了规则也无用。所以，在与孩子的沟通中，要注意只谈事而不谈人，切忌批评人。只有在逐步了解孩子的真实想法后，我们才可以再采取合适的针对性措施。诸如："你喜欢玩什么游戏？为什么喜欢啊？你想不想走出来？你需要爸爸妈妈怎么协助你，配合你？"这样诚恳、和善而坚定的沟通，必定能打开孩子的心扉，解开孩子的心结。

（5）满怀期待，对人格进行积极正面的确认。"我就知道，你是一个能管理好自己、特别自律的孩子。以前妈妈还不放心把手机交给你自己管理，看来真的是我错了。你完全能够管理好自己的时间和学习，妈妈真为你高兴。"像这样饱含能量的鼓励，就是对孩子最有力量的支持。

当孩子情绪有缓和或行为有改善，就要持续对孩子进行正面定义，孩子必然也会有相对应的正确行为。每天进步一点点，坚持几天，就会有改变；坚持到两个月，就会有飞跃和突变。积极正面的确认，就是让孩子形成积极向上的内在自我认知。

各位朋友，在现代社会里，上网成瘾、沉迷游戏是一种比较常见的现象，我们不必过于烦恼，也不必过于紧张。理解其本质，了解其动因，把握其综合因素，灵活运用多种解决措施和方法。永远相信孩子，永远依靠孩子，孩子就一定会越来越精彩。

参考文献：

----

［1］郑立平. 把班级还给学生——班集体建设与管理的创新艺术［M］. 北京：轻工业出版社，2010：106－108.

［2］王竹立. 碎片与重构——互联网思维重塑大教育［M］. 北京：电子工业出版社，2015：48－50.

［3］邓鹏，王欢. 网络游戏成瘾：概念、过程、机制与成因［M］. 昆明：云南师范大学出版社，2013：11－12.

［4］吴庆麟. 教育心理学——献给教师的书［M］. 上海：华东师范大学出版社，2003：126－128.

［5］孟迁. 做好父母这件事［M］. 北京：世界图书出版公司北京公司，2006：38－40.

作者简介：

郑立平　广州黄外翰林实验学校校长，正高级教师，特级教师

第五章　家庭教育经典故事

本章选取了13篇家庭教育的经典故事，全部来自山东师范大学教职工及家属、学生的家庭教育故事。每一个小故事都折射出家庭教育的大智慧，无不扣人心弦，令人久久回味。他们的故事告诉我们，父母的言传身教是给予孩子最深远最有效的教育。

母亲琐忆

郑　义

　　临近耳顺的年纪，开始喜欢回忆往事，闭上眼睛，总有母亲的影子，她蹒跚着向我走来，仿佛要叮咛什么……也许，我该常回家看看，看看我白发苍苍的母亲。

　　我的母亲出生于1936年的暮春，抗日战争全面爆发的前一年。她的童年时代，用她的话说，那叫"鬼子时里"，曾经好几次进山，躲鬼子。在不到六岁的时候，她的母亲就离开人世，只好跟着同村的姥姥，也就是我的太姥姥生活。太姥姥辞世后，她又跟着二伯母生活，直到出嫁。其间，在济南府谋生的姥爷娶了后姥姥，济南战役前夕，姥爷带着从老家赶来的后姥姥和小姨，辗转从青岛南下，此后便没了音讯。母亲被孤零零地遗落在老家，骨肉分离，直到几十年之后，接到姥爷托人从香港寄来的书信，才知道当年姥爷他们历经波折去了台湾。信中说他们这期间颠沛流离，初到台湾，生活极为艰难，现如今日子好过了，思乡心切，云云，信中满是对母亲的愧疚和牵挂。

　　母亲从小就像孤儿一般，虽说有亲人抚养，但寄人篱下的日子，让她体会到人世间的世态炎凉。身世不幸，她内心却是要强的。出嫁后，突然来到一个陌生的大家庭里，父亲兄妹七人，他是长子，母亲作为长儿媳妇，在有些老封建意识的奶奶面前，自然有些拘谨，为了照顾年幼的叔叔姑姑们，她总是不分黑夜白天地忙碌着。后来，父亲外出参加工作，常年在外，要强的母亲坚持分家，新家在爷爷家老四合院南屋的外面，一个逼仄的院落，只有一间透风漏雨的西偏房，这房子在我刚学会走路的时候便在一场连绵阴雨中坍塌了，父亲只得将大院的两间南屋掏了个门洞，改成北屋，这里便成了我的新家。

　　从此，母亲独自承担起小家庭的全部重任。她十多岁时，地处鲁中腹地的家乡还受封建习俗的影响，仍旧裹了脚，后来虽然放开，脚掌却已经变畸形了，负重行走便有些吃力，母亲又要下地干活，还要操持家务，她的辛苦可想而知。我刚上小学时，父亲不幸染上肺结核，那个年代，这病治愈的希望渺茫，母亲一边艰难地拉扯着我们兄妹仨，一边还要为父亲的病犯愁。那段艰难的日子，她一个人默默承受着所有的愁苦，从不在外人面前提起。只有当我们兄妹稍有犯错的时候，母亲私下里一边数落我们，一边不自觉地流下眼泪。后来，她跟我说，自己从小没有娘，你爸又生了大病，说不定这个家说散就散了，生怕人家看笑话，就要争口气。她用一己之力坚强地支撑着这个家，熬到我们兄妹仨长大成人，熬到父亲的病痊愈。

母亲坚韧、要强的性格深深地影响了我，教我在以后的人生旅途上，遇到困难不气馁、不退缩，反而平添了一股勇往直前的勇气。

母亲是个闲不住的人。在我的记忆里，她是一刻也不得清闲的。白天，她顶着日头下地劳动，夜晚，掌着油灯纺线、编织或做些针线活儿。早晨，我们还在睡梦中，她早已经在饭棚里摊着煎饼了。家里没有壮劳力，就靠她一人挣工分，年底总欠着生产队里的口粮款，几年下来，竟积累下几百元的欠款，这就像一座大山沉甸甸地压在全家人的心头。青黄不接的时候，母亲常常把仅有的一点煎饼干粮留给我们吃，她只喝掺了菜叶的棒子面糊糊。粮食总不够吃，母亲会精打细算，春天，她挖野菜，秋后，她把萝卜缨子、扁豆角、老白菜帮子等晾干收藏起来，还有粉渣、豆腐渣等，凡能填饱肚子的，母亲都淘换来，经她的一番粗粮细作，做出还算可口的饭食，竟没让我们挨过大饿。穿的衣服，那时，乡下还是以家纺的土布为主，新兴的"的确良""涤卡"等布，家里也买不起，一件衣服，都是老大穿了老二穿。曾经流传一句话，叫"新三年，旧三年，缝缝补补又三年"，多数老百姓何尝不是这样过日子的。逢年过节，母亲将我们的旧衣服拆洗补缀，让我们穿得整整齐齐，惹得邻家羡慕不已。

母亲是个很"巧"的人。记得她跟我常说的一句话是"人受教调武艺高"，当时，我似懂非懂。旧社会，女孩子多不会出门走动，她凭着细心观察揣摩，家务活儿自不在话下，就连庄稼活儿，大凡女人能做的，她都会做。看人家裁缝做衣服，她回家自己试着做，竟学得一手好裁缝活儿。亲朋邻舍谁家有了小孩，她不用测量，默默地做一件小衣服，送给人家，穿上准合适。前些年，年逾八十岁的母亲还特地为我做了几件贴身的绸缎面坎肩，看着我试穿，她前后打量着，我身上暖暖的，母亲的针线活儿还是那么精细！我跟她说："娘，您岁数大了，别太操劳了，现在市面上还有网上啥好东西也能买到。"她说，恐怕自己过几年就做不了了，趁着还能做，也为她百年之后留些念想，听到这里，我心头一阵酸楚，眼泪止不住要流下来，赶紧回头，不敢直视她苍老中透着慈祥的眼神。母子连心呢！

母亲有一手染花线的绝活。那时，凡出嫁女孩都要备些绣花枕头之类的嫁妆，绣花的线是用原白的丝线染成的，即将出嫁的姑娘们托人把丝线送过来，母亲要花费一两天时间，把一捆原白丝线染成一扎扎花花绿绿几种颜色的花线，也不知道她是哪儿学来的手艺，后来我问母亲，她说见过外乡的人过来做活儿，看一眼就记下了。母亲染花线的时候，我常常在一边看着，那一扎扎丝线在母亲手里变魔术一样地染成各种颜色：翠绿、浅绿、紫红、桃红、粉红……生活中原来可以如此色彩斑斓，在我的内心里泛起美的涟漪。那些年，母亲不知道为多少出嫁的姑娘染过花线，她却从不收取人家一点报酬。除了染花线，母亲还会给人家描出各种绣花的花卉图案，剪成纸花，贴在衬布上，还要亲手教给人家一针一线地绣花。

古诗里讲"苦恨年年压金线，为他人作嫁衣裳"，这里有母亲的写照，但她并非像贫女那般的苦命，母亲是得到好报的。

母亲是个忘我的人，她心里装着别人，却常常忘了自己。亲朋邻居谁家有公事，她常常把我们兄妹仨锁在家里，去给人家帮忙，有时候忙活了一天，不吃人家一口饭，不喝人家一口水，回家看到我们都眼巴巴地等着她，她两手空空，心里觉得亏欠了自己的孩子，岂能不难受？父亲有时捎给家里几块钱，逢爷爷奶奶生日，母亲做点儿好吃的，总要叫我悉数送到爷爷奶奶家，不给我留一点。正是嘴馋的年龄，我心里自有委屈，却一声不吭，这事叫邻家大娘知道了，就说她"嘲"（沂蒙方言，傻的意思），可她总改变不了"嘲"的本性。

母亲从不说病，偶有小病，就在家歇一天，自己忍着拖着，实在不行，就吩咐我去村里的卫生室买点儿药。前些年，她说自己胸部感觉不适，我们知道她不轻易说自己的病，催促她去省城的大医院看看，她硬是拖了半年，幸好手术很成功，她康复如初。过后给她吃点保健药，她说全都好了，不吃了，别花那钱。其实，是她心胸豁达敞亮，丝毫不把病放在心里，病自然就没那么可怕了！

长期过度的劳作，使她早年裹脚导致有些畸形的脚掌下生了一层厚厚的脚垫，有时候走路都困难，她每隔三五天要泡脚后自己用剪子修剪，往往剪到渗血，我看着就心疼。看她修剪时佝偻着身子吃力的样子，我想给她剪一次，她觉得自己是小脚，就推脱说我不会剪，不让我动。这么多年来，她从没有说起找医生看看，自己硬生生地撑着，我猜度，平日里她都是怎么忍受的。

母亲一辈子没有为自己享受一点，没有为自己提过啥要求，仅有的一次，是向我提出想买一架缝纫机。那时，我刚参加工作不久，收入很是有限，还要筹办婚事，况且缝纫机还是百姓家里"三大件"之一，价格不菲，心想，母亲还不算老，还有时间，踌躇再三，这事也就放下了。不曾想，岁月无情，一晃几十年过去了。前些年，母亲忽然提起这事，我心里一沉，欲言又止，一阵伤感直冲心头——这是母亲一辈子心心念念的事，也是她老人家向我提出的唯一愿望，我竟没有满足她。现在日子宽裕了，可惜，她已经没有操作缝纫机的能力了，我一直很愧疚于她，想起来心里就隐隐作痛。

我想，要是当年咬咬牙，给她买一架缝纫机，她会有多高兴，她会用它来多做多少针线活儿！

母亲没有多少文化，却对我进行着润物无声的教育。记得有一次和小伙伴们去割草，回来母亲发现草里包着一只小南瓜，就问我缘由，我说小伙伴们都摘了生产队里的南瓜，母亲闻听，就给我讲了一个故事，大意是从前有个孩子，从小就偷东西，从小东西开始，越偷越大，最后被官府判了死刑，临死前，问他有啥要求，他说要见母亲一面，见了母亲，他要求再吃一次母亲的奶。母亲可怜儿子，就应允了，谁知他一口把母亲的乳头咬了下来，母亲一惊，他茫然望着母亲，似悔恨又似怨恨，呜咽着说出一句："往日偷窃，母亲从不管教，儿子有今日，是母亲管教不严。"母亲闻听怅然无语，母子相拥涕泪满面。这个故事深深地印在我心里。

早年家里有一块自留地，正挨着生产队里的一片瓜地，成熟的季节，地里的西瓜、甜瓜、面瓜都随手可摘。一个夏日午后，我和母亲正在地里劳作，看瓜的老爷爷倒背着手走过来，对母亲说："孙媳妇，你这孩子真规矩，我看了半天，没有一点偷瓜的心思，真是好孩子！"随手丢给我两个甜瓜，算是对我的奖励，母亲停下手中的活儿，对着我欣慰地笑了。

那些年，父亲常年在医院养病，我是长子，与母亲相依为命，早早承担了与同龄人不相符的家务活儿。常常披星戴月地去地里陪母亲收庄稼、推着小车去县城里运酒糟、春天里去挖野菜、秋后去拾柴火、大冬天里背着粪筐去拾粪……能偷闲有点时间读书，是我最渴望的事情。拉风箱的时候，我曾因读书入迷，烧煳了锅里的饭却浑然不知……

家里的人畜吃水，每天要到村东河边的一口石泉去挑，小河只有五六米宽的样子，河床上摆放着几块石头，算是渡桥。母亲是小脚，过河上的小石桥不方便，挑水便成了我上学前每天必干的活儿。放学后，我还要去河东的菜地里浇菜。我个子矮，又瘦弱，挑着成年人用的水桶，实在太吃力，母亲叫父亲托人专门给我打制了一对小一点的白铁皮水桶，还有一只小钩担，从此，这一对水桶成了我的专用工具，直到我离开家乡，去外地上了大学，家里都一直保留着它们。如今，不知道那光滑而略有弯曲的钩担和水桶还在不在。

早年的辛勤劳动，于我来说，是替母亲分担，也让我的心安生，总不觉得苦和累。劳动，让我感受了在疲惫过后通体的快感和流淌的汗水对于灵魂的一次次洗濯的愉悦；劳动，教我读懂了一分耕耘一分收获的生活真谛；劳动，更使我锤炼出一种坚忍不拔、奋发向上的意志品质。不辞辛苦地劳动，这品质是传承于我的母亲的。

　　母亲还教会我什么呢？对于我，她是寄托了无限期望的，而她对于我的教育，更多的是身教。她在忍受磨难和挥洒汗水的寻常日子里，用无声的语言教给我勤恳做事、干净做人的道理；传给我诚实拙朴、温婉善良的性格；教会我雪中送炭、乐于助人的习惯。我会铭记，母亲这一生，她以包容向善的心去化解各种矛盾，她靠顽强不屈的意志去迎接生活中所有的厄运，她用勤劳巧慧的双手去操持纷繁辛苦的生活事务……还有许多值得我珍藏的人生财富。我不能忘记，母亲以她身体力行、潜移默化的教育，使我的人生旅途虽然没有轰轰烈烈的事业，没有光宗耀祖的荣誉，也算无怨无悔、平平安安地走过来。

　　人生一场，有如此贤良的母亲，我还能奢求什么呢？

　　于今，已是耄耋老人的母亲，前些年虽经历了一场大病，却依旧达观、勤劳、爱学习，甚至还关注每晚的央视海峡两岸节目。我懂得，海峡彼岸有着她魂牵梦绕的血肉情缘。她还像往常一样牵挂着我。小时候，我是她的希望，长大后，我是她的骄傲和依靠。她知道自己老了，可依然拿我当孩子一般，常常打来电话，耐心地开导我、叮嘱我：别忘了本，要珍惜今天，要好好的。我知道她耳背，听力大不如前，我听着，大声地答应着，眼眶早已湿润了。

　　这就是我的母亲。

作者简介：

- -

　　郑　义　山东师范大学机关党委专员、高级会计师，管理学硕士

一支钢笔的故事

亓立刚

我有一支钢笔，它曾陪伴姥爷走过了几十年艰难的革命岁月，陪伴母亲走过了被迫辍学务农的心酸日子。与我相伴的 32 年中，它不仅陪伴我一路求索获得新知，还曾让我"携其从戎"，伴我征战沙场的同时写下新时代革命军人豪迈的诗篇。如今它又陪伴我走进山东师范大学，在本职工作岗位上抒写中国共产党成立一百周年的伟大成就和绘制山师教育强国的美好画卷。未来，这支钢笔还会带着红色基因和共产党员的优良作风在我们家继续传承下去。

一支钢笔，记录了我们家四代人家风传承的故事。

我的姥爷是一名共产党员，参加过抗日战争和解放战争，离休后返乡种田务农。姥爷的一生波澜壮阔，他给我讲述抗日战争中他如何跟敌人进行残酷斗争和深入骨髓的国恨家仇。他给我讲述解放战争中他是如何歼击反动派，生死关头将自己的手枪藏在腰关乡（今济南市莱芜区茶叶口镇）许家的粮食簸箕中，命悬一线成功躲过敌军的搜查。他给我讲述他用这支钢笔在战斗间隙写过暗语情报和接头暗号，还写过家信和入党申请乃至战前遗嘱。于是，这支钢笔和藏在许家的手枪便成了我童年的"心事"，整天缠着姥爷索要，关于手枪的下落一直是一个未解之谜，姥爷去世多年后我曾专程探访过许家的后人，得到的答案是姥爷是地下党，藏枪的时候枪还热乎着烫手，除此之外别无线索。钢笔最后几经辗转，由姥爷亲手送给了我，那个时候我还是个孩子。这么珍贵的物品为什么送给一个刚进学堂的外孙？在我刚记事的时候姥爷经常给我讲述我们党的光荣历史，给我讲述战斗英雄的故事，在姥爷的言传身教下，当一名解放军战士成了我儿时的梦想。我童年的装束完全是一身"军事化武装"，母亲给我缝制了绿军装，还给我做了一顶小军帽，从老家屋子里翻出姥爷曾经用过的牛皮武装带，经过姥爷的改造武装到了我的腰间。姥爷还用枣木给我造了一支精美的"盒子炮"，在我的印象中和姥爷交流的最多的问题是"游击战术"。姥爷离休后，按照政策标准是要住进城里国家分配的宿舍，可姥爷不想给国家添麻烦，毅然回到乡村参加农业劳动，种地之余就和我这个"小战友"切磋战法，那个时候，老家麦收晒粮食还会用到打谷场，打谷场宽阔，又是泥地，即使摔倒也没有多大危险，我和姥爷就在这打谷场上进行"军事训练"和"研究战法"。训练休息的时候，姥爷经常给我讲共产党如何如何好，如何如何有纪律，我第一次知道"忠于党"这个名词还是在姥爷和我参加"模拟战斗"的时候，姥爷问我："作为一名解放军战士，要是被敌人抓住了，使劲地打你，问你的同伙在哪里，你怎么回答？"我一直将姥爷作为我的同伙，十分肯定地回答姥爷："打死也不说。"姥爷笑着说："这就是忠于自己的同志，忠于党。"当然，那个时候我还不懂什么是同志，什么是党，听姥爷说得多了，就感觉到同志和党都是很厉害的。姥爷出于偏爱将钢笔送给我，着实让我四个舅舅异常羡慕和眼馋，因为这支钢笔是一种精神图腾，现在想来这似乎是冥冥之中命中注定，全家只有我接过姥爷的枪参军入伍保家卫国，也只有我用姥爷的这支钢笔写下过他当年曾经书写过的内容。

我对姥爷的感情极其深厚，我经年懂事后，姥爷不幸罹患脑血栓半身不遂且失语，散学归家常见其因排便困难异常痛苦，最难时我只能用手帮忙，姥爷边拒绝边流泪。姥爷一生投身革命勇敢无畏，性格刚毅如磐石早就置生死于度外，即使身患重病依然与命运顽强抗争，但他最怕麻烦家人，在他看来，宁愿早点儿死去也不想麻烦别人。但对我来说，在姥爷身边长大且倍受姥爷呵护，倒是十分愿意拿出时间和精力照顾姥爷，只可惜那时候我仅仅是个中学生，要是现在……非常遗憾，姥爷没看到我穿着军装胸前别着这支钢笔的样子。姥爷您知道吗？您的那支钢笔当年和我的理想一块被打进背包，与我相伴32年，如今我已经在山师工作，用您给我的钢笔写出了很多很多文章，我是多么想和小时候一样，依偎在您的怀里，给您读一读我写的文章。

我的母亲也是共产党员，是一位朴实的农村老人。姥爷在外地干革命的时候，姥姥和6个孩子在一个叫铁车乡的山区（今济南市钢城区辛庄镇）农村务农，由于母亲排行老大且姥姥患有眼疾，在吃不饱饭的年代里，母亲只能中途辍学帮助家庭渡过生存难关，并尽力成全舅舅和姨妈的学业。母亲开始了辛苦的田间劳作生涯，有一次从山上挑红薯下山的时候打滑跌落摔伤，这让姥爷心疼不已。母亲虽然辍学，但却十分向往学校，向往读书，听姥姥讲，母亲虽然从不说苦，但是在夜深人静的月亮地里会偷偷地抹眼泪。有一次姥爷路过铁车乡，回家看了一眼家里的情况，着急赶路的时候碰上收工下山的母亲，姥爷流着泪从上衣口袋里将那支钢笔掏出来送给母亲留作纪念。母亲性格刚烈要强，流着泪用一块旧红布将钢笔包裹好藏了起来，母亲一次也没有用过，几年以后又原封不动地还给了姥爷，据姥姥说还笔的原因与供销社招工有关。那个时候姥爷在莱芜县（现济南市莱芜区）供销社当领导，供销社有无数次的考试招工机会，我母亲上过几年学也能写会画并且精于珠算，一心憧憬着能靠自己的能力当上供销社的售货员，姥爷对母亲说不能安排子女进供销社，这是党的纪律，并再三阻挠母亲正常报名应试，直到姥爷离休，母亲还是整日下地干重活的农民，并且已经和我打铁的父亲成了家。我不知道母亲有没有对着姥爷哭过，有没有感觉命运不公，那支钢笔又回到姥爷手中的时候姥爷做何感想，我不得而知，但是，我很能体会姥爷内心的煎熬。作为共产党员、作为领导干部，姥爷的做法虽不近人情，但值得我们后辈的共产党员佩服和尊重。面对个人与集体，面对个人与国家，姥爷给我们做出了最好的表率。母亲后来在村办企业干上了车工，出于对自己命运的抗争，母亲勤奋努力，吃苦耐劳，年年被厂里评为先进生产工作者，在村里光荣入党。不幸的是母亲后来被冲床冲到左手，指落而残。母亲的一生苦啊！但母亲从来没有意志消沉过，从来没有抱怨过命运的不公，也从来没有因为当年的招工问题埋怨过姥爷。姥爷生病的日子里，母亲一边干活维持家庭开销一边悉心照顾姥爷。母亲年龄逐渐大了，性格由刚烈转为温和，每次回老家和母亲促膝交流的时候，我以为可以和母亲无话不谈，可是，每当聊到姥爷和那支钢笔，母亲对为什么没用过那支钢笔和为什么又还给姥爷，讳莫如深，只字不提，当问及当年的招工、农转非等问题的时候，母亲倒是释怀，有时候还开玩笑说，如果当年有幸成了售货员后来也会不幸下岗。姥爷毕竟是打过天下的共产党员，母亲对姥爷坚决不走后门十分理解，对姥爷阻挠她正常报名的行为现在也理解了，因为此时母亲也是一名共产党员。母亲对自己的青年时代吃过的大苦一笑而过，晚年她很满足，自己是村里为数不多的女共产党员，这让她十分自豪，她还有一个值得她骄傲的军人出身又当了大学老师的儿子。

我也是一名光荣的共产党员，曾经的革命军人，现在的人民教师。姥爷去世已经整整 20 年，他去世后的第二年我就带着那支钢笔参军入伍。在当新兵的那段岁月里，那支钢笔成为我的亲密战友，训练越苦越是思念亲人和家乡。想家的时候我就会躲在营房一隅，在马扎上铺开信纸，用那支钢笔给家里写信，写着写着常常是泪水和着墨水。信的中心思想和主要内容还记忆犹新，就是靠自己的努力奋斗在部队有所作为，我用那支钢笔写过 101 封家信，后来这些家信被我收集起来装订成册。我想，这些信件加以整理后，可以作为教育子女的生动教材。我还用这支笔写过无以计数石沉大海的稿件，酷爱写作的我，起初因读书积淀少加上写作不得法，稿件很少被报刊刊用。我曾经连续给一家北京的报纸投稿 100 多篇，那个时候投稿没有互联网，全凭我用钢笔书写打稿后，用正楷字体板板正正地誊抄在稿纸上，然后用平信邮寄。那个时候我每月的津贴 80 元，每月光投稿寄信就会耗费不少。当我邮寄到第 99 封信的时候，我收到了报社编辑给我的信，我当时还在训练场，当班长通知我有北京来信的时候，我高兴得几乎要跳起来，我以为是稿件发表了，编辑给我邮寄的样刊来了。谁知道拆开一看，是编辑给我回的一封退稿信，大致内容是精神可嘉但仍不刊用，随信附有一本关于如何写作的书。我想，编辑部的大门终于被叫开了一半，我开始疯狂读书充电和揣摩写作方法，同时还是坚持投稿。真是功夫不负有心人，在我当兵快两年的时候终于在报刊上发表了第一篇文章《用笑脸迎接失败》，这让我一发不可收拾，只要拿起钢笔写字就会文思泉涌，就这样一边读书一边写作，慢慢地我开始陆陆续续发表文学作品。后来我还用这支钢笔考上了大学和研究生，写过入党申请书，经过组织考察如愿以偿加入了中国共产党。我用这支笔写下的文章还引起了一名高中数学老师的注意和仰慕，文章做媒，又加上都是党内同志，我成功地将我的文学粉丝发展成了革命伴侣。

我的孩子是一名少先队员，正在上小学三年级，对历史有浓厚的兴趣，我经常给孩子讲述我这支钢笔的红色故事，于是这支钢笔又被我的孩子惦记，天天嚷着要知道这支钢笔的具体历史。带孩子参观莱芜战役纪念馆的时候，看到同款展品，我就给孩子上了一堂生动的党史教育课，讲着讲着不免想起我的姥爷，我就给儿子讲起了这支笔的故事。我告诉他这支钢笔是他的老姥爷用的，老姥爷是共产党员，曾经为党和人民战斗过很多年。我给他讲了抗日战争和解放战争，共产党如何带领人民实现了站起来，后来又带领人民实现了富起来和强起来。儿子听得入神，但更感兴趣的是他索要多次我都没有舍得给他的那支钢笔。我仿佛从儿子身上看到了我当年围着姥爷索要钢笔的情景，看着儿子迷恋的眼神，我心里虽然不舍但还是决定，在2021年7月1日，召集我们家的党员同志隆重庆祝党的百岁生日，并将这支钢笔正式传给我的孩子，让他接过我们家的红色接力棒，继续努力奋斗！

这支钢笔是我们家的传家宝，写就了我们家四代人的人生故事，睹物思人，永远不能忘记姥爷这一辈人是用生命和鲜血为我们打下了江山，永远不能忘记母亲这一辈人肩扛手挑为我们创造出的物质和精神财富，永远不能忘记自己曾经在党旗下许下的誓言！一定要珍惜眼下这来之不易的幸福生活，未来的日子里，真心希望孩子们能将这支钢笔连同它所承载的良好家风和红色基因传承下去，抒写出我们党的辉煌篇章。

作者简介：

亓立刚　山东师范大学信息科学与工程学院人事秘书

给儿子的小学作文选作序

魏　建

我儿子考上名校从本科到博士一直学工科，没有人以为有我什么功劳，因为我是文科的教授。得知我儿子从小作文写得好，许多人想当然地以为我给儿子"开小灶"，经常"一对一"课外指导儿子的作文。对此，我怎么解释也没有用。其实，儿子学理工还真与我有关，因为我怕他偏科，总觉得儿子在我身边长大，耳濡目染都是文科的东西，会干扰他对自然科学的兴趣。因此，每当他有喜欢文科的苗头，我就及时"纠偏"。当然，他在文科学习方面有什么问题求教，我都会正常解答。我唯一的非正常举动，就是绝不教他写作文的方法，因为我坚信指导作文的秘诀应是"不指导"。

我儿子小学毕业前的最后一个寒假，老师布置了一个作业，让同学们把自己的作文选编成一本小册子。我儿子编成后，自命名为"眼睛——小学阶段作文选"。封面也是他自己用电脑设计的：在一大片墨绿色块和别致白色块组合的画面上，有一只大大的眼睛。翻开封面，还有扉页，他煞有介事地写了题记：

风也有停的时候，

冰也有化的时候，

连光芒四射的太阳都有黑子，

何况我呢？

——我的借口

拿着打印好的这本小册子，儿子让我写个序言。我问为什么要加序言？他说，印象中书都有序言，而且大都不是作者本人写的。于是，我遵嘱写序。不知怎的，写着写着我发现有些"跑题"，成了一篇家庭教育的体会文章了，好在当时孩子没怪我。以下是我的序言全文。

序

××（我儿子不让出现他的名字，用这个代替，以下同）自制了这本作文选，作为家长我应当说几句话。

作为父亲，我经常发现自己在许多方面没有尽到责任。我和友人们谈到这个话题时，友人说，你不必自责，世界上最伟大的感情就是母爱和父爱，孩子们将来能有我们对他们的十分之一就不错了。这话虽有道理，但我并不完全赞同，因为我们为孩子付出不是为了回报，而是出于爱的本能。本能是很容易做到的，很容易做到的事情就没有什么值得赞美的。如果我们老想着母爱和父爱的伟大，就会掩盖我们作为家长的许多过失。

在家长对孩子的直接教育和间接影响中，有没有过失呢？肯定有。家长们觉得能为孩子做到的都做到了，但实际上他们有些该做的没做，不该做的却做了不少。大量的事例证明：很多家长辛辛苦苦、任劳任怨地做着自以为是爱其实是害孩子的事情。因此，值得当今家长们深思的是，如何有所为；更要深思的是，如何有所不为。对此，我有以下几点体会：

一、不把孩子当"孩子"，而是当朋友

××很小的时候我就告诉他，我和妈妈是你的家长也是你的朋友。起初他不懂，后来他似乎懂了。他经常给我的客人说："我爸爸是我最好的朋友，他从来不说'我不和你玩儿了'。"当然，和孩子搞平等，我们作为家长的权威就被剥夺了，但我觉得家长就应该这样做，因为向别人施加任何权威都可能压抑别人的自尊、自信和创造性。"虎爸""虎妈"肯定不对，"小皇帝"同样不对。家长应像尊重朋友一样尊重孩子，孩子也要像尊重朋友一样尊重家长。孩子不是你的玩具，也不是你的"小祖宗"；孩子不是替你实现理想的工具，也不是你不良情绪的垃圾桶；人家的孩子不必是你孩子的榜样，你的孩子也不应该是人家孩子的楷模。像对朋友一样，对孩子不能有过高的期望，也不要过分地迁就；既不能"棒杀"，也不能"捧杀"。

既然是朋友就要经常交流感情，而且是平等的交流。小孩子很好玩的时候，都愿意和他玩；随着年龄的增长，尤其是男孩子开始调皮捣蛋，说话也不再像小时候那么天真有趣了，家长依然要和他玩。孩子说的事家长感兴趣的都能好好听，孩子说的许多事家长不感兴趣的也得好好听。听到他讲得好的地方，我就及时地鼓励孩子；听到他讲的没意思的地方，我也耐心地听下去；听到他讲得不合适的地方，我就和他平等地辩论。只要在家，我每天都拿出一定的时间和孩子像朋友似的自由交谈。

平等是双向的，凡是要求孩子做到的事情，家长必须做到。比如，绝不能失信于孩子，也不要怕向孩子认错。儿子4岁时，我的研究生来我家，最震惊的是多次看到我向儿子认错、道歉。研究生们不能理解的是：父亲怎能向儿子认错呢？再说父亲认错，这么小的孩子他能懂吗？我的回答是，大人能向大人认错，就应该向孩子认错。

在家庭教育上，培养孩子的自尊心和自信心，比别的许多事情都重要得多。你把孩子当作和你一样的人，才有利于孩子自尊心和自信心的提升；你总把他当作孩子，他在心理上就总是难以成熟。家长认错，孩子暂时可能还不懂得什么，但教育就应当是从懵懵懂懂的时候开始的。

我儿子最早发表的作文，内容和题目都是他自己选的——《我家的民主》。在他的记忆中，他和爸爸妈妈是平等的，每个人都有表达自己意志的权利，任何人都不能把个人的意愿强加给别人。遇到意见不一致，就举手表决。在我们家从没有过应该听谁的，只有少数听多数的。他相信民主，因为他经常联合家中的一个人形成多数战胜另一个人，所以，他从不用哭闹威胁我们。当然，当他提出无理的要求的时候，表决结果一定是两票反对，一票赞成。

二、不让孩子依赖家长，让他靠自己

我儿子这一代城里的孩子，大都是独生子女。独生子女往往是被父母和祖辈若干个成年人关爱着。关爱越多，孩子对家长和他人的依赖就越强。而任何依赖，对孩子潜在能力的开发都是一种限制甚至是遏止。所以尼采说：最大的善往往包含最大的恶。

我最早产生这种感觉，是我儿子学走路的时候。起初，明明走不好他却偏要自己走，后来真会走路以后，他又不愿走了，非让大人抱着他或背着他。为了训练他走路的能力，我坚持不抱也不背。可是其他长辈与他在一起的时候，只要他一喊累就可以抱着或背着，反正他不走了。他三岁多跟着我，在依赖绝望的情况下一次能走几千米，而跟着别人走几步就走不动了，这说明任何依赖都会限制其自身能力的发展。

家长替孩子做得越多，孩子成长得越慢。多让孩子做他能做的事情，就会不断提高孩子"我能行""我长大了"之类的成功体验。家长包办的理由，往往是"你还小""我帮你"之类。这无异于告诉孩子"你不行"，导致孩子的自尊和自信受伤。同时，这样做隔绝了孩子的成长体验。孩子这不做那不做，如何在体验中感知自己的能力和价值？如何获得提升自尊心的成功体验？家长包办的结果是遏制了孩子的潜能，甚至会助长孩子的懒惰和依赖性，而孩子的潜能远远大于家长的想象。如何开发孩子的潜能呢？最简单的方法就是，让孩子自己的事情自己做，并且相信他能做好。如果你代他做了，他就总也长不大。不是有一些独生子女外出参加夏令营，不知道煮熟的鸡蛋应该如何剥皮吗？

如果让孩子自己做，孩子的创造力很可能超出家长的想象。例如，我儿子上小学二年级的时候，老师拿了两张画，一张画的是下雨了，几个小孩在雨中跑，只有一个小孩穿着雨衣走着；另一张画的是穿雨衣的孩子撑开雨衣，其余的孩子在雨衣下避雨。这两张画原来的名字是《雨中情》。老师让同学们改个名字。当时同学们改的名字有《互相帮助》《友爱》……我儿子改的是《雨中的阳光》。也是在二年级，有一堂课上，老师提到了"生活"这个词，问同学们"生活"是什么意思？我儿子的答案是："生活是为了幸福而吃苦。"这个答案我都没有想到。

三、不给孩子设计蓝图，让他过好当下

现在很多家长都花高价把孩子送进各种特长班，有的是想让孩子成名成家，有的是害怕孩子输在起跑线上，更多的是随大流，似乎不这样做就是不负责任似的。犹太人有一句千年流传的谚语："人类一思索，上帝就发笑。"我们今天给孩子设计的将来，很可能是要被后人嘲笑的。望子成龙是我们共同的心愿，但孩子能不能成龙，绝不是靠我们把孩子送进特长班就能实现的。××在幼儿园的时候，他的许多同学进了美术班、音乐班、书法班、小主持人班……我们都没让他参加。后来有些热心人发现我儿子在好几个方面有点长处，建议让他进兴趣班或请个家教。我们征求孩子的意见，他不愿意，我们就没做。总之，在孩子的个人发展问题上，我和他妈妈主要不考虑他将来想什么做什么，更关心孩子今天想什么做什么。

也许有人觉得我目光短浅，但我坚信一个人的未来绝不是他人所能设计的。也许有人说我这种"无为而无不为"的态度是宿命论，我恰恰觉得自己有充足的现实依据。我是研究中国现当代文学史的，根据我所读到的人物传记，20 世纪中国的杰出人物没有一个是沿着他父母从小设计的道路而超尘拔俗的。为什么不可设计？因为你是用昨天和今天的经验设计孩子的明天。明天怎样？我们不知道，但明天肯定不是今天，更不是昨天。当今世界的发展日新月异，有几个人能有 20 年后的预见力？既然孩子的将来不是我们家长所能设计的，那么我们今天最应该做、也最容易做到的，就是多给孩子们一点自由、一点快乐，让他们尽可能多地去享受当下每一天的儿时幸福。

四、指导作文的秘诀应是"不指导"

最后，我再说说作文。我是研究文学的，又长期从事语文教育工作，所以很多人以为我对孩子的作文下了很大的指导功夫。的确，我为此动过不少脑子，但我花的所有精力几乎都是如何"不指导"他。这话听起来别扭，却是我多年来从事语文教育工作的切实体会。作文本是一种最个性化的精神创造活动，也就是用自己的语言表达自己的思想。这就决定了文章不是谁教出来的，而是自己写出来的。自己的思想应该用自己的语言去表达，别人告诉你"应该"怎样表达你的思想，"应该"用什么样的语言表达，这究竟是帮他，还是害他？另外，作文还是人的开放性思维的呈现形式，具有无限多的创造可能，不存在"应该"怎样写，而是"可以"这样写、"也可以"那样写、"还可以"……因此"应该"怎样的指导，很容易成为束缚开放性思维的教条，成为压抑个人创造性的桎梏。

　　××的作文一般我不管，他若给我看，我也只是改改错别字和明显的病句。假如我"指导"了他，造成的结果就是让他按我的思想和表达习惯说话，那他自己的创造性就被压抑甚至是被扼杀了。所以，他写作文我尽量不说指导性的话。

　　下面是我们父子之间关于作文的一些对话的片段：

　　子：……那个词怎么说来着？

　　父：查词典。

　　……

　　子：这样的作文怎么开头？

　　父：怎么开头都行。

　　……

　　子：这篇作文我结不了尾了。

　　父：写十个结尾，选一个你觉得最好的。

　　……

　　子：这篇作文不太理想。

　　父：（读后）写得很好啊！

　　……

2003 年 3 月 13 日

　　以上是 18 年前我为儿子小学作文选写的序言，征得他的同意，我拿出来与家长们分享。后续的故事是，儿子在初中和高中阶段，写作水平又有很大提高（但我绝对没有做过任何指导），他又有很多文章发表，我绝对没有推荐。《齐鲁晚报》相关专栏的编辑与我都很熟悉，过了很多年（我儿子都上大学了），一个偶然的机会，这些编辑们才知道××是我的儿子。与我写序言有关的是，我儿子当年编的那本小学阶段作文选至今没有出版，因为当时他只是觉得好玩，没有出版的要求，更没有名利心。虽然我可以帮他出版这本书，但我要尊重他的意愿，更要保护他的这份童真。儿子上中学后，虽然文章写得更好了，发表的文章更多了，但他没有再编作文选。2007 年，儿子上高二时写的文章《穿越千年——我的殷墟之行》被推荐参加第五届"叶圣陶杯"全国中学生新作文大赛，他现场决赛的文章获得特等奖，还代表获奖者在颁奖典礼上发言。于是，有多个出版社想出版他的作文选，其中一家要出我儿子从小学到高中的作文选，我儿子都拒绝了。对此，我有几分遗憾，也有几分欣喜，既为儿子没有弃理从文而喜，也为儿子能有一颗平常心而喜，因为我觉得：压抑孩子的自尊和自信肯定不好，让孩子的自尊和自信过于膨胀肯定也不好。

写于 2021 年父亲节

作者简介：

魏 建 山东师范大学文学院教授，博士生导师，国家"万人计划"领军人才，享受国务院特殊津贴，全国模范教师，齐鲁最美教师

我与女儿共成长

孙　磊

　　我所在的数学院一向有重视子女教育的传统，我身边的同事们对子女的教育大多非常成功。我入职数学院以来，耳边听到的都是同事们的教育成就，到自己有了孩子就格外惴惴，生怕对不起数学院家教成功的优秀传统。一晃二十年过去，如今女儿已经成年，盘点过去点滴，无限感慨。想起陆游写的诗："纸上得来终觉浅，绝知此事要躬行。"不管听了多少道理，终究有得有失，有成功也有教训。如今落在纸上不知于别人价值几何，但愿于己于人，这种回顾反思都能有些许益处吧。

　　先说自己最骄傲的一点。被约稿写家庭教育文章也许是因为女儿高考顺利考入名校，但我最骄傲的并非这一点，而是女儿的人生已经打上了最让我放心的底色：正直的价值观和宽厚、友善、负责任的品质。我始终认为，人生观、价值观是本。根基正，孩子自会茁壮成长，而根基不牢，地动山摇。永远有无数的人生陷阱会毁掉父母一生的希望，而人生观、价值观的确立其实又最是种瓜得瓜的自然而然的事情。更具体而言，父母是什么样的人，家庭是怎样的环境氛围，孩子自然就会学到什么。孩子的奶奶是识字不多的农村妇女，但作为有几十年党龄的村小队会计，奶奶没贪过一分钱，村里、家族里的事情处理起来也永远出于公心。奶奶在村里的威望，孩子看得到，奶奶谈论的大事小情更是孩子爱听的故事，也是最好的价值观教育。孩子的姥爷是区里第一个用教学业绩评上副高职称的小学教师，姥爷的职业生涯教给了孩子什么是平凡岗位上的敬业。我和孩子爸爸虽然职业生涯没有多少亮点，但为人诚恳、负责永远是我们的人生信条，这样的家庭氛围是不需要任何道德说教的。孩子虽然不善交际，但评选"三好"向来是高票当选，在中考紧张的冲刺阶段，孩子仍能每天抽出课后时间去帮同学补课，在大学里为同学、为社团出力从来不计得失，我相信这种忠厚的底色是孩子一生最好的护佑。

　　再说家庭教育里我认为极其重要的一个方面：孩子心理和性格的养成。人常说孩子是家长的一面镜子，这就是说孩子的表现往往反映了家长的特点，正是在孩子养育过程中我认识到了自身的诸多不足，获得了心灵的疗愈和成长。

很遗憾我是个性格有诸多缺陷的人，这种种缺陷必然反映在孩子的养育过程中。现在回头看，女儿幼年时代我确实太过焦虑了，这种焦虑有现实生活和我个人心理的因素，但当时的我并没有意识到。母亲永远是孩子最密切的联结者，我深藏起来的焦虑不安其实孩子是感受得到的，于是女儿乖巧得让我心疼，从小就不是太开心。现在的我好想抱抱当年的自己和女儿，对自己说，只有你自己放松下来，孩子才会开心。

女儿从小懂事，学习上向来不用我督促，这是让我很省心的一点，但同时我的紧张和患得患失的潜在性格又让她对自己要求过高到有些完美主义。人生其实不必用力过猛，能接受不完善和一定的遗憾是必须学会的一课。女儿在大二参加英文模拟法庭选拔，她过硬的英语口语让她入选由三名参赛队员构成的校代表队，另两名队员都是大三学长，指导老师大概是因为欣赏她的英文表达能力让她担任庭辩一辩，这是比赛队伍里最关键的位置。一学期以来女儿在求胜的压力之下不断怀疑自己，整个备赛过程的种种纠结和痛苦难以一一细述。幸好，我们亲子关系始终不错，女儿可以打电话向我倾诉一二，最后比赛也取得了全国季军的成绩，但反思整个学期，本来一个可以非常美好的参赛过程，让她虚耗了过多的精力在无谓的情绪纠结上。

季军出线后，鉴于假期要做膝关节康复训练，也鉴于要恢复下过度透支的身心，女儿决定主动退出下一步的国际赛，请老师更换了一名同学上场，没能完成整个赛程。女儿有遗憾，但盘点这个过程，这些遗憾不还是过度的患得患失、追求完美造成的吗？女儿能割舍掉国际赛反思整个过程中的得失，让自己恢复一下身心是我很欣慰的，我的不良性格对她的影响，她终究可以凭着自己的悟性慢慢修正。

有些错误可以修正，可惜还有些遗憾是没办法弥补的，比如女儿动手能力的欠缺。有心理学理论说，父母太强势会造就两种孩子：一种是极端叛逆，一种是消极退缩。反思我自己的成长过程，我应该属于后者。不知是父母长期的说一不二，还是我自己的先天能量不足，我始终不是个有活力的人，反映在育儿上我向来是缺乏耐心，能省事则省事，我自己生活单调简单，没有给孩子提供一个丰富的生活环境。孩子小时候我总是包办她的很多生活琐事，不放手让她自己去做，这种做法本质上是回避收拾孩子弄乱的残局。其实肯让孩子自己动手的家长才是真正勤劳的家长，我的包办更像是一种偷懒。女儿大了每每反抗我的包办，我才不得已放手。长期下来，女儿少了很多体验，动手能力始终较差，高考也没有勇气选择真正的理工专业，这一点已经很难挽回了。女儿有次与我交流，说她身边聪明的孩子很多都是从小在父母陪伴下进行各种动手的劳作，这样换来的空间感、动手能力是她望尘莫及的。孩子发育的关键期很短，错过了就很难弥补，这个失误是我终生对女儿的亏欠。

虽然我在孩子养育过程中有许多失误，但庆幸的是我给了孩子对读书和思考的热爱。女儿从小到大，我的哄睡方式都是给她读书。母亲平静的声音对孩子是最好的安抚，孩子在听书过程中很容易就安静入睡，也潜移默化地培养了孩子对语言的敏感。女儿学前没有进行专门的识字训练，入学后识字量大幅落后于同龄人。入学后我挑选了一些故事性强的读物，和女儿一人扯着一边一起读，对女儿来说这是她喜欢的亲子时光。不知不觉中女儿的识字量上来了，阅读习惯也养成了，女儿逐渐离开了我的陪伴开始自主阅读。六年小学，女儿基本保持一周至少一本书的阅读量，识字早已不成问题，作文也从未遇到障碍，说到底，只要阅读量足够，语文是不需要担心的。后来女儿学习英语也仍然依靠大量阅读原版书籍快速进步，高二初次裸考雅思就获得 7.5 分的成绩。除了语言能力方面的好处，阅读也打开了女儿的视野，弥补了我们生活阅历不足带来的局限。我们闲聊时也经常议论读到的一些内容，女儿独立的思考每每带给我许多惊喜。

和女儿良好的亲子关系也是我一直非常欣慰的一点。女儿从小到大都肯和我谈心。这期间我有做对也有做错的时候，但我肯反思、肯认错，女儿也就给了我继续交流的机会。长期从事教师工作，好为人师成了我下意识的习惯，正是女儿让我意识到这其实常常是种招人讨厌的行为。女儿给我倾诉她的烦恼，我常忍不住给她建议，这带来的往往是火上浇油。因为女儿的倾诉只是一种情绪的宣泄，作为孩子最安全的后盾，母亲其实只要提供情感支持就够了。这一点也是我犯了无数次错误后才体会到的，幸而我及时醒悟，没有关闭孩子向我敞开的这扇大门。孩子在成长过程中常会遇到负面情绪，允许这种情绪尽情表达，才能不会造成心灵的内伤。我的原生家庭家教甚严，哭闹是不被允许的。记得有一次，忘了什么原因女儿在姥爷面前委屈大哭，我没有制止，姥爷说"冰冻三尺，非一日之寒"，责怪我娇惯孩子，但我很庆幸我没有延续老一辈的教育方式。允许孩子自由表达，孩子才会在父母这里得到最大的放松和疗愈。当然，靠哭闹要挟家长满足自己不合理的要求是不对的，女儿也从未这样做过。能这样达到目的的孩子反而是因为家长不能忍受孩子哭闹以及没有明确坚定的拒绝造成的。

女儿是个内向的孩子，从小不爱说话不太合群。从幼儿园到小学，不停有老师让我鼓励孩子多多发言、多与小朋友玩耍。我也尽力试图让女儿多向活泼开朗的孩子学习。没有如我所愿，女儿始终成不了大人眼中理想的样子。多年下来，我终于领悟到，内向不等于孤僻，不爱说话并不等于退缩。女儿朋友不多，但得到的友谊质量很高，其他不常交往的同学也往往对她评价很好。女儿在独处中可以更好地认识自己，走出适合自己的道路。女儿高一成绩很好，被选入山东实验中学理科创新班。高二的时候实验中学国际部社团举办英语模拟法庭比赛，实验中学国际部是英文教学，学生都是为出国读书做准备的，所以英语水平远远高于其他班级。比赛举办方并没有预想会有国际部之外的班级参加，女儿找到负责人提出参赛请求，并自己找普通班同学组队成功参赛。更令举办方意外的是，女儿的队伍拿到了冠军，女儿获得了唯一的最佳律师奖杯。整个过程令我极为惊讶，也终于让我不再为女儿所谓的性格内向担心。

回顾过去，展望未来，感谢上天给了我一个宽厚善良、积极向上的女儿，也让我有了反思自己，再一次成长的机会，母女是相互成就的。

谢谢女儿，我的人生因为有了你而可以更加完善和精彩。

作者简介：

孙　磊　山东师范大学数学与统计学院副教授、硕士生导师，理学博士

孩子是父母眼中的光

朱玉强

1955 年美国有个电影叫《七年之痒》，说到爱情或者婚姻在七年之后有可能进入危险期。我是个反应迟钝的人，和老婆结婚七年后感觉彼此其实并不是很熟，在双方父母非常"艺术"的提醒之下才把生个孩子的事情提上议事日程。

那时候我和老婆商量说咱们将来有了孩子小名就叫小灰灰吧，她说好啊。我参理所当然地把第三代想成了个男孩，起了一堆很有 20 世纪 80 年代特色的名字给我们参考，我们倒没存重男轻女的思想，只是顺着他的思路也起了几个男孩子的名字备用，结果生了个女儿。对于这个女孩的到来，我岳父岳母和我爹我妈是有些遗憾的，可我和老婆的想法却很一致，只要孩子健康，不少条胳膊缺条腿的，性别清晰可辨，男孩女孩都是宝儿。于是"小灰灰"这个有点男性化的小名就安在了女儿头上，后来还发展出"灰蛋儿""朱老灰""老灰"等一系列称呼，全被女儿奶声奶气地笑纳了。准备好的大名一个也用不上了，开医学出生证明需要大名啊，仓促间就用我之前写的一个软件随机排列组合了个名儿，反正在我和老婆心中名字就是个代号，无所谓的事儿。

女儿刚出生一个多月的时候，社区卫生站打来电话，说请问你是朱某某的家长吗？我们这边是卫生站，要给孩子建成长档案需要一些信息。我当时上着班正为一个报表揪头发，一听以为是广告，回了句"你打错了"就把电话挂了。过了十来分钟我才缓过劲儿来，朱某某不就是"朱老灰"的大名吗？"朱老灰"不就是我闺女吗？妈呀我现在真是一个孩子的家长了啊！我抓紧把电话拨回去，赔礼道歉说对不起啊，我刚当孩子她参还没习惯，您一问我是不是谁谁谁的家长把我整蒙圈了，估计对方肯定是一脸黑线的样子。

老灰上了幼儿园之后，秩序敏感性表现得特别强烈。当然"秩序感"这个词儿我也是后来才知道的，现在回想起来特别对不起老灰。每次有人敲门，必须由老灰开门，谁要比她手快先开了门，马上哭给你看，必须让来人出去，把门关好，再敲次门让老灰开才行。晚上睡觉前讲故事，不能接电话，不能说错一个字，只要跟上次讲得不一样，那对不起请从头再来吧，以至于我媳妇很长一段时间只敢给她讲很短很短的故事。

你要猜不准她心里想什么，也能哭死给你看，这才是最让人崩溃的。比如她问了，什么东西是又酸又甜的，外皮黄黄的，整个看起来橘橘的？你一听"橘橘的"开始心中窃喜，先说个错误答案让她有成就感，再说个"橘子"，心想这下万事大吉了吧。没有，哭给你看，说不对。那就是"橙子"？哭得更大声，不对，再猜。那还能是啥？"柚子"？不对，哇呜呜啊呜。我和我媳妇、我爹和我妈一起把头发快揪没了也没猜到，老灰哭得也快上气不接下气了，终于给了答案，说"丑橘"。您的题设也没提丑丑的啊，崩溃死了。我不是好脾气的人，更想着"三岁看老"这句老话，只想着对这种无理取闹不能惯着，得把她治过来，于是没少"熊"她。现在知道了秩序感对小孩子的重要性了，可真后悔。在小孩子看来，世界是以不变的程序和秩序存在的，就像个空间直角坐标系，她有自己确切的位置，然后内心才会觉得安全。这种外在的秩序感还可以促使孩子尽快建立内在思维的有条不紊，为其以后合理有序地规划生活、提升效率、增强自制力和自信打下坚实的基础。这种与生俱生的本事可是好事儿啊，可惜让我这个没考证就当爹的给破坏了，追悔莫及。

　　老灰上了幼儿园大班以后，老师开始指导孩子并请家长一起督促看书阅读。在选书方面，我和老婆的意见也很统一。就算专家都说是幼儿必读书目的书，我们也不会马上买了给孩子，一般先翻翻大体内容、行文风格，如果我们都感觉语言乏味、面目可憎，就先用自己的话给孩子讲讲，如果孩子表现不出任何兴趣甚至反感，那就不买不看。要知道知识是永远学不完的，强按牛头喝水的后果除了容易把牛呛着还容易造成牛对水的恐惧！我们会把专家学者的推荐意见跟孩子的具体喜好联系起来，给她足够的视野和选择，多问你为什么喜欢或不喜欢这本书之类的问题，让孩子充分表达，这样孩子的阅读理解、总结归纳、语言表述等能力不自觉就得到了提升。让孩子爱上读书，成为渴了喝水、困了睡觉的下意识的习惯。当然对于自然科学方面或枯燥或晦涩难懂的书还是应该鼓励孩子多使点劲儿"啃一啃"，不能因其一句"我不喜欢这本书"就由着她轻易放弃。读书方面，孩子在参与选书过程中其实已经分清了哪些该精读、哪些该泛读，我们不会因为自己觉得有些内容"不适合这个年龄段的孩子看"就指手画脚，由着她自己去翻。其实本能会让他们在初次涉猎复杂内容时跳过不理，同时激起兴趣与好奇，不自觉地精读深读，一下子就有了"知识具有层次感"的感性认识。家长动不动让孩子放弃，一旦让孩子形成遇到困难就轻言放弃的思维习惯，这就太可怕了。幼儿时读了什么、记住了多少并不重要，重要的是有没有养成阅读的习惯以及遇到问题积极主动解决问题的思维习惯。

　　转眼孩子该上小学了。现在的家长都普遍焦虑，怕孩子上学以后学习跟不上，不能很好地融入班级，等等。我和孩她妈商量了一下，不行先报个幼小衔接班，先适应一下，于是在离家比较近的地方报了班，还专门打听到一位据说"很严厉"的班主任，就为了能让孩子早早地适应"规规矩矩的氛围"。实践证明效果相当不错，原来又皮又闹腾的女儿每次回家都规矩多了，让干啥干啥，相当乖巧。我们全家欣喜之余，突然发现了一个问题：好像乖巧过度了。原来跟她说你要没事儿就画个画吧，她摸起笔来就画，现在你说了她半天不动，问她想啥呢？她就说"你还没说让我画个啥啊"。你要问她 2 加 3 等于几，她说 5，你要问对吗？她就不自信了，反问你，要不就是 6？哎呀我又算错了。我和老婆一下子慌神了，这哪是乖巧，这是极端不自信了啊，我们想让孩子上学之前"听话"一些，可不是这样的"听话"啊，这直接就是"听傻"了啊。终于意识到有个性、有创造力的孩子比这种"听话"的孩子好多了，赶紧停了衔接班。后来有一回她因为偷偷一口气吃了 5 块糖被我"熊"哭了，我只好边哄边给她讲道理，爸爸也是为你好啊，糖吃多了牙里要长虫子，很痛，牙容易掉，像咱楼下王爷爷那样一颗牙都没了，还怎么吃大蛋糕，还怎么啃大苹果啊，那么多好吃的都吃不着！本以为这话能击中要害，结果她抬起头很认真地说，王爷爷有假牙，什么都能吃！我一时语塞，只好硬着头皮说："假牙吃东西不香啊。"她说："今天遇见王爷爷跟我抢沙琪玛，吃得可香啦！"我额头冒汗了，正想怎么回答，她又问了："爸爸，你没戴过假牙，你怎么知道假牙吃东西不香？"这这这……我发现不能再被她牵着鼻子走了，只能编瞎话了，说："有卖爷爷奶奶假牙的，却没有卖小孩假牙的，有钱也买不着！如果你因为吃糖把牙吃坏了，你就得好多年没牙用，多惨啊！"她的眼神明显惊恐起来。正要得意，老婆回来了，冲我吼，你生的什么闺女，非吵着吃糖，大晚上撵我出去买。老灰一把夺过糖包，跟我说："爸爸，不是我不听话，实在是妈妈辛苦买回来了，我不吃对不起妈妈的爱啊！"我欲哭无泪，但一想这逻辑包袱使的，没毛病，看来衔接班的阴影已经过去了，也算好事一桩不是？这种逻辑还不止一回让人哭笑不得。有一回，我们嘱咐老灰少喝饮料，同样对牙不好，她保证得好好的，说一天就喝 5 口，喝完马上放冰箱冻上，第二天再喝。坚持了 5 天都好好的，到了第 6 天，这家伙很有层次感地先喝了 5 口，做了个放回冰箱的动作，又从冰箱里把可乐瓶拿出来，光明正大又喝了 3 口。我说你不是保证过了，我们信任你才让你自己管理可乐瓶，她骄傲地回答说："爸爸你看我一直坚持得很好，我觉得作为奖励每隔 5 天我可以多喝 3 口。"好家伙，还懂得奖励自己！

　　上小学以后，老灰和老师、同学的交流越来越多，我们明显感觉到她成长了，个头高了，心智也越来越成熟，学会和家长"斗智斗勇"了。有回放学她掏出新书跟我说："爸爸，请您帮个忙，给我包下书皮好吗？"我说："你什么时候学这么客气了，还'您……您……'地？"她说是老师在学校教的，对人要有礼貌。打那时起她就经常"您……您……"地请我帮忙，有回在群里看老师发通知让做个仿制钟表，我想看这小丫头回家怎么开口求我吧。结果她回到家根本不提这事儿，一个人玩弄起了积木，边搭还边拿眼睛余光瞅我，我故意装作没看见。到底是小孩心性，憋了半天她主动过来跟我说："爸爸，你让我帮忙教你搭浮桥好不好？"我没理她，走过去三下五除二就把浮桥搭好了。她噘嘴又搭了个拱门，然后赔着笑说："爸爸，要不你请我帮忙教你搭拱门？"我问她为什么非要请我求她，她皱着眉头很认真地说："人家都求你帮忙好多回了，你却一次也没求过我，叫人家怎么好意思再请你帮忙做钟表呢！"您瞧这小心眼儿使的。

小学二年级的时候，老灰班上不知是谁"发明"了用大拇指、中指和小指抓笔写字的姿势，同时把食指和无名指翘起来，美其名曰"OK 势"抓笔法，为此我狠狠地批评了她，但她就是不听。我看着的时候她就好好写字，我一离开她又"OK 势"，关键老婆还没有底线老是维护她，气得我直想吐血。连续一周都这样，我真是黔驴技穷了，打也不是，骂也有老婆护着，急得我原地转圈儿。到第 8 天，老灰突然冲着我咧嘴一乐，跟我讲起了道理："爸爸，你知道大禹他爸爸治水没成功但是大禹成功了是为啥不？因为大禹的爸爸只知道堵，还是大禹聪明懂得疏通。你老说这不行那不行的，你得讲道理啊。"把我给气得啊！"我怎么没讲道理，你那样写字姿势就是不对，不对就是没道理。你要知道人体力学是这样的……"我正想把声势搞大，老灰来劲了："啥人体力学啊，你们大人就是这么敏感，我只是一时好奇玩玩，你以为我不知道累啊，那么个握笔法我都抽筋好几回了，我会习惯才怪！"

到小学三年级，有一回开家长会，我知道孩子得了个"三好学生"，算给我们长脸了，我和孩她妈商量说要不这次开会我去吧。媳妇笑我说就会抢长脸的会，我承认了，她当然也是非常开心的。开会的时候喜欢当场发挥的班主任已经突击叫了一位家长上台讲育儿经了，我就一直在纠结她会不会也突然叫我上台？当时确实有点膨胀，想着咱这硕士学位虽然有点拿不出手，但和博士一样都是研究生学历啊，另外再怎么说咱在大学里好歹也有个正高级职称，也带着研究生，在家长们中间不算拔尖也不至于给老灰丢人吧，关键老灰可是"三好学生"啊！会不会点我名，让我分享，点我名……心里正打着小九九，突然听班主任老师亲切地叫了一声，朱某某家长！哎呀，来了来了！我冲上讲台，向大家深鞠一躬，然后有点亢奋地说："其实也没什么，哪个家长对孩子没点儿期待？谁不是在孩子还没出生的时候就想着只要健康就好，结果生出来以后望子成龙望女成凤？……"刚开了个头，班主任老师有点尴尬地说："朱家长，叫您是听说您技术搞得不错，教室的电子屏突然不显示了，您能帮着给修修不？这时候叫学校的维修人员有点不赶趟儿……"我的妈呀，老灰考试没给我丢脸，我参加个家长会还给老灰丢脸了呢！

　　现在老灰读小学四年级，"家长永远是对的"在她心目中已经成了假命题。有段时间我对股票很感兴趣，在手机上装了股票应用程序，晚上在家经常抱着手机刷，还借了几本相关的书在家看。孩她妈喜欢画画，买了个数位板，下班回家就抱着个电脑画画。孩子做完作业偶尔拿我借的书看，我想让她从小有个投资意识也不错，也没限制她看。有天晚上她兴奋地跑到书房找我，从兜里掏出 50 块钱来，递给我说："爸爸，看完你的书，我在班里做广告，替同学做作业收费 30，然后又去别的班招标，替我做作业只需 25，这样每人每次我就可以赚 5 块钱差价，看，这就是我挣到的钱！"我听了真是五味杂陈啊，有商业头脑是好事儿，但是这种玩法，那就不对了。和老婆一说，她也失眠了。扪心自问，我们成天打着充实自己才能给孩子更好的未来的旗号，平时给她的陪伴是不是太少了？我还想着靠股票搞风险投资捞快钱，殊不知孩子才是我们这辈子最大的风险投资啊！我们翻来覆去睡不着，想着该怎样让走了岔道的孩子重归正路，结果第二天她主动找到我们，又是咧嘴一笑："昨天我故意气你们的，你们以为小学生这么'人傻钱多'啊！我只是编了个故事让你们把目光从'手机亲爹'和'电脑亲妈'转到我身上，多给我点儿关心！钱是我跟奶奶借来的道具！"

　　经历过这件事情，我觉得有必要复习下从我爹我妈那传下的家风了，并且把优良传统与时俱进地融入老灰的骨血中。记得 10 年前我跟我爹商量咱们是不是该总结下家风，好让灰蛋儿继承。我爹嘿嘿一乐，说："咱就是最普通的老农民，啥风不风的，走一步看一步呗，过去的事老记着干啥？"我激动地说："这就是家风啊，不为过去所累，撇下包袱奋力前行；不为未来无穷尽的可能晃花双眼进而不知所措无所作为；仅仅活在当下，过好当下，多有哲理啊。"我爹掉了半天下巴，说："你们这些文化人就不会好好说个话。"我觉得他说的和我总结的都很有道理。我七、八年级按学区划片是在一所公认差劲的学校读的，差到什么程度呢？镇教委为尽量减轻学校对学生的拖后腿作用，把学校办九年级的权利给回收了，九年级只能再考别的学校。我偏科严重，很苦闷，跟爹说了，结果他说："偏就偏吧，很正常啊。"接着问："知道为什么包工头喜欢找我干钢筋工不？因为我扎得好，甭管多长的笼子，保证上下一样粗。我为什么扎得好呢？因为我太喜欢捯钢筋玩了，虽然指着这手艺挣钱，但我首先是玩。你要让我去和混凝土我就不行了，我不喜欢那个噪音，村头你哥都比我和得好。干自己喜欢干的，不累，还出活儿。你数学和英语不就很好吗？语文也不差，因为你喜欢啊。精一样就很了不得了，别贪心什么都懂，最后只能什么都是半吊子。但是你还得知道混凝土的稀稠，这决定扎笼子的时候加细铁丝的多寡。所以，偏科那几门，你还得意思意思，说不定对别的课有促进。爱好也可以慢慢培养。"我觉得他说的有道理，临近年关，建筑队没活干，我爹就张罗写春联卖，骑自行车挨个集转悠，转来了我的学杂费，转来了红红火火像模像样的年，也转来了字好人更好的口碑，一转就是13年。"只挣自己能挣的钱，只挣自己想挣的钱"，我爹说他当时就是这么想的。我觉得他说得有道理，反正再苦再难，不该挣的钱我没挣过，我也像我爹一样没动过手。我爹还说过，不能死要面子活受罪，不该贪小便宜吃大亏……

我把这些都说给了老灰听，她现在可能还不懂，迟早会懂的。当她觉得自己长得不如同学好看的时候，我也会重复我爹我妈告诉我的话："长相是爹妈给的，好看难看都得接着，再说他们给你这个长相的时候，他们自己也没得挑啊。腹有诗书气自华，改变能改变的，强大的内心才是核心竞争力。"

所以我们教育孩子的故事，就是父辈们教育影响着我们，我们只是尽可能地"率先垂范"，偶尔也出着"坏"招陪伴着孩子，孩子又反过来刺激着督促着嘲讽着我们，就这样共同生活着。孩子是第一次当孩子，我们也是第一次当爹妈，都没啥经验，没考个合格证就稀里糊涂上岗了，摸着石头过河，有着好好合作的心思，希望能有个敞亮的未来。我们从不希望她将来大富大贵，替我们达到没能达到的高度，只希望她能健健康康成长，将来能经济独立，自食其力。

如此，甚好。

作者简介：

朱玉强　山东师范大学图书馆研究馆员、硕士生导师，食品科学硕士

天道酬勤——我的家风

韩道广

在老家客厅里挂着一幅"天道酬勤"的书法牌匾，虽然这块普通的牌匾与那些大书法家们的作品无法相提并论，甚至有些寒酸，但对于我们家来讲却弥足珍贵，据说这是祖辈留给我们的"传家宝"。从我朦胧记事起，父亲时常会莫名地注视这块牌匾许久，然后在喃喃自语中拿起鸡毛掸子拭去上面的灰尘。

父辈的"天道酬勤"

在小时候的记忆里，"勤"就浸润在我们家的日常生活中。爸爸妈妈都非常勤劳善良，一家人的日子虽不富有，但也和和睦睦，其乐融融。母亲每天都会早早起床，不仅把自家院落清扫整洁，还会把整个胡同都打扫得干干净净。左邻右舍的婶子大爷们，常常调侃母亲就是起床的闹钟，他们说每天听到她扫地的沙沙声，就知道该起床做饭了。正是母亲的勤快，融洽了我们互帮互助的邻里关系。在那个物资匮乏的年代，院子里的小菜园，一畦畦一垄垄地被母亲打理成了时令蔬菜的"宝地"。从春天的菠菜、油菜到夏天的茄子、辣椒，从秋天的冬瓜、豆角到冬天的白菜、萝卜等，总能丰富我家的餐桌，而且一日三餐常常出新。记得勤劳的母亲总是隔三岔五地烙顿菜饼、包顿饺子，也能让我们打打牙祭。吃不完的菜，母亲也会想着给东院李大爷送几根黄瓜，给西院的吴大娘送两棵白菜。母亲不仅勤快，而且心灵手巧。记忆中的母亲每天晚上都会在昏暗的灯光下给全家人缝衣做鞋。儿时的我感到自豪的是，在每个季节变换时，母亲总能让我们穿上新鞋新衣，并且那千层底鞋既舒适又好看，衣服上的小装饰，也都是那么精致巧妙、浑然天成，足以让我们专门跑到大街上，在小伙伴面前神气一番。看着妈妈忙里忙外，帮东家帮西家的，整天像只永不停息的"陀螺"，家里人总是劝她不要揽那么多的活，可母亲却常说：我又不读书学习的，干点活，活动活动筋骨，比啥都强。

说到"天道酬勤"，不得不提起我那吃苦耐劳的父亲，父亲是一名民办教师，他那微薄的薪水远远不能支撑家庭的运转。在那个依靠土里刨食的年代，对家里几亩责任田，父亲从春种到秋收都是精耕细作，无论播种、浇水还是松土、除虫，来不得半点含糊。特别是每年的麦收后都是一贯的干旱，为了播种的玉米能顺应节气及时发芽出土，父亲总是第一个安装灌溉设备浇地。直到汩汩流淌的清水灌溉完田地，父亲疲惫的眼神中才会闪烁出一丝光芒，似乎看到了玉米几天后齐刷刷地出苗了。很多邻居都笑父亲傻得不知道省力气，其实等几天就有雨了，玉米不也一样出苗吗？当我也这样劝父亲等几天雨水时，父亲却板着脸说，庄稼人累点没什么，种子埋进土壤，及时浇水，一天一个样，种庄稼必须顺应着庄稼的生长节气才能有个好收成。该播种时播种，该出苗时出苗，才能该开花时开花，该结果时结果。正是父亲照顾庄稼如同关注孩子成长一样的专注，所以常常引来四邻乡亲来田间地头向父亲讨教种地门道，这下可打开了父亲的话匣子："种地，种地，三分靠种，七分靠管理，啥庄稼都有自己的生长习性，必须根据气候、墒情、土质进行管理，说到底就是一个'勤'字当头。庄户人家不就是靠勤快才能丰衣足食吗？"想想那些年令父亲最得意的就是，他这个"知识分子"打理的责任田，每年都会成为全镇农作物高产推广的示范田，不少领导也都前来观摩参观。很多人都会啧啧称道那句口头禅："这就是人勤地不懒呀！"

"天道酬勤"助我圆了教师梦

"天道酬勤"在潜移默化中植入我的心田。父亲告诉我，要做一名好老师，字就要写得好。我也想当一名老师，所以我莫名地爱上了写字，以至于从上小学就成为同学们学习的榜样。别人在业余时间疯跑打闹，而我有时间就练字，渐渐地我的字在班级、学校崭露头角。特别是学校里每次更新黑板报，老师们都推荐我来策划书写。那些日子也暗暗沾沾自喜过。但记得上小学五年级有一次，当我自信满满地代表学校参加县里的硬笔书法大赛时，却只捧回了一个三等奖，与我的期望值落差不小。我有些灰心丧气，面对枯燥的练字再也提不起热情，父亲似乎猜透了我的心思，坐在炕头语重心长地说："想要练好字，是来不得半点急躁的，不但要有耐心，还要有恒心和毅力。每个笔画看似简单，实则不然，这和种地一样，要在'勤'字上下足功夫才好。"我看看墙壁上的"天道酬勤"，似乎明白了其中的道理。于是，我开始静下心来投入练字，一撇一捺、提笔落下、起顿转折、抬起微翻……每一个字我都当作一件工艺品，不断写写再停停，揣摩对比前后字体中的不足。父亲的话在一次次地勉励自己：要在"勤"字上下足功夫。再写字的时候，我想的不再是为了比赛得奖，而是用来陶冶情操，缓解学习压力。渐渐地，练字竟然成了我生活中的一种乐趣。正是练字的过程，让我明白了"勤"字的重要，改掉了我心浮气躁的缺点，也助力了我的学习。同学们都对我刮目相看，只有我自己明白，冬夜里的寒窗夜读，夏季里的蚊虫叮咬，哪一次的成绩不是辛勤换来的。寒来暑往的轮回中，我从未懈怠过，直至我收到梦寐以求的录取通知书时，我和父亲相拥而泣……感谢父亲传递给我的"天道酬勤"，让我如愿以偿地迈进师范的校门。

走进洋溢着青春朝气的校园，艳羡着同龄人从头到脚的光鲜亮丽和时尚前卫，再低头看看自己土气的长衣长裤，让我自卑，让我孤独，让我无法融入同学们的高谈阔论……形单影只的我穿梭于吃饭、上课、睡觉的三点一线中。每到月底，当父母在书信中询问我的生活费是否宽裕时，我总回信说："很宽裕，不用牵挂。"放下笔，摸摸瘪瘪的口袋，不得不学着用双手贴补自己的生活。以后的周末我便四处游走于城市纵横的街道，帮助商家发放广告单，每天能有 5 元的收入。在烈日炙烤的街头我一发就是三四个小时，但从未叫过累；还有屡屡遭受冷落的目光时，也从未叫过苦；偶尔也会遇到熟悉的同学三五成群地从身边走过，我会下意识地转过身去回避。有时遇到接广告单的行人礼貌地向我点头，我也会感动好一阵子。后来，为了多一些收入，我就在假期去工地做小工，由于没有工作经验，力气也不是很大，所以没干几天就被辞退了……在东寻西找中，我忽然看到了一线曙光：学校一位教务员家里的初中生需要课业辅导。当我第一次战战兢兢地来到他们家里时，主人的善解人意，孩子的礼貌待人让我受宠若惊，我特别珍惜这个机会，用心梳理孩子各科学习的不足与短板，再认真做阶梯性辅导计划……我的付出没有白费，孩子的第一次月考就提升了 10 个名次，他的父母对我的辅导也分外满意，从未有过的自信与满足溢满心头。可我丝毫不敢懈怠，因为我觉得是"天道酬勤"的"勤"给了我这个初为人师和让人认可的机会。此后，无论我在宿舍还是在班级里，都主动打扫卫生，用勤劳的双手为他人提供一些便利，我乐在其中。我对功课的学习也是坚信笨鸟先飞、勤能补拙，辛勤的汗水换来的是所有学科在全年级都名列前茅。在学校每年的各项大赛、活动和年终评比中我也相继获得多项荣誉称号。

斗转星移，我如愿以偿地走上了为人师表的工作岗位，父亲的话"人生路上就要在'勤'字上下足功夫"成为我工作的座右铭，还有胸前这枚闪亮的党徽，给予我源源不断的工作动力和热情。面对朝气蓬勃的学生，我先从细节着手，在交流中学会倾听他们的心声，逐步了解每个学生的家庭情况、兴趣爱好、学习水平、理想志趣等，课堂上我是他们的师长，课下我就是他们无话不谈的"老师哥"，学生有困惑和迷茫时，我又是他们的知心朋友。每天工作虽然忙碌得停不下脚步，但是我所带的班级连年被学校评为先进班级。我也由普通教师逐步成长为班主任、教导主任、副校长，直至后来到教育局工作。

"天道酬勤"给予我一个温馨的家

　　岁月如梭，父亲的那句话"人生路上就要在'勤'字上下足功夫"掷地有声地融入了我的生活。时代虽然不同了，但"勤"字的真实含义并没有变。它不但成就了我在事业上一路攀登，也浸润成为我的小家庭的家风。妻子毕业分配到乡镇政府，她扎根基层勤奋工作，凭着扎实的工作作风和出色的工作表现，脱颖而出，成长为县级干部。儿子的出生给小家庭带来无尽的欢笑与幸福，虽然我和妻子都爱子如宝，但是我们依然爱中有严，严中有度。从小学就培养孩子自己的事情自己做，要勤奋、有担当，上中学后教育孩子要独立、自理、有爱、有责任，遇到困难和挫折时也不能气馁，即使失败了，也没什么，勇于尝试就是走在成功的路上。潜移默化中孩子也渐渐领悟到要以父母为榜样"人生路上一定要在'勤'字上下足功夫"。

　　我们也难免和天下父母一样，有望子成龙、望女成凤的心态，甚至面对孩子不错的成绩还会想着督促孩子再努力再提升，但是在陪伴孩子一步步成长的日子里，我们克制住了这种想法，也不当面拿孩子和同学比较，没有为孩子的学习成绩而焦虑过，因为我们深知，只要孩子尽力了，一切安好就足了。从小学到初中乃至到高中，孩子脚踏实地，刻苦学习，成了很多父母口中那个"别人家的孩子"。我也很荣幸地一次次站在家长会的发言席上，很多家长纷纷让我讲讲教育好孩子成长的密码，我常说的一句话就是："方法是有点，但'勤'字才是最重要的。"我应该感谢父辈传承下来的"天道酬勤"好家风，只有在"勤"字上下足功夫，才不会在拼搏的道路上留下过多的遗憾。

　　当孩子收到浙江大学录取通知书的那一刻，如同当年父亲对我一样，我给了孩子一个大大的拥抱。孩子眼含热泪地说："此生最大的幸运就是成为你们的孩子，最大的快乐就是有一对知我懂我的爸爸妈妈，最大的骄傲就是爸爸妈妈用'天道酬勤'照亮了我努力的方向。"我轻拍着孩子的肩膀，不知说什么好，拉着孩子的手，注视着墙壁上的"天道酬勤"牌匾说："孩子，步入一所理想的大学，又是一个全新的开始，一定记得人生之路要在'勤'字上下足功夫，生活才不会辜负你。脚步走不到的地方，请用心在书的世界里去发现那些美妙的风景。无论学习还是生活都不要相信有天才的存在，不要只羡慕站在领奖台上的人，因为你没有看到人家背后的勤奋。"孩子近乎深沉地看着我点了点头。

　　当我远远望着孩子的背影消失在大学校园那一刻，我深知最应该感谢的是我家一代代相传的"天道酬勤"的家风。让我们懂得无论是工作还是学习，都要靠勤劳的双手去努力创造美好的未来。孩子怀揣"天道酬勤"的人生信条，步入紧张而忙碌的大学生活，虽然在学习或活动中难免会出现小小的失败或者不尽如人意，但是他从未停下前进的脚步，因为他相信"一分耕耘，一分收获"的道理。

在以后和孩子的信息来往中，我们也感觉到他每一步的努力中都隐藏着一个美好的愿望，他要像爸爸妈妈一样，勤奋学习，将来胸前也能有一枚闪亮的党徽。在学习和生活中的他，也更加严格地要求自己，上好课，听报告，泡图书馆，一切都在向自己入学时立下的"打好基础，勇攀高峰，师夷长技，报效祖国"的理想目标行进……时光不负勤奋人，他的专业课也获得了平均 3.89 分（满分 4 分）的绩点。他也决心用奋斗作为青春的底色，肩负起为国家为人民奉献全部的豪情壮志的重任。

时至今天，虽然我们的生活状况无法与富贵沾边，但家庭中的每个人都享受到了精神的富足，都在各自的道路上践行着"天道酬勤"的信条，传承着这个让我们家骄傲和自豪的好家风。

作者简介：

韩道广　山东师范大学继续教育与培训学部高级实验师

青春寄语——写给 14 岁的女儿

乔资萍

亲爱的女儿：

2 月 3 日，对许多人来说，是一个普普通通的日子，可是对于我们，却有着非凡的意义，因为这一天，你像一个小天使一样来到这个世界，从此，给我们的生活带来了无限的快乐、幸福和希望。

14 年前，当护士阿姨把你抱到妈妈的身旁时，妈妈一切的疼痛瞬间便荡然无存了，看到你躺在妈妈身边安然入睡时，从未有过的幸福感油然而生，爸爸妈妈的生活从此便有了新的意义。是啊，从此，我们家就多了一个咿咿呀呀的声音，更多了数不尽的欢声笑语。你天生就爱笑，你的笑声给我们带来了太多的欢乐，太多的幸福。感谢你，宝贝。

14 年飞一般地走过，爸爸妈妈甚至都还没有任何思想准备，你就已经从一个娇小的婴儿长成了一个亭亭玉立的大姑娘。孩子，你真的已经长大了，一米七的个头，让妈妈羡慕，也让妈妈骄傲。如今的你，不再什么事情都请教爸妈，也不再觉得爸妈说的什么都是对的，你有你的主见，有你的思想。你的知识面和思想已经远远超出年少时的我们。当看到你洋洋洒洒的文字时，我们欣赏你的表达能力；当听到你流利的英语表达时，我们羡慕你的英语水平；当你兴奋地告诉我们一道数学题新的解答思路时，我们欣喜你的逻辑思维能力；当你高兴地向我们展示你的画作时，我们赞叹你的艺术天赋；当发现你独到的见解时，我们惊叹你的主见和思想……孩子，你带给我们太多的快乐和惊喜，带给我们这个家庭太多的幸福和希望。从你蹒跚学步到你能够自由地飞驰奔跑，从你第一次含糊不清地喊出爸爸妈妈到你能够发表长篇大论，我们无不为你的每一点进步感到骄傲。孩子，你真的长大了，转眼间你已经 14 岁了。

孩子，14 岁，意味着你已经走进人生最美好的青春时光——豆蔻年华，诗人杜牧曾说："娉娉袅袅十三余，豆蔻梢头二月初。春风十里扬州路，卷上珠帘总不如。"这首诗描述的就是如你们这个年龄的少女：简单、快乐、美丽、勇敢、朝气蓬勃、意气风发。所以，爸爸妈妈希望在这个年龄，你能用你自己喜欢的颜色来绘制属于你的绚丽世界，奏响生命的快乐乐章，正如那天你绘出的第一幅油画一样美丽。快乐时，你就笑；苦恼时，你就哭，爸妈永远是你最忠诚的朋友和最坚实的臂膀。哭并不意味着软弱，它只是人的本性，只是情绪的一种表达方式，只是缤纷青春的一种颜色，哭过之后，笑看未来，才是青春应有的模样。

所以，孩子，无论你遇到什么样的不快和挫折，你都要积极乐观地面对生活。每个人一生不可能百依百顺，每个年龄有每个年龄的烦恼。青春韶华虽好，但也会有与儿时不一样的烦恼，请你正确看待和处理这些烦恼，不要让它成为你快乐幸福时光的羁绊。爸妈一直最欣赏你的乐观开朗。笑，从小便扎根于你的内心深处，这或许正是你现在乐观积极的根源所在！记得你 3 岁时，每天早上去幼儿园，一出楼门看到树上叽叽喳喳的小鸟，你会快乐地说："妈妈，小鸟是在为我们唱歌，欢迎我们去上幼儿园。"有一次，你非让妈妈蹲下来看路边的法桐，你笑着说每一棵树都是一束美丽的花，等妈妈真的蹲下来顺着你的手指抬头望去时，真的发现每一棵树都形同扦插在花瓶里的一束花。感谢你，宝贝，你让我们看到了不一样的世界。如果每个人都如你一样看待这个世界，世界该有多美！所以，从那时起，爸妈就跟你一样学会了变换角度看待不快乐的事情，这样真的就快乐幸福多了。孩子，请你保持你的这一大优点，这样，你的人生一定充满快乐和幸福！

孩子，14 岁，意味着你要求独立的想法越来越强烈，这是你成长的标志。你从内心深处会越来越喜欢跟同学和朋友在一起，而不会再像小时候一样黏着爸爸妈妈。你的同伴好友变得越来越重要，这一点，从你常常兴奋地跟我们讲述与好朋友在一起的点点滴滴，我们便能感受到。你向来人缘好、重友情，可见你对同伴能够做到以诚相待、包容有度，希望你一如既往地这么对待自己的朋友。

但是，孩子，我们还想告诉你，交朋友也是有选择的，诚然你们这个年龄的孩子，没有真的坏孩子，但却是形成人生观、价值观的关键时期，你也会发现同伴之间不再像儿时那般单纯，多了分分合合，多了是是非非，这正是不同的习惯不同的观点产生的碰撞，我们希望你做好自己、团结同学的同时，也要明辨是非、谨慎交友，"近朱者赤，近墨者黑"的道理不必我们多说，很多年轻人就是因为交友不慎而毁掉自己宝贵的青春，甚至葬送了自己的一生。所以，你需要以好的价值标准来选择朋友，善良、正直是交友的首要标准，你要谨记。

另外，每个人的一生中都会有很多朋友，但"朋友易得，知己难求"，正如你曾经刻意去寻求知己而不可得的困惑一样，所以，知己虽然重要，但也不必刻意强求。管仲与鲍叔牙、伯牙与钟子期、马克思与恩格斯、莫泊桑与福楼拜，他们之所以成为惺惺相惜的莫逆知己，靠的是自身的优秀，靠的是志趣相投、肝胆相照。你现在只需要不断地丰富自己，让自己变得越来越优秀，相信一定能交到很多好朋友，你的知己也一定会出现。

孩子，14岁，还是一个青春萌动的季节。这一时期的你们有时候会莫名地对异性产生好感，这很正常，也不必担忧。但是，爸妈要告诉你，青春就如青苹果一样青涩，虽然看着诱人，却不能去采摘，因为它还远远没有到达成熟的季节。爱情固然是美好的，但那要产生在最恰当的时期，它不仅仅是彼此互生好感，更是对彼此的责任。所以，孩子，当有男同学喜欢你或者你有喜欢的男同学时，请把这份美好藏在心里吧，因为你们现在正是学习本领、壮实臂膀的时候，等你们真正长大成人，有足够的能力为彼此肩负责任共赴未来的时候，才能收获最甜蜜的爱情果实。

孩子，14岁，也意味着你慢慢能够理解生命的意义。请你相信，每个人来到这个世界都是独一无二的，每个生命都有他特有的价值。心理学家维克多·E.弗兰克尔在其著作《追寻生命的意义》中曾经说："生命的意义在每个人、每一天、每一刻都是不同的，所以重要的不是生命之意义的普遍性，而是在特定时刻每个人特殊的生命意义……每个人都有自己独特的使命。这个使命是他人无法替代的，并且你的生命也不可能重来一次。"所以，请你学会热爱生命，珍惜生命（这包括你和其他任何一个人的生命）。学会保护自己，也学会帮助别人，更要学会接纳不完美的自己和他人。不要苛求自己，更不要苛求他人，每个人对同一件事物的感受不同，理解不同，观点想法自然也不相同，正是这些不同才勾勒出世界的缤纷多彩。所以，孩子，请你做最好的自己，做快乐的不一样的自己。

孩子，14岁，也意味着你可以有更大的能力帮助别人。无论世事如何，都请你保持你的善良。大作家雨果曾说过："善良的心就是太阳。"是的，善良是一种仁爱的光芒，它不仅能让自己因为善良而倍感幸福，也能够带给他人温暖和阳光。善良是一种高贵的品质，是一种崇高的境界，也是14岁的你走向精神成熟和心灵丰盈的重要部分。人是一种具有社会性的高级动物，离开了他人，离开了社会，每个人都无法生存。所以，作为与他人共生的一分子，你在做好自己的同时，必须考虑到他人的感受和存在，心存善意地对待他人和这个世界。爸妈一直为你的善良而感动和自豪，汶川地震时，正在上幼儿园的你就能够忍住一个月不吃零食，把节省下来的钱捐献给灾区的小朋友；在外吃饭时能够给衣衫褴褛的饥饿老人买食物，并把自己随身省下的钱倾囊相送；读小学时，你能够在周围同学都捂着鼻子逃开时帮助那位生病的同学清扫呕吐物，能够在大雪过后主动跑下楼帮助物业的老奶奶清扫积雪——孩子，请你永远保持一颗善良的心，温柔以待这个世界，这个世界也会温柔待你。

但是，孩子，善良需要能力和智慧。虽然你已经14岁，但你要承认自己现在帮助他人的能力和智慧都是有限的。如果说善良是人的一种本性，不需要学习，那么每个人行善的智慧和能力则需要不断地学习。虽然我们希望你善待他人，但并不是说世上没有阴暗和险恶，相反，这个世界每时每刻都有其危险和丑陋的一面，更有美丽外表粉饰下的丑恶让人难以分辨，所以，爸妈希望你在帮助他人的同时要学会辨别美丑善恶，学会保护自己。虽然你已经长成大姑娘了，但是你的人生阅历和对美丑善恶的辨别能力还不如长辈，所以，请你遇到困惑时多与我们商量，这本身也是一种学习过程。

孩子，14岁还意味着责任。你首先要为自己负责，为自己的将来负责。你很小的时候，就知道自己的事情自己做。3岁之前你能够收拾自己的玩具，上幼儿园时，你就能把自己的房间收拾得非常整齐；上小学时，你不仅能管理自己的事物，还能帮我们做很多家务，尤其在爸爸生病期间，你主动分担了很多家务劳动，看到你早早就懂事的样子，妈妈很欣慰，也很心疼。心疼是因为让你过早地背负家庭责任，欣慰是因为你真的长大了，越来越体谅父母了，甚至包容妈妈的坏脾气，谢谢你，宝贝。爸妈心里很清楚，这几年来由于爸爸生病和妈妈读博，的确对你的陪伴过少，我们心里一直非常内疚。但是，孩子，请你相信，我们对你的爱一点不比其他父母少，我们一样地爱你。你知道，爱有很多表达方式，有时爸妈的严格要求也是一种爱。但随着你的成长，我们也慢慢明白，不能像以前那样一味地提要求，初为父母的我们也要学着成长，学会以更合适的和你喜欢的方式陪伴你，爱你。

孩子，我们之所以转变爱你的方式，是因为你已进入青春期。14岁，不仅意味着青春韶华，还意味着生理和情绪的变化。现在的你感觉爸妈原来的至理名言已变成了唠叨，甚至有时你还想发脾气，这些我们都能理解。但是，爸妈还是要告诉你，每个人都会有情绪，青春期并不意味着个人情绪就可以肆意发泄，而是要学会控制自己的情绪。学会控制情绪本身就是一种成长，能够控制情绪更是一种修养，你也要在成长过程中学会这一点，只有这样，你才能不被自己的情绪左右，才不会成为情绪的奴隶。孩子，从今天开始，让我们一起努力，共同进步，相信你一定能收获一个多姿多彩、意气风发的青春韶华。

孩子，为自己的将来负责，意味着你现在要为将来而努力，现在肯付出将来才会有回报。爸妈也知道，你们这代人物质生活上比我们年少时优越，但面临的学习压力却比我们大。虽然我们力求小学阶段不给你报课外班，想让你有一个快乐的童年，但是到了初中，你的周末就被各种课外班包围，虽然有些是你自愿报的，但我们看到你每天为此奔波忙碌，有时连饭都不能好好吃，也是非常心疼。在学业上，你对自己有目标有要求，我们很欣慰，但也要学会把学习变得有乐趣一些，学会领略探寻知识和战胜困难的喜悦，学习便不再那么枯燥无味、辛苦难耐。学习好比登山，虽然会付出辛苦和汗水，但当你回过头，俯身看去，所有的辛苦和汗水都会化作成功的喜悦。的确，学习并不是一件轻松的事情，它需要你付出许多汗水和努力，而这些汗水和努力都将成为你未来之路的坚实基础。所以，孩子，为了美好的未来，趁青春年少，努力吧！

孩子，珍惜自己，珍惜当下，莫负了这青春韶华，因为青春只有一次，逝去再也不会重来！

永远爱你的爸爸妈妈

2018 年 10 月 27 日

孩子对每个家庭的重要性是不言而喻的，尤其对独生子女家庭而言，这种重要性更加凸显。对于女儿的成长，我们和千万个父母一样用心呵护，希望她人生的每一步都能踏实走好。作家柳青说：人生的道路虽然漫长，但关键的常常只有几步，特别是当人年轻的时候。对于女儿来说，14 岁左右的豆蔻年华正是这样的一个关键时期，作为父母，我们希望抓住这一关键期，给予女儿适时恰当的教育和引导。给女儿写这封长篇幅的信件，是我们酝酿已久的事情，之前也虽有过类似形式的交流，却都是我们自以为是的小篇幅的人生说教，虽也能得到孩子的些许回应，却总是感觉如隔靴搔痒，效果不是特别好。

之所以选在女儿 14 岁之际写这封信，有以下几个原因：

一是想通过书信这种形式增进亲子关系。透过文字与女儿一起回顾她 14 年的成长经历，这样一方面能够让她体会到成长的快乐与烦恼，另一方面也可以让我们都能够体会到她的成长给这个家庭带来的幸福，让她真切领悟到她在这个家庭中的重要性。但由于平时总被琐事纷扰，静下心来专门记录孩子成长的行动也总是被束之高阁。14 岁，不仅是一个数字的变换，更是她从幼稚走向成熟的开端，是女儿人生道路上一个新的里程碑。因此，我们借着书信的形式与她一起思考成长的幸福与烦恼。

二是 14 岁的年纪正值青春期，女儿已经明显表现出青春期的诸多特征，明显感觉我们之间直接的口头语言交流难度在增加，甚至有时还会引起女儿的腻烦。作为一名教育工作者，虽然我们也会尽量根据女儿的特点选择恰当的教育方式，但有时也难以躲过家庭教育的"14 岁现象"，我们也因此而无比烦恼。虽然很清楚肯定是哪里出了问题，甚至也明白问题出在哪里，但直面女儿的问题时却又容易理论脱离了实际。反复斟酌后，我们决定以书信的方式与女儿进行交流，一方面是因为书信交流起来相对严肃认真，纸面的文字总比耳边的言语更有说服力；另一方面是因为书信能让彼此在单独的空间进行交流，能够避免没有必要的争论，当然，我们也希望能通过这封信触动彼此心灵。

三是青春期的教育内容问题。青春期对每一个人来说既是叛逆期，也是重要的塑造期。对慢慢长大的女儿，作为父母我们也思考如何通过一封信让她明白步入豆蔻年华需要持有的积极的人生态度，正确的价值观，较强的责任感，对生命的敬畏，以及对友情和爱情的看法，等等。引导她明白每个人在这一年龄阶段需要开始面对新的困惑与问题，比如交友问题，这也是这个年纪最常见的问题。从小学的后半程，女儿便在刻意地寻找自己的知己，却一直不可得，没想到，交朋友的困扰一直持续到现在，理想与现实的差距让她备受煎熬，人性的复杂多变和难以捉摸让她迷茫不已，诸如此类，还有责任、生命等更深刻一点的问题，尚未有过深入的探讨，也想与她通过这种形式有个较深入的交流。

当然，写这封信，不仅是对女儿的教导，也是对为人父母的我们一次深刻的反思和成长。

作者简介：

乔资萍　山东师范大学教育学部副教授、硕士生导师，教育学博士

我的成长故事

李冉冉

作为社会的一份子，家庭是我们每一个人的精神依托、灵魂所在，是每个孩子成长的主要场所，是维系个人与社会关系的一个重要枢纽，无论是对个人、集体，还是对整个社会，家庭都发挥着不可替代的作用，是国家发展、民族复兴、社会进步的基石。家庭的教育中维系着长辈们对我们的教诲，是人生中的第一堂课也是最重要的一堂课。家庭教育是教育的起点，也是一切教育的基础，家庭教育对于孩子的成长是学校教育和社会教育无法比拟的。

我的童年是幸福的、快乐的，我生活在一个幸福快乐的家庭中，家中有个姐姐还有爱我们的爸爸妈妈，与留守儿童相比，我简直是幸福得不得了。在我的记忆里我的爸爸妈妈从未吵过架，在街坊邻里眼中他们也是模范夫妻，家中除了欢声笑语就是相互嘘寒问暖，我们家也是其他大人孩子都羡慕的家庭。爸爸是一个特别温柔并且非常喜欢孩子的好丈夫、好爸爸，无论一天中的工作有多累，每次下班回家，第一件事就是走到客厅去拥抱我和姐姐，然后嘘寒问暖，询问今天的生活状况。上学后也是如此，我和姐姐无论是学习还是生活中遇到任何问题，他都悉心听我们给他叙述，然后认真地为我们做出合理的分析。我的妈妈也是一个温柔的好妻子、好妈妈，她从不会像其他妈妈那样从早到晚一直叨叨个没完没了，她只会对我们悉心教导，我们犯错误时，她也从不发脾气，在她眼里，妈妈越凶越说明没本事，她只会给我们讲道理，告诉我们什么该做什么不该做，这件事情她为什么批评我们，我们哪里出现了问题。从小到大虽然我很少是"别人家的孩子"，但我的爸爸妈妈永远是"别人家的爸爸妈妈"，我爱他们的性格，我爱他们对我的态度，以及在我遇到困难时给予我的帮助。

现在，很多家长都将孩子视为掌心里的宝，对孩子娇生惯养，重视智育，忽略德育；重视生理，忽视心理。我从小经历的家庭教育与这种娇生惯养的模式恰恰相反，我来自一个普通的农村家庭，这也使得我被娇生惯养的可能性几乎为零，加上我父母从不认为不让孩子做家务就是在为他们好。从小到大，我和姐姐都是在母亲一人的看护下长大，跟随她去田里干活是在所难免的，当然看见母亲独自一人在田里干活，我和姐姐总有些不忍心，看得多了也就懂得了该如何去做，我们会按照妈妈干活的方式，付出自己的绵薄之力。虽然妈妈面对懂事的我们有些心疼，但她知道只有让我们从小体会这种劳作的艰辛，我们才能感知学习是一件多么容易的事情，才会更加珍惜坐在教室里跟随老师学习的机会，才会从实践中体会"谁知盘中餐，粒粒皆辛苦"的真理。

学前教育阶段，很多父母开始外出打工，他们忽视了家庭对孩子的基础教育的重要性，无论是生活还是学习都缺乏引导和管教，将孩子留给了文化水平低的父辈们，让孩子在童年时期缺了父亲和母亲的陪伴。由于老年人思想的固化和文化素养的限制，他们对孩子的教育缺乏一定的科学性，儿童的习惯养成和家庭教育的发展也受到了一定的制约。因而，大部分农村儿童家庭教育缺失，知识储备不足，没有家长引导他们树立主动学习的意识，学习时间也较为有限。在我的童年生活中虽没有每天被妈妈强迫去学习，但她真的对我的学习起到了很大的帮助。她不仅教会我许多书上的知识，还带我参与各种社会实践活动，以及人际交往，等等。

家庭是未成年人接触世界、获取知识的主要环境。儿童的生活习惯、语言发展、行为模式、道德观念、性格特征都与他们在第一环境中获得的经验有关。然而，近年来，儿童的课业负担沉重，教师经常为家长安排课后作业，这使许多家长只关注儿童的学习成绩，而忽视儿童综合素养的培养。结果家庭成为学校课业教学的延伸场所，家长的角色逐渐成为家庭教师，家庭教育方式也简化为家庭作业教学。此外，一些家长占用孩子的课外时间，报各种班，进一步压缩孩子的家庭成长空间。父母把自己的教育焦虑转嫁给孩子，孩子在高压的心理状态下很难体验到成长的意义和快乐。这种单一的家庭教育方式忽视了孩子的情感教育，进而恶化了父母关系，使家庭教育越来越远离其初始意义。在我那个年代的孩子很少存在家庭作业较多的情况，加上从小父母就培养我的独立学习能力，我放学回家的第一件事就是自觉主动地独立完成课后作业，并且不需要任何辅导，还会在此基础上将作业检查完毕，然后去找我的小伙伴们玩耍。早早做完作业，妈妈也不会限制我业余时间的玩耍，只有一个要求就是保证安全。寒暑假期间爸爸妈妈不会像其他父母一样早早为我报上兴趣班，他们会尊重我的意见，让我有足够的时间和机会做我自己想做的事情，但有一点就是他们会提前为我借好假期后要学习的课本。因为他们相信我的自主学习能力，并且他们的内心并不希望我与其他同学有太大的差距。他们在假期崇尚自主学习，既不会让我将学习当作一种任务也不会反感学习，而是在自愿的情况下，拿出课本自己去学习。虽然对于小时候的我来说独自学习新的内容很艰难，但只要我想学，只要我喜欢，妈妈都会给予我帮助。在学习书本上知识的同时我还有一个小小的爱好就是画画，当时家里养着一些小动物，我经常在闲来无事的时候拿个小桌子，然后坐在马扎上去画小动物。妈妈支持我的每一个爱好，还专门骑自行车跑去镇上为我买最好的素描纸和专用铅笔。

随着社会经济的发展和教育改革的不断深入，家长对家庭教育的重视程度日益提升，越来越多的人开始接受更新的、更具有科学性的教育观念，但与此同时家庭教育中也出现了诸多问题，导致家庭亲子关系紧张。如较多的父母忽视了孩子的想法，不尊重孩子的意见，缺乏与孩子之间的沟通交流，他们希望孩子走他们铺好的路，却不知道这样的教育方式已经将孩子推向了深渊，让他们越走越远，甚至想挣脱父母的怀抱。在我的记忆里，我的父母一直在为我营造一个轻松愉悦的家庭氛围，他们相信我，他们会给予我更多的时间与他们沟通交流，并会认真倾听我的想法、尊重我的意见。我记忆最深刻的是为高考奋斗的那些年，我深知自己的能力不能考取一个理想的院校，在老师的帮助下我决定做一名特长生，最后选择了自认为不耽误学习的体育专业。回家后，我和同学们一样将自己的想法告诉了家长，他们不像其他家长提出"学什么特长，好好学习不行吗，学特长得耽误多长时间呀""整天不知道好好学习，就会整这些没用的""你看你弟弟才上小学，花钱的地方多着呢，我们可没钱让你参加艺考，你就老老实实学习文化课就行了"诸如此类各种反对的理由，他们沉思了一会儿后告诉我："孩子，我们是农村人，我们知道体育这项运动对于你这个女孩子来说可能很难，但只要你自己做好了决定，我们就一定会支持你。只是如果你累了，就歇歇，遇到困难一定要跟爸爸妈妈沟通，你要知道我们永远是你坚强的后盾。"当时我想说话，却怎么也发不出声音，眼泪止不住地落下。从小到大，关于学习、生活等我自己能做主的事情，我的父母坚决不会插手，他们总会说，你的事情你自己决定，无论你做什么样的决定我们永远支持你。也正是因为这样，从小到大我具有很强的独立能力，并且未上过任何补习班，拥有一个很多同学都羡慕的童年。在我父母眼里，他们从不在乎我的成绩，在我家也没有"别人家的孩子"那一说，有的只是爸妈什么都不图，只求我们每天能够平平安安、健健康康，他们就知足了。

家庭作为个体生存和发展的基础，其教育取向主要有：生活教育、个性教育、行为教育。但是，在当今的教育实践中，家庭教育严重忽视了对儿童进行最基本的身心健康教育，这在很大程度上反映出当前许多家庭存在着育儿责任方面的种种问题。好的家庭教育应该是父母在日常生活中对子女进行全方位的潜移默化教育，这是促进儿童身心全面发展的一个重要途径。我的父母在对我的身心健康发展中有着非常重要的作用，记得我刚入研究生后的一段时间里，我信心满满地踏上了求学之路，来到了新的班级，见到了新的老师，认识了新的同学们，结交了新的朋友。周五是我第一天步入研究生的课堂，提前二十分钟到达教室时发现教室里已经多达二十余人，自认为学习态度很端正，却被眼前的一幕惊呆了，提前二十分钟到教室竟然前三排已经没有了空着的座位，我开始慌了。教师走上讲台的一刹那教室里的掌声哗啦啦一片，课堂上教师动听的声音吸引着百分之九十学生的注意力，而我很明显坐不住了，开始蠢蠢欲动，我一边强迫自己好好听课，一边手时不时地想去触碰口袋里的手机。上午的课程结束后，我变得闷闷不乐，不是因为没有机会触碰手机，而是突然意识到自己的学习态度极其不端正，开始否定自己的学习能力。日复一日，开学一周后，活泼开朗的我变得每天郁郁寡欢，开始喜欢孤独，不去交朋友，不与同学们聊天。不久后一位舍友发现了我的异常，与其他舍友商议后决定一起去野餐，并在野餐过程中试图与我进行沟通、交流，走进我的内心深处，寻找问题的根源。其中一位舍友提出大家一起玩个"比惨游戏"，各自说出自己近几年经历的最惨的事情，有的考研期间努力拼搏，没有成功上岸，最终选择再战一年才有幸成为大家的舍友；有的家中遭遇变故，读研的学费和生活费都是靠自己的双手得来的；有的遭到恋爱多年男朋友的背叛。听着舍友们诉说，我终于打算敞开心扉，将自己近期的心事告诉大家，舍友们你一句她一句地开导我，并帮助我一起寻找解决问题的方法。大家都提议让我回家休息两天调整调整状态，在她们的劝告下，我在没课的周五下午回了家。爸爸像往常一样抱抱多日未见的闺女，爸爸妈妈看出了我的不开心，他们问我："晚上有些什么想吃的？"饭后爸爸开始语重心长地与我交谈，了解情况，爸爸开导我说："孩子，我们学习差吗？不差，我们也是很厉害的好不好，不然为什么在千万考研大军中你能考上，别人只能坐等'二战'或选择就业。并且在我们眼里你永远是最聪明的孩子，即使我们不聪明又如何？你永远是爸爸妈妈的骄傲，不要把自己逼得太紧，学累了就要适当地去放松一下。再说了，难道人这辈子除了学习就没有其他的追求了吗？你要想开一点，不要闷闷不乐的，你想想，开心也是一天不开心也是一天，那我们为何不让自己开开心心地度过每一天呢？"爸爸说完我默默地掉下了眼泪。一直以来爸爸妈妈不仅是我学习上和生活上的老师，还是我心灵的寄托，他们的爱一直温暖着我，照亮我前行的道路，无论在哪，他们都会为我亮起那一盏灯。

作者简介：

李冉冉　山东师范大学体育学院体育学硕士（在读）

家庭教育中的"钢琴之声"

——从练琴家庭的普遍性焦虑谈起

孟 媛

上海音乐学院钢琴副教授孙韵在采访中说："能考到上海音乐学院附小附中的孩子，都有很强势的父母，亲子关系都很紧张……"钢琴家郎朗在童年学琴的经历中，曾经因为晚回家耽误了练琴时间，而被爸爸逼迫让他从楼上跳下去。同样，一位妈妈在陪孩子练琴过程中撕了多本钢琴书之后，深感陪孩子练琴太耗费精力，不得已花重金购买线上陪练课程，自我调侃"花钱续命"。由此可见，不管是打算走音乐专业路线的音乐学院附小琴童，还是备考业余钢琴考试的琴童，父母和孩子的亲子关系都比较紧张，只是紧张的程度不同，父母越"重视"，关系越紧张，亲子之间的斗争越是"艰苦卓绝"。

2021年，全国政协委员、中国交响乐团副团长、首席指挥李心草在全国两会上提出了"音乐类考级建议调整方式或者取消"的议案，一时间是否取消音乐考级冲上了国民讨论的热点，也引起了广大音乐界人士的反思：我们的音乐教育怎么了？根源在哪里？如何才能解决？

我国的学琴热潮从改革开放以来，已经持续了40多年，尤其是伴随着郎朗等扬名国际的钢琴家被大众熟知后，更多家长纷至沓来。我相信大部分父母的初衷是特别美好的，希望培养孩子的音乐兴趣，提高音乐素养。可是在走上陪娃练琴这条路以后，家长们就和焦虑、紧张如影相随，渐渐偏离了素质培养的初衷。音乐美学家、音乐心理学家、中央音乐学院周海宏教授曾分享过一个故事：我有一个亲戚的孩子，那天他爷爷跟他说："你看你们这一代多幸福啊！"可是孩子说："幸福什么呀！要是不学琴，那才叫幸福呢！"学琴居然成了破坏孩子童年幸福的一件事……

孩子讨厌练琴，在练琴过程中提不起兴趣、集中不了注意力，产生了比作业焦虑更为严重的练琴焦虑。耳朵不愿意听，内心不愿感受，沦为了只会按响钢琴键的技术工，孩子们学了一门技术，恨了一门艺术。热爱音乐是孩子的天性，但在高压下练琴，被剥夺了游戏时光的孩子变得痛恨钢琴、厌恶音乐。很多孩子在父母的软硬兼施下通过了钢琴业余考级十级以后，再也不愿意弹钢琴，过不了几年，一首曲子也不会弹了，家里的钢琴成了一件贵重的摆设。

作为一个从事了20年艺术教育学习和研究的高校工作者，成为妈妈以后，我也曾产生过陪孩子练琴的焦虑情绪。就像所有的陪练妈妈一样，紧紧盯着孩子弹琴中出现的问题，一旦出现马上指出来，如果问题一而再再而三出现，就无法控制自己的情绪，对孩子大声指责。但是当情绪平复下来以后，自己从妈妈的角色中抽离出来，会重新用教育者的眼光来审视自己的行为：我刚才为什么会怒不可遏？哪里出了问题？

急功近利的心态是罪魁祸首。每一位父母对孩子都抱有美好的期待，这种期待应该在孩子的能力限度以内，就像心理学家维果斯基主张的"跳一跳，摘桃子"。给予孩子适度挑战，孩子取得的点滴进步家长要及时给予肯定和鼓励，让孩子体会到成功的点滴喜悦，孩子才会在这种成就感中，快乐积极地去迎接一个一个的小挑战，有勇气克服一个又一个小困难。一旦跨越了适度这条线，对于孩子来说就是一种扭曲的教育。急功近利的家长为了让孩子获得所谓的成功，甚至没有意识到他们正在牺牲孩子的自尊心、自信心和对学习的原始热情。

教育之所以是一门科学，也是一门艺术，我认为就在于教育有规律，但标准不是一刀切，教育的标准应该在孩子身上找答案。郎朗父亲的"虎爸"教育在郎朗身上成功了，不代表所有的父母对孩子施加这种极端的教育都会成功。法国女孩席琳10岁时曾和郎朗一同参加德国的青年钢琴比赛，郎朗获得了第一名，席琳获得了第三名，一时间被追捧为法国音乐界的明日之星。就是这样一位所有人眼中的钢琴天才，却描述自己在盛名之下步入了童年的地狱，在被父亲长期的严酷训练和折磨中，患上了厌食症，先后长期被安置在医院和寄养家庭。席琳能够在10岁就获得了国家大奖，一定是音乐才能卓越的孩子，如果父亲不是过于急切地想培养天才，能够在尊重和理解的前提下，继续对席琳进行培养，席琳一定会继续在钢琴界冉冉上升，而现实是席琳通过报警摆脱了父亲的控制以后，便也离开了给她带来噩梦的钢琴，成年后走向了医学道路，长期致力于保护儿童权益的工作。

无处不在的攀比火上浇油。望子成龙的陪练父母往往会给孩子指定好钢琴进度的规划：一年级考二级，二年级考五级……五年级拿下十级。在练琴的路上你追我赶，生怕落后。因为要着急赶进度，所以不允许孩子出现错误，孩子出现一点失误，便立刻纠正，孩子改不了，大人就着急，口不择言甚至拳脚相加，孩子在练琴的过程中感受到的是满满的失败和无助。

学琴是为了考级，考级是为了拿证，证书是进入重点学校的一块敲门砖或家长们炫耀的资本。虽然家长们口中经常声称：让孩子练琴就是为了培养孩子的音乐素养。但是如果问家长们：希望你的孩子成为钢琴家吗？我想百分之九十九的家长潜意识中答案一定是肯定的。

我在陪孩子练琴的过程中，也曾陷入执念。作为一名艺术教育和研究的工作者，我坚信自己的孩子一定得弹琴，不仅得弹，还得弹得不错才说得过去。否则的话，不仅我自己的专业性无法体现，更会显示我是一个失败的妈妈。孩子的成功等同于妈妈的成功，这是一个一不小心就会陷进去的旋涡，孩子表现好就骄傲，孩子表现不好就焦虑，虚伪和攀比的肤浅心理总是在拉扯着陪练妈妈的情绪。

钢琴家孔祥东长期从事钢琴教育，看到了太多琴童的失败例子后感慨："去学琴，是真正走进音乐的过程，首先要热爱音乐，搞清楚音乐是什么。很多家长让孩子学习钢琴，就是人云亦云，出发点是学习技巧，其实对音乐本身并不理解。家长花了很多代价，还不得要领，如果是这样，大可学点别的东西。"

那么，怎么能让家庭教育中的"钢琴之声"如鸣佩环、余音绕梁呢？

首先，要让孩子爱音乐，要先做一个爱音乐的家长。每个妈妈都是第一个给孩子带来音乐的人，音乐是儿童成长中不可缺少的营养剂。当宝宝还在妈妈肚子里的时候，妈妈的心跳所带来的稳定节奏是孩子安全感的来源，妈妈说话的声音是孩子对音高的初次感知，妈妈随口哼唱的摇篮曲，对襁褓里的婴儿来说也是世界上最美妙的音乐。

但生活中我们却见过太多的成年人说：我五音不全、我不擅长音乐，所以我一定要让孩子学钢琴、懂音乐。钢琴成了替父母弥补遗憾的工具。同时在父母心中音乐也是只有少部分人才能够享受的阳春白雪。但是音乐真的是少数人的特权吗？并不是，音乐是我们幸福生活不可缺少的一部分。热爱音乐是每个儿童的天性，我国著名的儿童教育家陈鹤琴先生就提出过"父母要为儿童创造音乐的环境""让儿童的生活音乐化"的思想。陈鹤琴早在1949年发表的《音乐在儿童生活中的重要地位》一文中就明确地表达："我们要将音乐的生气和兴味，渗透到儿童生活中去，使儿童无论在学习、游戏、劳动时，都能有意志统一、行动合拍、精神愉悦的表现，使儿童生活音乐化。"

当然，不是每个家长都精通音乐，但是每个家长都可以营造有音乐的家庭环境，不是具有专业歌喉的妈妈才能给孩子带来充满歌声的幸福时光。用来表演和观赏仅仅是音乐的一小部分功能，音乐能带来情绪的调节、情感的表达、精神的慰藉、人际的交往……音乐也不是向人炫耀高雅的工具，而是一种方法，一条道路，通往热爱艺术、热爱生活、感受幸福的道路。我相信每个家长都有过面对着自己可爱的孩子感到无比的幸福、情不自禁唱起歌来的时候，那么，就让这种时刻多一些，再多一些……

其次，反思力是家长的秘密武器。就像定期要给钢琴调试音准一样，家长也要定期复盘自己的初心，校准自己的教育方向。在陪伴孩子成长的过程中，当对完美的绝对坚持，成了我们无视孩子身心需求的合理借口时，我们是那么理直气壮，站在成年人的视角指责孩子的错误，无视孩子的感受。孩子每天都在我们身边，我们每天下班回家后都能看到孩子，可是我们真正"看见"孩子了吗？家长们是否有反思过谁曾经不是个孩子呢？每位家长小时候都是一个完美小孩吗？成年人总是健忘的，忘记了自己是怎么通过尝试错误一步一步长大的。

随着时代的发展和社会节奏的加快，各种各样的讯息无需主动检索就迎面扑来，让家长们应接不暇，各种教育观点层出不穷，教育方法也是千差万别。就像艺术教育一样，选择项目的犹豫不决，逐级考试的无形压力，练习过程的对立争执……反思艺术教育的根本，《3～6岁儿童学习与发展指南》中指出：每个儿童的心里都有一颗美的种子，儿童艺术领域的学习关键在于充分创造条件和机会，引导儿童学会用心灵去感受和发现美，用自己的方式去表现和创造美。义务教育阶段的音乐课程标准同样也强调音乐教育要以审美为核心，强调表现与欣赏、表现与创造。所以，家庭艺术教育的宗旨是以坚守美育为核心的，相关的教育观点和方法均需建立在审美教育的基础之上。

作为家长，我们要有甄别的能力，哪种观点才是科学理性的，哪种方法才是适合孩子的。我经常反思作为教育工作者的自己也是一个不完美的、正在进步中的妈妈。每当有人知晓我是从事教育研究和教学的高校教师后，总免不了会赞叹：你的孩子一定教育得非常成功吧！我多少会有一些复杂的情绪涌出。什么是成功呢？标准在哪里？成功的老师一定是一位成功的妈妈吗？我想只有具备自我反思能力的妈妈才有可能成为更好陪伴孩子成长的妈妈。

最后，最重要的，就是父母要打好配合战。"原生家庭"这个关键词，被称为影响人一生的心理动力，灌溉人一生幸福的源泉，一对相爱的父母才是孩子幸福成功的最大底牌。在育儿的路上，父母也是彼此最好的伙伴。在我的家中，当孩子弹琴取得一点进步的时候，爸爸总是充当那个鼓掌喝彩的人；当我陪伴孩子练琴陷入急躁情绪的时候，他也是那个能让我冷静下来的人。

有一次陪孩子练琴陷入困境，总感觉孩子难以进步，我的情绪难以遏制，亲子关系陷入胶着。我先生和我进行了一次有建设性的沟通："练琴已经成了伤害孩子和你自己的一件事情。和会演奏一门乐器相比，我更希望你快乐，更希望孩子阳光。练琴不然先放一放，你和孩子都冷静一段时间，想一想是否还要继续。"他的话打动了我，我才发现自己已经在偏执的道路上走了很远。

在我反思了自己的急躁情绪后，降低了对孩子不恰当的期望，及时修正潜意识中隐隐作祟的虚荣，面对孩子重新拾起欣赏的目光以及平和的心境。当孩子再次弹响钢琴这件乐器的时候，他成了一个爱钢琴、爱音乐的孩子。

作者简介：

孟　媛　山东师范大学教育学部文学与艺术教研室主任、儿童融合教育研究中心副主任、讲师

成长的印记

——写给孩子的信

隋　赤

关于孩子的教育培养，其实我和爱人着手得比较早，医检结果显示我爱人怀孕的时候，我们就开始胎教了。与此同时，我们也开始着手恶补育儿知识，国内外的有关读本买了不少、读了不少，"智者见智，仁者见仁"，教科书式的育儿方式常常使我望"书"兴叹。孩子出生了，实践中我仍然是捉襟见肘，妻子的产后烦躁、孩子在许多方面并未按照书本上的"要求"成长，都是我始料未及的。跟头把式中，孩子的健康成长倒是给手忙脚乱的我些许的慰藉。说是"跟头把式""手忙脚乱"一点都不过分，因为我的那些所谓的"知识储备"在现实面前往往显得很"苍白"。

从小学到初中、高中，孩子始终能做到德智体美劳全面发展，没有对学习成绩的刻意关注却使我收到事半功倍的效果。初中毕业他如愿考上了一所很不错的高中，正当我在为自己的教育成果沾沾自喜的时候，孩子早恋了。乍一听到这个消息，我第一感觉是束手无策，然后就开始纳闷问题出在哪里，平时我不但没有忽视这个问题，而且还一直非常关注。但是，当它还是"如约"出现时，我依然感到很突兀，有些"丈二和尚摸不着头脑"了。冷静下来以后，我开始琢磨解决问题的方法。经过深思熟虑，我决定给孩子写一封信，这样既能将我想说的表达得更深入，又能避免双方面对面时极易产生的冲突，使我们各自都能在冷静的状态下思考问题、解决问题。于是我和孩子间就有了一封关于"早恋"的书信交流。

××：

听你妈说，你好像隐隐约约喜欢上一个女孩，乍一听，我挺着急的，因为你正处在高中学习的关键时期。后来，静下心来想想，也无可厚非，谁还没青春过？谁还没在青春期有过一个心仪的女孩？只是当这种感觉出现时，我们应该怎样理智地去面对。

从小到大，我对你的成长都充满了信心。和天下所有的父母一样，我和你妈为你的成长付出了无数的心血，你身上也寄托了我们美好的期盼。当然，你也没有辜负我们，你健康的体魄、阳光的性格和对崇高理想不懈的追求，都使我们感到无比欣慰。

我曾多次与你谈及男女同学之间的正常交往，你总是信心满满，认为自己能处理得很好，事实上你做得也的确不错。正是你的如此表现，使我忽视了与你进行关于这方面的更多的、更深入的交流。

在同异性之间的交往中，往往会出现这样的情况：你可以不喜欢别人，但是你不能阻止别人喜欢你。同样的道理，你可以喜欢别人，但是别人也有权不喜欢你（哎，说起来像绕口令）。现在是这样，以后也是这样。只是青春期的你，在遇到这样的事情时，更显得有些不知所措。还好，我和你妈可以给你一些积极的建议。

××，中学时代正是每个人用青春的丝线编织人生理想的黄金时代。三年如白驹过隙，一晃就过去了。想想看，还有比高中三年更宝贵的时间吗？锻炼、学习、成长就是这三年的主线。

先说锻炼，自从上高中以后，你的锻炼时间越来越少，我觉得这是不应该的。虽然作业多了些，但是只要挤一挤还是有时间锻炼的。也是因为时间紧，我们专门买了跑步机等健身器材，很遗憾，到目前你好像只使用了一两次。俯卧撑等锻炼形式你也很少尝试，遇到困难就回避，这怎么可以呢？好身体、好体型、好个头是锻炼出来的，不是自然长成的。我一直鼓励你要多锻炼，可是时间在我的唠叨中流逝了，你的锻炼时间、方式不但没有增加，反而更少了。春天来了，是不是可以多进行一些户外活动了？无论怎么忙，无论什么形式，总得给自己锻炼、健身留一些时间。好的身体是我们做好一切事情的基础，健康的体魄是做好所有事情的资本（当然，"型男"能吸引更多的眼球哟）。

再说学习，学习是学生的主业，无论大中小学，只要在学校，学习就是主业，而不是其他。特别是在高中，我们需要学习的东西太多了，学做人、学做事、学知识、学文化、学习与他人相处等。做人、做事、与他人相处要在"做中学"，这些方面你做得怎样？又从中学到了什么？你对自己应该有个评价，我对你也有了解。你做人诚实，乐于助人，做事认真，持之以恒，与他人能够和谐相处，特别是男女同学之间能够健康交往。当然，知识、文化学得怎样，可以通过考试得以衡量。目前看，到高中以后，你的学习状态不错。只是当我听到你妈说的这个消息时，我为之一震，有些许的担忧，别让这样一件小事影响你的健康成长。

于是就说到了成长。成长是一个过程，成长过程的每一个阶段谁都无法逾越。鲁迅说，天才的第一声啼哭也不是一首美妙的音乐。恰青春的你遇到了青春期的事情，对你是一种考验。谁也不能剥夺你喜欢别人的权利，但是，我可以帮你分析一下这种喜欢本身的意义。首先这是青春期的，究其本质也不是喜欢，只是好奇，只是对异性的一种莫名的冲动。其次这种情绪可以出现，也很正常，但是不能持续，最好让它昙花一现。

　　怎么办呢？首先，把这段经历搁置起来吧，你不欠别人一个解释，别人也不必给你一个说明，就让它默默地来、悄悄地走吧，让一切变得自然正常，时间会证明你的做法是聪明的、智慧的。然后呢？然后我们要做的事情很多很多。一是做好自己，而且要用青春的智慧和力量，做最优秀的自己。不是吗？你很自豪能成为××中学的一员，我和你妈也同你一样自豪。我也常说，××学子有不一样的青春状态，我也总认为你们每个人都应该有一个别样精彩的人生。事实上，你的学兄学姐们也的确做到了。现在的你，就是在用勤奋和努力书写自己浓墨重彩的人生，你不应该让自己的青春留下遗憾吧。二是定下一个目标。先设定一个近期目标吧，让我们一起为这个小目标而努力。比方说学习，毕竟你进步的空间很大，依我看近期目标就是期末考试努力进入班级前几名。三是拾起你的爱好吧。二胡呢？好长时间也不拉了，乒乓球也仅是上体育课练一练。这些健康的爱好要坚持，陶冶情操，不是说的，而是在练的过程中实现的，不是掌握了，情操自然就有了，而是在坚持不断练习的过程中，实现人的品格的升华。"何以解忧，唯有杜康。"当然也不是什么"忧"，只是说高雅地、健康地爱好这杯"杜康"可以有。四是组织一次近郊游吧。就在清明小长假，可以是同学们，可以是我们一家人，可以是我们一家人和同学们，我们一起在春天里走进大自然。春天的温馨和美好，足以让我们身心愉悦。享受美好的春光，憧憬美好的未来，从春天开始。"一年之计在于春"，春天有的是时间，有的是希望。五是欢乐购物。购一次物，满足一下自己，愉悦一下自己。还有美食呢……好多好多美好的事情等着我们去做呢。

　　好了，不说了，但愿我是多此一举，但愿我是小题大做，更或者是杞人忧天。总之，还是交流一下的好，否则如鲠在喉，不吐不快。

　　祝

健康快乐！

你的老爸
×年×月×日

　　我从来都不认为基础教育的全部目的就是使孩子能考上一所好大学，我也从来都不认为孩子考上大学就万事大吉了。因此，在孩子考上他心仪的大学以后，我同样时刻关注着孩子的成长。即使考上他心仪的大学，好奇过后的大学生活，孩子同样也有过短暂的迷惘。特别是在疫情期间，他所在的大学的线下活动并不多。枯燥单调的学习生活里，还要忍受难耐的孤独和寂寞。"知子莫如父"，孩子情绪上的变化，并没有逃过我的眼睛。于是，我们父子间又有了一封关于大学生活的书信交流。

××：

　　谁都有孤独和寂寞的时候，古今中外，君子俗人概莫能外，不必大惊小怪。孤独寂寞来袭的时候，不要寻找什么原因，其实也没有原因，如果非要找原因，就是人成长的过程而已。情绪所致，说来就来，说走就走，如此而已。辛弃疾说："少年不识愁滋味，爱上层楼。爱上层楼，为赋新词强说愁。"或许这也是原因之一吧。但是他还说，"而今识尽愁滋味，欲说还休。欲说还休，却道'天凉好个秋'。"——这才是他的人生境界。

　　实际上，随着年龄的增长和人生阅历的丰富，很多时候，在浮躁喧杂的人生境遇里，我们却需要享受这份难得的孤独和寂寞，正所谓淡泊明志，宁静致远。时间能消融一切，热闹也好，孤独也罢，在时间面前都是过眼云烟，唯有平淡是真。"莫见乎隐，莫显乎微，故君子慎其独也。"（《中庸》）这是儒家提倡的个体道德修养的方法，以之实现个体自身人格的升华。"庐山烟雨浙江潮，未至千般恨不消。到得还来别无事，庐山烟雨浙江潮。"苏东坡的时代波谲云诡，他的人生际遇起伏跌宕，却能心定气闲，"不以物喜，不以己悲"，奏唱出荡气回肠的人生乐章。"思想真正的平静、灵魂深处的安宁和身体的健康，所有这一切只有在独处时才能获得，这种平静和安宁作为一种持久的心境也只有在绝对幽静时方能达到"。哲学家叔本华对孤独（或独处）的推崇和思考，希望你有时间能批判性一阅，或许对你也有启发。作为一名刚入学的大学生，在经历了高中三年紧张的学习生活之后，突然的精神松弛会让你有"不适"，而在对大学生活的新奇过后，有些心理上的变化也在情理之中。好奇过后，大学生活才真正开始，一定要"心有所属"——那就是要坚定自己的理想信念和崇高追求，唯有如此，方能在纷繁复杂的人生道路上不迷失方向。记得在中考前，我曾用奥斯特洛夫斯基那句名言与你共勉，今天我想再重复一遍：人最宝贵的是生命，生命属于每个人只有一次。人的一生应当这样度过：当他回首往事的时候，不会因为虚度年华而悔恨，也不会因为碌碌无为而羞愧。临终时他能够说："我的整个生命和全部精力都献给了世界上最壮丽的事业——为人类的解放而斗争。"你从小立志献身祖国科学事业，那么请牢记马克思说的那句话：在科学上没有平坦的大道，只有不畏辛劳，沿着陡峭山路攀登的人，才有希望达到光辉的顶点。

　　祝

春节愉快！

你的爸爸
于×年春节

　　其实教无定法，贵在得法。再好的育儿经都只能是一种启迪、一种参照，完全照抄照搬恐怕于事无补。从这个角度看，家庭教育知识和经验的积累，对年轻的父母做好孩子的第一任老师而言也是无比重要。尽管现代科技的发展，生活节奏的加快，使得书信这种交流方式好像可有可无，可是我的育儿经历告诉我这种交流方式弥足珍贵，无可替代。直到现在，闲暇时我也会时常翻阅一下我珍藏的父母写给我的信，他们的谆谆教诲、殷切期望都会浮现在我的脑海里……只是与那个年代父母的亲笔信相比，我这电脑打印出来的信好像还是缺了点儿什么……

作者简介：

隋　赤　山东师范大学继续教育与培训学部副部长、继续教育学院副院长、副研究员

在老师和学生之间做好二传手

李宗刚

如果把学校比作排球场的话，"传道解惑"的老师，则犹如这排球场上的发球者，把知识和做人之道传递给学生；而学生则像这排球场上的接球者，承接着老师发来的一个或旋或沉或直或飘的球。没有这样的接受过程，也就谈不上学生对知识和做人之道的消化吸收，更谈不上利用这消化吸收后的知识转化为一种实在的人生技能，达到学以成人、学以致用的目的。那么，家长在这个接发球的过程中，则充当着二传手的角色，不应该缺席，不应该满足于仅仅"在场"，而应该扮演好自己的二传手角色，做一个实在的参与者。

在我们一些传统的观念中，家长在孩子的成长过程中，往往处于"缺席"的位置，即便是"在场"，也仅仅满足于敲敲边鼓、做做场外指导，很难像二传手一样，把自己定位到这一过程的参与者上来，更没有把自己看作这一过程中不可或缺的参与者。其实，这也难怪，在很多家长的记忆中，他们做孩子时，他们的家长基本上处于"缺席"的状态，没有过问过他们的作业，更没有一起研解过难题。在这样的背景下，便往往对自己当了家长之后的二传手角色很是不甘，甚至认为这是老师把本该属于自己的分内工作推给了家长。

其实，在我们所生活的那个贫困年代，从生活上讲，家长为生计而奔波，从学养上讲，他们本身就没有多少文化，所以，他们的"缺席"是历史在那样的一个阶段的一种必然结果。但过去的存在并不意味着它就有了当下存在的理由。相反，我们应该看到，社会的进步，已经使我们"养活孩子"不再局限于"只是让他们吃饱了"，而是要让他们成长为对社会有益的人才，这样说来，我们参与孩子的成长过程，就不再是一个可有可无的环节，而和我们的本职工作一样，是在为社会尽着自己那一份公民的责任。

正是基于这样的认识，我感到把家长定位到二传手的位置，还是非常恰当的。二传手尽管不是主角，却是一个必不可少的配角，这个配角还要承担着呐喊助威、组织进攻的重要使命。所谓呐喊，就是为我们的学生在承接老师所发送过来的知识以及做人之道的"球"时，为老师的良苦用心而感念，因为他们在用自己的全部智慧、全部心血和全部的爱来培养、锻炼一个优秀的"选手"；我们的学生在承接老师所发送过来的"球"时，难免会有不适应，难免会有因不适应而产生的抵触心理，甚至难免会对老师如此"苛刻"而"刁钻"的"发球"而大加"诋毁"。但我们这些做二传手的家长就不能对此袖手旁观，我们应该鼓励处于逆境中的孩子，应该让他们体味到老师的良苦用心，让他们对老师始终充满着爱戴之心，要让他们体味到不仅所有天下的父母都是一样的，而且所有天下的老师也都是一样的，都是为了孩子的健康成长。常人说的"爱其师，方能信其道"的道理也许就在于此。

当然，我们让孩子爱其师，并不意味着要让孩子把老师当作一个伟大而正确的"布道者"。老师是人，不是神，老师不可能完美到令所有的学生都满意，这和学生没有完美到令所有的老师都满意一样。不管怎样，每个老师既有自己的长处，又有自己的短处，这就和每个学生既有自己的长处又有自己的短处一样。我们作为二传手，应该让孩子学会适应所有的人生场，即便无法达到会驾驭"八面来风"的高超境地，也起码能够在爱其师中乐其道。

在学会为学生的"精彩接球"而欢呼的同时，我们不应该局限于单纯的"接球"层面上。从某种意义上说，学生学会"接球"充其量只是学会了接受前人现成的结论；而现代社会，仅能够接纳前人的结论是不行的，只有融合到自己的创造性人生实践中，才会真正地实现其价值。否则，我们就只能是知识的"奴隶"，而不是知识的"主人"，这也是我们的许多学生往往"高分低能"的重要原因之一。

低能非我们所期盼，但高分是我们孜孜以求的。高分实际上并不是在"死记硬背"中实现的，而是产生于对既定结论的"质疑和挑战"之上的。这就涉及一个实际的问题：我们作为二传手，要传递给学生具有强大的"进攻威力"的好球。

要想传递具有"进攻威力"的好球，就得从根本上使我们的学生学会思考之"道"。"道"超越一切知识层面，具有核心和根本的地位。这对学生学会学习是至关重要的。具体到实际情况，就是学生要敢于质疑老师的"道"，敢于向老师所代表的社会正统的"权威"挑战。这和爱其师、乐其道并不矛盾。没有一代代人的质疑和挑战，就没有人类文明的进步。这恰如亚里士多德所说的那样，我爱我师，我更爱真理。亚里士多德在文化上的巨大成就不仅没有辱没老师的权威，相反，倒使人在钦佩他的同时，也钦佩其师柏拉图。

如此一种几乎可以称得上完美的学习境界，我们还未达到。但我们家长应该在"虽不能至，但心向往之"的自勉中，和我们的学生，和值得我们尊敬的老师，向着这样的一个目标共同努力。

（本文收入李宗刚著《行走于文学边缘》，山东人民出版社 2015 年版）

作者简介：

李宗刚　山东师范大学教授、博士生导师，《山东师范大学学报（人文社会科学版)》主编、编辑部主任

大度、包容、善良的母亲

王大振

从 20 世纪 90 年代母亲把我带到这个世界上算起，我已经与她相守了整整 26 年的时光。过去的日子里，父亲在看着我一点点长大，而她却在我的注视中一点点变老。

我不记得母亲的头发是从什么时候开始变白的，先是一根根，紧接着是一缕缕，到最后就渐渐变成了现在的模样。

母亲是个爱美的人，隔一段时间就会到理发店去染一下泛白的头发，但即使是这样，人工调制出来的色彩也难以阻挡岁月的侵扰。

一根根倔强的银丝贴着头皮直不愣地钻了出来，把理发师精心打磨的"年轻"硬生生地顶到了发梢，这样过不了几天，头发又白了。

再到后来，母亲索性就不再打理这些岁月的痕迹，任其生长蔓延。她总是说："也该白了，都五十好几的人了，再不白，怕别人笑话。"

说实话，在这之前我从没想过母亲也会变老，变得不再年轻。直到上次从部队休假回家，再次见到了她，留意到母亲眼角周围新添的几道深深的皱纹，脑子里才猛然间有了这个印象。

因为在外地当兵，一年只有一次假期，所以不管你掰着手指怎么算，时间总是显得捉襟见肘不太够用，与母亲的上次见面还是一年以前。

母亲向来都是乐观、大度的人，对于一些琐事从不与人斤斤计较，似乎任何一件分外的事情到了她这里，都能够想法子化解掉，并且还处理得很好。

我知道，这是因为母亲有一个宽广的胸怀，就像小时候她经常对我们姐弟仨讲的那样："允许别人对你不仁，但绝不允许你对别人不义！"

有时候在部队老早地计划着过节能够回家，就提前告知了母亲。听到消息后，电话那头总是会传出一阵孩子般喜出望外的笑声，因为这样的机会真的不多。

随即母亲也开始准备这准备那，给我收拾一年没人光顾过的卧室，做我最爱吃的三鲜馅的饺子，母亲说回家第一顿饭吃饺子才团圆。

当这一切都准备齐了的时候，我却因工作需要暂时回不了家。当我正想着如何与母亲解释，电话却响了，里面传来了母亲熟悉的声音，本来是儿子对母亲的愧疚，却变成了母亲对儿子的安慰。

当母亲对我说，先以工作为主，以后有机会再回家的时候，从她的语气里我听不出半点怨言，能感受到这是一种发自内心的叮嘱，因为母亲是一个很注重大局的人。她常常说："人活着不只是为了自己，还有别人。"

于子女而言，母亲是一个大度的女人。

"允许他人对你不仁，不允许你对他人不义"，这是母亲从小就灌输给我们的一句话。一开始的时候，我们姐弟仨对这句话深信不疑。但后来随着渐渐长大，踏入了社会却发现我们一直以来信奉的这句准则，在残酷的社会现实面前被践踏得一文不值，甚至我们开始怀疑母亲是不是真的对我们好。

记得有一次上小学，我在学校和人打架，被人抓花了脸，母亲出面后的第一句话不是安慰我，反而是给对方家长和老师道歉，然后扭头就是对我一阵批评，弄得我对母亲的软弱怀恨在心。

在带我回家的路上，我生气地把母亲刚刚从集市上买来的鸡蛋全都打翻在地。我以为母亲肯定会对我一顿教训，停下车子后，母亲却一把把我抱过来心疼地看着我满脸的抓痕，心疼地问我还疼不疼。我以为母亲不再爱我了，却不知道这是母亲教给子女的大智慧。

"孩子，这不是软弱，我只是想让你明白，无论再有理，打架都是不对的。有时候事情出现了，我们可以学会换个方式去处理。"

受母亲的影响，从那以后我很少再与别人发生肢体上的冲突。当遇到事情了，我都会积极寻找一种可以解决问题的方法，而不是肉搏。这就是母亲留给我们做子女的大智慧。

于父亲而言，母亲是个包容的女人。

母亲和父亲结婚已有三十多年，育有一儿两女，一辈子虽然没能积累到太多的财富，但家庭却比较和谐。嫁给父亲的时候，家里负债累累，母亲却从未抱怨。

一晃三十多年过去了，原先那个意气风发、干净利落的父亲现在变成了生活中略微邋遢的胖男人。尤其是父亲那呼噜声，在夜深人静的时候能传出好几里地。

由于自己当兵在外很少回家，每次休假回家的时候，我总是被隔壁的呼噜声吵醒数次。即使是房门紧闭，也难以阻挡呼噜声的侵扰。

我也不止一次劝说过母亲，要不就到我屋里和父亲分床睡，反正我一年也回不来几趟。每当这个时候，母亲总是笑着对我说："这么多年过来都习惯了，没有你爸的呼噜声我还睡不着呢。"

从小就看着父母小吵小闹，这一路走来却从未听到他们彼此说过"离婚"这两个字。夫妻"床头吵架床尾和"，不要揪着一个芝麻粒大小的东西不放。学着去包容对方的缺点，多找找彼此的优点。于父亲而言，这是母亲的大智慧。

如今我也到了结婚的年纪，母亲和父亲的相处之道也让我找到了保持婚姻幸福的门路，那就是多包容、多担待。

于外人而言，母亲是个善良的女人。

"人活着不只是为了自己，还有别人"，一直以来我都感觉母亲这一辈子活得真的很累。在别人眼里，她是一个凡事都会乐于帮忙的热心人，而在她的子女眼里，她却有着事无巨细的操心命。

有时候闲着没事，我也会说她几句，劝她省点儿心在自己身上，心里别老是装着张三李四的。每当这时，母亲都会反驳道：这哪是操心，你说这事我不帮忙，谁帮？

"滴水之恩当涌泉相报"，这句话用在母亲身上再贴切不过了。亲戚邻居都说母亲是个善良的人，因为她往往是记住别人的好，却很快忘掉了别人丑陋的一面。

一次我们正在家里吃午饭，屋外来了一位要饭的乞丐，看着乞丐脏兮兮的衣服，满脸胡子拉碴，我以为母亲会出门赶他走，结果她却拿起锅里雪白的大馒头，顺手用袋子装了一些菜给乞丐送了过去。

当时我立即打抱不平：自己还吃不饱，就知道给别人。母亲却说，人都是娘生的，谁没有困难的时候。我们帮别人，就等于帮自己。

如果人世有轮回的话，我敢断定，母亲一定是菩萨转世。胸怀一颗菩萨心肠，母亲是在用实际行动告诉我们：与人为善，就是与己为善。而这就是母亲为人处事的大智慧：善良。母亲虽然是个文盲，却是个有智慧的人。

母亲总是说，这辈子最大的遗憾就是没能上学。而在我看来，母亲早已从人生这所大学校里顺利毕业，并且成了我们的老师，潜移默化地影响着我们这一代人。

在母亲的支持和鼓励下，去年离开部队后，我选择了报考硕士研究生。当得知我被录取的消息后，母亲笑得格外高兴。我在想，但愿我的努力会多少弥补一下母亲内心的遗憾吧。

作者简介：

王大振　中国建筑第八工程局第二建设有限公司政工师

爸爸的陪伴　妈妈的背影

高梦村

我想，我一直是个很幸运的孩子。

常常有人问我，为什么喜欢读书？每每被问到这样的问题，我脑海里总会浮现出一本旧旧的、方方正正的书——标注着拼音的儿童图绘版《三国演义》。那应该是我爸爸给我读得最多的书，来来回回好些遍，喜欢的情节听了又听，看了又看。

因为我自小身体不好，三天两头打吊针，整个童年最鲜明的记忆场景，就是在医院那嘈杂而寂静的长廊里，瞅着吊瓶里的药液，一滴一滴缓缓地落下来，流进我那僵直而发冷的手背血管里。我最期盼的事，就是那个倒挂着的玻璃瓶里的液体能以最快的速度流到瓶口——那预示着药液马上就要滴完了。

没有小孩子愿意在那个充斥着刺鼻的消毒水味道的医院长廊里，一坐就是几个小时。可我是幸运的——我的父母，那个时候不仅给予我陪伴，还用一种更充实的方式，令那原本灰蒙蒙的经历，多了一份绚丽的色彩。在陪伴我打针的时光里，爸爸总会给我读故事，从嘈杂读到寂静，从第一瓶读到最后一瓶药液流尽。

我很喜欢听爸爸给我读故事。

回忆有些模糊了，但我大抵还记着自己在听故事的时候，总是会有无数个问题，会缠着爸爸问来问去。小小的脑袋里，会有自己的想法，会在故事情节中发表自己的"见解"。现在想来，这些见解大多是幼稚和天真的，但是再浅薄荒诞的想法，都会被爸爸好好地"保护"起来。

很多时候我都在想，那段时光，如果不是爸爸给我读书，给我解惑，陪我交流书里的内容，尊重和保护我的"无知"，也许那段灰蒙蒙的时光，会更加灰暗，我也不会那么喜欢读书，养不成爱读书的习惯。

当然，在我成长的道路上，爸爸对我的陪伴远不止如此。

从小到大，我背过的每一篇诗词、文章，都是爸爸检查我背诵。从《忆江南》到《蜀道难》，从《匆匆》到《逍遥游》，我汲取知识的每一个阶段，每一点进步，皆有爸爸的见证。哪怕上了高中，政治考试前，也是爸爸陪我一遍一遍地温习那十多页的知识点。

其中，我记忆最深刻的，是爸爸在我九年级那年的陪伴。那是我第一次即将面对人生中的重要考试，因为心中早已有了梦想的高中，所以对自己格外严格，也因此异常紧张和焦虑。而最让我焦虑的莫过于两件事：第一，数学考试的最后一道大题有时会令我束手无策；第二，我的体育成绩不达标。

为了攻克第一道难关，我买了很多套往年的中考试卷，其他的题目都不做，就只刷最后一道与抛物线相关的大题。起初没有找到解题思路，常常是一个人面对着题目急得抓耳挠腮，一张张草稿纸写完也演算不出正确答案，想求助答案解析，然而试卷提供的答案常常只是一个孤零零的数字，略过了最重要的解题过程。

爸爸看到了我的无助与焦虑，选择了对我最直接有效的帮助方式——陪我"并肩作战"。于是在那一个个冲刺中考的夜晚，我和爸爸总是一人一个演草本，一人一支铅笔，一起思考、解答最后一道大题。最开始的时候，常常是爸爸比我先解答出来，然后耐心地引导我，开阔我的思路，为我讲解。随着题目越做越多，我也终于慢慢"开窍"，掌握了技巧和方法后，便能够有效地"举一反三"解决难题。后来，我能够比爸爸更快速地得出答案，然后通过向爸爸讲解自己的解题过程，再把题目弄熟吃透。到了最后，等我几乎把往年的考卷都刷完，最后一道大题就再也难不倒我了。

除了数学之外，体育上的短板同样令我头痛。四项考试内容中，我的排球颠球和立定跳远成绩都很出色，可是 800 米跑和投掷实心球却都不及格。从小身体就不好的我，非常缺乏体育锻炼，每次测验 800 米长跑时，能跑下来都算勉强，更遑论要达标。而实心球则更为困难，7 米的满分成绩对多数同学也许并不难达到，然而第一次练习投掷便给了我当头一棒——那沉甸甸的球脱手后，只落到了 4 米的标线上，连个抛物线都没在半空里划出来。

提高体育成绩没有捷径可走，也无窍门可寻，唯一能做的，就是练。

又是爸爸，为了帮我提高 800 米跑的成绩，每天下班后，不论多忙多累，都一定会陪我去 400 米的操场跑步，一圈一圈地跑，先把体能练好，再相应地提高速度。终于，我从一开始跑跑停停，第一圈就累得气喘吁吁，满头大汗，慢慢变得跑十圈都游刃有余，最后终于达标。

相比于 800 米跑，实心球这项成绩提高的过程就更为艰难了。依旧是爸爸，风雨无阻地陪伴我练习。每天晚上等我做完作业，便会拿上一个卷尺，陪我到楼下的空地，一遍一遍地投掷。最开始的几天，几乎看不到任何进步，来来回回投掷几个小时，投掷到小臂发酸，手掌上沾满了脏兮兮的尘土，那颗不"通情达理"的橘色圆球，却怎么都不肯越过 4 米的线。挫败感像苦涩的潮水一般，一波接着一波涌来，心底里放弃的念头也不断袭扰着我。可是爸爸却教我要耐心，告诉我其实我每天都有进步，他站在我的对面看得清清楚楚，球的落点在一点点变远。

立在我对面的爸爸，给了我无尽的信心与力量。我沉下心来，再投，感觉到自己的胳膊越来越有了力气，将实心球举到头顶时也不再有任何颤抖——5 米、6 米、7 米——每一个"里程碑"式的跨越，都伴随着爸爸和我发自心底的欢呼与笑声……

这些爸爸给予我的陪伴、鼓励与帮助，都是弥足珍贵的回忆，却也只是爸爸陪伴我成长和学习道路上的小小缩影。在我从小到大的所有成长记忆里，都充满了爸爸的身影——爸爸陪着我下象棋、练书法、打羽毛球、玩四驱车，陪我去黄河边上骑马，带我去逛博物馆、科技馆，等等。我从小自诩"聪明"，又常常被人夸赞"勤奋"，老师、同学对我的评价也大多是"外向开朗"。可是我知道，对于我而言，懂得的道理、汲取的知识、每一阶段的成功与收获、每一个良好品质的养成，都离不开爸爸为我所付出的一切。在我心里，我的爸爸一直都是全世界最好的爸爸，能够成为爸爸的女儿，是我今生的幸运。

相较于爸爸给予我的陪伴，妈妈在我人生道路上更像是一名"引导者"。孩子大多都想摆脱父母的影子，也常常喜欢与父母为自己制定的规划对着干，我也不能例外。从前的我，拥有一个漫长的叛逆期，总是极力想要摆脱，或是否认父母对于自己的影响，以彰显自己思想的成熟与独立。

这样的秉性持续了很多年。由于我大学选择的专业是心理学，与妈妈的职业相同，所以常常会被问到做出这样的选择，是不是受了妈妈的影响。彼时心高气傲，总是会找出一大堆冠冕堂皇的理由，来佐证我所做出的决定皆是出自本心，而不是从小在妈妈身边耳濡目染的结果。直到我申请博士的时候，打开文档写申请文书，我才终于敢直面自己内心真实的想法，敢于诚实地剖析自己，那也是我第一次真心实意地、发自肺腑地写下来——"我选择发展心理学，是受了我母亲的影响"。而当我写完后，我才终于发觉，承认受到妈妈的影响而做了人生的抉择，其实从来都不是一件值得"羞愧"的事情，更无损于一个独立的人格。与之相反的，我感到了无比的骄傲——妈妈之所以影响到了我，是因为她在这个领域里是那样成功，是她散发的光芒影响了我，也照亮了我想要走的路。我为有这样的妈妈感到骄傲，也希望有一天妈妈可以同样为我感到骄傲。

而除了职业选择之外，妈妈也是我写作路上的启蒙者和领路人。在我小时候的记忆里，妈妈总是会给各种各样的报社投稿，也常常会在不同的论坛上发表文章。受到妈妈的鼓励，我从小学一年级就开始练习写作，主题也大多都是一些生活里的小事，例如一次难忘的生日，一场有趣的旅行，一幕美丽的雪景，等等。并且，在妈妈的帮助下，我开始给报社投稿，或是参加一些报社举办的作文比赛。妈妈将我发表过的所有文章都剪贴下来，收藏在一个厚厚的文件夹里。曾记得，妈妈总是夸赞我有写作的天赋，是一个"天生的小作家"，每次我写出一篇文章，她也总是赞不绝口。妈妈的认可与赞赏，让我也越来越自信，对写作的热情也越发高涨，下定决心不能浪费自己的"天赋"。可是当我长大后回头再看小时候写下的这些文字，却总会因为当时稚嫩的语言与青涩的措辞而不好意思地红了脸。这时候我才恍然发觉，我其实并非天生便有写作的才华，是妈妈用温柔而坚定的爱与引导，激发了我对写作的热爱，然后让这份热爱激励了我后天的努力，"丰润"了我原本幼稚而贫瘠的文笔。

妈妈也总是会称赞我的努力和刻苦，常常会骄傲地同别人说起我的自律，夸我总是要做完作业才肯出去玩。可其实细细想来，这一切也应该归功于妈妈。每一个孩子在懵懂无知的时候，与世界最直接的联系便是自己的父母，孩子通过观察、模仿父母来慢慢学会与这个世界沟通。我想，我之所以会在学习上用功，大抵也是源于一种对妈妈的"模仿"。

妈妈是我见过最"拼命"的人。我小学时背诵过朱自清先生的《背影》，文章里父亲的背影令人印象深刻，鼻子发酸。可是在我心里，记得最深的，却是妈妈的背影。记忆里总是有妈妈坐在电脑前打字的身影，她有时会披着一件开衫的毛衣，有时会穿着一件暖暖的棉袄，键盘被敲击得噼里啪啦作响，时而点缀着几声鼠标清脆的点击声。偶尔这些声音也会间断，却也不见妈妈有其他的动作，想来是在凝神思考，片刻后便又是键盘的敲打声。妈妈这样的背影我见过太多次，有时是在天光透彻的清晨，有时是在彩霞漫天的黄昏，甚至有时是只余了一盏昏黄台灯的夜半。每当在深夜看到妈妈还在电脑前忙碌，我总是会睡眼惺忪地问她怎么还不睡，得到的答案常常不外乎两种——"要赶完这篇稿子"或者"要备完这节课"。

其实妈妈从来没有直白地教育过我要认真完成作业，甚至都没有直接给我说过"要好好学习"。但是行动往往比语言要有力度得多，也是更有效的老师。我想，如果不是一次次被妈妈的奋进与努力所震撼和打动，哪怕听千千万万遍如"好好学习"这样的说教，也不会听进我的心里去。妈妈总是说我是令她放心的孩子，一点都不用操心我的学习。想来，很多时候妈妈路过我的房间，看到我在课桌上奋笔疾书，聚精会神写作业的模样一定会感到很欣慰吧。但其实，我一直想要告诉妈妈的是，这样的专注与认真，是我从她的背影里潜移默化地学到的。妈妈一直是我最好的榜样。直到如今，每次当我怠懒、意欲拖延时，我都会想到妈妈，然后便会重新拥有坚持的动力。

感谢我的妈妈，在我对这个世界一无所知、也不知道该如何面对生活与学习时，给我做了最好的榜样。在我的心里，妈妈一直是坚强的、勇敢的、善良的、勤勉的，从来不畏惧苦难和挫折，永远用善意去回馈这个社会。而妈妈这样的态度也一直影响着我，让我始终鞭策自己成为一个更好的人。

拥有这样的父母，生养在这样的家庭，于我而言是一件幸事。也许对于大多数人而言，童年是一生中最美好的时光。但是对于我而言，童年本没有那么美好。我的童年是充满了中药味的，常年的打针也在我的右手手背上留下了由密密麻麻的针孔连成的疤痕。心脏的毛病令我不能跑不能跳，丧失了很多和朋友们一起出去玩的机会，而脆弱的肠胃则在每一次不当的饮食后带来噩梦般的疼痛……

是爸爸妈妈，没有让这样的童年经历成为我的阴影——是他们用无微不至的照顾与充实有爱的陪伴，消解了我那一道道的"阴影"。

而在我慢慢长大的路上，在我需要做选择的每一个路口，爸爸妈妈都给予了我选择的权利，也给予了我最大的支持。爸爸妈妈最常对我说的一句话就是："不管你做什么样的决定，爸爸妈妈都百分百支持你。"于是我学会了对自己的人生负责。

人们常说，作为孩子，应当感谢父母将自己带到这个世界上来。可我更想说，感谢我的父母把我带到这个他们愿意用深厚博大的爱来养育我的世界上来。也许爱孩子是父母的天性，可是如何爱孩子，却是父母的选择。

成为你们的女儿，是我的幸福，也是我的幸运。

作者简介：

高梦村　美国哥伦比亚大学发展心理学硕士，俄亥俄州立大学发展心理学博士（在读）

后　记

植一棵家庭教育的"树"

2017年3月12日植树节，山东师范大学继续教育学院确立开展家庭教育指导教师培训。作为参与者，我突然联想到，我们除了栽种一棵现实意义的树，也应该植一棵家庭教育的"树"。时至今日，5年过去了，我亲眼见证了这棵"树"从发芽、开花到结果的全过程。

这棵"树"，可能是家庭教育的规章制度。明确父母和孩子应该做什么，不应该做什么，比如，每天一家人必须一起沟通半小时，互相交流一天的工作、学习，尤其是其中的收获和失误；必须在完成本职任务和家庭责任后才可以看手机玩游戏；必须坚持每天运动，运动可以让人快乐，可以给人减压，可以增强孩子心智……

这棵"树"，可能是家庭教育的一个关系网络。比如，孩子一个学期要交多少个好朋友，父母准备带着孩子拜访哪些朋友和亲戚，亲子一起参加哪些团体社交活动……人在社会上，需要关系的维系，父母从小帮助孩子打下良好人际关系的基础，孩子才有决胜未来的保障。

这棵"树"，可能是家庭教育的专业书籍。比如钱志亮的《科学的家庭教育》，赵刚的《家长教育学》，以及我写的《牵手两代——亲子课程》（幼儿、小学、初中）……书是人类进步的阶梯，书是人类文化的结晶，书是人们心灵的栖息地。亲子一起读书，一起分享，一起奔向幸福。

这棵"树"，可能是家庭教育的整个系统。父亲要为这个系统尽上自己的责任，做好引领和守护；母亲要为这个系统提供有力的支持，做到温暖和包容。那么，孩子在这个系统中自然会茁壮成长。

这本《一起向未来——家庭教育实务教程》，就算是我们作者集体栽种的一棵家庭教育之"树"吧！

山东师范大学是我的母校，2018年8月正式调入，领导安排我在家庭教育研究中心工作，专门从事家庭教育的研究和普及，4年多的时间，积累了一些经验。在郭玉锋部长、孙春晖书记、隋赤副部长、刘小倩副部长和杨先顺副部长的支持和带领下，组织专家撰写了这本家庭教育指导者培训用书，以帮助更多的人成为家庭教育领航人。

这本书，适合广大父母阅读，更适合广大教育工作者阅读。

父母是家庭教育的具体实施者，只有掌握科学有效的家庭教育理论和方法，才有可能给到孩子正确的养育和影响。父母要认识到家庭教育具有不可替代性，要增强责任意识，从培养担当中华民族复兴大任的建设者的角度出发，改变观念，提升境界，扩大格局，重视家庭建设，搞好家庭教育，弘扬优良家风，提高整个家庭的文化素养，发挥孩子的天赋，发掘孩子的潜能，让每个孩子都有人生出彩的机会。说一千道一万，父母的自我学习、自我教育和自我成长是做好家庭教育的基础。

学校教师有得天独厚的条件和优势，是家庭教育的有力推动者和引领者。学校教师掌握家庭教育的基本理论和操作方法，一来可以指导父母正确地、有效地、及时地开展家庭教育活动；二来可以更好地了解学生问题的成因，有针对性地解决学生的问题；三是有利于开展家校合作，更好地提高教书育人的效果。

家庭教育是一项宏大的系统工程，它所涉及的学科很多，包括政治学、社会学、经济学、教育学、心理学、伦理学、人类学、美学、法学、生物医学等方面的理论。要想有效地开展家庭教育，父母和学校教师都需要认真学习这些理论，把理论与实际应用充分结合起来。教育孩子当然需要一些"技巧"，但只有掌握了理论，悟出了真谛，运用技巧时才能做到得心应手，正所谓"以道驭术"。

本书的出版是山东师范大学在推广家庭教育方面的有益尝试，但愿能为千千万万个家庭提供有效的帮助，为广大父母和教师提供科学教育的范本。

本书的编写者，有著名学者，也有一线名师。感谢文稿作者为此书付出的辛勤努力！感谢山东师范大学工会、妇委会和继续教育学院共同发起的教职工家庭教育征文活动，为本书提供了家庭教育的经典案例。感谢孙云晓先生和李文军院长能够在百忙中为本书写序。感谢山东师范大学机关党委郑义老师对书稿的精心校对。感谢北京教育出版社及责任编辑为本书付出的辛勤努力！还有很多未提及的无名英雄，我们在此一并表示衷心的感谢！可以说，没有他们的辛勤付出，就没有本书的顺利出版。

本书的出版是集体智慧的结晶，但由于我们具体工作人员的水平有限，书中难免存在缺点不足甚至错误，恳请读者批评指正！

感恩遇见，我们一起向未来！

孔 屏

（山东师范大学家庭教育研究中心主任、应用心理学教授）

2022 年 8 月 30 日